beck ^{**I**}sche
reihe

b^{sr}

Dieses Lexikon beschreibt in rund 200 Artikeln knapp und allgemeinverständlich die wichtigsten untergegangenen Völker der Erde, die spätere Völker und Kulturen nachhaltig beeinflußt haben. Je nach unserem Wissensstand informiert es über Geschichte, Verbreitungsgebiet und Migrationen eines Volkes, die politische, gesellschaftliche und wirtschaftliche Organisation, Kultur und Religion sowie Sprache und Schrifttum. Überblicksartikel zu Kontinenten und Großregionen erleichtern die Orientierung über benachbarte und miteinander verwandte Völker und erschließen zahlreiche kleine Gruppen, die keinen eigenen Artikel haben. Ein unentbehrliches Nachschlagewerk für alle, die sich jenseits von ideologischen Vereinnahmungen für alte Völker und ihr kulturelles Erbe interessieren.

Harald Haarmann, geb. 1946, gehört zu den weltweit bekanntesten Sprachwissenschaftlern. Er ist Vizepräsident des «Institute of Archaeomythology» in Sebastopol (USA), Mitglied des Forschungsteams des «Research Centre on Multilingualism» (Brüssel) und an mehreren größeren Forschungsprojekten beteiligt (u. a. dem UNESCO-Projekt zur Geschichte der Schwarzmeerregion). Bei C.H.Beck erschienen von ihm u.a. «Kleines Lexikon der Sprachen» (^{2}2002), «Lexikon der untergegangenen Sprachen» (^{2}2004) sowie zuletzt «Kleines Lexikon der Völker» (2004).

Harald Haarmann

Lexikon der untergegangenen Völker

Von Akkader bis Zimbern

Verlag C.H. Beck

Mit 9 Karten

Lektorat: Petra Rehder

Originalausgabe

© C.H. Beck oHG, München 2005
Satz: Fotosatz Reinhard Amann, Aichstetten
Umschlaggestaltung: +malsy, Bremen
Umschlagabbildung: Marten van Valckenborch (1535–1612),
Turmbau zu Babel, Öl auf Leinwand; Townley Hall Art Gallery and
Museum, Burnley, Lancashire. Foto: Bridgeman Art Library, London
Printed in Germany
ISBN 3 406 52817 1

www.beck.de

Inhalt

Vorwort

Was sind «untergegangene Völker»?

Daß Völker wie die Etrusker oder Angeln «untergegangen» sind, würde wohl kaum jemand bezweifeln. Schaut man aber genauer hin, ist die Abgrenzung «untergegangener» Völker von «lebenden» gar nicht so einfach. Deutliche Spuren der Sprachen und Kulturen der Angeln und Etrusker haben sich bis heute erhalten. Die Menschen, die diesen Völkern angehörten, sind nicht ohne Nachkommen gestorben, so daß sie genetisch bis heute zahlreiche Nachfahren haben. Einen bestimmten historischen Moment auszumachen, wann diese Völker untergegangen sind, ist kaum möglich. Die Übergänge zwischen lebenden und untergegangenen Völkern sind vielmehr fließend. Daher arbeitet dieses Lexikon mit einer pragmatischen Definition: Völker sind dann untergegangen, wenn ihre Nachkommen keine politische, kulturelle und sprachliche Einheit in Abgrenzung von anderen Völkern mehr bilden. Dabei müssen nicht alle Kriterien gleichzeitig zutreffen: Völker können nach dem Verlust ihrer politischen Selbständigkeit auch als kulturelle (das heißt auch: religiöse) und/oder sprachliche Gemeinschaft in Abgrenzung von anderen Kulturen überleben. Aber meist geht mit dem Verlust politischer Selbständigkeit auch die Assimilation an Kultur und Sprache der neuen Mehrheitsgesellschaft einher. «Assimilation» bedeutet nicht, daß die eigene Kultur ganz aufgegeben wird, aber sie geht im Schmelztiegel einer beherrschenden Kultur auf, in der sie mehr oder weniger kräftig ihre Spuren hinterläßt. So verlor sich etwa das Volk der → Sumerer irgendwann im Alten Vorderen Orient. Ihr kulturelles Erbe aber ist lebendig geblieben und hat das Kulturschaffen vieler Völker nach ihnen geprägt.

Die ältesten, mit einiger Sicherheit identifizierbaren Akkulturationsprozesse fanden im Kontakt zwischen Proto-Indoeuropäern und Proto-Uraliern statt und gehen auf das 6. Jahrtausend v. Chr. zurück (→ Europa). Als die → Indoeuropäer – von Südosteuropa her kommend – im 2. Jahrtausend v. Chr. nach Kleinasien vordrangen, assimilierten sie dort die bodenständige, nicht-indoeuropäische Bevölkerung. Eines dieser Völker waren die → Hattier, die vor den → Hethitern in der Königsstadt Hattusa herrschten. Antike Autoren, vor allem griechische und römische Historiographen, haben in ihren Werken zahlreiche Völker erwähnt, die später in Vergessenheit geraten sind, weil sie sich irgendwann assimiliert und bereits nach der Einschätzung der Zeitgenossen ihre Eigenständigkeit verloren hatten. So gingen etwa die → Iberer, → Gallier, Etrusker und → Daker in der Romanität der jeweiligen Mehrheitsbevölkerung auf. Während des frühen Mittelalters akkulturierten sich viele germanische Völker, etwa die → Franken und → Burgunder in Nordfrankreich, die Westgoten (→ Goten) und → Sueben in Spanien, die → Langobarden in Italien.

Es genügt allerdings nicht, daß ein Volk politisch und kulturell unbedeutend wird, um es als «untergegangen» zu bezeichnen. Von den → Maya – und ähnlich von den → Azteken – wird beispielsweise oft behauptet, sie seien von den spanischen Konquistadoren im 16. Jahrhundert ausgerottet worden. Tatsächlich aber leben mehr als eine Million Maya in Dutzenden regionaler Gruppen zerstreut in den Staaten Mittelamerikas. Diese modernen Maya haben ihre kulturellen Traditionen und ihre Sprachen bewahrt. Das Mißverständnis über ihren Untergang entstand, als die Europäer von den Massenmorden an der indianischen Bevölkerung erfuhren. Zwar wurden dabei die Elite der präkolumbischen Maya-Gesellschaft sowie ihre Hochkultur liquidiert, die einfache Bevölkerung jedoch fristete ihr Leben als Arbeitssklaven spanischer Großgrundbesitzer und hielt an der hergebrachten Sprache und Alltagskultur fest.

Auch von anderen Völkern glaubte oder glaubt man zu Unrecht, sie seien untergegangen; tatsächlich sind sie aber nur in Vergessenheit geraten, weil die Geschichtsschreibung eines herrschenden Volkes sie nicht mehr erwähnt hat. Dieses Schicksal erlitten zum Beispiel die Etrusker, → Karthager und → Illyrer. Aber noch lange, nachdem diese Völker von römischen Autoren nicht mehr erwähnt wurden, lebte ihre Kultur weiter. Ähnliches gilt auch für die neuzeitliche Geschichtsschreibung. Für die → Hunnen, die länger als hundert Jahre in Südungarn und Transsylvanien herrschten, interessierte sich die europäische Geschichtsschreibung lange Zeit nur bis zu ihrer Niederlage gegen die germanischen → Gepiden im Jahr 455, als sei dieses Volk danach von der Bildfläche verschwunden.

Tatsächlich aber zogen sich die Hunnen nach der verlorenen Schlacht in die russische Steppe zurück, wo sie ein neues Reich gründeten (→ Protobulgaren). Ähnlich ignorierten Historiker lange Zeit verschiedene Regionalkulturen der Antike. Das Reich von Palmyra in Syrien war für viele Historiker nur im Zusammenhang mit der römischen Herrschaft im Nahen Osten von Interesse. Nach 272, als die gegen Rom rebellierende Königin Zenobia besiegt und nach Rom verschleppt wurde, bricht die Geschichtsschreibung meist ab. Das von den Römern zerstörte Palmyra wurde jedoch wiederaufgebaut und gewann überregionale Ausstrahlung zurück. Die Palmyrener entwickelten ihren eigenen Schreibstil, die palmyrenische Schrift, auf der Basis der syrischen Schrift. Erst als Palmyra im 7. Jahrhundert seine Tore den islamischen Eroberern öffnete, endete die Geschichte der palmyrenischen Regionalkultur.

Nicht zuletzt spielt es für die Frage, ob ein Volk untergegangen ist, eine Rolle, ob es Menschen gibt, die sich weiter in der Tradition dieses Volkes sehen. Die Ainu etwa gehören zwar zu den bedrohten Völkern, ihre Kultur ist gefährdet, und nur noch sehr wenige beherrschen die Sprache ihrer Vorfahren. Viele der hergebrachten Traditionen wie Kleidung, Bärenjagd und -kult sowie traditionelle Architektur sind zugunsten japanischer Lebensweisen aufgegeben worden. Aber vieles vom sozialen Brauchtum ist erhalten geblieben, und naturreligiöse Glaubensvorstellungen sind weiter vital. Vor allem aber fühlen sich die Ainu als ein Volk in Abgrenzung von den Japanern. Hier spielt also die Selbstwahrnehmung eine herausragende Rolle.

Der Begriff des Volkes wird in diesem Lexikon in erster Linie in kultureller und sprachlicher Hinsicht verstanden. Meist ist mit eigenständigen Kulturen auch eine selbständige politische Organisation verbunden. Das gilt vor allem für alte Völker, die uns oft durch die mit ihnen verbundenen Reiche bekannt sind. Aber Staatlichkeit und Volkstum sind nicht deckungsgleich. Von einem Volk der antiken Athener würden wir zum Beispiel nicht sprechen, denn die Athener gehörten sprachlich und kulturell zum Volk der Griechen und haben sich auch selbst in Abgrenzung von den «Barbaren» so verstanden. Auch ein «Volk der → Römer» hat es nicht gegeben. Während ein Römer zunächst ein Bewohner Roms war, wurde der Begriff später im Sinne einer Staatsbürgerschaft verstanden. Zu den Trägern der römischen Kultur gehörten außer den → Latinern, den

Bewohnern der historischen Landschaft Latium, andere → italische Völker wie → Umbrer, → Sabeller oder → Pikener, andere indoeuropäische Völker wie → Gallier, → Lepontier oder → Veneter sowie Völker nicht-indoeuropäischer Herkunft wie Etrusker, Iberer oder → Paläosarden. Um derartige Zusammenhänge klarzumachen, wurde in diesem Lexikon den Römern dennoch ein eigenes Stichwort gewidmet, ähnlich wie auch den → Babyloniern oder → Kanaanitern.

Auch genetische Kriterien spielen in diesem Lexikon keine zentrale Rolle für die Definition einer Gruppe als Volk. Zwar hat die Humangenetik in letzter Zeit faszinierende und überraschende Erkenntnisse über die lange Kontinuität genetischer Zusammengehörigkeit gewonnen. So wurde etwa vermutet, daß das Erbgut der Etrusker – gleichsam als genetisches Substrat – bis heute in der Toskana und hier wiederum in einem bestimmten Ort, in Murlo, konzentriert ist. Aber man würde deshalb nicht davon sprechen, daß das Volk der Etrusker bis heute lebendig ist. Ähnlich verhält es sich bei lebenden Völkern: Humangenetiker führen das Erbgut der Basken auf Völker im Kaukasus zurück, die dort vor 35 000 bis 40 000 Jahren gelebt haben. Trotzdem kann keine Rede davon sein, daß es bereits ein baskisches Volk war, das aus dem Kaukasus nach Nordspanien gewandert ist, sondern dieses hat sich erst in Spanien als kulturelle und politische Einheit gebildet. Ethnische Gruppierungen mit gleicher Abstammung sind diffuse Konglomerationen, aus denen Völker mit einer gemeinsamen kulturellen, sozialen und sprachlichen Infrastruktur hervorgehen können. Immerhin gibt es aufschlußreiche Übereinstimmungen zwischen genetischer Verwandtschaft einerseits und kultureller, vor allem sprachlicher, Verwandtschaft andererseits, die zum Beispiel Rückschlüsse auf die Migrationen von Völkern erlauben. Daher wird in vielen Artikeln dieses Lexikons auch auf die Erkenntnisse der Humangenetik Bezug genommen.

Das Erbe untergegangener Völker

Kulturelle Spuren: Die meisten uns bekannten untergegangenen Völker haben bis heute identifizierbare Spuren in späteren Kulturen hinterlassen. In der russischen Kultur etwa finden sich vielerlei Elemente finnougrischer Herkunft. Einige haben im Laufe der Zeit eine erstaunliche Transformation erlebt. Dies gilt beispielsweise für bestimmte Traditionen in der populären Frömmigkeit der Russen, die weit in die vorchristliche Mythologie zurückreichen. Die ältesten Kontakte der Ostslawen zu Finnougriern waren die zu ostseefinnischen Bevölkerungsgruppen (seit etwa 600 n. Chr.), die im Mittelalter bis weit nach Nordrußland hinein siedelten. Das Großfürstentum Nowgorod, und insbesondere die Stadt Nowgorod selbst, hatte eine multiethnische Bevölkerung. Wahrscheinlich geht die polyzentrische Verwaltungsgliederung der mittelalterlichen Stadt, «wie sie sich in der Entstehung der politischen Föderation der drei ältesten Stadtviertel widerspiegelte, ursprünglich auf ethnische Unterschiede zurück» (Janin 1986, 214). An dieser Föderation waren russische, ostseefinnische und baltische (→ Pruzzen) Stammesverbände beteiligt. Zu den ältesten Texten des in Nowgorod gefundenen Birkenrindenschrifttums gehört eine Fluchformel im karelischen Dialekt des Finnischen, die aus dem 13. Jahrhundert stammt.

In vorchristlicher Zeit wurde bei den Ostslawen neben männlichen Gottheiten eine Göttin mit Namen Mokoš (bzw. Makoš) verehrt. Diese gehörte zu den Hauptgottheiten in dem Heiligtum, das Großfürst Wladimir südlich von Nowgorod vor der Annahme des Christentums im Jahre 988 eingerichtet hatte. In neueren Forschungen ist herausgestellt worden, daß Mokoš auf eine Gestalt der finnougrischen Mythologie zurückgeht. Die Verehrung der vorchristlichen Mokoš setzte sich im Kult der Gottesmutter Maria in christlicher Zeit fort und mündete in den Kult von «Mütterchen Rußland», russ. *rodina mat'*, ein (Haarmann 2000).

Breit gestreut ist auch die kulturelle Hinterlassenschaft der alten vor-indoeuropäischen Völker der Schwarzmeerregion, die sich bei der indoeuropäischen Bevölkerung bis in die klassisch-griechische Antike und darüber hinaus erhalten hat. Das Motiv der Sintflut ist in der Erzähltradition der Völker Südosteuropas bis heute lebendig, und diese Überlieferungen sind nicht von der biblischen Geschichte Noahs beeinflußt. Hier sind mündlich tradierte Erzählmotive der Urbevölkerung aus sehr alter Zeit in den Kanon narrativer Texte und in den Mythenschatz der Bevölkerung eingegangen, die später in diese Region eingewandert sind.

Spuren alter vorgriechischer Kulte sind deutlich in der griechischen Mythologie zu erkennen. Dies gilt etwa für die Stellung der «starken Frauen» im griechischen Götterpantheon. Demeter, die Kornmutter, ist eine vorgriechische Gestalt, ebenso Artemis von Ephesos, Hestia, die Schutzpatronin des Feuers, Aphrodite, die Liebesgöttin, sowie Athene, die Göttin des Rechts, der Kunst und der Gelehrsamkeit. Die zivilisatorischen Errungenschaften, für die die Göttinnen als Schutzpatroninnen stehen, weisen wahrscheinlich auf einen viel älteren Kult der Großen Göttin, deren Eigenschaften sich im griechischen Pantheon erhalten haben (Haarmann 1996a).

Seit Jahrtausenden waren bei den Menschen in der Andenregion die religiösen Vorstellungen vom Wirken der Erdmutter beherrscht. Die göttliche Erdmutter wird durch Pachamama personifiziert, die in den verschiedensten Stilformen seit alters dargestellt wird, auf jahrtausendealter Keramik der vor-inkaischen Kulturen oder als Bildmotiv auf Textilien. Diese Tradition ist lebendig geblieben. Bis heute wird Pachamama von den Andenbewohnern rituell verehrt. Sie wird angerufen, ihr werden Trankopfer gespendet, und sie wird mit der Gottesmutter Maria identifiziert. Über die spirituelle und materielle Kultur der alten präkolumbischen Zentren wie → Chavín, → Moche oder → Chimú wissen wir also einiges, aber kaum etwas über die ethnische und sprachliche Identität ihrer Träger.

Zum kulturellen Erbe untergegangener Völker gehören auch zahlreiche bekannte und teils sagenumwobene Personen oder Gruppen, die im kollektiven Gedächtnis oft präsenter sind als die Völker, zu denen sie gehörten. Der Leser wird daher an scheinbar abgelegenen Orten Ausführungen zu Bekanntem finden, etwa im Artikel → Amoriter zu Hammurabis Rechtskodex, im Artikel → Mitanni zur Königin Nofretete oder im Artikel → Powhatan zur Indianerprinzessin Pocahontas.

Das sprachliche Erbe: Zusammen mit Völkern gehen häufig auch ihre Sprachen unter. Das Volk der Etrusker hat sich bereits in römischer Zeit vollständig aufgelöst, und im Zuge des Akkulturationsprozesses an die lateinischsprachige Mehrheitsbevölkerung ist das Etruskische verschwunden. Ähnliche Entwicklungen liefen in Norditalien ab. Die noch im Frühmittelalter tonangebenden Langobarden wurden von den Franken politisch entmachtet. Es folgte ein langwieriger Ablösungsprozeß von den Traditionen der germanischen Vorfahren, und über den Austausch mit der romanischen Bevölkerung änderte sich die langobardische Identität unwiderruflich. Im Zuge dieser Entwicklung verschwand auch das Langobardische.

Aber Sprachen sterben nicht in jedem Fall mit dem Untergang von Völkern. Die ethnische Identität der Sumerer als Volk hat sich irgendwann aufgelöst. Ihre Sprache dagegen hat sich in ihrer Funktion als Bildungssprache noch länger als tausend Jahre in den Ländern des Vorderen Orients und in Kleinasien bei den Hethitern gehalten. Ähnliches läßt sich in Indien beobachten. Die indo-arischen Populationen, die vor mehr als dreitausend Jahren Sanskrit sprachen, sind längst verschwunden. Das Sanskrit aber lebt bis heute als Sakral- und Bildungssprache weiter.

Häufig finden wir auch den umgekehrten Fall, daß die Sprache eines Volkes ausstirbt oder bis zur Unkenntlichkeit transformiert wird, das Volk aber mit seinen Kulturtraditionen weiterlebt. Während das Altgriechische ausgestorben ist, besteht die ethnische Identität der Griechen weiter. Die Iraner der Moderne haben viele Kulturtraditionen aus persischer Zeit bewahrt, nicht aber die altpersische Sprache. Diese ist irgendwann außer Gebrauch gekommen. Das Farsi, das die Iraner heutzutage sprechen, kennt nicht mehr die flexivischen Sprachtechniken des Altpersischen, es hat einen weitgehend analytischen Sprachbau.

In vielen Fällen ist uns die Sprache eines untergegangenen Volkes relativ gut bekannt, während wir über seine Kultur sehr wenig wissen. Das Eblaitische, eine der alten semitischen Kultursprachen des Nahen Ostens, ist durch Ausgrabungen des Palastes von → Ebla (Syrien) und dessen Archiv seit den 1970er Jahren bekannt. In der Zeit zwischen 2400 und 2300 v. Chr. entstand eine reiche Literatur in eblaitischer Sprache. Wer aber die Träger dieser alten Palastkultur waren, ein ethnisch homogenes Volk oder eine ethnisch gemischte Stadtbevölkerung, ist unbekannt. So kann viel über das Eblaitische, aber praktisch nichts über die Eblaiter gesagt werden. Ähnlich ist die Situation bei der Stadtkultur von → Ugarit (die Ruinenstätte Ras Shamra an der syrischen Küste). Die Sprache dieser Hochkultur, deren Blütezeit auf die Zeit zwischen 1400 und 1180 v. Chr. zu datieren ist, ist aus deren Schrifttum bekannt. Über die Bevölkerung von Ugarit wissen wir dagegen so gut wie nichts.

Untergegangene Sprachen haben auf lexikalischer, lautlicher, grammatischer und syntaktischer Ebene auf die Sprachen der nachfolgenden Kulturen eingewirkt. Dazu gehören vor allem Lehnwörter im alltäglichen Gebrauchswortschatz und in der Fachterminologie, Redewendungen in der Phraseologie, Sprechgewohnheiten der Angehörigen eines untergegangenen Volkes, die sich als Interferenzen im Lautsystem einer beeinflußten Sprache verankern, wortbildende Elemente oder die Wortstellung. Es hängt von den lokalen Kontaktbedingungen ab, welcher Bereich sich Interferenzen öffnet.

Im Wortschatz unserer modernen Kultursprachen finden sich teilweise uralte Versatzstücke untergegangener Sprachen, die sich den lautlichen Gegebenheiten vollständig angepaßt haben und für den Laien gar nicht als Fremdelemente erkennbar sind. Etliche der alten Entlehnungen sind weit verbreitet, etwa die Wörter *Aroma* (über das Griechische aus einer vorgriechischen Quelle vermittelt), *Keramik* (von griech. *keramos* ‹Ton für die Herstellung von Tonware›, aus einer vorgriechischen Quelle), *Atrium* (über das Lateinische aus dem Etruskischen vermittelt), *Wein* und *Olive* (beide über das Lateinische aus einer mediterranen Quelle vermittelt). Ähnlich alt sind Bezeichnungen wie Zypresse, Hyazinthe, Rose, Lilie oder Metall.

Bleibende Spuren im Lautsystem des Französischen haben die Franken hinterlassen. Das betrifft die Behandlung des anlautenden *h-*, das nicht gesprochen wird. Die im Französischen übliche phonetische Bindung der Wörter im Satzzusammenhang, die auch bei Wörtern mit *h-* im Anlaut wirkt, wird bei der Beteiligung von fränkischen Lehnwörtern mit *h-*Anlaut gleichsam blockiert. Dies ist ein Reflex der germanischen Aussprache. In der Phonetik des Französischen zeigt auch ein noch älterer gallischer Substrateinfluß seine Wirkung. Auf die Sprechgewohnheiten der keltischen Gallier, die sich ans Sprechlateinische assimilierten, geht die Aussprache des französischen *u* als *ü* zurück. Der *ü*-Laut ist auch charakteristisch für die Dialekte Oberitaliens, wo in römischer Zeit ebenfalls → Kelten gesiedelt haben.

Die Sprachen der namentlich nicht bekannten vor-indoeuropäischen Völker in Südosteuropa haben langfristig auf die jüngeren Sprachen der Region eingewirkt, und zwar nicht nur auf den Wortschatz, sondern auch auf die grammatischen Strukturen. Das Griechische etwa verdankt etliche seiner wortbildenden Elemente solchen Einflüssen. Mit den lexikalischen Entlehnungen gelangten Formantien ins Griechische, von denen einige produktiv wurden, das heißt, mit deren Hilfe Ableitungen auch von einheimischen griechischen Wörtern gebildet wurden. Zu solchen formbildenden Elementen gehören *-nth-*, *-ss-* und *-mn-*.

Es gibt vielerlei syntaktische Substrateinflüsse untergegangener Sprachen, die sich etwa an der elementaren Wortfolge ablesen lassen. In den alten Kultursprachen Mesopotamiens, dem Sumerischen und Akkadischen, finden wir die Wortfolge Subjekt-Objekt-Verb, die von der Wortfolge Verb-Subjekt-Objekt in den semitischen Sprachen signifikant abweicht. Da das Sumerische die ältere der beiden Schriftsprachen ist, nimmt man an, daß die Subjekt-Objekt-Verb-Wortfolge im Akkadischen durch den Einfluß des Sumerischen verstärkt worden ist, also letztlich auf sumerischen Einfluß zurückgeht.

Der genetische Fingerabdruck: Selbst wenn man nicht weiß, in welcher Region in früheren Zeiten ein bestimmtes Volk gelebt hat, können Humangenetiker dessen genetischen Fingerabdruck im Genprofil der heutigen Bevölkerung feststellen. Auf den humangenetischen Karten der Bevölkerung Europas gibt es verschiedene Areale, die aufgrund spezifischer Genkonfigurationen von ihrer Umgebung abweichen. Die Kartierung solcher Konfigurationen ist geeignet, uralte Kontakte zwischen Völkern und ihren Kulturen zu illustrieren. Dies ist der Fall mit zwei genetischen Hauptkomponenten (*principal components*), deren Schwerpunkte in Osteuropa liegen: dem indoeuropäischen und dem uralischen Genotyp (s. Karten S. 16 bzw. 17). Das Genprofil in Südosteuropa wird von Genetikern als «mediterraner Genotyp» bezeichnet und gilt als genetischer «Außenlieger» (*outlier*). In diesem Fall handelt es sich um Spuren der vor-indoeuropäischen Populationen (→ Alteuropäer) in der südlichen und westlichen Schwarzmeerregion. Ein anderer genetischer Außenlieger findet sich auf Sardinien, wo im genomischen Profil der Sarden ethnische Reflexe der Urbevölkerung (Paläosarden) der Insel erkennbar sind. Ein dritter Außenlieger in der Mittelmeerregion ist der baskische Genotyp, dessen Radianten kartographisch eine ehemals weite Verbreitung der vor-indoeuropäischen Populationen (→ Aquitanier) im Südwesten Frankreichs und im Nordosten Spaniens ausweisen.

Lokale Besonderheiten lassen sich im Genotyp vieler jüngerer Völker identifizieren. In den Adern der arabischen Bevölkerung Ägyptens fließt das Blut der alten → Ägypter, die sich im 7. und 8. Jahrhundert rasch an die immigrierten Araber assimilierten. Die Hunnen haben ihren genetischen Fingerabdruck ebenso in Europa

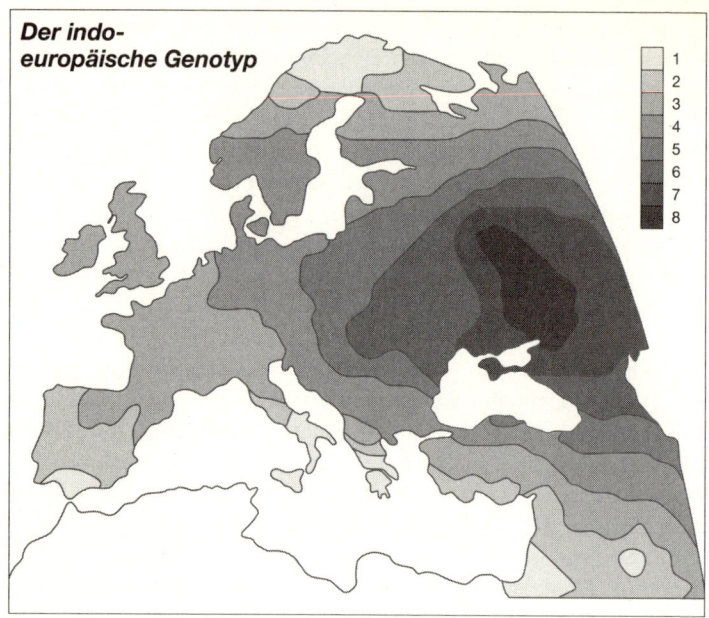

**Der indo-
europäische Genotyp**

	1
	2
	3
	4
	5
	6
	7
	8

Der indoeuropäische Genotyp, nach: L. u. F. Cavalli-Sforza 1995: 155. – Die dunkle Schattierung für die Region im Nordosten des Schwarzen Meeres kennzeichnet die stärkste Konzentration des indoeuropäischen Genotyps. Die Radianten, die sich um dieses Zentrum formiert haben, sind gleichsam fossile Spuren der Migrationswellen indoeuropäischer Populationen in prähistorischer Zeit. Sie sind nicht nur nach Westen und Südwesten gerichtet, sondern auch nach Nordwesten in Gebiete mit ursprünglich uralischer Bevölkerung.

wie in Asien hinterlassen. Die Reste der hunnischen Bevölkerung gingen einerseits im Volk der Tschuwaschen in der Wolgaregion auf, andererseits lassen sich genetische Spuren dieses ältesten, in der Geschichte namentlich bekannten Turkvolkes im Nordwesten Indiens (Rajasthan) nachweisen.

Lange ist über die Herkunft der Albaner gerätselt worden. Deren ethnisches Profil hat sich aus dem Volkstum der Illyrer in einem Prozeß langandauernder Kulturkontakte mit der römischen Welt ausgebildet. Die Illyrer waren bereits teilweise romanisiert, als die römische Herrschaft auf dem Balkan zusammenbrach. Darauf weisen die zahlreichen lateinischen Lehnwörter im Albani-

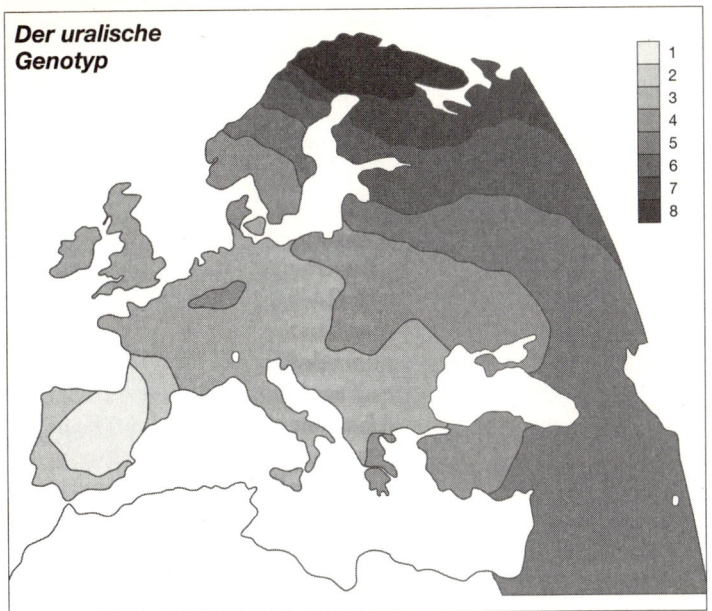

Der uralische Genotyp

1
2
3
4
5
6
7
8

Der uralische Genotyp, nach: L. u. F. Cavalli-Sforza 1995: 154. – Im äußersten Norden Skandinaviens haben sich die genetischen Eigenheiten der Uralier (dunkle Schattierung) am besten erhalten. Die regionalen Gruppen der heutigen Saamen haben den uralischen Genotyp bis zu 48% bewahrt, die Finnen dagegen nur in Resten von rund 20%. Die Radianten dokumentieren eine Schwächung der uralischen Genkonfiguration in den Gebieten Nordeuropas, die von Indoeuropäern (Balten, Slawen, Germanen) übervölkert wurden.

schen und eine Anzahl von Formantien lateinischer Herkunft in der albanischen Wortbildung. Außerdem spielten lokale Kontakte mit den → Thrakern eine Rolle. Die ethnische Identität der Albaner entwickelte sich, wie man heute weiß, aus einer Fusion verschiedener Kulturströmungen, die aus den Illyrern eben die Albaner machten.

Untergegangene Völker im Dienst nationaler Mythen: Untergegangene Völker werden bis in die Gegenwart in den Mythenbildungen von Nationalstaaten und ethnischen Minderheiten verklärt. Im Selbstverständnis der Franzosen spielt die Erinnerung an das Kulturerbe der Gallier eine wesentliche Rolle. Die Glorifizierung der dakischen Ursprünge des Rumänentums im sozialistischen Rumänien nahm während der Diktatur Ceaușescus groteske Züge an. Die Goten sind im Dienste unterschiedlichster kultur- oder machtpolitischer Ambitionen vereinnahmt worden. Im 17. Jahrhundert behauptete der Schwede Olof Rudbeck (1630–1702), die Goten seien in Platons Erzählung von Atlantis erwähnt, und identifizierte Teile der Stadtanlage von Atlantis mit schwedisch-germanischen Institutionen, so die Akropolis der Atlantiden mit Alt-Uppsala, den Apollo-Tempel mit dem Heiligtum der Svear. Aufgeklärte Geister wie Montesquieu (1689–1755) und Châteaubriand (1768–1848) förderten den Gotizismus ebenso wie der Amerikaner George Perkins Marsh (1801–1882), der die Goten als die Vorfahren der Engländer glorifizierte. Zu Beginn des 20. Jahrhunderts verband der Däne Johannes V. Jensen (1873–1950) den wirtschaftlichen Aufschwung der USA mit Hoffnungen auf eine «gotische Renaissance» in Nordamerika. Zur Manie wurde der Gotizismus im Germanenkult der Nationalsozialisten, was sich unter anderem an – teils realisierten – Plänen für neue geographische Bezeichnungen vor allem in Mittel- und Osteuropa zeigt. Gdingen wurde umbenannt in Gotenhafen. Die Halbinsel Krim sollte Gotland heißen, da dort Jahrhunderte Goten gesiedelt hatten. Simferopol sollte Gotenburg und Sewastopol Theoderichshafen heißen.

Aber untergegangene Völker wurden nicht nur glorifiziert, sondern auch für Ressentiments gegen andere Völker mißbraucht. Auch hier spielen wieder die Goten eine Rolle. Die alteingesessenen Bewohner der Kanarischen Inseln bezeichnen die Spanier vom europäischen Festland abschätzig als *godos* (‹Goten›), und man hört gelegentlich Parolen wie *fuera godos* (‹Goten raus›).

Das vorliegende Lexikon will jenseits von ideologischen Vereinnahmungen kompakt und zuverlässig über die wichtigsten untergegangenen Völker der Welt informieren. Besonderes Augenmerk gilt dabei ihrem – teilweise bis heute lebendigen – kulturellen Erbe. Die Hinterlassenschaft alter Völker ist im Laufe der Geschichte teilweise so stark transformiert worden, daß sie nur schwer zu identifizieren ist. Nicht immer liegt sie so offen zu Tage wie im Falle von Lehnwörtern. Vor Kultur- und Sprachhistorikern, vor Ethnologen, Archäologen und Humangenetikern, die den Spuren untergegangener Völker nachgehen, liegen noch vielfältige Aufgaben. Dieses Lexikon will auch dem Laien einen Einblick in den bisher erreichten Wissensstand ermöglichen. Wenn es auf diese Weise gelingt, die Sensibilität für das Erbe untergegangener Völker zu erhöhen, hat es bereits ein wichtiges Ziel erreicht.

Seine Abrundung hat dieses Lexikon in enger Zusammenarbeit mit dem Lektorat des Verlags C. H. Beck gefunden. Mein besonderer Dank gilt Petra Rehder, die mich unermüdlich zur Klärung vielfältiger Detailfragen angeregt und für Konsistenz und Einheitlichkeit des Lexikons gesorgt hat. Sie hat auch die Karten für den Satz vorbereitet. Ulrich Nolte hat die Entstehung des Buches mit Konsequenz und organisatorischem Geschick begleitet. Auch ihm danke ich.

Hinweise für die Benutzung

Artikelaufbau

Zu den untergegangenen Völkern steht uns quantitativ und qualitativ sehr heterogenes Material zur Verfügung. In den einzelnen Lexikonartikeln werden jeweils nach Möglichkeit folgende Aspekte berücksichtigt:

- *Name des Volkes (Ethnonym) und Namensvarianten;* soweit bekannt werden im Text die Namengebungen in antiken Quellen (z. B. griechisch, lateinisch, akkadisch, ägyptisch, hebräisch) erwähnt
- *Verbreitungsgebiet:* Einbindung in historischen Landschaften
- *Soziodemographische Entwicklung:* Ethnogenese, Siedlungsgeschichte, Migrationen, Gesellschaftsformen
- *Wirtschaftsformen:* Wildbeutertum (Stadium als Sammler und Jäger), Ackerbau, Nomadismus
- *Politische Organisation und Geschichte:* administrative Formen der Gemeinwesen, Reichsbildungen, politische Kontakte mit Nachbarvölkern, ethnisches Konfliktpotential
- *Kulturelle Besonderheiten:* religiöse Zugehörigkeit, Heiligtümer, Wertesysteme, Kulturimporte und Ideentransfer aus Kontakten mit Nachbarvölkern
- *Sprache und Schrifttum:* Sprachverwandtschaft, Verschriftlichung, Schrifttum
- *Untergang:* Zeitraum, Bedingungen, Nachwirkungen des ethnischen Auflösungsprozesses
- *Literaturhinweise* (in Auswahl)

Transkription von Namen und Begriffen aus anderen Schriften

Zur Wiedergabe von Namen und Ausdrücken aus nicht-lateinschriftlichen Sprachen wird das Inventar an Sonderzeichen und diakritischen Zeichen möglichst gering und damit benutzerfreundlich gehalten. Es werden u. a. folgende Umschriftsysteme benutzt:

- Semitische Sprachen: die im englischen Sprachraum übliche Umschrift ohne Diakritika
- Slawische Sprachen: für Namen die Duden-Umschrift, für slawische Beispielwörter die deutsche wissenschaftliche Transkription
- Chinesisch: Pinyin-System (ohne Tonemmarkierung)
- Indische und andere asiatische Sprechen (Sanskrit, Burmesisch u. a.): die in den internationalen Medien übliche Konvention

Abkürzungen

In der Regel werden drei- oder mehrsilbige Adjektive sowie alle Bezeichnungen für Sprachen und Ethnien, die auf «-isch» enden, abgekürzt (sofern «-isch» nicht an einen Vokal anschließt), ebenso Adjektive und Adverbien auf «-lich»; also: histor., französ., sprachl., ursprüngl., etc. Außerdem gilt:

→	verweist auf einen eigenen Lexikonartikel
>	wird zu
<	(entstanden) aus, (abgeleitet) von
*	verweist auf eine nicht belegte, rekonstruierte Form
entspr.	entsprechend; entspricht
europ.	europäisch
indoeurop.	indoeuropäisch
insb.	insbesondere
Jh.	Jahrhundert
Jt.	Jahrtausend
Mio.	Million(en)
Mrd.	Milliarde(n)
u. a.	und andere; unter anderem
v. a.	vor allem
v. d. Jzt.	vor der Jetztzeit

Artikel
A–Z

A

Afrika. Die Präsenz des Menschen reicht in diesem Kontinent weiter in die Tiefe der Zeit zurück als irgendwo sonst auf der Welt. Eine Zeitlang rivalisierten verschiedene Theorien über die Urheimat des Menschen miteinander. Nach der einen Theorie entwickelten sich die Hominiden in Afrika, woher auch sämtl. Menschenarten, die zu verschiedenen Zeiten in der Welt gelebt haben, stammen. Nach der anderen Theorie hat sich der Mensch unabhängig in verschiedenen Erdteilen entwickelt, und die anthropolog. Variationsbreite, die man bei den Vertretern des modernen Menschen in den Regionen der Welt feststellen kann, erklärte sich aus den lokalen Umweltbedingungen. Inzwischen haben sich die Erkenntnisse dahingehend verdichtet, daß sämtl. Hominidenarten in Afrika ihren Ursprung finden, daß aber der moderne Mensch (= Homo sapiens sapiens) in einigen Gegenden außerhalb Afrikas mit früheren Menschenarten im Kontakt gestanden hat und sich daher regional-spezif. Eigenheiten ausgebildet haben. Für die Region Südwestfrankreichs und Nordspaniens ist Kohabitat des modernen Menschen mit dem Neandertaler bezeugt. Zahnmedizin. Untersuchungen weisen auf entfernte Einflüsse des in Ostasien beheimateten Homo erectus im Genpool der modernen Chinesen hin.

Für die Menschenart des modernen Homo sapiens ist eindeutig festzustellen, daß sie sich im ökolog. Milieu Südafrikas entwickelt hat. Aufgrund humangenet. Kriterien läßt sich diese Entstehungsperiode auf etwa 150 000 Jahre v. d. Jzt. ansetzen. Fossile Überreste des modernen Menschen sind allerdings jünger als 100 000 Jahre. Zwischen den frühen Populationen des Homo sapiens sapiens und der heutigen Bevölkerung in Afrika gibt es eine direkte Deszendenzlinie, und die führt zu den Khoisaniden, d. h. zu den Buschmann-Stämmen (San), Khoikhoi (in der älteren Namengebung auch → Hottentotten genannt) und verwandten Ethnien. In deren anthropolog. Eigenarten haben sich Basiskomponenten des frühen Menschseins erhalten. Das für die Buschmann- und Hottentotten-Frauen charakterist. hochgewölbte Hinterteil (Steatopygia) ist einer der archaischen anthropolog. Marker. In dieser Körperregion bildet sich ein Fettpolster, das als Nahrungsreserve in karger, wüstenähnl. Umwelt dient.

Khoisanide besiedelten vor rund 10 000 Jahren (d. h. vor den weiträumigen Migrationen der Bantu-Völker) den größten Teil des südl. und östl. Afrika. Die Präsenz von Buschmann-Gruppen läßt sich im 4. Jt. v. Chr. sogar anhand von Skelettfunden im Niltal nachweisen. Es gibt auch Theorien, wonach der Einfluß der Khoikhoi-Kulturen in prähistor. Zeit bis nach Nordafrika und auf die Iber. Halbinsel gereicht habe. Die Khoi, mit denen die weißen Siedler im 17. Jh. in der Kapregion zusammentrafen, waren Viehzüchter. Die Wirtschaftsform hatten sie von ihren Nachbarn, den Ackerbau und Viehzucht betreibenden Bantu, übernommen. Dieser Transfer und die damit assoziierte Akkulturation sind ein illustratives Beispiel dafür, wie anpassungsfähig die Nachkommen der Ureinwohner Afrikas waren. Im Unterschied zu den eng verwandten Khoi, deren ethn. Identität sich im 20. Jh. auflöste, sind die San bis in die Neuzeit auf dem Entwicklungsstand des Wildbeutertums verblieben. Heute jedoch haben sich rund 90 % aller San akkulturiert.

Der Übergang zu einer seßhaften Lebensweise und einer nahrungsproduzierenden Wirtschaftsform fand zuerst im Niltal statt. Zwischen 7500 und 5000 v. Chr. gelangte die Kenntnis der Kultivation von Weizen und Gerste aus dem Nahen Osten nach Ägypten. Bemerkenswerterweise finden sich die ältesten Spuren für Pflanzenanbau nicht im Niltal selbst, sondern in der Fayyum-Senke in der westl. Wüste. Längere Zeit beschränkte sich der Ackerbau auf die Nilregion, verbreitete sich dann im 2. Jt. v. Chr. rasch nach Süden. Um 4000 v. Chr. wurden in der Sahelzone verschiedene Sorten von Wildgräsern kultiviert, darunter als wichtigste Guinea-Korn und Hirse. Zum sog. Savannen-Komplex gehörte auch der Anbau von Erbsen und Flaschenkürbis. Jamswurzel wurde seit ungefähr 1700 v. Chr. im Küstengebiet Guineas angebaut.

Die Domestizierung von Vieh geht auf die Zeit um 5000 v. Chr. zurück. Rinderzucht und Schaf- und Ziegenhaltung gelangten als Wirtschaftsform aus dem Vorderen Orient nach Ägypten. In der Sahara, damals eine Savannenlandschaft, ist der Viehnomadismus wahrscheinl. eine lokale Entwicklung, d. h. ohne Einflüsse von Ackerbau treibenden Bevölkerungsgruppen. Um 3500 v. Chr. erscheint das Rind in den Felsbildern der zentralen Sahara (Tassili-

Gebirge). Die Austrocknung der Sahara bedingte eine Abwanderung des Viehs gegen Ende des 2. Jt. v. Chr. Bereits vor 1500 v. Chr. ist Viehhaltung im westl. Afrika südl. der Sahara bezeugt. Anstelle des Rinds wurde das Pferd als Zugtier von Wagen eingeführt. Herodot erwähnt im 5. Jh. v. Chr. die Garamantes, die von Pferden gezogene Streitwagen führten. Nur wenige hundert Jahre später gelangte das Kamel zu den Bewohnern der Sahara-Oasen.

Im 2. Jt. v. Chr. kam es zu demograph. Umwälzungen in weiten Teilen Afrikas, als deren Folge sich negride Populationen in den Gebieten südl. der Sahara verbreiteten. Die schwarzafrikan. Bevölkerung war ursprüngl. im Westen des Kontinents konzentriert, in einer Region, die sich über Teile des heutigen Nigeria und Kamerun erstreckte. Weiträumige und bevölkerungsstarke Migrationen brachten von dort Schwarzafrikaner nach Südosten und Süden. Die Migrationsbewegung zog sich über einen längeren Zeitraum hin und verlief in verschiedenen Wellen. Bis etwa 1000 v. Chr. gelangten negride Populationen (Schwarzafrikaner) ins Innere des Kontinents (nach Zentralafrika). Die Vorfahren der schwarzen Bevölkerung Südafrikas kamen mit der letzten Migrationswelle in der ersten Hälfte des 1. Jt. n. Chr. Es sind immer wieder neue Versuche unternommen worden, die Triebkräfte für diese weiträumigen und langzeitl. Migrationen aufzudecken. Die anfängl. von der Urheimat aus südwärts gerichtete Migration (1500–1000 v. Chr.) erfolgte vor der Einführung des Eisens. Die späteren Wanderungen (ab dem 5. Jh. v. Chr.) standen jedoch wohl in direktem zeitlichem Zusammenhang mit der Verbreitung solcher Innovationen wie Eisenverarbeitung und Schmiedekunst.

Von den Metallen hat Eisen seit langem eine besondere Rolle bei den Schwarzafrikanern gespielt, im Gegensatz zum selten vorkommenden Kupfer, das die Kulturentwicklung in Afrika – mit Ausnahme von Ägypten – nicht wesentl. beeinflußt hat. Es gibt zahlreiche Eisenerzvorkommen, und der Rohstoff kann im Tagebau gewonnen werden. Die Anfänge der Eisenverarbeitung sind um 1500 v. Chr. in Westasien zu suchen. Die Kenntnis dieser Technologie gelangte erst spät nach Ägypten, und zwar mit den → Assyrern im 7. Jh. v. Chr. Das älteste Zentrum der Eisenverarbeitung in Nordafrika war → Meroe in Nubien, wo seit dem 6. Jh. v. Chr. eine Eisenschmelze in Betrieb war. Im 5. Jh. v. Chr. wurde Eisen erstmals in der Sahelzone bearbeitet. Das älteste Zentrum der Eisenzeit dort war Nok, nördl. des Zusammenflusses von Niger und Benue gelegen. Von hier aus verbreitete sich die Schmiedekunst nach Osten (bis Urewe am Victoria-See) und weit nach Süden. Außer der Viehhaltung übernahmen die Khoi auch das Know-how der Eisenverarbeitung von den nach Süden vordringenden Bantu.

Afrika ist zwar nicht die Wiege der ältesten Zivilisation der Welt – dies trifft auf die Donauzivilisation zu (→ Europa) –, die im 4. Jt. v. Chr. einsetzende altägypt. Kulturtradition (→ Ägypter) ist aber älter als die der → Sumerer in Mesopotamien. Ein verläßl. Indikator für das Entwicklungsstadium einer Hochkultur ist die Schrifttechnologie, und Schrift wurde in Ägypten rund 150 Jahre früher als in den Stadtstaaten Altsumers verwendet. Die ältesten Staatsgründungen auf afrikan. Boden stammen sämtl. aus vorchristl. Zeit und aus dem Norden des Kontinents. Im westl. Oasengürtel, der Ägypten umgrenzt, hatten sich seit dem 3. Jt. v. Chr. → Libyer niedergelassen. Die Beziehungen zwischen Ägyptern und Libyern waren wechselhaft, manchmal friedl., zu anderen Zeiten kriegerisch. Libysche Soldaten und ganze Truppeneinheiten taten Dienst in der ägypt. Armee, und in der Zeit zwischen 945 und 712 v. Chr. regierten libysche Heerführer als Pharaonen Ägypten.

Im Westen entwickelte sich Karthago, eine Stadtgründung der → Phönizier aus dem 9. Jh. v. Chr., zur führenden Seemacht im westl. Mittelmeer. Während die → Karthager auf der Iber. Halbinsel ihre polit. und wirtschaftl. Interessen mit den Griechen teilten, kam es mit den → Römern zur militär. Konfrontation. Die mehr als hundertjährige Rivalität uferte in drei Kriegen aus (1. Pun. Krieg: 264–241 v. Chr.; 2. Pun. Krieg: 218–201 v. Chr.; 3. Pun. Krieg: 149–146 v. Chr.) und endete mit der Zerstörung Karthagos sowie mit der Eingliederung von dessen Machtbereich in das Imperium Romanum.

Langwierig waren auch die Auseinandersetzungen der Römer mit den → Numidern, deren Reich im 3. und 2. Jh. v. Chr. neben Karthago der wichtigste Machtfaktor im westl. Teil Nordafrikas war. Die bekanntesten Herrscher Numidiens, Syphax (gest. 201 v. Chr.) und Masinissa (gest. 148 v. Chr.), waren als jeweilige Verbündete der Kriegsparteien an den Kämpfen zwischen Karthagern und Römern beteiligt, Syphax auf Seiten Karthagos, Masinissa auf Seiten Roms. Das Bündnis mit Rom hielt aber nicht lang, und schon bald nach der Zerstörung Karthagos wurde auch Numidien dem röm. Territorium angeschlossen. Zwar erhoben sich die Numider im Jugurthin. Krieg (111–105 v. Chr.) gegen die röm. Oberhoheit, die Rebellion wurde aber unterdrückt und der letzte unabhängige Numiderkönig Iugurtha Anfang 104 v. Chr. hingerichtet.

Im Süden Ägyptens, in Nubien, entwickelte sich das Reich von Kusch seit dem 16. Jh. v. Chr. zu einer selbständigen polit. Kraft. Die Pharaonen des Neuen Reiches (ab ca. 1550 v. Chr.) standen in ständigen militär. Auseinandersetzungen mit ihren südl. Nachbarn. Unter Amenophis III. (reg. 1379–1353 v. Chr.) wurde Nubien ägypt. Provinz und seine Kultur weitgehend ägyptisiert. Im 9. Jh. erlebte das Reich von Napata (nach seiner Hauptstadt so benannt) seinen Aufschwung. Eine Zeitlang kehrten sich die polit. Machtverhältnisse zwischen Ägypten und Nubien um. Zwischen 760 und 653 v. Chr. wurde Ägypten von nub. Herrschern, den «schwarzen Pharaonen» der 25. Dynastie, regiert. Meroe, seit dem 6. Jh. v. Chr. ein wichtiges Kulturzentrum dieses Reiches, war seit 270 v. Chr. Hauptstadt des meroit. Reiches. Mit seiner einheim. Schriftkultur war das Reich von Meroe die älteste schwarzafrikan. Zivilisation.

Im Norden Äthiopiens hatte sich im 1. Jh. n. Chr. ein lokales Königreich gebildet, das nach seinem polit. Zentrum das Reich von → Aksum genannt wird. Seine eigentl. Machtfülle erreichte dieser Staat im 4. Jh. n. Chr., nach der Übernahme des Christentums. In Aksum wurden Einflüsse aus Südarabien bereits gegen Ende des 2. Jt. v. Chr. wirksam, und während der Zeit der südarab. Königreiche (→ Minäer, Sabäer) – bis in die ersten Jahrhunderte n. Chr. – bestanden enge polit. und kulturelle Verbindungen. Die polit. Macht Aksums strahlte über weite Teile Äthiopiens aus, sein Territorium erstreckte sich in den Nordosten des Sudan und bis nach Südarabien, das zwischen 535 und 565 den Königen von Aksum unterstand. Im 10. Jh. erfolgte der Niedergang des Reiches.

Afrikas Kulturgeschichte kann auch mit Geheimnissen aufwarten, die bis heute nicht gelüftet worden sind. Eine der alten Kulturen dieses Kontinents ist das sagenumwobene Reich → Punt, das in Somalia, im Jemen und im Sudan gesucht worden ist. Auch wenn archäolog. Spuren bisher nirgendwo zu Tage kamen, geht die neuere Forschung aufgrund der Berichte in ägypt. Quellen davon aus, daß es Punt tatsächl. gab und daß dieses Land, aus dem Weihrauch und Myrrhe importiert wurden, im östl. Grenzgebiet des Sudan lag. Von einem anderen Geheimnis kennt man den Standort, aber vom Schicksal seiner Bewohner ist so gut wie nichts bekannt. Die monumentalen Ruinen von → Simbabwe geben den Archäologen bis heute

Rätsel auf. Warum wurde der Palastkomplex verlassen, wo doch der Fernhandel mit Gold, Kupfer und Eisenerz florierte? Kulturgeschichte kann Abenteuer sein, und in Afrika wird dieser Eindruck bestätigt.

Lit.: Cavalli-Sforza et al. 1994: 158 ff., Ki-Zerbo 1981, Mokhtar 1990, Newman 1995, Welsby 1996

Ägypter. Die Bevölkerungsgruppen, die das Niltal seit dem Neolithikum besiedelt hatten (s. Karte S. 194–195) und später agrar. Gemeinwesen gründeten, fügen sich ein in das Kaleidoskop afrikan. Populationen. Bedingt durch Ausgleichstendenzen (Genfluß zwischen negriden und afroasiat. Bevölkerungsgruppen) und durch die geoklimat. Isolation des Niltals vom umgebenden Wüstengebiet weist die ägypt. Bevölkerung besondere lokale Eigenarten auf, und zwar sowohl in ihrem Genpool als auch im Hinblick auf Merkmale der phys. Anthropologie. Die Bezeichnung «Ägypter» wird hier als Sammelbenennung für die Bevölkerung Ägyptens verwendet, die verschiedenen ethn. Gruppen angehörte. Abnehmend von Süden nach Norden ist die Physiognomie der alten ägypt. Bevölkerung charakterisiert durch anthropolog. Eigenschaften, die sie mit den Populationen im subsaharan. Afrika, d. h. mit negriden Gruppen, verbindet. Dies deutet darauf hin, daß das Niltal ursprüngl. von Innerafrika aus besiedelt worden ist. Es sind auch genet. Spuren khoisanider Gruppen nachweisbar, was auf die ehemalige Präsenz von Buschmann-Populationen bis weit in den Norden Afrikas schließen läßt (→ Afrika). Die ägypt. Bevölkerung im Süden war dunkelhäutig, der überwiegende Teil im Norden aber hellhäutiger.

Im nördl. Ägypten häufen sich anthropolog. Merkmale, die auf Einflüsse aus dem Sinaigebiet und im weiteren Sinn des Nahen Ostens deuten. In der Periode zwischen 7500 und 5000 v. Chr. gelangte die Kenntnis des Ackerbaus aus dem Nahen Osten nach Ägypten. Die Getreidesorten, die im Alten Ägypten im Niltal angebaut wurden (Zweikornweizen, Gerste), haben ihren Ursprung außerhalb Afrikas. Die Verbreitung einer nahrungsproduzierenden Wirtschaftsform stand im Zusammenhang mit der Migration bedeutender Bevölkerungsgruppen aus dem Nahen Osten nach Nordägypten.

Die Kontraste zwischen nördl. und südl. Bevölkerungsgruppen in anthropolog. Hinsicht scheinen auch in der unterschiedl. Kulturentwicklung auf. Der Fayum war eine Region, wo Ägypter aus dem Süden und aus dem Norden interagierten und Handel trieben. In der archäolog. Hinterlassenschaft der prädynast. Periode des 4. Jt. v. Chr. sind deutl. zwei verschiedene Gravitationen in Unterägypten (Ma'adi-Kultur des Nordens) und in Oberägypten (Nagada-Kultur des Südens) zu erkennen. Bereits in prädynast. Zeit gab es in Oberägypten eine markante soziale Hierarchie. Dies weist die reiche Ausstattung der Gräber von Personen mit sozialem Rang aus. Die Grabstätten der Menschen in Unterägypten sind wesentl. einfacher. Dort sind keine Anzeichen für eine komplexe Sozialgliederung der lokalen Siedlungsgemeinschaften zu erkennen.

Von den beiden Königreichen, die sich zu Beginn des 4. Jt. v. Chr. konsolidierten, war das von Oberägypten das polit. mächtigere und kulturell bedeutendere. Die Erkenntnisse der modernen Forschung weisen für den Kulturkreis Oberägyptens einen besonderen Rekord aus. Mit Hieroglyphen beschriftete Siegel sind in prädynast. Gräbern von Abydos aus der Zeit um 3350 v. Chr. gefunden worden. Der Gebrauch von Schrift ist damit in Ägypten älter als in Mesopotamien. Oberägypten verfügte über Ressourcen, die dem Norden fehlten. Zu den begehrtesten Handelswaren gehörte Gold. Der Übergang zur dynast. Ära erfolgte wahrscheinl. durch die Übernahme der Macht in Unterägypten durch den Herrscher Oberägyptens. Damit lag die Kontrolle der Handelswege in den Nahen Osten in oberägypt. Hand. Aus dem Norden (Libanon) kam das für die Ägypter so wichtige Zedernholz, aus dem die großen Transportboote gebaut wurden, die den Nil befuhren. Die Vereinigung der beiden Teilreiche unter der Führung Oberägyptens bedeutete den Transfer zentraler sozialer und kultureller Institutionen aus dem Süden in den Norden. Hierzu gehörten die hierarch. Gliederung der Gesellschaft und die Vorstellungen vom sakralen Königtum (Gottkönigtum). Letzteres zeigt deutl. Beziehungen zu ähnl. Institutionen schwarzafrikan. Kulturen.

Die dynast. Ära wird traditionell in die folgenden Perioden eingeteilt: Frühdynast. Periode (3050–2686 v. Chr.), Altes Reich (2685–2181 v. Chr.), Erste Zwischenzeit (2180–2055 v. Chr.), Mittleres Reich (2055–1795 v. Chr.), Zweite Zwischenzeit (1795–1550 v. Chr.), Neues Reich (1550–1069 v. Chr.), Dritte Zwischenzeit (1069–664 v. Chr.),

Spätzeit (664–332 v. Chr.), Ära der Ptolemäer (332–31 v. Chr.), Röm. Zeit (30 v. Chr.–312 n. Chr.), Kopt. Zeit (312–639). Der erste Herrscher des geeinten Ägypten war der sagenumwobene Skorpion. Die letzte Machthaberin in der langen Liste der ägypt. Pharaonen war die legendäre Cleopatra VII. (reg. 51–30 v. Chr.). Nach ihrem Tod wurde Ägypten als Provinz ins Imperium Romanum integriert. Im Jahre 639 endete die lange Tradition polit. Herrschaft in Ägypten mit der Invasion und Landnahme der Araber. Ägypten wurde damit arab. Provinz. Die einwandernden Araber ließen sich größtenteils als Bauern (Felachen) in ländl. Gebieten nieder und stellten dort schon bald die Bevölkerungsmehrheit. Die bodenständige Bevölkerung assimilierte sich kulturell wie sprachl; über Sozialkontakte und Familienbindungen ging das Volkstum der Ägypter, das in seinem Endstadium durch die → Kopten und ihre Sprachkultur repräsentiert wurde, in dem der Araber auf.

Die ägypt. Zivilisation hat Leistungen hervorgebracht, die zum Weltkulturerbe gehören. Rein äußerl. Zeichen des hohen techn. Entwicklungsstandes sind Monumentalbauten wie der Tempel von Karnak und die Pyramiden von Gizeh. Die Architektur und die Kunst des alten Ägypten haben die Europäer nachhaltig beeindruckt, beginnend mit der griech.-röm. Antike. Die Exotik der materiellen Kultur Ägyptens hat einen histor. Modetrend bewirkt, den der Ägyptomanie, der in Europa seit dem 18. Jh. wirkte. In Werken der Musik wie der Oper «Aïda» (1871) von Giuseppe Verdi oder in dem Roman «Sinuhe egyptiläinen» (Sinuhe der Ägypter, 1945) von Mika Waltari lebt das altägypt. Kulturmilieu wieder auf, selbst wenn es sich dabei um europ. Verklärungen ohne Anspruch auf histor. Authentizität handelt.

Tiefgreifender noch waren die Einflüsse im Bereich der geistigen Kultur. Die ägypt. Gesellschaft hat das erste monotheist. Religionsmodell der Geschichte entwickelt, den Atonkult, der von Amenophis IV. (reg. 1368–1351 v. Chr.) eingeführt wurde. Dieser Pharao, der sich Echnaton (‹der dem Aton Wohlgesinnte›) nannte, war ein Häretiker, der mit den alten polytheist. Kulten brach und Aton als einzigen Gott verehrte. Daß sich der Atonkult noch einige Zeit nach Echnatons Tod hielt, ist seiner resoluten Gattin Nofretete zu verdanken, deren Schönheit Weltruhm erlangte. Der Atonkult wurde von dem Ägypter Mose, einem Mitglied der Königsfamilie, der nach einer gescheiterten Palastrevolte das Land verließ, zum Gottesmonopol der Hebräer, zum Jahweismus transformiert. Von diesem Modell des einzigen Gottes führt der Weg zum Christentum und zum Islam.

Die Schrifttradition Ägyptens hat einen entscheidenden Anteil an der Entstehung der Alphabetschriften. Die Ein-Konsonanten-Zeichen der ägypt. Hieroglyphen, die auch «ägypt. Alphabet» genannt werden, waren wahrscheinl. das Vorbild für das alphabet. Schreibprinzip «éin Buchstabe : éin Laut». Die älteste Version einer Alphabetschrift, zur Schreibung des Altsemit., entstand im 17. Jh. v. Chr. im Sinai-Gebiet.

Die kulturelle Hinterlassenschaft Ägyptens für Europa ist in der modernen Geschichtsbetrachtung neu, mit einem globalen histor. Verständnis, bewertet worden, angeregt durch die polit. Konvulsionen der postkolonialen Ära in den Staaten der Dritten Welt und andere außereurop. Impulse. Mit der sog. «Orientalismus-Debatte» in der Wissenschaft nahmen die Europäer die Herausforderung an, ihre kulturellen Stereotypen zu überdenken. Die abendländ. Vorstellungen über Ägypten, den Orient und deren Kulturen hatten sich im 19. Jh. unter dem Eindruck der europ. Kolonialgeschichte herausgebildet, und die Kategorisierung außereurop. Völker und ihrer Kulturen uferte nicht selten in eurozentr.-chauvinist. oder sogar rassist. Wertungen aus. Besondere Akzente erhielt die Orientalismus-Debatte in neuerer Zeit mit den Bemühungen der Europäer, die Ursprünge ihrer westl. Zivilisation zu identifizieren – im Rahmen der sich vertiefenden Integrationsbewegung, die bereits ganz West- und Mitteleuropa umfaßt (in der Konstellation der EU-Staaten ab 2004) und nun auch Südosteuropa miteinbezieht.

Insb. die afrozentr. Kulturtheorie von M. Bernal (1987–91), der den Europäern ein rassist. Geschichtsbild vorwirft, hat diese Diskussion angeheizt. Die angebl. Reinheit der griech. Kultur und ihre europ. Verwurzelung werden im Licht des Afrozentrismus verworfen, und es wird stattdessen ein dominierender Einfluß von Seiten des Alten Ägypten und des Nahen Ostens propagiert. Die Entstehung des Griechentums und der griech. Kultur im 3. Jt. v. Chr. wäre demnach entscheidend von afrikan. (ägypt.) und nahöstl. Einflüssen geprägt worden. Für diese Theorie in ihrer extremen Auslegung fehlen zwar die empir. Beweise, sie ist aber lehrreich im Hinblick auf ihre anti-eurozentr. Kontrastperspektive. Im Zuge der neueren Reflexionen erkennen die Europäer immer mehr Nuancen des ägypt. Kultureinflusses auf die antike Welt. Zusätzl. zu den unbestreitbaren Interferenzen im Bereich der darstellenden Kunst wird heute die Frage gestellt, ob nicht auch manche philosoph. Lehren und wissenschaftl. Erkenntnisse der griech. Antike von ägypt. Vorstellungen inspiriert worden sein könnten. Immerhin hielten sich Hauptvertreter des griech. Geisteslebens wie Pythagoras (570–497 v. Chr.), Platon (427–347 v. Chr.) und Aristoteles (384–322 v. Chr.) längere Zeit in Ägypten auf. Pythagoras verbrachte sogar 22 Jahre dort.

Lit.: Assmann 1999, Baines/Málek 1980, Bard 1999, Donadoni 1992, Haarmann 1998, Morenz 1969, Muir 1994, Olcla 1998, Rice 1997, Schneider 1996, Walker/Higgs 2001

Akkader. Die Akkader gehören zu den alten Kulturvölkern des Vorderen Orients. Als semit. Volk mit kulturellem und sprachl. Eigenprofil treten sie im 3. Jt. v. Chr. im nördl. Mesopotamien (in der Region des heutigen Irak, Syriens und angrenzender Gebiete, s. Karte S. 68) auf. Ihren Namen haben die Akkader von der Stadt Akkad (auch: Akkade, Agade), die von Sargon um 2400 v. Chr. gegründet worden war. Das Reich von Akkad hatte bis etwa 2255 v. Chr. Bestand. Danach ging die polit. Macht an Assyrien, später an Babylonien über.

Die große kulturelle Leistung der Akkader liegt weniger in der Originalität ihrer semit. Traditionen als vielmehr in ihrer Vermittlerrolle für die Verbreitung sumer. Ideenguts, kultureller Institutionen und Technologien (→ Sumerer). Seit der ersten Hälfte des 3. Jt. v. Chr. war die soziale Elite der Akkader zweisprachig und verwendete sowohl das Akkad. als auch das Sumer. als Bildungssprache. Akkad. und sumer. Schreiber waren an denselben Orten tätig. Über die sumer. Schriftkultur und deren Transformation im akkad. Kulturmilieu gelangten myth. Erzählstoffe, religiöse Vorstellungen und wissenschaftl. Erkenntnisse der Sumerer zu den Nachbarn. Eine der zentralen Technologien war der Gebrauch der Keilschrift, deren System von den Akkadern perfektioniert wurde. Von Akkad aus gelangte das sumer.-akkad. Kulturgut (einschließl. der Schreibtechnologie) zu den → Assyrern, → Babyloniern, → Hurritern und strahlte weit über Mesopotamien aus (beispielsweise nach → Ebla in Syrien und zu den → Hethitern nach Anatolien).

Von den untergegangenen semit. Sprachen ist das Akkad. diejenige mit dem reichsten Schrifttum. Die Anfänge der akkad. Schriftlichkeit sind auf ca. 2500 v. Chr. zu datieren. Die letzten Spuren des Schriftgebrauchs verlieren sich im 2. Jh. n. Chr. Akkad. war nicht nur als Literatursprache, sondern auch als Wissenschaftssprache in Gebrauch. Als Kanzleisprache fungierte es in Assyrien und Babylon. Als Sprache der internationalen Diplomatie reichte der Einfluß des Akkad. sogar bis nach Ägypten. Diplomat. Korrespondenz ist im Palastarchiv von Akhetaton (Amarna) gefunden worden, der zeitweiligen Hauptstadt Ägyptens während der Regierungszeit von Amenophis IV. (Echnaton; reg. 1368–1351 v. Chr.).

Lit.: Kuhrt 1995: 44 ff., Saggs 1995: 66 ff., Snell 1997: 18 ff.

Aksum. Die ethn. Identität der Populationen, die Träger der Aksum-Kultur waren, ist nur ansatzweise bekannt. Es handelte sich wohl um eine ethn. gemischte Bevölkerung. Im Verlauf des 1. Jt. v. Chr. wanderten Migranten aus dem Süden der Arab. Halbinsel ins Abessin. Hochland ein. Dort kam es zur ethn. Fusion der arab. Bevölkerungsgruppen mit der einheim. kuschit. Bevölkerung. Jedenfalls gibt es kein Volk, das als *Aksumiter zu identifizieren wäre.

In der Gegend des histor. Aksum in Nord-Äthiopien sind die Reste monumentaler Stelen (bis zu 33 m hoch) zu sehen, die aus vorchristl. Zeit stammen. Die Stadt Aksum wird im 2. Jh. n. Chr. erwähnt, und zwar im «Periplus maris Erythraei», ihre Gründung geht aber vermutl. auf das 1. Jh. n. Chr. zurück. Aksum wurde zum Mittelpunkt eines Reiches, das zeitweilig (im 4. und 6. Jh.) auch Gebiete auf der Arab. Halbinsel (Jemen) beherrschte. Das Reichsgebiet erstreckte sich im Westen bis ins Grenzgebiet zum Sudan und im Osten bis ans Rote Meer. Der Hafen Adulis war der wichtigste Umschlagplatz für den Fernhandel über See.

Unter König Esana (4. Jh.) verbreitete sich das Christentum. Das wichtigste Medium dieses Modells einer neuen Weltordnung war das Griech. In dieser Sprache sind zahlreiche Inschriften von Aksum verfaßt. Die polit. und kulturellen Beziehungen zu Byzanz bescherten Aksum im 6. Jh. n. Chr. eine späte Blütezeit. Aus jener Periode stammt ein ausführl. Bericht über Aksum in der «Christianike topographia» («Christl. Topographie») von Kosmas Indikopleustes (Kosmas, der ‹Indienfahrer›) aus Alexandria. Seit dem späten 7. Jh. geriet Aksum wegen der Expansion des Islam mehr und mehr in Isolation. Der Niedergang des Reiches erfolgte im 10. Jh.

Lit.: Plant 1985, Wolska 1962

Alanen. Ursprüngl. lebten die Alanen, ein iran. Volk, in Mittelasien (s. Karte S. 56–57). Sie wurden von den Griechen und →̣ Römern *Asioi*, von den →̣ Slawen und →̣ Iraniern *As* genannt. Die Dualität der Namen «Alanen» und «Asen» verdeutlicht den lockeren Zusammenschluß von Stammesgruppen. Diejenige Gruppe, mit der Griechen und Römer zuerst in Kontakt traten, wurde namengebend für das ethn. Kollektiv. Im 2. Jh. v. Chr. standen die Alanen im Bund mit den →̣ Tocharern, Sakaraulern und Pasianern und dehnten ihren Einflußbereich bis in das Gebiet jenseits des Amudarja aus. Mitte des 1. Jh. v. Chr. verschoben sie das polit. Kräfteverhältnis nördl. des Hindukusch, indem sie dort die Vorherrschaft der Tocharer brachen. Die Alanen werden in Mittelasien noch bis ins 7. Jh. n. Chr. urkundl. erwähnt.

Einige Bevölkerungsgruppen trennten sich schon früh vom Hauptvolk und migrierten nach Westen. Im Vorland des Kaukasus lebten die dorthin abgewanderten Alanen mit den Resten der skyth. Bevölkerung (→̣ Skythen) in Siedlungsgemeinschaft. Ihr Volkstum ging später in dem der Osseten auf, in deren Namen sich das ältere Ethnonym *As* erhalten hat.

Eine andere alan. Gruppe, die Roxolanen, rivalisierten zunächst mit den →̣ Sarmaten, beherrschten dann ab dem 2. Jh. v. Chr. für einige Jahrhunderte die Nogaische Steppe. Im 3. Jh. n. Chr. schlossen sich die Roxolanen den german. Neuankömmlingen in der Schwarzmeerregion, den →̣ Goten, an und zogen mit diesen im 4. Jh. nach Pannonien. Im Bund mit den →̣ Vandalen und →̣ Sueben migrierten Restgruppen der Alanen nach Gallien und Hispanien (s. Karte S. 102–103). Mit den Vandalen setzten die Alanen ihre Wanderung bis nach Nordafrika fort. Dort verlieren sich ihre Spuren.

Ein Teil der in der südruss. Steppe verbliebenen Alanen schloß sich den Ungarn an und migrierte im 7. und 9. Jh. unter der Führung der →̣ Onoguren nach Pannonien. Dort sind Siedlungen der Alanen (latein. *Jazones*, ungar. *jász*) in der Gegend nordwestl. von Buda noch im 14. Jh. bezeugt. Bis heute haben sich Orts- und Geländenamen erhalten, die an die Alanen in Ungarn erinnern (z. B. *Jászság*, *Jászfalu* ‹Land der Ias›, ‹Alanen-Land›). Noch im 16. Jh. werden einige Familien mit alan. Namen im Jászság erwähnt. Alan. Herkunft sind einige in Ungarn gebräuchl. Familiennamen wie Bagdasa, Bosonga, Foton, Gargán, Grabán, Káskán, Mehser, Szaburán u. a.

Lit.: Brunner et al. 1990/1: 76, Harmatta 1994: 467f., Pálóczi-Horváth 1989: 62ff.

Albaner. Die Albaner lebten im östl. Kaukasus (s. Karte S. 56–57) und waren autochthone → Kaukasier. Die Spuren dieses Volkes verlieren sich nach dem 7. Jh. n. Chr. Trotz der Namensgleichheit haben die kaukas. Albaner nichts mit den indoeurop. Albanern in Südosteuropa (→ Illyrer) zu tun. Nach den Albanern wurde in der Antike die Region des östl. Kaukasus Albania (so in griech. und röm. Quellen) genannt. In altarmen. Dokumenten war die Region auch unter dem Namen Aluank bekannt. Die histor. Landschaft Albania erstreckte sich in etwa über ein Gebiet, das seit 643 bei den Arabern Aserbaidschan heißt.

Albania stand die längste Zeit seiner Geschichte unter der Oberherrschaft mächtiger Nachbarn. Im 7. Jh. v. Chr. war es Teil des Reiches der → Meder. Später, von 550 bis 330 v. Chr., stand die Region unter der Vorherrschaft der pers. Achämeniden. Andere Fremdherrscher der Region waren → Parther, Armenier und → Römer. Vor der islam. Expansion war Albania zwischen dem Khanat der → Chasaren und dem Byzantin. Reich umkämpft. Das Gebiet war von besonderem Interesse, denn hier liegt der als Kaukas. Tor bekannte Gebirgspaß von Derbent. Über diesen Paß haben die erwähnten Völker den Kaukasus überquert, und um die Kontrolle dieser Route wurde immer wieder gerungen.

Lit.: Akopjan 1987, Dasxuranci 1961

Alemannen. Erst relativ spät, in der zweiten Hälfte des 3. Jh. n. Chr., werden die german. Alemannen (latein. *Alamanni*) zum ersten Mal erwähnt. Um 260 n. Chr. wurde der german.-rät. Limes aufgegeben und das rechts-rhein. Gebiet (*agri decumates*) geräumt. Zu den landnehmenden german. Stammesgruppen, die in die von den → Römern verlassenen Gebiete vordrangen, gehörten als Hauptbevölkerung diejenigen Germanen, die von den Römern *Alamanni* genannt wurden. Dabei handelte es sich in der Frühzeit nicht um ein homogenes Volk, sondern eine alemann. Identität bildete sich als das Ergebnis einer ethn. Fusion heraus, an der Gruppen wie die Juthungen (ident. mit den Semnonen), Burgundionen (→ Burgunder), Rätovarier, Brisigavier u. a. beteiligt waren. Die Herkunft des Namens der Alemannen, der ursprüngl. ‹zusammengespülte und vermengte Menschen› bedeutet, weist auf Siedlungsmischung verschiedener Volksgruppen.

Die Römer links des Rheins duldeten die rechts-rhein. german. Nachbarn, weil die Alemannen den Rhein als natürl. Grenze zwischen beiden Siedlungsgebieten anerkannten. Seit der Mitte des 5. Jh. dehnten die Alemannen ihr Siedlungsgebiet links-rhein. aus (um 470 bis zum Doubs und weiter in die Champagne). Diese Expansionsbewegung (s. Karte S. 102–103) führte zum Konflikt mit den → Franken im nördl. Gallien. Im Jahre 496 verloren die Alemannen nach der Schlacht bei Tolbiacum (Zülpich) ihre nördl. Siedlungsgebiete an die Franken. Im 7. Jh. dringen Alemannen bis in die Nordschweiz vor. Im alemann. Siedlungsgebiet gefundene Runeninschriften (v. a. beschriftete Fibeln) lassen sich in die Periode zwischen 530 und 600 datieren.

Im Übergang zum Mittelalter konsolidiert sich in dem von Alemannen besiedelten Gebiet sprachl. eine Zone, in der heute oberdeutsche Dialekte mit alemann. Lokalkolorit verbreitet sind. Diese Zone erstreckt sich beiderseits des Rheins und schließt auf dem Territorium der Schweiz das Schwyzertütsch ein. Eng verwandt mit dem alemann. Dialekt ist das Bairische.

Der Name des german. Volkes der Alemannen, die im Deutschtum der althochdeutschen Periode aufgingen, ist in der Namengebung der Franzosen für die Deutschen erhalten: *Allemands.*

Lit.: Fuchs et al. 2001, Keller 1989

Altanatolische Völker → Kleinasien

Altarabische Völker → Minäer, Sabr, Sabäer

Alteuropäer. Die Klimaerwärmung, die vor rund 12 000 Jahren das Abschmelzen der Eismassen im nördl. Europa auslöste, brachte für Südosteuropa die Vorteile eines gemäßigten Klimas. Früher als anderswo in Europa kann man im Mesolithikum (Mittlere Steinzeit) der Region einen Trend zur Seßhaftigkeit beobachten (z. B. Lepenski Vir an der Donau, nahe der serb.-rumän. Grenze). Der Ackerbau und die Kenntnis von Nutzpflanzen wurden bereits um 7000 v. Chr. von Kleinasien her in die Inselwelt der Ägäis und in die Balkanregion vermittelt. Es lassen sich keine archäolog. Spuren für weiträumige Migrationen von Kleinasien nach Europa nachweisen, weshalb man annehmen kann, daß die bodenständige Bevölkerung in Griechenland und auf dem Balkan sich akkulturierte und einen Wechsel vom Wildbeutertum zur Seßhaftigkeit und zu einer nahrungsproduzierenden Wirtschaftsform erlebte.

Diese neolith. Populationen, die frühen Ackerbauern Europas, werden hier «Alteuropäer» genannt (s. Karte S. 194–195). Es handelt sich um vor-indoeurop. Bevölkerungsgruppen, deren Verbreitung in der Antike sich mithilfe der Erkenntnisse der Humangenetik feststellen läßt. Die Völker der damaligen Zeit haben ihren genet. «Fingerabdruck» im genom. Profil späterer Populationen hinterlassen. In der südl. Schwarzmeerregion, sowohl auf europ. wie auf asiat. Seite, ist auf den humangenet. Karten ein besonderes Profil, das des «mediterranen Genotyps», zu erkennen. In der Terminologie der Humangenetik handelt es sich bei diesem Typ um einen genet. «Außenlieger», der sich deutl. von seiner Umgebung mit unterschiedl. Genkombinationen unterscheidet.

Die Alteuropäer haben schon früh fortschrittl. Technologien entwickelt und verbreitet. Um 5500 v. Chr. setzt die kulturelle Chronologie der sog. Donauzivilisation ein. Im Milieu dieser ältesten Zivilisation der Welt, im Tal der großen Wasserstraße Donau und ihrer Nebenflüsse, entstanden zahlreiche Großsiedlungen mit urbaner Infrastruktur. Das älteste Kulturzentrum war Vinča, südl. von Belgrad. Überkommene Technologien wurden weiterentwickelt – z. B. die Keramikproduktion mittels Brennöfen und Töpferscheibe, das Weben mit dem senkrechten Webstuhl–, und man experimentierte mit neuen Technologien, z. B. der Verarbeitung von Kupfer und Gold mit verschiedenen Hämmer- und Schmelztechniken. Die Donauzivilisation hat auch die älteste Schrifttechnologie der Welt hervorgebracht. Diese Hochkultur erlebte ihren Niedergang bald nach 4000 v. Chr., als indoeurop. Viehnomaden aus der südruss. Steppe nach Südosteuropa vordrangen (→ Europa, Kurganmigrationen). Die kulturelle Hinterlassenschaft der Alteuropäer findet man bis heute in zahlreichen vor-indoeurop. Orts- und Gewässernamen auf dem Balkan (z. B. Larissa in der thessal.

Ebene), außerdem in Hunderten von Lehnwörtern im Griech. und anderen Sprachen Südosteuropas (→ Einleitung).

Lit.: Gimbutas 1991, Haarmann 2003a, Starović 2004

Altmediterrane Völker → Mittelmeerraum

Altpreußen → Pruzzen

Amerika. Der amerikan. Doppelkontinent ist die letzte der Großregionen der Welt, die vom modernen Menschen (Homo sapiens sapiens) besiedelt wurde. Frühere Menschenarten wie der Neandertaler (archaischer Homo sapiens bzw. Homo neanderthalensis) oder der Homo erectus sind nicht nach Amerika gelangt. Als die ersten Menschen nach Alaska vordrangen, war der Neandertaler bereits ausgestorben. In der Zeitspanne zwischen ca. 25 000 und 12 000 v. d. Jzt. bestand zwischen dem nordöstl. Sibirien und Alaska eine Landbrücke (Beringia), da enorme Wassermassen in Eis gebunden waren und der Wasserstand der Weltmeere bedeutend niedriger lag als heute. Damals zog Großwild (v. a. Mammuts) über diese Landbrücke, und Sippenverbände sibir. Jäger, die den Tieren folgten, gelangten in jener Periode nach Alaska. Parallelen zwischen dem kulturellen Horizont sibir. Populationen und den frühen Bewohnern Alaskas können anhand eines Vergleichs der Steinwerkzeuge aufgezeigt werden. Zwischen 14 000 und 12 000 v. d. Jzt. blühte an Siedlungsplätzen im Tal des Aldan, eines Nebenflusses der Lena, eine steinzeitl. Kultur, die Djuchtai- bzw. Djuktai-Kultur. Die dort verwendeten mikrolith. Werkzeuge ähneln denen, die in den frühen Jägersiedlungen Alaskas gefunden worden sind. Dieser Typ von doppelseitig bearbeiteten Steinwerkzeugen hat Vorläufer in Nordchina (zwischen 30 000 und 15 000 v. d. Jzt.).

Lange Zeit blieb das Siedlungsgebiet der ersten Amerikaner auf Alaska begrenzt, denn der Zugang zu den weiten nordamerikan. Ebenen, den Great Plains, war versperrt durch den Kontinentalgletscher der letzten Eiszeit. Etwa 12 000 Jahre v. d. Jzt. begann der Gletscher abzuschmelzen und ließ im Westen einen Korridor frei, über den Menschen nach Süden wanderten. Innerhalb weniger Jahrhunderte durchzogen die Jäger den gesamten Doppelkontinent und gelangten bis nach Feuerland. Nach Ansicht von Anthropologen haben sich in der Physiognomie der Feuerland-Indianer (Selk'nam, Haush, Alacaluf, Yámana) archaische Merkmale erhalten.

Die Migration von Menschen aus dem Westen (von Sibirien herüberkommend) in Richtung Osten (nach Alaska und ins Inland Nordamerikas gerichtet) war kein einmaliges, zeitl. begrenztes Ereignis. Nachweisl. kamen Migranten in drei Hauptschüben. Der erste Schub brachte Menschen (Paläo-Indianer), die bis an die Südspitze Südamerikas migrierten. Ein zweiter Migrationsschub ist für die indian. Populationen im Nordwesten und im zentralen Tiefland Nordamerikas verantwortlich. Die Nachkommen jener Migranten der zweiten Welle sind die Na Dene-Indianer, deren Sprachen vier verschiedenen Gruppierungen angehören: 1) athabask. Sprachen (Navaho, Apache, Chipewyan, u. a.), die von Alaska über das westl. Kanada bis nach Kalifornien und in den Südwesten der USA verbreitet sind; 2) Eyak (Alaska); 3) Tlingit (Alaska, British Columbia), 4) Haida (Alaska, British Columbia). Eine dritte Welle von Migranten gelangte vor etwa 10 000 Jahren nach Alaska und ins nördl. Kanada. Dies waren entfernte Vorfahren der Eskimo und Aleuten, die den arkt. Lebensraum besiedelten, sich aber nicht nach Süden vorwagten. Um 1000 v. Chr. kann man im Norden des amerikan. Kontinents ein kulturelles Kontinuum ausmachen, das vom Nordwest-Territorium quer durch den Norden Kanadas bis nach West-Grönland reicht: die Dorset-Kultur. Die modernen regionalen Eskimo-Kulturen sind direkte Fortsetzer dieses kulturellen Horizonts.

Die Menschen, die mit dem zweiten und dritten Migrationsschub kamen, gelangten nach Alaska und in den Nordwesten Amerikas über die damals noch existierende Landbrücke. Man nimmt an, daß die Proto-Eskimo die letzten Migranten waren, die auf dem Landweg von Sibirien nach Amerika überwechselten. Bald danach wurde Beringia überflutet. Auch für den zweiten und dritten Migrationsschub finden sich archäolog. Spuren im Nordosten Sibiriens. Im Norden der Halbinsel Kamtschatka hatte sich vor ca. 16 000 Jahren eine lokale Kultur ausgebildet, die Uschki-Kultur, deren materielle Hinterlassenschaft ebenfalls Ähnlichkeiten mit der in Alaska und im amerikan. Nordwesten aufweist. Die Spätphase der Uschki-Kultur (ca. 12 000 bis 10 000 Jahre v. d. Jzt.) bietet den kulturellen Hintergrund für die Kulturtraditionen der Na Dene und der Proto-Eskimo.

Die Altamerikaner (Paläo-Indianer, Na Dene-Indianer, Eskimo, Aleuten) sind nach ihren anthropolog. Merkmalen mit den mongoliden Populationen Nordost-Asiens affiliiert. Die Ähnlichkeiten sind besonders deutl. im Hinblick auf einen bestimmten Marker, näml. die Beschaffenheit der Zähne. Aus histor.-dentolog. Sicht gilt als gesichert, daß die Vorfahren der Altamerikaner aus dem nördl. China sowie dem südl. Sibirien kamen, wo die anthropolog. Charakteristika der nördl. Mongoliden am stärksten ausgeprägt sind. Die Altamerikaner sind wie die modernen Tungusen und einige paläoasiat. Völker (Niwchen, Jukagiren, Dolganen) sog. «Sinodonten». Die Besonderheiten liegen in der schaufelähnlichen Form der Schneidezähne (bei 60–90 % der Sinodonten, gegenüber weniger als 25 % bei Nicht-Sinodonten) und in der vergleichsweise größeren Zahl der Wurzeln für einzelne Backenzähne. Im Hinblick auf die Verbreitung und Konzentration von Blutgruppen weichen die Altamerikaner von ihren sibir. Vorfahren jedoch deutlich ab.

Die Indianer-Populationen waren lange Zeit reine Jägergesellschaften. Die Domestizierung von Pflanzen setzt um 9000 v. Chr. mit dem Anbau von Flaschenkürbis ein. Um etwa 8500 v. Chr. wurden erstmals Bohnen angebaut, und seit etwa 7500 v. Chr. ist der Anbau von Mais in Mexiko (Tamaulipas, Tehuacán) nachgewiesen. Zunächst hatte aber Mais nur einen geringen Anteil an der Ernährung. Erst um 5000 v. Chr. wurde er zum Hauptnahrungsmittel in einigen Regionen Mittelamerikas. Ackerbau (Kartoffeln, später auch Mais) ist in den zentralen Anden seit 7000 v. Chr. nachgewiesen. Von den Tieren Amerikas wurden zuerst das Lama und das Alpaca in der zentralen Andenregion domestiziert. Diese Tiere dienen den Menschen seit rund 8000 Jahren zum Transport und als Nahrungsquelle (Fleisch).

Ab ca. 2500 v. Chr. bahnte sich in Mittelamerika der kulturelle Aufschwung an, der in den Horizont der frühesten Zivilisation Amerikas einmündete, in die Zivilisation der → Olmeken (ca. 1200–600 v. Chr.) an der Golfküste. Die Olmeken hatten die Kontrolle über ein ausgedehntes Netz von Handelsrouten quer durch Zentralmexiko. Dem regen Handelsverkehr ist es zu verdanken, daß die Institutionen der olmek. Hochkultur bei anderen Altamerikanern bekannt wurden, wie die monumentale Steinarchitektur, das Kalenderwesen und die Schrift. Die → Maya im Hochland Guatemalas waren die ersten, die das Medium Schrift adaptierten und wei-

Staaten der
Azteken und Maya
○ Moderne Orte
+ Archäologische Stätten

**Untergegangene Völker und
Kulturen in Mittel- und Südamerika**

Das Inka-Reich
unter Huayna Capac
(1493 bis etwa 1525)

© Verlag C. H. Beck

terentwickelten. Von den präkolumb. Zivilisationen im Hochland
von Mexiko waren die von Teotihuacán (ca. 900–1200 n. Chr.) und
die der Azteken (12. Jh. – 1519) am bedeutendsten.

In Südamerika entfaltete sich die Kultur von → Chavín im nördl.
Peru seit etwa 1500 v. Chr. In kontinuierl. Abfolge oder auch zeitgleich entwickeln sich Lokalkulturen wie die → Moche-Kultur
(200 v. Chr. – 800 n. Chr.), die von → Tiahuanaco im Süden des Titicaca-Sees (1000 v. Chr. – 1000 n. Chr.), die der → Chimú (14.–15. Jh.)
in Ecuador und Nordperu. Das Reich der → Inka, das seit der ersten
Hälfte des 15. Jh. militär. rasant expandierte, überdeckte die älteren
Lokalkulturen und absorbierte viele ihrer Eigenheiten. Das Reich der
vier Weltteile, von den Inka selbst Tawantinsuyu genannt, wurde
1537 von Francisco Pizarro und seinen Gefolgsleuten zerstört.

Als «Altperuaner» werden die Träger verschiedener Regionalkulturen benannt, die sich in der präkolumb. Periode entfalteten und ihre Blüte erlebten. Diese Kulturen werden in zwei Gruppen eingeteilt: 1.) in die vor-inkaischen Kulturen (angefangen mit Chavín um 1200 v. Chr., Paracas, Salinar, → Nazca, Moche, Huari, bis hin zu Chimú, dessen Kultureinfluß bis um 1470 n. Chr. spürbar blieb) und 2.) in die Inka-Kultur (ab 1400 n. Chr.).

Die untergegangenen Völker Amerikas lassen sich drei Kategorien zuordnen:

- Völker und Stammesgruppen unbekannten Namens, deren Spuren sich lange vor der Landnahme der Europäer verlieren;
- Völker, die namentl. bekannt sind und deren Volkstum sich bereits in der präkolumb. Periode auflöst; hierzu gehören die meisten derjenigen Völker Amerikas, die in diesem Lexikon in einem eigenen Artikel beschrieben werden (Olmeken, Moche u. a.);
- Völker, die zu verschiedenen Perioden während der Neuzeit untergegangen sind, wie die → Huronen oder die → Powhatan.

In den vergangenen Jahrhunderten ist zwar eine Vielzahl von Sprachen untergegangen (Atsahuaca in Peru, Otuke in Brasilien, Massachusett, Nooksack und Yana in den USA, Pochuteco in Mexiko, u. a.); die Völker, die sie sprachen, leben aber zumeist weiter, auch wenn ihre Angehörigen sich an die Mehrheitssprache ihrer Umgebung assimiliert und ihre Muttersprache aufgegeben haben. Als ethn. Gruppe mit «sprachloser» Identität existieren beispielsweise die Catawba in South Carolina, die Kalapuya in Oregon oder die Natchez in Oklahoma. Die rezenten «sprachlosen» Ethnien der Altamerikaner lassen sich noch nach der ethn. Abstammung ihrer Angehörigen identifizieren. So zählen die Miami in Indiana noch rund 2000 Mitglieder, die Narragansett in Connecticut etwa 1400 und die Powhatan in Virginia ca. 3000 Angehörige. Zahllose Ethnien, die ihre Muttersprache aufgegeben haben, leben anderswo in Amerika: die Itzá in Guatemala, die Arma in Kolumbien, die Chané in Argentinien, die Ona (Selknam) auf Feuerland (Chile), die Panobo in Peru, u. a. Bei einigen dieser Kleinvölker ist auch bekannt, seit wann sie «sprachlos» sind: die Panobo z. B. seit März 1991, als ihr letzter Muttersprachler starb.

Die Neuzeit hat auch Stilblüten über angebl. untergegangene Völker produziert, deren Vertreter zähen Gerüchten über ihre

Nichtexistenz zum Trotz ihre Kultur, ihre Sprache und ihren Gemeinschaftssinn bis heute bewahrt haben. Eines dieser Völker sind die Mohikaner (Mohawks), deren Untergang von James Fennimore Cooper (1789–1851) in dessen Roman «The last of the Mohicans» (1826) dramatisiert worden ist. Tatsache ist aber, daß heutzutage von den insgesamt 30 000 ethn. Mohikanern Nordamerikas (in den USA, Bundesstaat New York sowie in Kanada, Québec und Ontario) noch rund 2 000 (1660 in den USA, 350 in Kanada) ihre Muttersprache bewahrt haben.

Lit.: Alfaro 1998, Cáceres Macedo 2001, Cavalli-Sforza et al. 1994: 302 ff., Chapman 1987, Disselhoff 1967, Fagan 1995, Gill/Sullivan 1992, Mancall/Merrell 2000, Milla Villena 1992, Stannard 1992, Vaščenko 1989

Amoriter. Dieses Volk, das auch in der Völkertafel der → biblischen Völker aufgeführt wird, erscheint in akkad. Quellen als *Amurru(m)*, in ägypt. Quellen als *Amu*. Der Name leitet sich von einem sumer. Wort *martu* ab, das ‹Westen› bedeutet. Damit wurden allgemein westsemit. Stammesgruppen im nördl. und westl. Grenzgebiet Mesopotamiens benannt. In den ersten Berichten aus der Zeit der 3. Dynastie von Ur (2050–1950 v. Chr.) werden die Amoriter als wilde, unzivilisierte Krieger beschrieben, als «ein Volk, das kein Korn kennt». Die Amoriter wanderten im 2. Jt. v. Chr. in weite Teile Mesopotamiens und ins Ostjordantal, wo sie mit den Israeliten in Kontakt kamen. In ihren neuen Wohngebieten integrierten sie sich überwiegend in die lokalen Gesellschaften der seßhaften, agrar. Bevölkerung.

Vielerorts mischten sich einflußreiche Gruppen von Amoritern in die polit. Streitigkeiten der jeweiligen Stadtstaaten ein. Die Amoriter sind in der Folgezeit für etl. dynast. Neugründungen verantwortl., so in Assur, Mari, Qatna und Aleppo. Die älteste, von einem Amoriter begründete Dynastie war die von Larsa unter Gungunum (reg. 1932–1906 v. Chr.). Die berühmteste und einflußreichste Stadt, die zeitweilig von Amoritern regiert wurde, war Babylon (→ Babylonier), wo 1894 v. Chr. die amorit. Periode begann. Der bekannteste aller amorit. Herrscher ist zweifellos Hammurabi (reg. 1792–1750 v. Chr.), dem Babylon die entscheidende Ausdehnung seines Machtbereichs verdankt. Hammurabi eroberte um 1770 v. Chr. Mari am oberen Euphrat und setzte dort einen lokalen Amoriterherrscher als Vasallen ein. Die wohl größte Kulturleistung der Amoriter für die Nachwelt ist Hammurabis Rechtskodex, die älteste umfassende Sammlung von Gesetzen, in denen erstmals in der Geschichte der jurist. Kodifizierung zwischen den Bereichen Strafrecht, Zivilrecht und Wirtschaftsrecht unterschieden wird. In den insgesamt 282 Gesetzen scheinen nicht nur jurist. Neukonzeptionen auf, sondern auch das bis dahin nur mündl. tradierte Gewohnheitsrecht Mesopotamiens ist aufgezeichnet worden. Die Sprache, in der Hammurabis Rechtskodex redigiert wurde, ist die babylon. Variante des Akkad. Nachklänge dieser richtungweisenden Gesetzessammlung finden sich in der Bibel. Die *lex talionis* («Auge um Auge, Zahn um Zahn») ist ein amorit. Rechtsprinzip.

Lit.: Kuhrt 1995: 108 ff., Oates 1990: 68 ff.

Anasazi bedeutet in der Sprache der Navaho ‹die Alten›. Dies ist ein Sammelname für die Vorfahren der modernen Pueblo-Indianer, die bereits vor der Zeitenwende im Südwesten der heutigen USA (südöstl. Utah, südwestl. Colorado, nördl. New Mexico, nördl. Arizona) siedelten. Die sog. Anasazi-Tradition setzt ihrerseits eine ältere Kulturstufe, näml. die der Cochise-Tradition fort. Mit der Phase «Basketmaker II» (100 v. Chr. – 400 n. Chr.) beginnt die Kulturentwicklung der Anasazi. Die Anasazi waren seßhafte Ackerbauern, die zunächst in halb unterirdischen Rundhäusern oder im Schutz von Felsüberhängen wohnten, später dann (seit 700) rechteckige Steinhäuser (cliff-dwellings) bauten. Die Anasazi waren die ersten Indianer Nordamerikas, die stadtähnl. Siedlungen (daher der span. Name *pueblo* ‹Ortschaft›) gründeten und bewohnten. Die Wohnanlagen vergrößerten sich im Verlauf des Mittelalters (zwischen 1100 und 1300). Die Häuser waren bis zu fünf Stockwerke hoch (z. B. im Pueblo Bonito, Chaco Canyon in New Mexico, ca. 120 km südwestl. von Santa Fe).

Die Anasazi betrieben in der Anfangszeit kombinierte Wirtschaftsformen. Außer auf Jagen und Sammeln konzentrierten sie sich auf den Ackerbau (Mais, Kürbisse, Bohnen), der ab 1100 durch ein Bewässerungssystem intensiviert und zur wichtigsten Quelle der Nahrungsproduktion wurde. Nach 1300 wurden die nördl. Siedlungen verlassen. Dafür gab es zwei Gründe. Zum einen trockneten Dürreperioden das verfügbare Ackerland immer stärker aus. Zum anderen gerieten die Anasazi in krieger. Auseinandersetzungen mit den von Nordwesten nach Süden vordringenden Apachen und Navaho. Die höchsten Kulturleistungen der Anasazi (die Produktion von bleiglasierter Keramik, die stilist. Blüte der Wandmalerei, v. a. in Kiva) fallen in die Spätphase (16. und 17. Jh.). Die Anasazi-Tradition ist am ausgeprägtesten in den älteren Phasen der Pueblo-Kultur (Pueblo I–IV, ca. 700 – ca. 1700). Ab 1700 (Pueblo V) löste sich die Anasazi-Tradition in die rezenten Pueblo-Kulturen (der Tanoa, Towa, Keresa u. a.) auf.

Lit.: Brody 1990, Brunner et al. 1990/1: 120, 499 f., 1993/2: 649, 1993/3: 215 f., Hoxie 1996: 517 ff., Leonard 1996

Angeln. Die erste Erwähnung der Angeln (lat. *Angli[i]*, altengl. *Engle*) findet sich in dem Werk «Germania» (98 n. Chr.) des röm. Historiographen Tacitus. Nach seinem Bericht gehörten die Angeln zum Nerthusbund. Nerthus war die german. Göttin der Erde, die Erdmutter (latein. *Terra Mater*), die von sieben, an der Ostseeküste siedelnden german. Stämmen in einem besonderen Kult verehrt wurde. Das ursprüngl. Wohngebiet der Angeln war das östl. Schleswig-Holstein (s. Karte S. 102–103). An die alten Wohnsitze erinnert der Name der Landschaft Angeln. Zur frühen archäolog. Hinterlassenschaft der Angeln gehören Kultplätze in Mooren (z. B. Thorsberg bei Süderbrarup im Landkreis Schleswig-Flensburg) und Urnenfriedhöfe.

Seit dem 5. Jh. beteiligten sich angl. Siedler an der Landnahme der → Germanen in Britannien. Zusammen mit den aus Jütland stammenden → Jüten und den → Sachsen drängten die Angeln die teilweise romanisierte inselkelt. Bevölkerung nach Westen ab. Im Südosten gründeten die Angeln ein Teilreich, East Anglia. Die Landnahme der Angeln und anderer Germanen in Britannien ist im kulturellen Gedächtnis der nachfolgenden Generationen immer lebendig geblieben. Der erste, der darüber berichtete, war der Historiograph Beda (8. Jh.) in seiner «Historia ecclesiastica gentis Anglorum». Die polit. Kontrolle über den größten Teil Süd- und Mittelenglands übernahm schon bald das von Sachsen bewohnte Wessex. Die Angeln spielten allerdings eine nicht unbedeutende Rolle. Immerhin sind sie die Namengeber für das Land, in dem ihre Nachkommen leben: England. Und auch die Benennung der frühen Fusion german. Stämme auf britann. Boden, → Angelsachsen, erinnert an dieses Volk.

Allerdings wanderten die Angeln nicht geschlossen aus ihrer Heimat in Schleswig-Holstein nach Britannien ab. Ein Teil migrierte nach Süden und ging eine ethn. Fusion mit den Thüringern ein. In Urkunden der karoling. Zeit wird der Name eines Gaus (Engilin) an der Unstrut erwähnt. Dieser Name weist offensichtl. auf die späteren Wohnsitze eines Teils der Angeln hin.

Lit.: Ahrens 1978, Blake 1996, Mallory/Adams 1997: 219 f.

Angelsachsen. Diese Namengebung (altengl. *Angul-Saxons* im 9. Jh.) nimmt Bezug auf den ethn. Fusionsprozeß, der im Frühmittelalter auf britann. Boden stattgefunden hat. Die beiden namentl. als → Angeln und → Sachsen bekannten Stammesgruppen der Germanen, die im Verlauf des 5. und 6. Jh. n. Chr. weite Teile Süd- und Mittelenglands besiedelten, gingen über ihre Sozialkontakte eine kulturelle und sprachl. Symbiose ein, aus der das Volkstum der späteren Engländer entstanden ist. Noch bis zur Regierungszeit Alfreds des Großen (reg. 877–891) waren die Siedlungsgebiete der Angeln und Sachsen im wesentl. voneinander getrennt, und zwar v. a. wegen der Trennung der polit. Interessensphären der in Mittel- und Nordengland dominierenden dän. → Wikinger und der Sachsen im Südwesten und Westen. Die Angeln bewohnten den von Dänen kontrollierten Teil Britanniens. König Alfred gestand den Dänen ihre Vorherrschaft außerhalb des Machtbereichs des Königreichs Wessex im Danelaw zu. Unter Edgar (reg. 957–975) dann vollzog sich ein rascher Wandel, und die Bevölkerung der verschiedenen Landesteile integrierte sich sozial und sprachl. in einer angelsächs. Kulturlandschaft.

Die Periode der Geschichte Englands, die als «angelsächs.» bezeichnet wird, ist relativ kurz. Das Jahr der Invasion Englands durch die Normannen, 1066, wird traditionell als das Ende dieser älteren Periode betrachtet. Der letzte angelsächs. König, Harold Godwinsson, starb in der verlorenen Schlacht bei Hastings. Die kulturelle und sprachl. Fusion der Bevölkerungsgruppen im Süden Englands war damals im wesentl. abgeschlossen. Es folgt die Phase der interkulturellen Kontakte mit der Welt des Romanismus nordfranzös. Prägung. Altfranzös. Sprache und Kultur strahlten über die normann. Elite Englands auf die einheim. Bevölkerung aus, deren Sprache im Hinblick auf ihre Strukturen sowie sozialen Funktionen durchgreifende Wandlungen erlebte. Als Folge dieser Umwälzungen des späten Mittelalters entstanden das Neuengl. und das Volkstum der Engländer.

Im Mittelalter wurde der Name «Angelsachsen» auch verwendet, um die Sachsen Englands (*English Saxons*) von denen auf dem Kontinent zu unterscheiden, die *Old Saxons* genannt wurden. In der Neuzeit (seit Anfang des 17. Jh.) haben der Name «Angelsachsen» (*Anglo-Saxons*) und das Attribut «angelsächs.» weitgehend ihre ursprüngl. ethn. Konnotation verloren und sind ausgedehnt worden auf die engl. Sprachgemeinschaft und ihre Kultur in der nördl. Hemisphäre. Man spricht von der angelsächs. Literatur und meint damit die literar. Produktion der Briten und Nordamerikaner (US-Amerikaner und Kanadier). Ähnl. generalisierend sind Konzepte wie angelsächs. Ausbildungssystem oder angelsächs. Rechtstradition zu verstehen.

Lit.: Ahrens 1978, Barnhart 2002: 35, Campbell 1991, James 2001

Anten → Slawen

Äquer. Die Äquer (latein. *Aequi*) waren ein → ital. Volk, das im 5. Jh. v. Chr. in Latium siedelte (s. Karte S. 148). Ursprüngl. waren sie im Tal des Anio, eines Nebenflusses des Tiber, heimisch, von wo sie nach Westen abwanderten. Am nächsten verwandt waren die Äquer mit den → Sabellern, denen sie in den Quellen auch verschiedentl. als ein Stamm zugeordnet werden.

Im Bund mit den → Volskern standen die Äquer häufig im Krieg mit den → Römern. Die Wohnsitze der Äquer wurden im Jahre 304 v. Chr. von den Römern erobert. Alba Fucens und Carsioli sind röm. Städtegründungen im Siedlungsgebiet der Äquer, die sich rasch assimilierten.

Lit.: Brunner et al. 1990/1: 155

Aquitanier. Die Aquitanier (latein. *Aquitani*) besiedelten den Südwesten Galliens, und zwar ein Gebiet, das im Süden von den Pyrenäen, im Westen vom Atlantik und im Norden von der Garonne begrenzt wurde (s. Karte S. 194–195). Die ersten militär. Auseinandersetzungen mit den → Römern gehen auf das Jahr 71 v. Chr. zurück. Damals versuchten röm. Truppen unter Pompeius vergebl., die aquitan. Stämme zu unterwerfen. Erfolgreicher war Caesar, der 56 v. Chr. den größten Teil des aquitan. Siedlungsgebiets eroberte. Caesar war der erste Römer, der bemerkte, daß die Aquitanier nach Kultur und Sprache von den Kelten Galliens (→ Gallier) verschieden waren.

Unter Augustus (reg. 27 v. Chr. – 14 n. Chr.) wurde eine Provincia *Aquitanica* (bzw. *Aquitania*) eingerichtet. Verwaltungszentrum dieser Region war Burdigala (das heutige Bordeaux). Später, unter Diokletian (reg. 284–305 n. Chr.), wurde Aquitanien in drei Regionen aufgeteilt: Aquitania Prima (Nordosten), Aquitania Secunda (Nordwesten) und Novempopulana (Süden). Im 5. Jh. konzentrierte sich das Kernland des Tolosan. Reiches der Westgoten (→ Goten) im Gebiet Aquitaniens. Seit 507 war Aquitanien Teil des Frankenreiches. Der histor. Name der Landschaft ist bis heute bewahrt (französ. Aquitaine).

Die Aquitanier gehörten zu den nichtindoeurop. Völkern (altmediterranen Völkern) des → Mittelmeerraums. Nach ihrer ethn. Identität kann man die Aquitanier als Vorfahren der Basken betrachten, deren Kultur und Sprache auf eine enge Verwandtschaft mit den Aquitaniern weisen. Vom Aquitan. sind ca. 400 Personennamen und rund 70 Namen von Gottheiten überliefert. Dieses Namengut findet sich in zahlreichen Grab- und Weihinschriften aus der Region Aquitanien. Im Wortschatz sowie im grammat. Formenschatz des Aquitan. sind die Parallelen zum Bask. deutl. zu erkennen; vgl. aquitan. *nesca* ‹Wassernymphe› : bask. *neska* ‹Mädchen›, aquitan. *-en(n)* (Genitivendung) : bask. *-en* (dass.).

Lit.: Higounet 1971–73, Trask 1997: 398 ff.

Aramäer. Seit dem 2. Jt. v. Chr. zeigen die Aramäer als ein semit. Volk Eigenprofil mit eigener Kultur und Sprache. In assyr. Texten wurden seit dem 14. Jh. v. Chr. die *Ahlamu* erwähnt, die von der modernen Forschung als ein Stamm der Aramäer identifiziert worden sind. Erste Berichte über die Aramäer in babylon. Quellen stammen aus dem 11. Jh. v. Chr.; dort werden sie unter dem Sammelnamen *Armaya* aufgeführt. Aramäische Bevölkerungsgruppen sind während der Antike in weite Teile des Vorderen Orients migriert (s. Karten S. 68 und 194–195) und hatten aktiven Anteil am Kulturschaffen der verschiedensten Reiche.

Von ca. 700 bis ca. 200 v. Chr. war das Aramäische als Kultursprache, Staatssprache und als Sprache der internationalen Diplomatie verbreitet. In weiten Teilen des Vorderen Orients wurde das Aramäische erst im 7. Jh. n. Chr. vom Arab. verdrängt. Der Einfluß des Aramäischen reichte bis nach Nordwestindien. Die Schreibung der ind. Zahlen basiert auf aramäischen Zahlzeichen. Die ind. Zahlenschreibung wurde später von den Arabern adaptiert, als Folge der Tätigkeit von Mathematikern aus Indien, die von den Herrschern der Abbasiden-Dynastie im 8. und 9. Jh. n. Chr. nach Bagdad eingeladen worden waren.

Aramäisch wird noch heute gesprochen, und zwar von rund 0,45 Mio. Nachkommen der antiken Aramäer. Als ethn. Minderheiten leben diese Sprecher des Neuaramäischen (hauptsächl. Aisor) im Kaukasus (Georgien, Armenien), im Nordosten der Türkei, im westl. Syrien (Ma'loula, Bax'a, Jub'adin), im Norden des Irak und im Nordwesten des Iran.

Lit.: Beyer 1986, Kuhrt 1995: 393 ff., Saggs 1995: 128 ff.

Arier. Die als «arisch» bezeichneten Völker und Kulturen sind ein selbständiger Zweig der Großgruppierung der → Indoeuropäer. Der Name, mit dem sich die ar. Populationen seit altersher selbst benannten, war *Arya* (von **arya* ‹Edler› als Name für die soziale Elite). Davon leiten sich die Fremdbenennungen in anderen Sprachen ab (z. B. dt. Arier, engl. Aryans, französ. Aryens). Die Arier sind als Indo-Arier seit ihrer Immigration in den Ind. Subkontinent im 17. Jh. v. Chr. bekannt. Sie bevölkerten v. a. den Norden Indiens und drängten die vor-indoeurop. Bevölkerung, die → Draviden und die Adivasi (‹Ureinwohner›), nach Süden und Osten ab.

Die Geschichte der Arier beginnt um 2800 v. Chr. in der Steppenregion Südrußlands und im nördl. Vorland des Kaukasus. Dort hatte sich um die Zeit ein regionaler Kulturkomplex der Indoeuropäer ausgebildet, der sich archäolog. als Katakombengräberkultur identifizieren läßt. Die ältesten Bevölkerungsgruppen, die jene Kultur schufen, werden Proto-Arier genannt. Sie waren Viehnomaden, und als herausragendes Erkennungsmerkmal ihrer Kultur gilt die Verwendung von Pferden und Wagen. Das Pferd war nicht nur Nutztier, sondern wurde auch als Kulttier verehrt. Die Proto-Arier standen im Kontakt mit den → Uraliern in der Waldzone Nordeuropas. Zu den alten proto-ar. Lehnwörtern in den finn.-ugr. Sprachen gehört u. a. das Zahlwort für 100 (vgl. finn. *sata*, ungar. *száz*, Sanskrit *sata*). Um 2000 v. Chr. gliedert sich der proto-ar. Komplex weiter aus in einen westl. Komplex, die → Iranier, und in einen östl. Komplex, die Indo-Arier, die durch Zentralasien und über das östl. iran. Hochland bis nach Indien migrierten. Die von der herrschenden Elite des Reiches von → Mitanni verwendeten Namen deuten auf die Präsenz von Ariern hin.

Kaum ein anderer indoeurop. Kulturkomplex hat so viele Wertungen provoziert wie der der Arier. Die Arier waren die letzte Gruppe der Indoeuropäer, die das Gebiet der Urheimat verließ. Im 19. Jh. kannte man noch keine Methoden zur Messung der absoluten Zeit indoeurop. Kulturschichten, und man konnte auch die Populationen vor der Ausgliederung des ar. Komplexes nicht ausreichend differenzieren. So wurden die Indoeuropäer in populären Anschauungen mit dem Ariertum gleichgesetzt. Die indo-ar. Sprachen, insb. das Sanskrit, standen von Anbeginn im Rampenlicht der histor.-vergleichenden Sprachforschung, und die Entdeckung der indoeurop. Sprachverwandtschaft in den 1780er Jahren nahm vom Vergleich des Sanskrit mit den Sprachen Europas (Latein., Griech., Got.) und des Pers. seinen Ausgang. Die Verherrlichung ar. Kulturtraditionen (u. a. das reiche, kontinuierl. tradierte Schrifttum in Sanskrit) war nicht nur eine Triebkraft nationalen Selbstwertgefühls bei den indo-ar. Völkern selbst. In einem Akt von Geschichtsklitterung wurde das Prestige des Ariertums auch von sprachverwandten Völkern kulturchauvinist. manipuliert. V. a. bei den german. Völkern war der Arierkult seit dem 19. Jh. populär. Noch bevor die deutschen Nationalsozialisten die Überlegenheit der «ar. Rasse» predigten, wurde das Gedenken an das Ariertum in den nordeurop. Ländern, insb. in Schweden, gepflegt.

Die Verquickung ar. Kulturstolzes mit der Wahnvorstellung von der angebl. Überlegenheit ar. Volkstums gipfelte in der NS-Rassenideologie mit ihren fatalen charakterolog. Abwertungen von «Nicht-Ariern». Die rassist. Auswüchse der NS-Zeit haben das atmosphär. Umfeld des Arier-Begriffs bleibend vergiftet, denn das kulturelle Gedächtnis der Deutschen ist diesbezügl. bis heute belastet. Im angelsächs. Kulturkreis sowie in anderen Kulturen (so auch in Indien) ist dagegen die Tradition des Umgangs mit den Ariern als histor. Realität ungebrochen. Bis heute haben Sanskrit-Studien in Schweden und auch Finnland einen bevorzugten Stellenwert in der Sprach- und Literaturforschung.

Das von den NS-Rassenfanatikern als ar. Symbol par excellence hochstilisierte Hakenkreuz ist viel älter als alle Kulturen der Indoeuropäer. In Indien gehört es zum Symbolschatz der altdravid. Indus-Zivilisation, und in Europa tritt das Hakenkreuz nicht erst in der griech. Kunst der archaischen Zeit auf, sondern figuriert als eines der Symbole der vor-indoeurop. Donau-Zivilisation (→ Alteuropäer). Sowohl in Indien als auch in Südosteuropa haben die später eingewanderten indoeurop. Populationen dieses Kultursymbol von den Alteingesessenen übernommen, in ihre eigene Kultur integriert und dann weiter tradiert. Das Hakenkreuz tritt in zwei visuellen Drehrichtungen auf; beide sind in den vorindoeurop. Kulturen Europas und Indiens vertreten und beide finden sich auch in der Symbolik der Indoeuropäer. In Abhängigkeit von lokalen Präferenzen wird die Drehrichtung im Uhrzeigersinn von Hinduisten und Buddhisten bevorzugt. In der griech. Kunst der archaischen Periode (9.–7. Jh. v. Chr.) dominiert die umgekehrte Drehrichtung.

Lit.: Carpelan/Parpola 2001, Mallory/Adams 1997: 303 ff., Parpola 1988

Asien. Im Horizont der Kulturgeschichte Asiens lassen sich Populationen dreier Menschenarten nachweisen, des Homo erectus, der bis nach Ostasien gelangte, des Neandertalers (des archaischen Homo sapiens), der hauptsächl. in Westasien lebte, und des modernen Menschen (Homo sapiens sapiens). Vertreter des modernen Menschen sind vor rund 90 000 Jahren, aus → Afrika kommend, in die Region des Nahen Ostens und in die Arab. Halbinsel eingewandert, und von dort aus in sukzessiven Schüben weiter nach Osten vorgedrungen. Mindestens seit 65 000 Jahren ist auch Südostasien besiedelt, von wo aus Menschen nach Neuguinea und → Australien migriert sind. Der moderne Mensch hat den Nordosten des Kontinents mit Tausenden von Jahren Verzögerung erreicht. Die frühesten Siedlungsspuren des Homo sapiens in Japan beispielsweise gehen auf die Zeit vor etwa 30 000 Jahren zurück.

Es gibt bis heute Spuren der ältesten Populationen, die das südl. Asien besiedelten. Die Adivasi (‹Ureinwohner›) in Indien sind späte Nachkommen der Urbevölkerung, die in prähistor. Zeit in den Ind. Subkontinent eingewandert sind. Auf der Malaiischen Halbinsel leben bis heute die Orang Asli (‹einheim. Menschen›), die anthropolog. Ähnlichkeiten mit den Dayak-Völkern Borneos aufweisen. Auch von den Dayak nimmt man an, daß sie Nachkommen der Urbevölkerung der Region sind. Bis heute haben einige Gruppen der Andamanen-Bevölkerung die traditionelle Wirtschaftsform des Wildbeutertums (des Sammelns und Jagens) beibehalten. Auch diese Kleinvölker sind Reste der Urbevölkerung Südasiens. Ungeklärt ist die nähere Verwandtschaft zwischen einer Reihe von Kleinvölkern im südl. und im nördl. Asien. Dazu gehören die Buruscho im Karakorum-Gebirge (nördl. Pakistan) und verschiedene kleinere paläoasiat. Ethnien in Nordostsibirien (Tschuktschen, Korjaken, Jukagiren u. a.).

In Westasien finden sich die ältesten Indizien für eine seßhafte Lebensweise und für den Anbau von Nutzpflanzen. Die Anfänge des Ackerbaus sind in die Kulturstufe des Natufian (14000–11000 v. Chr.) im Nahen Osten zu datieren. Die frühesten Siedlungen mit agrar. Bevölkerung sind aus Anatolien bekannt. Die älteste Stadt der Welt, das um 10 000 v. Chr. gegründete Jericho, hatte keinen Bestand. Dies gilt auch für einige jüngere Zentren wie Çatal Hüyük und Hacilar in Anatolien. Çatal Hüyük wurde um 6200 v. Chr. aufgegeben, Hacilar um 5500 v. Chr. Kontinuierl. entwickelt sich der Ackerbau seit dem 7. Jt. v. Chr. In Ostasien reichen die Anfänge des Ackerbaus, insb. der Reiskultur, bis in die Periode um 5000 v. Chr. zurück.

Die ältesten Hochkulturen Asiens, die der → Sumerer und → Elamer, bilden sich im Verlauf des 4. Jt. v. Chr. aus. Entspr. entfalten die ältesten Kultursprachen, das Elam. und Sumer., ihr Potential als Träger der lokalen Zivilisationen in jener Zeit. Die schriftl. Überlieferung beginnt vor 3000 v. Chr. Die ältesten Texte sind in einer jeweils eigenen Schriftvariante redigiert, und zwar in der elam. Strichschrift und in der altsumer. Piktographie. Die um 2600 v. Chr. ausgebildete Keilschrift setzt sich bald in ganz Mesopotamien durch. Dieses Schriftsystem ist vor der Einführung des semit. Alphabets das produktivste im Alten Orient.

Während die alten Kulturen Mesopotamiens (wie auch die Altägyptens) seit dem 3. Jt. v. Chr. im Kontakt mit den Kulturen im → Mittelmeerraum gestanden haben, entwickelte sich in Ostasien eine Zivilisation, die keiner der antiken griech. Historiographen, keiner der auch noch so weit nach Asien vordringenden griech. oder röm. Feldherren kennengelernt hat, die Hochkultur des alten China.

Die Kulturentwicklung Chinas geht eigene Wege, ohne daß elam., sumer. oder akkad. Vorbilder zu erkennen wären. Nur die zeitl. Distanz zwischen den zivilisator. Anfängen in China (im 2. Jt. v. Chr.) gegenüber der Kulturentwicklung in Mesopotamien, die spätestens um 3000 v. Chr. ein hochkulturelles Stadium erreichte, läßt die Frage nach einem potentiellen Ideentransfer von Südwest- nach Ostasien sinnvoll erscheinen. Der chines. Kulturkreis ist der einzige in Asien, der kontinuierl. bis in die Moderne Bestand hat. Über 3000 Jahre lang hat sich die chines. Kultur entfaltet, sie hat Wandlungsprozesse erfahren und lange Zeit auf zahlreiche Nachbarkulturen eingewirkt. Da die chines. Schriftsprache, nicht das gesprochene Chines., die Kulturentwicklung aller regionalen Bevölkerungsgruppen des chines. Kernlandes gleichsam überdacht hat, ist es angebracht, vom chines. Schriftkulturkreis zu sprechen, der auch Korea, Japan, Vietnam (bis zum Beginn des 20. Jh.) sowie die große innere Kolonie Chinas, Tibet, einschließt.

In Indien liegen die Anfänge einer einheim. Hochkultur, der Indus-Zivilisation, um 2600 v. Chr. Ihre Träger waren vermutl. → Draviden, die vor den → Indoeuropäern (Indo-Ariern) von Westen her in den ind. Subkontinent einwanderten. Dort trafen sie auf die Urbevölkerung (Adivasi), die in die Bergregionen verdrängt wurde oder die sich assimilierte. Die Anfänge der Hochkultur im Industal sind später anzusetzen als der Beginn der Zivilisation in Mesopotamien. Daher ist es naheliegend, sich zu fragen, ob mesopotam. Impulse die Entwicklung in den ind. Kulturzentren beschleunigt haben. Mit frühen Kontakten nach Mesopotamien ist zu rechnen. Darauf weisen die archäolog. Funde in der Region des Pers. Golfes, in Bahrain, dem sagenumwobenen Dilmun, die auf Handelsverbindungen über die Golfroute zwischen Mesopotamien und den Hafenstädten am Indus schließen lassen.

Die Indus-Zivilisation erlebte ihren Niedergang um 1800 v. Chr., ohne ersichtl. Fremdeinwirkung. Die wirtschaftl. Infrastruktur brach infolge einer zu intensiven Bodenbearbeitung zusammen, Bewässerungskanäle und Staudämme verfielen, die städt. Zentren wurden verlassen. Als im 17. Jh. v. Chr. die Landnahme der Indo-Arier begann, hatten sich die Draviden bereits teilweise nach Süden und Osten zurückgezogen. Die letzten befestigten Orte wurden von den Indo-Ariern erobert. Den Indo-Ariern folgten iran. Stämme (→ Iranier), die sich im Gebiet des heutigen Pakistan ansiedelten.

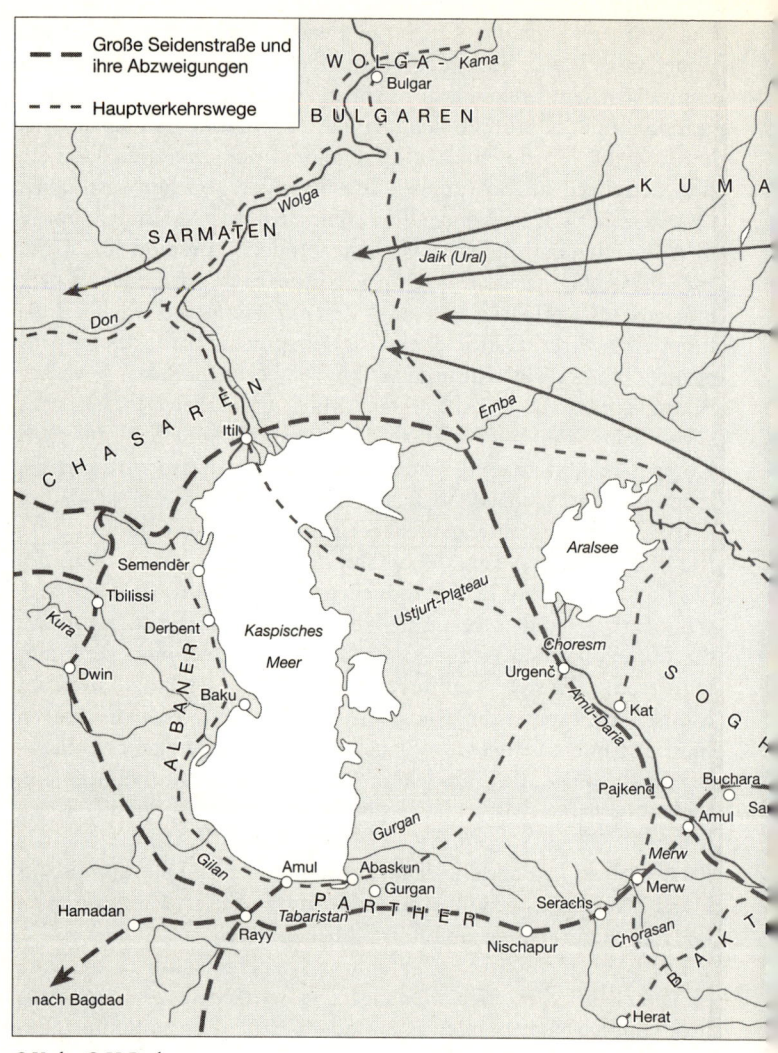

© Verlag C. H. Beck

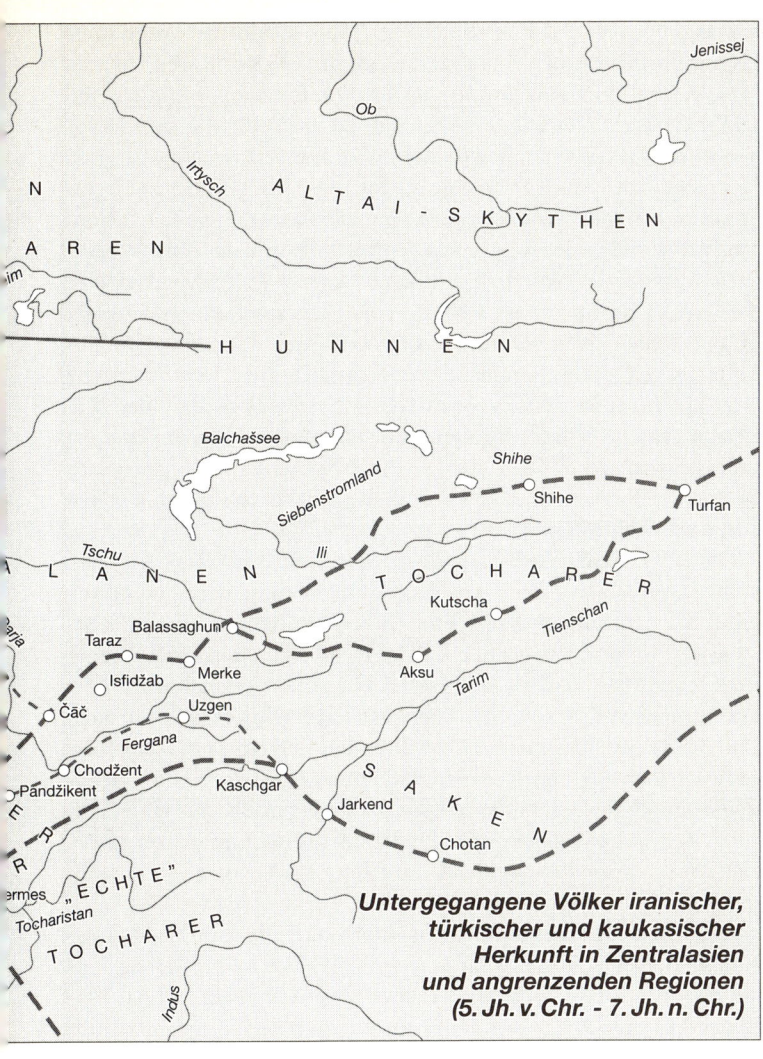

Untergegangene Völker iranischer, türkischer und kaukasischer Herkunft in Zentralasien und angrenzenden Regionen (5. Jh. v. Chr. - 7. Jh. n. Chr.)

Das ethn. Profil der Bevölkerung Asiens ist durch weiträumige Migrationsbewegungen geprägt worden. Daran waren in der Hauptsache Draviden, Indoeuropäer (v. a. Iranier), → Uralier und → Turkvölker beteiligt. Die Migrationen proto-dravid. Populationen setzte im frühen 3. Jt. v. Chr. ein und führte aus dem östl. iran. Hochland in Richtung Südosten, ins Tal des Indus. Die frühen Migrationen der Indoeuropäer begannen um 2800 v. Chr. mit der Ausbreitung proto-indo-ar. Gruppen aus der Region nördl. des Kasp. Meeres nach Zentralasien. Von dort wanderten dann in einer zweiten Welle die Indo-Arier um 1700 v. Chr. nach Nordwestindien ein. In einer dritten Welle gelangten die Iranier gegen Ende des 2. Jt. v. Chr. aus Mittelasien ins iran. Hochland. Ural. Populationen migrierten von ihrer Urheimat im östl. Europa (Region westl. des Ural) in den Westen, Süden und Norden Sibiriens. Die Nachkommen jener Gruppen sind die samojed. Völker wie die Nenzen, Selkupen, Nganasanen oder die → Kamassen, ein Kleinvolk, dessen Volkstum sich erst vor kurzem aufgelöst hat.

Die Migrationen der Turkvölker, die im 8. Jh. n. Chr. einsetzten und von Südsibirien ihren Ausgang nahmen, waren nach Südwesten gerichtet. Jahrhundertelang sind türk. Populationen durch Zentralasien migriert. Ein großer Teil der türk. Ethnien hat sich in jener Region auch bleibend niedergelassen. Die Hauptstoßrichtungen der Migrationen von Turkvölkern über Mittelasien hinaus führten nach Osteuropa und Westasien. Die → Hunnen sind das erste Turkvolk, das im 4. Jh. n. Chr. nach → Europa vordrang. Die Besiedlung Anatoliens durch türk. Stammesgruppen erstreckte sich über einen längeren Zeitraum, von der ersten Hälfte des 11. bis zum frühen 14. Jh. Die Türken jener Periode der Landnahme waren vorwiegend Seldschuken.

Zentralasien ist seit prähistor. Zeiten eine multiethn. Kontaktregion, in der sich die Wege zahlreicher Völker kreuzten. Mindestens seit dem 2. Jt. v. Chr. wurden Verkehrswege für den Handel mit Waren und für den Austausch von Ideen frequentiert, die später unter der Sammelbezeichnung «Seidenstraße» bekannt wurden. Am Zwischenhandel entlang den Routen der Seidenstraße waren viele Völker beteiligt, die sich in Stadtstaaten sowie in kleineren oder auch mächtigen Königreichen organisiert hatten. Zu den histor. faßbaren Ethnien Zentralasiens, die spätestens im Mittelalter untergegangen sind, gehören iran. Völker wie die → Baktrier, → Saken, (asiat.)

→ Skythen und → Soghdier, Turkvölker wie die Hunnen und → Awaren. Die → Tocharer, die südl. der Taklimakan-Wüste siedelten, waren ein isoliertes indoeurop. Volk.

In einigen Regionen Asiens konzentriert sich eine Vielzahl untergegangener Völker. Dies trifft auf → Kleinasien zu, wo alte Populationen seit dem 2. Jt. v. Chr. bezeugt sind. Dazu gehören vor-indoeurop. Ethnien wie die → Hattier und → Hurriter sowie zahlreiche indoeurop. Völker wie die → Hethiter, → Luwier, → Palaer, → Lyder, → Lyker, → Phryger u. a. (s. Karte S. 194–195). Der Vordere Orient war seit dem 4. Jt. v. Chr. von namentl. bekannten Völkern besiedelt, von Sumerern und Elamern, verschiedenen semit. Ethnien (→ Akkader, → Kanaaniter, → Phönizier, → Aramäer, → Amoriter u. a.), später von Iraniern (→ Meder, → Parther) (s. Karte S. 68). Eine lange Völkerliste findet man im Alten Testament (→ Biblische Völker), von denen einige wie die → Amoriter oder → Moabiter archäolog. und histor. bezeugt sind, andere myth. verklärt bleiben.

In Südasien sind zahlreiche Völker untergegangen, die namentl. nicht bekannt sind. Die Informationen sind dagegen reichhaltig über solche Völker, die Reiche gegründet und Schrift verwendet haben, wie die → Champa in Vietnam und die → Pyu in Myanmar.

Lit.: Cavalli-Sforza et al. 1994: 195 ff., Dani/Masson 1992, Fagan 1996: 50 ff., Fuwei 1996, Höllmann 2004, Imamura 1996, Liu 1998, Maisels 1999, Menges 1995, Parpola 1994

Assyrer. Wenn im Zusammenhang mit den alten Kulturen des Vorderen Orients von den Assyrern die Rede ist, bezieht sich dies auf die Träger mesopotam. Kulturtraditionen, deren Machtzentrum Assur am rechten Ufer des Tigris war (s. Karte S. 68). Assur war die Hauptstadt des nach der histor. Landschaft Assyrien benannten Assyr. Reiches, das vom 18. Jh. v. Chr. bis zur Eroberung Assurs durch die → Meder im Jahre 614 v. Chr. Bestand hatte. In der Anfangszeit nannten sich nur die Einwohner Assurs Assyrer. Das Land hieß Subartu. Seit der Regierungszeit von Assuruballit I. (reg. 1356–1320 v. Chr.) wurde das ganze Reich Assurland (Assyrien) genannt.

Assyrer im Sinn eines ethn. definierbaren Volkes hat es nicht gegeben (vgl. auch → Babylonier, → Römer). Die Bevölkerung Assyriens war seit dem 3. Jt. v. Chr. ethn. gemischt. Zunächst erlebte Assyrien um 2400 v. Chr. eine Einwanderung von → Akkadern. Seit etwa 2000 v. Chr. migrierten → Hurriter vom Bergland in die Tiefebene. Um 1100 v. Chr. setzte die Zuwanderung von → Aramäern ein. Zudem wurden nach Assyrien kontinuierl. Bevölkerungsgruppen aus anderen Teilen des Vorderen Orients zwangsumgesiedelt, und zwar aus den Gegenden, die von den Machthabern Assyriens erobert worden waren.

Die Angehörigen der herrschenden Elite in Assyrien waren überwiegend akkad. Herkunft oder Nachkommen aus ethn. gemischten Familien mit akkad. Vorfahren mütterlicher- oder väterlicherseits. Das Assyr., das als Staatssprache des Assyr. Reiches und als Kontaktsprache für die verschiedenen ethn. Gruppen in Assyrien fungierte, ist eine jüngere Entwicklungsstufe des Akkad.

In Assyrien gab es auch zahlreiche hohe Staatsbeamte oder Vizekönige von Vasallenstaaten (assyr. Provinzen), die aramäischer Abstammung waren und im Dienst assyr. Regenten standen. Es existiert eine Forschungsmeinung, wonach das rege Kulturschaffen im Assyr. Reich womöglich entscheidende Impulse gerade aus dem multiethn. und multikulturellen Kontaktmilieu Assyriens erfahren hat.

Lit.: Kuhrt 1995: 81 ff., 348 ff., 473 ff., Roaf 1990, Saggs 1987, Snell 1997: 78 ff.

Aurunker, auch Ausonen. Ursprüngl. waren die Aurunker die südöstl. Nachbarn der → Latiner (latein. *Aurunci, Ausoni*), wurden aber dann von diesen durch die ans Tyrrhen. Meer vordringenden → Volsker getrennt (s. Karte S. 148). Ende des 4. Jh. v. Chr. etablierten die → Römer ihre Macht im Siedlungsgebiet der Aurunker, die sich in der Folgezeit rasch akkulturierten. Die Sprache der Aurunker gehört zum Kreis der ital. Sprachen. Am nächsten verwandt mit dem schriftlosen Aurunk. ist das Osk. In der Antike wurden die Aurunker verschiedentl. mit den → Oskern verwechselt. Auch gibt es irrige Stellungnahmen antiker Autoren, wonach die Aurunker die Urbevölkerung Italiens gewesen seien. Das südl. Italien wurde manchmal Ausonia genannt.

Lit.: Brunner et al. 1990/1: 247 f.

Australien. In Australien sind keine fossilen Reste früherer Menschenarten (archaischer Homo sapiens bzw. Homo neanderthalensis; Homo erectus) gefunden worden. Die einheim. Australier, die Aborigines, sind Vertreter des modernen Menschen (Homo sapiens sapiens) und direkte Nachkommen derjenigen Migranten, die in prähistor. Zeit vom asiat. Festland her nach Australien übergesetzt haben. Die Einwanderung nach Australien muß vor mehr als 62 000 Jahren stattgefunden haben, denn dies ist das Alter des ältesten Skelettfundes in Südaustralien (Cohuna and Kow Swamp). Da die Einwanderer von Norden her kamen und bis in den Süden eine Entfernung von mehreren tausend Kilometern zu überbrücken ist, erscheint es nicht abwegig, die Ankunft des Menschen in Australien auf die Epoche um 65 000 Jahre v. d. Jzt. anzusetzen.

Damals waren enorme Wassermassen der Weltmeere in den Eiskappen an den Erdpolen gebunden, das nördl. Europa und weite Teile Nordamerikas waren vereist. Der Festlandsockel zwischen Malaysia und Indonesien war noch nicht überflutet, und die asiat. Landmasse (Sunda) dehnte sich weit nach Süden und Osten aus. In jener Zeit hingen auch Australien und Neuguinea noch in einer gemeinsamen Landmasse (Sahul) zusammen. Die Meerenge zwischen Sunda und der Nordwestspitze Sahuls war maximal 70 km breit. Es gab allerdings zahlreiche Inseln in dieser Wasserstraße, so daß die Entfernungen von der Festlandküste zu den Inseln und deren Abstände untereinander weniger als 20 km ausmachten. Solche Distanzen waren selbst mit den einfachsten Booten zu überbrücken. Auch von den Sunda vorgelagerten Inseln waren es nur wenige Kilometer bis zur Nordküste Australiens.

Die Migration von Sunda nach Sahul hat man sich nicht als einmalige Wanderbewegung vorzustellen. Vielmehr sind kleinere und größere Gruppen in mehreren Migrationsschüben über Tausende von Jahren über die Meerenge gefahren. Ausgangs- und Zielgebiet sind in etwa bekannt, umstritten ist allerdings die Route: Die Annahme, die maritimen Migranten seien an den Küsten entlang nach Süden und anschließend ins Inland vorgestoßen, ist ebenso wahrscheinlich wie die Hyothese, daß sich die frühen Einwohner Sahuls vom Nordwesten fächerförmig in alle Richtungen ausbreiteten. Die ältesten Funde menschl. Präsenz in Australien findet man im Südosten (ca. 62 000 Jahre v. d. Jzt.) und im Südwesten (ca. 37 000 Jahre v. d. Jzt.) des Kontinents. Der bislang älteste Fund (ein Lagerplatz

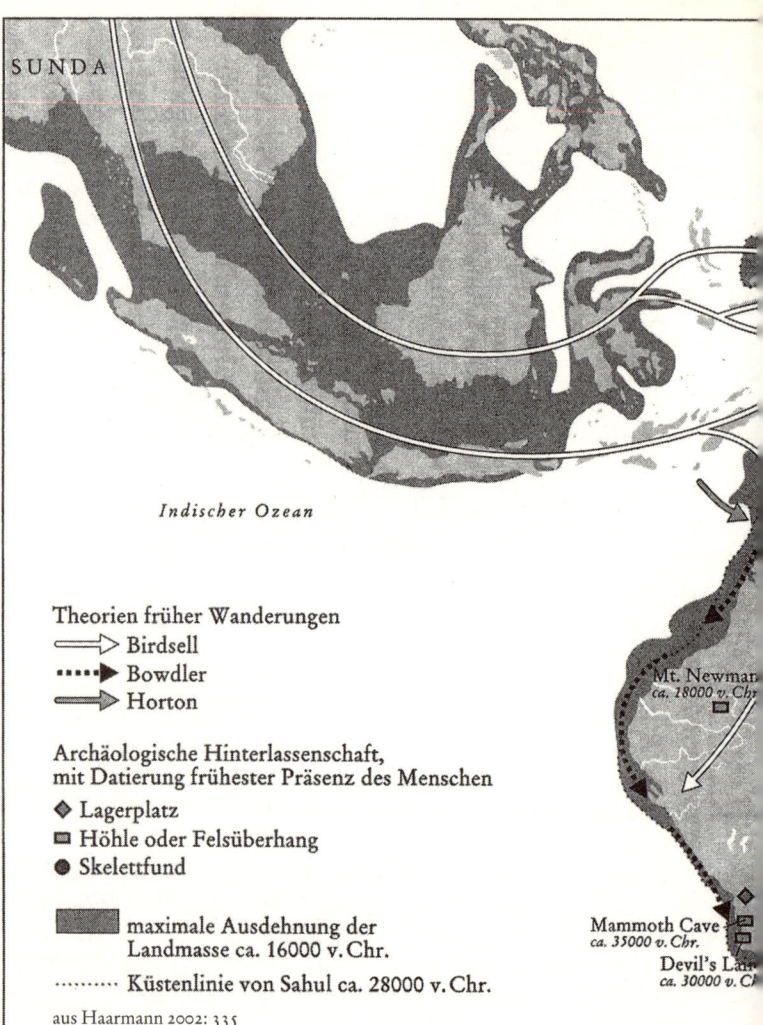

SUNDA

Indischer Ozean

Theorien früher Wanderungen
⟹ Birdsell
▪▪▪▪▶ Bowdler
⟹ Horton

Archäologische Hinterlassenschaft,
mit Datierung frühester Präsenz des Menschen
◆ Lagerplatz
▣ Höhle oder Felsüberhang
● Skelettfund

■ maximale Ausdehnung der
Landmasse ca. 16000 v. Chr.
·········· Küstenlinie von Sahul ca. 28000 v. Chr.

aus Haarmann 2002: 335

Mt. Newman
ca. 18000 v. Chr.

Mammoth Cave
ca. 35000 v. Chr.

Devil's Lair
ca. 30000 v. Chr.

auf der Huon-Halbinsel) in Neuguinea wird auf ca. 40000 Jahre
v. d. Jzt. datiert.

Die Gemeinschaften der Altaustralier (Aborigines) hatten sich bei
Ankunft der Europäer (1770) in rund 600 ethn. zumeist kleinere
Gruppen ausgegliedert. Von diesen haben bis heute nurmehr etwa

Die prähistorische Besiedlung Neuguineas und Australiens

Pazifischer Ozean

1 Menindee Lake *ca. 24000 v. Chr.*
2 Tandou Lake *ca. 23000 v. Chr.*
3 Willandra Lakes *ca. 33000 v. Chr.*
4 Cohuna und Kow Swamp *ca. 60000 v. Chr.*

Huon Peninsula *ca. 38000 v. Chr.*

Kosipe *ca. 26000 v. Chr.*

Nawamoyn und Malangangerr *ca. 21000 v. Chr.*

Korallenmeer

kunanja und abila *000 v. Chr.*

Colless Creek *ca. 16000 v. Chr.*

Early Man Shelter *ca. 11000 v. Chr.*
Walkunder Arch *ca. 17500 v. Chr.*

SAHUL

Kenniff Cave *ca. 17000 v. Chr.*

Talgai *ca. 14000–12000 v. Chr.*

Puntutjarpa *ca. 8000 v. Chr.*

Mossgiel *ca. 23000 v. Chr.*

Noola *ca. 10000 v. Chr.*

Bass Point *ca. 15000 v. Chr.*

Koonalda Cave *ca. 22000 v. Chr.*

Kings Table *ca. 20000–12000 v. Chr.*

llen's Cave *23000 v. Chr.*

Burrill Lake *ca. 18000 v. Chr.*

Roonka *ca. 16000 v. Chr.*

Clogg's Cave *ca. 15000 v. Chr.*

Keilor *ca. 43000–34000 v. Chr.*

Seton Cave *ca. 14000 v. Chr.*

Wyrie Swamp *ca. 8000 v. Chr.*

gan Hall *ca. 17000 v. Chr.*

Cave Bay Cave *ca. 21000 v. Chr.*

Beginners Luck Cave *ca. 18000 v. Chr.*

Fraser Cave *ca. 18000 v. Chr.*

250 überlebt. Die übrigen Kleinvölker sind untergegangen. Deren Angehörige wurden entweder von den weißen Siedlern getötet oder in unwirtl. Wüstenzonen vertrieben, wo die Überlebenschancen gering waren. Von vielen der untergegangenen Kleinvölker sind noch nicht einmal die Namen überliefert. Über die namentl. bekannten

Kleinvölker gibt es teilweise nur spärl. Informationen. Sehr früh sind die meisten Aborigine-Ethnien an der Ostküste Australiens untergegangen, dort wo die weißen Kolonisten Land okkupierten. Schon lange existieren Kleinvölker wie die Warrgamay und Warungu (Gebiet von Cairns), die Gowar, Yagara und Gabi-gabi (Region von Brisbane), die Awabakal und Dharawal (Gegend von Sydney) nicht mehr. Einige haben andererseits vor ihrem Untergang von sich reden gemacht, so daß man sich auch heute noch an sie erinnert.

Dies trifft beispielsweise auf die Guugu Yimidhirr zu, die zur Zeit der Ankunft der Europäer in der Gegend von Cooktown (nördl. Queensland) lebten. Als im Jahre 1770 die Endeavour, das Schiff, mit dem James Cook Australien umrundet hatte, auf dem Great Barrier Reef aufgelaufen war und an der Küste repariert werden mußte, sahen die Seeleute zum ersten Mal in ihrem Leben Känguruhs. Die einheim. Guugu Yimidhirr nannten die seltsamen Tiere *gangurru*. In seiner engl. Transformation als *kangaroo* ist dieses älteste austral. Lehnwort um die ganze Welt gegangen. Ein anderes untergegangenes Kleinvolk, die Dharuk in der Gegend des späteren Sydney, vermittelte dem Engl. die Bezeichnung für eine. austral. Jagdwaffe: *boomerang*, in der Originalsprache: *bumarinù*. Noch um 1790 war den Engländer nicht bekannt, wie ein Bumerang genau funktioniert. Zwar lernten die Engländer im Kontakt mit Kolonialvölkern in anderen Teilen der Welt ähnl. Werkzeuge kennen, als prototyp. Terminus blieb aber das austral. Lehnwort allgemein in Gebrauch.

Der Prozeß des Untergangs von Kleinvölkern zieht sich bis heute hin. Viele Sprachgemeinschaften lösen sich mit dem Ableben ihrer letzten Sprecher auf, so daß die Angehörigen der Kleinethnien nicht mehr eigensprachl. zu identifizieren sind. In den vergangenen Jahren sind auf diese Weise Sprachen wie das Banggarla, Kariyarra, Pini u. a. untergegangen. In einigen Fällen ist sogar das Todesjahr des letzten Vertreters einer Sprachgemeinschaft bekannt. Von den → Tasmaniern leben noch Restgruppen auf Tasmanien, aber die lebende Sprachkultur dieser Altaustralier starb mit der letzten Sprecherin, einer Frau namens Truganini, im Jahre 1876. Nur ein kleiner Teil der Aborigine-Bevölkerung hat sich akkulturiert und lebt in den Städten Australiens.

Lit.: Dixon et al. 1992, Flood 1992, Haarmann 2001: 29 ff., Horton 1994, Nile/Clerk 1996, Roberts/Roberts 1989, Tucker 1992

Awaren. Das Turkvolk der Awaren wird erstmals in chines. Quellen erwähnt. Im Jahre 552 n. Chr. besiegten die Chinesen die verbündete Armee der Awaren (chines. Name: *Juan-juan*) und Türküt. Die verbliebene awar. Bevölkerung migrierte nach Westen (s. Karte S. 56–57), überschritt den Kaukasus und schloß 558 ein Föderatenbündnis mit Byzanz. Im Schutz des byzantin. Reiches operierten awar. berittene Einheiten gegen die Anten (→ Slawen) in Bessarabien und Podolien und gegen die → Protobulgaren nördl. des Schwarzen Meeres. Später unternahmen die Awaren auch größere Kriegszüge, so gegen die → Franken, die sie im Jahre 566 besiegten. Im Bündnis mit den → Langobarden unterwarfen die Awaren die → Gepiden.

Ihre militär. Erfolge nutzten die Awaren geschickt und etablierten ihre regionale Herrschaft in Pannonien (570) (s. Karte S. 102–103). Ähnl. wie die Donaubulgaren als Elite slaw. Stämme regierten, so stellten die Awaren die soziale und militär. Elite für die nicht-awar. Bevölkerungsmehrheit in Pannonien. Dort siedelten slaw. und german. Stämme. Es sind eine Reihe sozialer Rangtitel überliefert, die awar. Personen trugen (*tudun, tarkhan, kapkhan, canizauci, župan, katun*). Die ehemaligen Föderaten wandten sich schließl. gegen Byzanz und erweiterten ihren Machtbereich, indem sie Städte wie Sirmium (581, heute: Sremska Mitrovica), Emona (598, Ljubljana) und Forum Iulii (610, Fréjus) eroberten. In jener Zeit erreichte das großawar. Khanat seine größte Ausdehnung.

Das Jahr 626 brachte die Wende. Im Bündnis mit den Persern belagerten die Awaren vergebl. Konstantinopel. Dieser Prestigeverlust kostete sie den Verlust ihrer Außengebiete. Ihr Khanat schrumpfte auf ihr Kernland in Pannonien. Im Verlauf des 8. Jh. wurde die awar. Bevölkerung verstärkt durch Migranten aus der russ. Steppe.

Eine zeitweilige Westexpansion bis an die Enns in Bayern um 770 rief die Franken auf den Plan. Karl der Große (reg. 768/als Kaiser 800–814) besiegte die Awaren in zwei Feldzügen (791, 795–96). Einige ihrer lokalen Fürstentümer hatten als fränk. Vasallen noch einige Zeit Bestand. Im Jahre 822 werden zum letzten Mal awar. Gesandte am Hof des fränk. Kaisers Ludwig des Frommen (reg. 814–843), des Nachfolgers Karls des Großen, erwähnt. Danach verschwinden die Awaren aus den Annalen. Die Reste der awar. Bevölkerung haben sich nach 900 an das Volkstum der Ungarn (Magyaren) assimiliert.

Lit.: Meier-Arendt 1985, Herrmann 1986: 144 ff., Pohl 2002, Szádeczky-Kardoss 1986

Azteken. Als Volk mit Eigenprofil treten die Azteken im 13. Jh. auf. Sie wanderten aus dem Nordwesten ins Hochtal des heutigen Mexiko ein (s. Karte S. 43). Ihre erste größere Siedlung war Tlatelolco (um 1260). Die Gründung der Hauptstadt des aztek. Großreichs, Tenochtitlán (Ruinen im Zentrum des heutigen Mexico City), geht auf das Jahr 1325 zurück. In einem Bund dreier Stammesgruppen konsolidierte sich das Reich der Azteken, das sich bei Ankunft der Europäer über den größten Teil Zentral- und Südmexikos ausdehnte. Die Rivalitäten innerhalb des Dreibundes verschärften sich, und dem Bund drohte der Zerfall. In die polit. Spannungen fällt der Zeitpunkt der Landung der Spanier unter Hernán Cortés im Jahre 1519. Die span. Konquistadoren dezimierten die soziale und religiöse Elite der Azteken und vernichteten deren Kultur mit ihrer präkolumb. Tradition. Dies ist der erste Fall von kulturellem Genozid, den die Spanier in der Neuen Welt verübten. Bald darauf fiel auch die Elite der → Maya der Vernichtung anheim.

Entgegen irrtümlichen Vorstellungen, die sich hartnäckig bis heute gehalten haben, sind die Azteken als Volk nicht untergegangen. Ihre modernen Nachkommen, die Nahuatl, leben bis heute in zahlreichen regionalen Gruppen über Zentralmexiko verstreut. Rund 1,7 Mio. Menschen sprechen Varianten des Nahuatl, das zur uto-aztek. Sprachfamilie gehört.

Lit.: Berdan 1982, Clendinnen 1991, Eggebrecht 1986: 58 ff., Gruzinski 1993, Solis 2004

B

Babylonier. Die Babylonier waren kein Volk im ethn. Sinn. Namengeber für die Bevölkerung sowie die histor. Landschaft Babylonien war die Stadt Babylon (akkad. Bab-Ili, hebr. Babel, griech. Babulon). Unter der älteren Namenform Babilla wird Babylon bereits im 3. Jt. v. Chr. erwähnt. Babylonien erstreckte sich im nördl. Mesopotamien (bis in die Gegend des heutigen Bagdad). Im Altertum wurde die Region Sumer bzw. Akkad genannt. Der Name Babylonien stammt aus griech. Zeit.

Die Bevölkerung Babyloniens war multiethn., größtenteils semit. Herkunft. Zu den ethn. Gruppen mit Eigenprofil gehörten die → Chaldäer und → Aramäer. Die Vorfahren vieler Babylonier waren → Akkader. Von den Reichsbildungen, die nach dem Niedergang der Dynastie von Akkad (um 2255 v. Chr.) die polit. Macht in Mesopotamien übernahmen, waren die der → Assyrer, der Chaldäer und der Babylonier am mächtigsten. Die Assyrer und Babylonier waren trotz ihrer engen kulturellen und sprachl. Verwandtschaft polit. Rivalen. Bei diesen Populationen handelte es sich um landschaftl. gebundene Bevölkerungsgruppen akkad. Abstammung. Sprachl. stellen das Babylon. und Assyr. jeweils eine jüngere Entwicklungsstufe des Akkad. (Neu-Akkad.) dar. Babylon. war Staatssprache im babylon. Reich, Stadtsprache von Babylon und Kultursprache für alle ethn. Gruppen Babyloniens. Es war wie das Assyr. sprachl. Vermittlerin mesopotam. Kulturtraditionen.

Der Aufstieg Babylons als polit. Macht beginnt mit den Herrschern der 1. Dynastie von Babylon, die von → Amoritern begründet wurde. Die altbabylon. Periode dauerte von 1894 bis 1595 v. Chr. Danach herrschten viereinhalb Jahrhunderte lang → Kassiten in Babylon, bis zum Jahr 1157 v. Chr. Es folgte eine lange Periode polit. Schwäche, während derer sich die innere Stabilität des Reiches unter den ständigen Angriffen und Raubzügen aramäischer Kriegsherren auflöste. Seit etwa 900 v. Chr. war Babylon vom Assyr. Reich abhängig. Nachdem die Chaldäer zusammen mit den → Medern die Vormachtstellung der Assyrer gebrochen hatten, erlebte Babylon unter

Untergegangene Völker und Reiche in Mesopotamien und angrenzenden Regionen (4.-1. Jt. v. Chr.)

Van-See

URARTU

Urmia-See

Kaspisches Meer

Elbrus-Gebirge

Tepe Gawra

MEDER

PARTHER

HURRITER

ASSYRIEN

ARAMÄER

Tigris

Diyala

Bisitun

Euphrat

Eshnunna

Zagros-Gebirge

Surkh Dum

Kharkheh

MESOPOTAMIEN

KASSITEN

AKKAD

Deh Luran

Ali Kosh

Susiana

Babylon

ARAMÄER

Kish

Susa

Choga Mish

Kül-i Farah

BABYLONIEN

Isin

SUMER

CHALDÄER

Choga Zanbil

Uruk

Ubaid

ELAM

Kurangun

Ur

Shatt al-Arab

Eridu

Tal-i Bakun

Failaka

Persischer Golf

© Verlag C. H. Beck

den Chaldäer-Herrschern ab 605 v. Chr. seine größte Blüte. Mit dem spätbabylon. Reich unter Nebukadnezar II. (reg. 605–562 v. Chr.) steht die bibl. Geschichte (jüd. Exil) in einem besonderem Zusammenhang. Nach der Eroberung Babylons durch den Perserkönig Kyros II. im Jahre 539 v. Chr. sanken die Stadt und die Region zur polit. Bedeutungslosigkeit ab.

Lit.: Eggebrecht et al. 1978, Kuhrt 1995: 573 ff., Oates 1990: 74 ff., Roaf 1990, Saggs 1995

Baktrier. Die Baktrier waren ein iran. Volk (→ Iranier), das namengebend für die in der Antike als Baktrien (griech. Baktría, pers. Bahtris) bekannte historische Landschaft war. Diese erstreckte sich über fast ganz Afghanistan und bis nach Tadschikistan hinein (s. Karte S. 56–57). Das wirtschaftl. und kulturelle Zentrum war das an der Seidenstraße gelegene Baktra. Die Baktrier haben kein eigenes Reich gegründet, sondern waren polit. immer abhängig von fremden Herrschern. Im Anfang (6. Jh. v. Chr.) war Baktrien Teil (Satrapie) des pers. Achämenidenreichs. Der Eroberungszug Alexanders des Großen, der 329 bis 327 v. Chr. durch Baktrien führte, veränderte das polit. Gleichgewicht. Für einige Zeit herrschten Könige griech. Abstammung in Baktrien. Der mächtigste dieser gräkobaktr. Herrscher war der Seleukide Menander (bzw. Milinda; reg. 166 – ca. 150 v. Chr.), der während seiner Regierungszeit Baktrien bis ins nördl. Indien ausdehnte.

Im 1. Jh. n. Chr. übernahm die Elite eines fremden Volkes die Macht in Baktrien. Dies waren die Kusana, ein Clan der → Tocharer. Die Namensgleichheit dieser «echten», nicht-indoeurop. Tocharer mit den am Rande der Taklimakanwüste siedelnden Tocharern indoeurop. Abstammung ist verwirrend, es hat sich aber in der Historiographie keine Alternativbenennung durchgesetzt. Die Kusana herrschten in Baktrien bis Mitte des 3. Jh. Danach übernahmen die Sassaniden die polit. Vorherrschaft. Später hatten die asiat. → Hunnen, die → Awaren (Hephthaliten) und die türk. Türküt die polit. Kontrolle. In der 2. Hälfte des 9. Jh. eroberten schließl. die iran. Saffariden ganz Baktrien.

Unter dem Kusana-Herrscher Kaniska I. (reg. 78–101 n. Chr.) verbreitete sich der Buddhismus, und zwar die Mahayana-Variante, über Baktrien. Über die durch Baktrien führende Route der Seidenstraße gelangte die buddhist. Lehre rasch in die wichtigen Knotenpunkte der Region. Daneben hielt sich bis ins Mittelalter das Christentum nestorian. Prägung. Baktra war Bischofssitz. Auch die Manichäer fanden ihr Rückzugsgebiet in Baktrien, und zwar im Norden.

Das Baktrische gehört zum Kreis der untergegangenen mitteliran. Sprachen. Andere verwandte Sprachen sind die der → Saken, → Soghdier, → Parther und → Sarmaten. Die Sprache der Baktrier ist schriftl. überliefert, hauptsächl. auf Münzlegenden und Siegeln sowie in buddhist. Inschriftfragmenten. Nur ein längerer Text aus der Regierungszeit von Kaniska I. ist bekannt.

Lit.: Harmatta 1994: 99 ff., 247 ff., Kruglikova 1976–79, Pičikjan 1991

Balten. Die Ausgliederung eines balt. Kulturkomplexes aus dem Kontinuum indoeurop. Populationen begann bereits im 2. Jt. v. Chr. Balt. Bevölkerungsgruppen haben lange Zeit in einem Areal gesiedelt, das weit über das Kernland moderner balt. Völker hinausreichte. Bis ins Mittelalter bewohnten Balten weite Teile Ostpreußens, des nordwestl. Rußland und des nördl. Weißrußland. Balt. Orts- und Gewässernamen finden sich bis in die Region westl. von Moskau. Die von Tacitus (1. Jh. n. Chr.) in dessen «Annalen» erwähnten *Aestii* waren nicht die finn.-ugr. Esten, sondern die → Pruzzen (Altpreußen). Dieses westbalt. Volk ist ebenso wie einige andere Völker, die zur ostbalt. Gruppe gehören (→ Kuren, Selonen, Jotvinger), untergegangen. Von den balt. Völkern leben nur die Litauer und Letten weiter.

Lit.: Mallory/Adams 1997: 46 ff., Pospelov 1999

Bastarner. Das ursprüngl. Siedlungsgebiet der Bastarner (auch *Bastarnen*; latein. *Bastarnae*, *Basternae*) liegt in Mitteleuropa und wird mit der eisenzeitl. Jastorfkultur assoziiert. Die Bastarner waren die ersten → Germanen, die nach Südosteuropa abwanderten (s. Karte S. 102–103). Die frühe Migration setzte im 3. Jh. v. Chr. ein; im 2. Jh. v. Chr. ist die Präsenz der Bastarner zwischen unterer Donau und Bug bezeugt. Die Bastarner waren lange Zeit Spielball in der Konfrontation lokaler Königreiche mit der aufstrebenden röm. Kolonialmacht. Als Verbündete der → Mazedonier (179 v. Chr. unter Philipp V.) okkupierten sie neue Wohnsitze in Thrakien. Im Jahre 88 v. Chr. nahmen bastarn. Truppen am Krieg des Mithridates VI. von Pontus gegen Rom teil. Zwischenzeitl. unter der Vorherrschaft der → Daker wurden die Bastarner in den Jahren 29 und 28 v. Chr. in Gebiete nördl. der Donau abgedrängt. Im 3. Jh. n. Chr. wichen sie dem Druck der → Goten aus und zogen zurück nach Thrakien, wo ihnen Wohnsitze von Kaiser Probus (reg. 276–282) zugewiesen wurden. Danach verlieren sich die Spuren dieses german. Volkes.

Lit.: Brunner et al. 1990/1: 294

Belgen. In ethn. Hinsicht waren die Belgen (latein. *Belgae*) kein einheitl. Volk. Ähnl. wie sich das ethn. Profil der → Keltiberer in einer Fusion verschiedener Populationen (→ Kelten und → Iberer) entwickelte, vollzog sich die Ethnogenese der Belgen im 3. Jh. v. Chr. in einer Konvergenzzone kelt. und german. Stämme: Anfängl. dominierten kelt. Populationen, Träger der Marnekultur. Sukzessive wurde diese Kulturbasis überformt von ethn. und sprachl. Eigenheiten zuwandernder → Germanen, mit denen die Kelten in Koexistenz und in Kohabitaten lebten.

Das Hauptverbreitungsgebiet der Belgen reichte weit über die Grenzen des heutigen Staates Belgien hinaus, für den sie namengebend waren. Bis über die röm. Zeit hinaus blieb die Stammesgliederung der Belgen bestehen, und die Erinnerung an einige dieser Stämme lebt in der modernen Namenvielfalt einzelner Regionen weiter. Zu diesen Stämmen gehörten: Aduatuker (im Flußtal der Maas), Ambianer (Gegend von Amiens), Atrebaten (Gebiet von Arras), Bellovaker (Region von Beauvais), Eburonen (im Gebiet zwischen Rhein und Maas), Kaleten (zwischen den Mündungsgebieten von Seine und Somme), Kondrusen (im Flußtal der Maas), Menapier (im Gebiet zwischen der Nordseeküste, dem Niederrhein und der Schelde), Moriner (Gegend von Calais), Nervier (im Flußtal der Schelde), Remer (Region um Reims), Suessionen (Gegend von Soissons), Veliokassen (im Flußtal der unteren Seine), Viromanduer (Gegend von Vermand).

Im 1. Jh. v. Chr. expandierten die Belgen nach Britannien (um 75 v. Chr.) und weiter nach Gallien hinein (s. Karte S. 102–103). Ihr Siedlungsdruck nach Gallien wurde aber im Jahre 51 v. Chr. von Caesar durch die Unterwerfung der Belgen eingedämmt. Eine röm. Provinz mit dem Namen Belgica bestand seit 16 v. Chr. Ursprüngl. gehörte dazu auch das Gebiet, das später unter Diokletian (reg. 284–316 n. Chr.) als Germania Superior und Germania Inferior abgetrennt wurde. Die Belgen bewahrten ihre Kultur und Sprache bis in die Zeit der fränk. Landnahme und assimilierten sich allmähl. entsprechend ihrer Siedlungsgravitation an roman. oder german. Volkstum.

Lit.: Laet 1982, Wightman 1985

Biblische Völker. In der Bibel ist von vielen allgemein bekannten Völkern und Bewohnern histor. Landschaften des Vorderen Orients und Afrikas die Rede; hierzu gehören u. a. die → Ägypter, → Assyrer, → Babylonier, → Chaldäer, → Elamer, → Hethiter, → Kanaaniter, → Nabatäer, → Parther, → Philister. Darüber hinaus gibt es zahlreiche Ethnien, die wir in erster Linie aus der Bibel kennen. Die umfangreichste Völkerliste (in der Bibel als «Völkertafel» bezeichnet) findet sich in 1.Mose 10, 1–32; hier werden die Nachkommen Noahs aufgezählt, die zu Stammvätern ethn. Gruppen wurden. Zusätzl. werden v. a. in den Büchern des Alten Testaments andere Völker erwähnt. Einige sind aufgrund der Hinterlassenschaft ihrer materiellen Kultur faßbar; sie werden hier in eigenen Artikeln dargestellt: → Amoriter (5.Mose 1, 7 u. a.), → Edomiter (4.Mose 20, 17–21, u. a.), → Galater (Galater 1, 6 u. a.), Gomer (Ezechiel 38, 6), d.s.→ Kimmerier, Horiter (1.Mose 14 und 36 u. a.), d.s. → Hurriter, → Moabiter (1.Mose 19, 30 ff. u. a.), → Samaritaner (2.Könige 17, 29 u. a.). Von vielen Völkern aber wissen wir sehr wenig, oft auch nicht mit Sicherheit, ob und wann es sie tatsächlich gegeben hat:

- Amalekiter: Die ersten Nomaden, auf die die Israeliten nach der Überquerung des Roten Meeres stießen und mit denen sie bis in die Zeit Davids (10.Jh.v.Chr.) in krieger. Auseinandersetzungen standen (2.Mose 17, 8–13 u.a).
- Ammoniter: Zwischen den Israeliten und den A. im östl. Jordanland bestand eine permanente Feindschaft; nach bibl. Überlieferung waren die A. die Nachkommen aus der inzestuösen Beziehung von Lots jüngerer Tochter mit ihrem Vater; Stammvater der A. wäre demnach Ben-Ammi (1.Mose 19, 36–38 u. a.).
- Anakiter: Nach bibl. Überlieferung ein Volk von Riesen, das vor der Landnahme der Israeliten im Süden Kanaans lebte; die Stadt Hebron ist nach einem der A. benannt, Arba (Kirjat-Arba, Josua 14, 15) > Hebron (Josua 15, 13 u. a.):
- Anamiter: Ein myth. Volk, dessen Stammvater Ham ist (1.Mose 10, 6 u. a.)
- Arwaditer: Die Leute von Arwad, einer phöniz. Stadt auf einer Insel vor der Küste Syriens, werden als Söldner im Heer des Stadtstaates Tyros erwähnt; sie werden als «Söhne Kanaans» aufgeführt (1.Mose 10, 1 u. a.)
- Aschuriter: Ein Stammesverband arab. Nomaden im Norden Arabiens; Stammvater ist Dedan, ein Enkel Abrahams (1.Mose 25, 1–3)
- Awiter: Eine der Ethnien in Kanaan vor der Landnahme der Israeliten; ihr Wohngebiet war die Gegend von Gaza (5.Mose 2, 23 u. a.)
- Dedaniter: Ein arab. Volk, das in assyr. und chaldäischen Quellen genannt wird; die D. siedelten im Nordwesten Arabiens, in der Gegend von Teman; an ihre histor. Präsenz erinnert noch der Name der Ruinenstätte von Daidan; Stammvater ist Jokschan, Sohn des Abraham und Keturas (1.Mose 10, 7 u. a.)
- Emiter: Der Bibel zufolge die Ureinwohner Moabs; sie lebten dort vor den Moabitern (5.Mose 2, 10–11 u. a.)

- Geschuriter: Lange Zeit gelang es den Israeliten trotz mehrerer Versuche nicht, die G. zu unterwerfen, die ein Kleinreich östl. des Sees Genezareth gründeten; die Tochter des Königs der G., Talmais, war eine der Frauen von König David; das Reich der G. zerfiel im 9. Jh. v. Chr. (5. Mose 3, 14 u. a.)
- Girgaschiter: Eine der Ethnien in Kanaan vor der Landnahme der Israeliten (1. Mose 10, 16 u. a.)
- Girsiter: Volk in Nachbarschaft der Philister (1. Samuel 27, 8)
- Hagariter: Die H. siedelten östl. von Gilead und gehörten – ähnl. wie Edomiter und Moabiter – zum Kreis der Feinde Israels (1. Chronik 5, 10 u. a.)
- Harariter: Die H. bevölkerten das Hügelland von Judäa; in der Bibel werden drei hararit. «Helden» Davids namentl. hervorgehoben: Schamma, Jonatan und Ahiam (2. Samuel 23, 11 u. a.)
- Hiwiter: Eine der Ethnien in Kanaan vor der Landnahme der Israeliten; die H. werden in der Bibel im Zusammenhang mit verschiedenen Städten erwähnt, und zwar mit Sichem, Gibeon, Kefira, Beerot und Kirjat-Jearim, auch mit der Region am Berg Hermon (1. Mose 10, 17 u. a.)
- Jebusiter: Die J. bewohnten zur Zeit der israelit. Landnahme die Gegend von Jerusalem, das sie Jebus nannten; die Israeliten versuchten vergebl., die J. zu vertreiben; erst David gelang es im 10. Jh. v. Chr., Jerusalem zu erobern und zur Hauptstadt Israels zu machen; als Stammvater wird Kanaan genannt (1. Mose 10, 16 u. a.)
- Jerachmeeliter: Ethnie im Süden des Negev; zu der Zeit, als David Söldnerführer im Heer des Philisterkönigs Achisch von Ziklag war, griffen dessen Truppen die J. an (1. Samuel 27, 5–12 u. a.)
- Kadmoniter: Hirtennomaden, deren Verbreitungsgebiet in der Bibel nicht näher umschrieben wird; ihre Wohnsitze wurden nach bibl. Überlieferung von Gott der Sippe Abrahams zugesprochen (1. Mose 15, 19)
- Kedariter: Ein Verband von Nomadenstämmen in der syr.-arab. Wüste; in einer Stele des Assyrerkönigs Tiglat-Pileser aus dem Jahre 737 v. Chr. werden die K. als tributpflichtiges Volk erwähnt; später schlossen sie sich anderen arab. Stämmen an, die in einem Bündnis gegen die Moabiter, Assyrer und Babylonier Krieg führten (Jesaja 60, 7 u. a.)
- Kenasiter/Keniter: Ein eng mit den Midianitern verwandtes Volk im Negev; Stammvater war Kenas, Sohn des Elifas, ältester Sohn Esaus (1. Mose 15, 19 u. a.)
- Letuschiter: Eine eng mit den Aschuritern verwandte Stammesgruppe; Nachkommen der Dedaniter (1. Mose 25, 3)
- Lëummiter: Halbnomaden, die mit den Aschuritern und Letuschitern näher verwandt waren; Nachkommen der Dedaniter (1. Mose 25, 3)
- Mëuniter: Eines der Nachbarvölker Israels; auch Maoniter genannt (1. Chronik 4, 41 u. a.)

- Midianiter: Die M. besiedelten die nach ihnen benannte Region Midian im Nordwesten der Arab. Halbinsel am Golf von Elat; als Kamelzüchter und Karawanenführer waren sie am Handel mit Weihrauch und Gold aus Südarabien beteiligt (2. Mose 2, 15–16 u. a.)
- Patrositer: Ethnie im nordöstl. Delta des Nils, zwischen Ägypten und der Sinai-Halbinsel; als Stammvater wird Mizrajim genannt (1. Mose 10, 13–14 u. a.)
- Perisiter: Eine der Ethnien in Kanaan vor der Landnahme der Israeliten; ihr Wohngebiet ist nicht näher bekannt (1. Mose 15, 20 u. a.)
- Refaïter: Eine der Ethnien in Kanaan vor der Landnahme der Israeliten (1. Mose 14, 5 u. a.)
- Susiter: Die S. werden nur einmal und ohne genauere Angabe ihrer Wohnsitze erwähnt (1. Mose 14, 5)

Lit.: Ben-Tor 1992, Gordon/Rendsburg 1997, Hennig 1995, Mazar 1990

Burgunder. Die Burgunder (latein. *Burgundiones, Burgundii*) waren ein ostgerman. Volk, verwandt mit den → Goten, → Gepiden, und → Vandalen. Ihre erste Erwähnung findet sich bei Plinius dem Älteren (1. Jh. n. Chr.), der als ihre Wohnsitze das Gebiet zwischen Oder und Weichsel nennt. Ab dem 2. Jh. ist ein Siedlungstrend in Richtung Westen zu beobachten. Zuerst besiedelten die Burgunder die Lausitz und den östl. Teil Brandenburgs, im 3. Jh. gelangten burgund. Stammesgruppen bis ins Flußtal des Mains (Franken). Dort siedelten sie in Nachbarschaft der → Alemannen (s. Karte S. 102–103). Anfang des 5. Jh. kamen die Burgunder in der Region von Worms und Speyer in näheren Kontakt mit dem röm. Kulturkreis. In jener Periode liegen die Anfänge der ersten Reichsbildung und der Übertritt zum Christentum. Im Jahre 436, während der Regentschaft von Gundahar, wurde ein großer Teil der Burgunder von den → Hunnen getötet. Der Rest rettete sich ins Gebiet der röm. Provinz Belgica Prima.

Der röm. Kaiser Aëtius wies den Burgundern im Jahre 443 als *foederati* Wohnsitze in den Westalpen (zwischen Rhône und Saône) zu; sie sollten die Alpenpässe schützen. Zunächst war Geneva (Genf) der Hauptort, ab 461 übernahm Lugdunum (Lyon) die Rolle einer Hauptstadt des neu gegründeten Burgunderreichs. Um 470 gehörten die röm. Provinzen Lugdunensis und weite Teile der Provinz Maxima Sequanorum dazu. Bis zur Expansion der → Franken waren das Burgunderreich und das Tolosan. Reich der Westgoten

(→ Goten) die bedeutendsten polit. Machtfaktoren in Frankreich. Die Burgunder pflegten ebenso wie andere german. Völker ein starkes Bewußtsein ihrer traditionsreichen Stammesrechte. Diese wurden auf Veranlassung König Gundobads (reg. 480–516) im Jahr des Beginns seiner Regentschaft in der Sammlung «Lex Burgundionum» kompiliert. Die Bevölkerung im Burgunderreich war gemischt german. und roman. Für die roman. Bevölkerung wurde im Jahre 506 eine eigene Gesetzessammlung verfaßt, die «Lex Romana Burgundionum». Mit der Eroberung durch die Franken zwischen 532 und 534 zerfiel das unabhängige burgund. Staatswesen. An die Burgunder erinnert bis heute der Name der histor. Landschaft Burgund (franz. Bourgogne).

Das Burgund. gehört zum Kreis der ostgerman. Sprachen und ist mit dem Got., Gepid. und Vandal. verwandt. Im frühen Mittelalter ist das Burgund. im Prozeß eines allgemeinen Sprachwechsels der Burgunder zum Frühroman. untergegangen. Einige wenige Spuren des Burgund. haben sich in Lehnwörtern des lokalen Frankoprovenzal. erhalten (z. B. *budda* ‹leicht gebauter Kuhstall›).

Die Erinnerung an die Burgunder lebt in einem Hauptwerk der deutschen mittelalterl. Literatur weiter, näml. im «Nibelungenlied», das zwischen dem 13. und 16. Jh. in drei Dutzend Handschriften überliefert worden ist. Darin wird das histor. Geschehen des Vernichtungsschlags der → Hunnen gegen die Burgunder am Rhein episch verarbeitet. Das «Nibelungenlied» ist das einzige Werk aus der Tradition der german. Liedepik, das erhalten geblieben ist.

Lit.: Beutin et al. 1989: 28 f., Brunner et al. 1990/1: 392 f.

C

Camuner → Kamuner

Chaldäer. Die Chaldäer (griech. *Kaldaioi*) bewohnten den südl. Teil Mesopotamiens (s. Karte S. 68). Die Ursprünge dieses Volkes, das in akkad. Quellen *Kaldayyu* genannt wird und dessen hebräischer Name *Kaśdîm* war, liegen bis heute im Dunkeln. Ihre erste Erwähnung geht auf das Jahr 878 v. Chr. zurück. Man vermutet, daß die Chaldäer von anderswo her nach Mesopotamien eingewandert sind. Sie waren in fünf Stämme gegliedert, die als *bit* ‹Hausgemeinschaft› bezeichnet wurden. Der Name eines jeden Stammes setzte sich aus dem Element *bit* und dem Namen des Stammvaters zusammen. Die drei größeren Stämme waren die Bit-Dakkuri, die Bit-Amukkani und die Bit-Yakin; die beiden kleineren die Bit-Sha'alli und Bit-Shilani.

Aller Wahrscheinlichkeit nach waren die Chaldäer Semiten. Denn für eine nicht-semit. Herkunft gibt es keine Anhaltspunkte. Es ist darüber spekuliert worden, daß die Chaldäer mit den → Aramäern nah verwandt gewesen sein könnten. Dies schloß man daraus, daß bei ihnen aramäische Namen verbreitet waren. Andererseits verwendeten sie auch babylon., d. h. neuakkad. Namen. Nach einer anderen Theorie waren die Vorfahren der Chaldäer ostarab. Bevölkerungsgruppen. Die wenigen sprachl. Zeugnisse (Ortsnamen und Personennamen) aus dem 8. Jh. v. Chr. scheinen auf eine nähere Verwandtschaft mit den → Akkadern zu deuten. Einige lokale Bevölkerungsgruppen der Chaldäer assimilierten sich bereits im 8. Jh. v. Chr. an aramäisches Volkstum und Sprache, dies vor allem in ländl. Gebieten, wo Aramäer siedelten. Zur Zeit der neubabylon. Dynastie (626–539 v. Chr.) war die chaldäische Bevölkerung bereits vollständig akkulturiert, teils aramäisiert und teils babylonisiert. Letzteres bedeutet, daß sie die mesopotam. Kultur übernommen hatten, vermittelt durch die Kultur- und Staatssprache der Region, eine jüngere Variante des Akkad.

Die Chaldäer übernahmen eine Zeitlang die Macht in Babylon. Um 770 v. Chr. bestieg der Chaldäer Eriba-Marduk den babylon.

Königsthron. Mit den → Assyrern und → Babyloniern standen die Chaldäer lange Zeit in krieger. Auseinandersetzungen. Die polit. Wirren, in die Assyrien nach dem Tod von Salmaneser V. (reg. 727–722 v. Chr.) gestürzt wurde, gaben dem Chaldäer Marduk-apla-iddina, dem im Alten Testament (2. Könige 20, 12) erwähnten Mero-dach-Baladan (II.), die Möglichkeit, die Königsherrschaft in Babylon zu übernehmen (721–710 v. Chr.). Seine Verbündeten waren Elam im Osten und das Reich Juda unter König Hiskia im Westen. Der assyr. Herrscher Sargon II. (reg. 721–705 v. Chr.) trieb Mero-dach-Baladan 710 ins Exil nach Elam. Nominell wurde er als König Babylons von dem Assyrer Sanherib (reg. 705–681 v. Chr.) abgesetzt. Um 703 v. Chr. unternahm dieser einen Feldzug gegen die Chaldäer, die damals den Handelsweg über den Euphrat auf der Strecke südl. von Babylon bis zu den Sumpfgebieten im Süden und den Küsten des Pers. Golfs kontrollierten.

In der Endphase des babylon. Königreichs lag die Macht ausschließl. in den Händen von Chaldäern. Diese nutzten das nach dem Niedergang des assyr. Reiches entstandene polit. Vakuum und usurpierten die Macht in Babylon. Chaldäische Könige regierten Babylon zur Zeit der neubabylon. Dynastie. Der berühmteste von ihnen war Nebukadnezar II. (reg. 604/5–562 v. Chr.), auf dessen Veranlassung die Stadt Babylon großzügig ausgebaut wurde. Der Perserkönig Kyros II. (reg. 559–529 v. Chr.) eroberte Babylon im Jahre 539 v. Chr. Damit endete nicht nur die Herrschaft der Chaldäer, sondern auch die Existenz des Königreichs Babylon.

In der Historiographie der griech.-röm. Antike wurden die Chaldäer mit den Babyloniern identifiziert. Als Chaldäer bezeichnete man auch die babylon. Priester, die Divinationsriten (d. h. astrolog.-mag. Rituale) ausführten. Die Namensähnlichkeit mit dem Gott Chaldi, der von den → Urartäern verehrt wurde, führte in den antiken Quellen zur Verwechslung der Urartäer mit den Chaldäern.

Lit.: Hennig 1995: 154 f., Oates 1990: 136 ff., Saggs 1995: 133 ff.

Champa. Die Champa werden erstmals in chines. Quellen des 2. Jh. n. Chr. als *Linyi* erwähnt, und als ihr Reichsgründer wird Qulian genannt. Das alte Reich der Champa von Lâm Âp (192–758 n. Chr.) mit seiner Hauptstadt Champapura erstreckte sich über die Region von Huê in Vietnam. Trotz krieger. Auseinandersetzungen mit den Chinesen konnten die Champa – im Unterschied zu den Vietnamesen, die sich erst im 10. Jh. von der chines. Oberherrschaft befreiten – ihre Unabhängigkeit behaupten und waren nie von ihren mächtigen Nachbarn abhängig. Dennoch wichen sie um die Mitte des 8. Jh. dem chines. Druck, und das Zentrum ihrer polit. Macht verlagerte sich weiter nach Süden, nach Panduranga (vietnames. Phan-rang). Die Chinesen nannten dieses Folgereich das von Huanwang. Durch Angriffe der Javaner von Süden her wurde dieses zweite Reich der Champa (758–871) destabilisiert.

Es kam zur erneuten Verlagerung des Reichsgebiets. Die Hauptstadt des neuen Reiches von Champa (seit 875) wurde Indrapura (vietnames. Dông-du-'o'ng); ab dem Jahre 1000 war die Hauptstadt Vijaya(pura) (Binh-dinh). Faktisch bestand dieses Reich bis zur Eroberung Vijayas durch die Vietnamesen (Annamiten) im Jahre 1471. Nominell regierten aber Könige der Champa als Vasallen Vietnams bis zum Beginn des 19. Jh. Die Schwächung der polit. Macht der Champa setzte bereits in der zweiten Hälfte des 11. Jh. ein, als die drei nördl. Provinzen an Vietnam (Annam) verloren gingen. Zwischen 1203 und 1220 erstreckte sich der Machtbereich der Khmer mit ihrem Zentrum Angkor bis ins Gebiet der Champa. Die Mongolen eroberten Champa im Jahre 1283. Nach einer kurzen Periode der polit. Konsolidierung gegen Ende des 14. Jh. erfolgte dann der endgültige Niedergang.

Die Champa waren ein austrones. Volk und gehörten zur Gruppe der altmalaiischen Ethnien. An der Ethnogenese dieses Volkes waren auch Bevölkerungsgruppen der Berglandbewohner Nordvietnams beteiligt. Nach myth. Überlieferung ging das Volk der Champa aus der Vereinigung der Wassergöttin Nagar (vietnames. Thiên Yana) in Gestalt eines Sandelholzstamms mit einem Irdischen hervor. Die Göttin war unter ihrem Namen Pô Nagar (‹Königin des Landes›) die erste Regentin des alten Champa-Reichs. Nagar hatte ihr Hauptheiligtum in Nha-trang. Diese Kultstätte wurde in der zweiten Hälfte des 8. Jh. von javan. Invasoren zerstört, danach aber wieder aufgebaut.

Schon zu Beginn unserer Zeitrechnung gelangten über die Handelskontakte zwischen dem ind. Subkontinent und den Ländern Indochinas Kulturgüter und Ideen aus Indien zu den Champa. Hier verbreiteten sich der ältere Brahmanismus und der jüngere Buddhismus (seit dem 9. Jh.). Als Bildungssprache der Elite und als Kanzleisprache in den Champa-Reichen fungierte das Sanskrit. Die Bevölkerung war in zwei Clans gegliedert, in die Pi Nang (mit Vorfahren im Bergland) und in die Li U (mit Vorfahren, die vom Meer her eingewandert waren). Angehörige des Li U-Clans stellten die soziale Elite und den Regenten. In der Kunst der Champa sind die verschiedensten Strömungen und Stilformen erkennbar. Einflüsse kamen aus allen Nachbarkulturen (aus Vietnam, China, Kambodscha) und auch aus entfernteren Kulturmilieus (aus Java und Indien). Die bekanntesten Monumente der Champa-Architektur sind quadrat. Turmheiligtümer in Pyramidenform und mit terrassenartigen Aufbauten. Solche Türme sind in Nha-trang, Mi(My)-so´n, Hoa-lai und an anderen Orten erhalten. Die typ. Form der Plastik bei den Champa ist das Hochrelief.

Lit.: Huu Ngoc 1997: 162ff., Maspéro 1928, Taylor 1992: 153ff., Wulf 1991: 261ff.

Chasaren. Um die Mitte des 7. Jh. n. Chr. werden die Chasaren histor. faßbar. Damals organisierten sie ein Khanat im Nordosten des Kaukasus. Im Verlauf des 8. Jh. dehnte sich ihr Herrschaftsgebiet weiter nach Nordwesten und Westen aus (s. Karte S. 56–57). Im 9. Jh. erlebte das chasar. Khanat (Chasaria) seine größte polit. und kulturelle Blüte: Es erstreckte sich bis an die untere Wolga und bis zum Tal des Don, umfaßte die Küstengebiete rings um das Asowsche Meer und die Halbinsel Krim. Das Chasaren-Khanat hatte eine multiethn. und multilinguale Bevölkerung. Außer den Chasaren selbst lebten dort andere verwandte Turkstämme wie die → Onoguren, außerdem iran. und finnougr. Gruppen. Die Chasaren waren auch den benachbarten → Slawen gut bekannt. Mehrere ostslaw. Stämme (Poljanen, Sewerjanen, Wjatitschen, Radimitschen) waren den Chasaren tributpflichtig. Hauptstadt des Chasaren-Khanats war Sarkel (Belaja Wesa) am Unterlauf des Don.

Im Zuge der türk. Migrationen, die von Südsibirien ihren Ausgang nahmen, waren türk. Bevölkerungsgruppen – aus Zentralasien kommend – auch ins Kaukasusvorland gelangt. Dort bildeten die Chasaren im Verlauf des Frühmittelalters ein von anderen türk. Stämmen verschiedenes Volkstum aus. Das Chasar. gehört zum Kreis der Turksprachen und steht verwandtschaftl. der Sprache der

→ Protobulgaren am nächsten. Ob das Chasar. das Ungar. als Kontaktsprache beeinflußt hat, als die Ungarn vor ihrer histor. Landnahme noch in Südrußland lebten, ist ungeklärt. Ein Teil der alten turksprachl. Entlehnungen im Ungar. mögen chasar. Herkunft sein.

Die Chasaren profitierten vom Handel entlang der Seidenstraße, der Asien mit Europa verband. Itil' an der unteren Wolga war der wichtigste Umschlagplatz für Waren aus dem Osten. Eine Seitenroute der Seidenstraße führte im Norden um das Kasp. Meer herum. Über die Seidenstraße gelangten auch andere Kulturgüter außer Waren nach Chasaria. In jener Zeit hatte sich der Islam schon im südl. Kaukasus und in Zentralasien verbreitet, und das Christentum strahlte vom Byzantin. Reich her aus. Die ständigen Angriffe der Araber führten dazu, daß Chasaria eine Zeitlang unter ihrem polit. und kulturellem Einfluß stand. Im Jahre 737 war die Führung des Chasaren-Khanats gezwungen, den Islam anzunehmen. Damit setzte aber keine Islamisierungs-Kampagne ein. Der Islam blieb in der Bevölkerung ein Fremdkörper und wurde schon bald wieder aufgegeben. Die militär. Auseinandersetzungen mit den Arabern motivierten Chasaria zu einem Bündnis mit Byzanz.

Auf dem Höhepunkt ihrer Macht entschied sich die Führung des Chasaren-Khanats allerdings, einen von den westl. und östl. religiös-kulturellen Strömungen unabhängigen Kurs zu steuern. Gegen Ende des 8. Jh. konvertierte Khan Bulan (reg. 786–809) zum Judentum. Der Überlieferung zufolge waren ein Vertreter der christl. Kirche, ein Muslim und ein Rabbi nach Sarkel zu einem Streitgespräch über Religionsfragen eingeladen worden. Angeblich soll den Khan die Argumentation des Juden am meisten beeindruckt haben. Eine erste Erwähnung der Chasaren als Anhänger des jüd. Glaubens findet sich in den Schriften des Mönchs Druthmar von Aquitanien (864). Das mächtige Chasaria unterhielt diplomat. Beziehungen zu vielen Staaten, u. a. zum Kalifat von al-Andalus im maur. Spanien. Die Verbreitung des Judentums im Chasaren-Reich erweckte die besondere Aufmerksamkeit der Vertreter des jüd. Geisteslebens, die in maur. Diensten standen. Der in Toledo wirkende Historiograph Judah Halevi (1075–1141) feierte den Chasaren-Khan in seinem Traktat über das Judentum («Sefer ha-Kuzari») als Helden des jüd. Glaubens.

Die Annahme der jüd. Religion blieb nicht auf die soziale Elite Chasarias beschränkt, sondern verbreitete sich auch bei der einfachen Bevölkerung. Bei einem der Völker, die lange Zeit in einer abgelegenen Region des Chasarenreiches siedelten, und zwar bei den Karaimen (auch Karäer genannt) im Bergland der Krim, hat sich die jüd. Religion bis in die heutige Zeit erhalten. Im Spätmittelalter verließen die Karaimen, wie die Chasaren ein Turkvolk, ihre Wohnsitze im Süden und migrierten in die westl. Ukraine, ins östl. Polen und nach Litauen. Dort leben heute noch ca. 450 Karaimen als ethn.-religiöse Minderheit.

Im 10. Jh. erfolgte der Niedergang der chasar. Macht. Die Einnahmen aus dem Handel über die Seidenstraße gingen zurück, weil die Araber immer mehr Einfluß nahmen. Außerdem schwächte die zunehmende Seßhaftwerdung der Bevölkerung die Mobilität der ehemaligen Reiterkrieger. Im Westen verweigerten die slaw. Stämme die Tributzahlungen, und schließl. besiegte Fürst Swjatoslaw von Kiew (gest. 972) die Chasaren, deren Hauptstadt Sarkel er im Jahre 965 eroberte. Danach migrierten russ. Siedler in die fruchtbaren Ländereien Chasarias und führten den Ackerbau ein. Eine Zeitlang lebten Chasaren und Russen in Sarkel zusammen. Bereits nach wenigen Generationen hatten sich die Chasaren vollständig an das Russentum der Umgebung assimiliert.

Lit.: Golden 1998, Herrmann 1986: 225 ff., Pavić 1998, Wigoder 1989: 414

Chavín. Die älteste der präkolumb. Kulturen Perus hat ihren Namen nach der Ruinenstätte eines Heiligtums am Osthang der Cordillera Blanca (südöstl. von Huarez). Chavín de Huántar hatte bereits städt. Charakter und war das wichtigste Kult- und Kulturzentrum der ersten peruan. Hochkultur (s. Karte S. 43). Die Wirtschaft der Leute von Chavín basierte auf Ackerbau, mit der Ergänzung durch Jagd und Fischerei. Die am weitesten verbreitete Nutzpflanze war Mais. Die ethn. Identität der Träger der Chavín-Kultur ist nicht bekannt; sie werden gemeinhin als «Altperuaner» bezeichnet. Es wird vermutet, daß sie Küstenbewohner waren, die ihre Kultur weiter ins Inland transferierten.

Die Hauptkultstätte von Chavín wurde in zwei Phasen zwischen ca. 1200 und ca. 200 v. Chr. ausgebaut. Reste von steinernen Tempelplattformen, die in Huaca de los Idolos zu sehen sind, werden aber schon auf ca. 3000 v. Chr. datiert. Die Anfänge der Monumentalarchitektur in Amerika liegen damit zeitgleich mit den ältesten

Ziggurats der sumer. Stadtstaaten und früher als die Pyramiden des Alten Reichs in Ägypten. Mit der Herstellung von Keramik begannen die Altperuaner um 2000 v. Chr. Die Gefäße sind monochrom (schwarz, grau, braun). Flachreliefs waren eine bevorzugte Kunstform. Häufig wiederkehrende Motive waren myth. Wesen, der Adler und der Puma. Auffällig in der Darstellung dieser Wesen sind lange, spitze Reißzähne. Der Chavín-Stil in der Keramik und in der Ornamentik hat sich weit über die engeren Grenzen dieses Kulturareals in anderen Regionen Perus verbreitet, auch dort, wo einheim. Traditionen bestanden (z. B. Paracas-Kultur). Die technolog. Errungenschaften der Chavín-Kultur erlebten in den vor-inkaischen Nachfolgekulturen vielerlei Transformationen. Dazu gehörten Techniken der Metallbearbeitung sowie der Textil- und Keramikherstellung. Das Know-how der Bewässerungstechnik, die von den Chavín-Leuten entwickelt wurde, verbreitete sich ebenfalls und wurde von den Erben dieser Zivilisation für den Feldbau genutzt. Dies gilt v. a. für die → Huari und → Moche.

Lit.: Burger 1992, Burger/Merwe 1990, Cáceres Macedo 2001: 41 ff., Fagan 1996: 131 ff., Inka – Peru 1992: 39 ff.

Chimú. Die Zivilisation der Chimú, deren Anfänge auf ca. 1200 n. Chr. zurückgehen, gehört zum Kreis der vor-inkaischen Kulturen Perus. Die Entstehung des Reiches der Chimú steht im Zusammenhang mit dem polit. Niedergang des Reiches der → Huari (Wari). Das Chimú-Reich erstreckte sich gegen Ende des 14. Jh. von Ecuador im Norden bis zum Rimactal im Süden (s. Karte S. 43). Trotz der weiten Ausdehnung in Nord-Süd-Richtung beschränkte sich sein Territorium im wesentlichen auf den Küstenstreifen und die angrenzenden Andentäler. Lange Zeit behielt das Chimú-Reich seine Unabhängigkeit, und zwar trotz der Erstarkung des Inka-Reichs im Süden. Im Jahre 1463 schließl. wurde das Territorium der Chimú von Topa Inka Yupanqui (gest. 1493) erobert.

Hauptstadt des Chimú-Reiches war Chan-Chan im Nordwesten Perus (nahe Trujillo im Tal des Moche-Flusses). Dieser um 800 n. Chr. gegründete Ort wurde um 1250 zum polit. Zentrum des Reiches ausgebaut. Das Besondere an dieser Stadtanlage sind zehn monumentale Rechteckanlagen, von denen jede einzelne von einem der zehn Chimú-Herrscher erbaut wurde. Die Konstruktionen erheben sich in mehreren Plattformen, die Residenzräume, Wohnstätten für den Hofstaat, Werkstätten und Vorratslager umfassen. Nach dem Tod des jeweiligen Herrschers dienten sie auch als Grabstätten.

Außer Chan-Chan gab es eine Reihe anderer urbaner Zentren wie Chicamita (im departamento Chicama), Pacatnamú (in Jequetepeque), Manchán (in Casma) und Chimú Capac (in Supe). Diese Orte waren mit Chan-Chan durch ein verzweigtes Straßennetz verbunden. Auf eine straff organisierte Verwaltung der Landesteile weist auch das ausgeklügelte Bewässerungssystem, über dessen Kanäle Wasser aus den Andentälern in die Küstenebenen geleitet wurde. Diese Hauptelemente der verkehrstechn. und wirtschaftl. Infrastruktur der Chimú wurden später von den → Inka übernommen.

Die Chimú-Gesellschaft war streng hierarch. gegliedert. An der Spitze stand der Regent, dessen Amt erblich war. Der myth. Überlieferung zufolge wurde die Dynastie der Chimú-Herrscher begründet von dem Kulturheros Taycanamo, und dieses Herrscherhaus hatte nominell Bestand bis zur Eroberung der Region durch die Spanier im 16.Jh. Die Bauern repräsentierten die breite untere Schicht in der sozialen Hierarchie der freien Chimú. Die Unfreien (Sklaven) gehörten der untersten Klasse an. Die wirtschaftl. Basis der Chimú war Bewässerungsfeldbau in Verbindung mit Tierhaltung. Mit Binsenbooten wurde Fischfang in küstennahen Gewässern betrieben. Den Vertretern der sozialen Elite blieb das Privileg vorbehalten, in den Bergtälern zu jagen. Die Chimú unterhielten ein Netz reger Handelsbeziehungen zwischen den einzelnen Regionen. Waren wurden mit Lamas über Land und mit Balkenflößen an der Küste entlang transportiert.

In den religiösen Traditionen spielt der Kult der Meeresgottheit (Ni) eine wichtige Rolle. Von zentraler Bedeutung für die agrar. Bevölkerung war allerdings die Mondgöttin (Si), die die Fruchtbarkeit der Nutzpflanzen ebenso wie die der Menschen und Tiere kontrollierte und nach dem Glauben der Chimú außerdem für das Wetter verantwortl. war. Eine Besonderheit im Pantheon der Chimú-Gottheiten waren Steingötter (Alecpong), die als Stammväter der Menschen verehrt wurden.

Die Chimú praktizierten vielerlei Handwerke. Ihre Keramikherstellung setzt die ältere Tradition der → Moche-Kultur fort. Die Metallurgie war hoch entwickelt, insb. Techniken des Kalthämmerns. Zu den bearbeiteten Metallen gehörten Gold, Silber und

Kupfer. Die Chimú-Metallurgen beherrschten auch Schmelztechniken und konnten Gold-Silber-Legierungen und Bronze herstellen. Eine besondere Rolle spielte die Herstellung von Textilien, in die myth. Motive eingewebt sind. Die kostbarsten Stücke sind mit Vogelfedern geschmückt. Die Chimú-Kultur strahlte auch über die Grenzen des Reiches aus, und zwar bis in das Tal des Urubamba (departamento Amazonas).

Lit.: Cáceres Macedo 2001: 107 ff., Kauffmann Doig 1964, Mayer 1982

D

Daker. In den letzten Jahrhunderten v. Chr. stellten die Daker (latein. *Daci*, griech. *Dakoi*) die Mehrheitsbevölkerung in Transsylvanien (Siebenbürgen). Dieses Kernland ihrer Siedlung nannten die → Römer später Dacia (s. Karte S. 194–195). Dak. Stammesgruppen siedelten auch südl. der Donau in Moesien. Eine dak. ethn. Identität bildete sich um die Mitte des 1. Jt. v. Chr. aus. Bis in röm. Zeit waren die Daker kein einheitl. Volk. Vielmehr gingen einzelne dak. Stammesgruppen Bündnisse ein, die kurzfristig Bestand hatten oder dauerhafter waren. Ein festerer Zusammenschluß dak. Volksstämme gelang dem ersten, namentl. bekannten Herrscher der Daker, Burebista, der bald nach 80 v. Chr. im südwestl. Teil Transsylvaniens das erste Königreich der Daker begründete. Innerhalb weniger Jahrzehnte schlossen sich die meisten anderen Stämme dieser Föderation an. Hauptstadt dieses Reiches wurde Sarmizegetusa.

Zur Konfrontation mit den Römern, die auf dem Balkan expandierten, kam es um die Mitte des 1. Jh. v. Chr. Die röm. Besitzungen südl. der Donau waren gefährdet, solange die Daker im Norden ihr polit. Eigengewicht behielten. Bereits Caesar hatte Pläne für militär. Operationen gegen die Daker gemacht. Aber erst gegen Ende des 1. Jh. n. Chr. kam es zur entscheidenden Auseinandersetzung zwischen beiden Mächten. Die Kampfkraft der dak. Truppen überraschte die Römer. Die Daker, so heißt es, waren die stärksten Gegner der Römer auf dem Balkan. Nach der Deutung des got. Historiographen Jordanes («Getica» 76–78) im 6. Jh. begannen die Daker im Jahre 85 n. Chr. unter ihrem legendären König Decebal einen Präventivkrieg gegen die Römer, um deren Vordringen nach Dacien zu verhindern. Der erste Krieg endete 89 unentschieden. Es folgten zwei weitere Kriege unter Traian (101–102 und 105–106), die schließl. mit der Unterwerfung der Daker durch die Römer endeten. Der Sieg der Römer wird in den Bilderfriesen der Traianssäule in Rom gefeiert. Die Römer gründeten in der neu gewonnenen Provinz Dacia zahlreiche Kolonien (Apulum, heute: Alba Iulia, Napoca: Cluj-Napoca, Potaissa: Turda, Drobeta: Drobeta-Turnu Severin, Tibiscum: Jupa, Porolissum: Moigrad, Dierna: Orşova, Cumidava: Râşnov, Sucidava: Celei, u.a.). Auch Sarmizegetusa wurde als Kolonie ausgebaut.

An der nördl. und östl. Peripherie der Provinz Dacia lebten weiterhin Daker außerhalb des direkten röm. Einflußbereiches, die *Daci liberi* (‹freie Daker›). Die Kulturtraditionen der Daker blieben noch einige Generationen lang intakt, lösten sich dann aber zunehmend auf. Besonders langlebig waren die Begräbnisriten: Die seit vorröm. Zeiten verbreitete Sitte der Leichenverbrennung blieb bis ins 3. Jh. n. Chr. bewahrt. Die Römer reagierten auf die gelegentl. Erhebungen der Daker gegen die Kolonialmacht mit der Zwangsumsiedlung dak. Bevölkerungsgruppen in Gebiete südl. der Donau. Die dorthin transferierten Daker assimilierten sich binnen kurzem inmitten der romanisierten Bevölkerung des Balkan. Dacien blieb bis 271 n. Chr. im Verband der Provinzen des Imperium Romanum. Dann zogen die Römer ab, und german. Völker – zunächst die → Goten und danach die → Gepiden – füllten das polit. Machtvakuum im Karpatenbogen.

Die Daker waren ein indoeurop. Volk und eng mit den → Thrakern verwandt. Die Ethnogenese stellt sich als Prozeß der Ausgliederung einer jüngeren dak. Identität auf der Basis eines älteren thrak. Kontinuums dar. Einige Forscher sehen die Beziehungen zwischen Dakern und Thrakern als so eng an, daß die ersteren als zu den thrak. Stämmen gehörend angesehen werden. Die Sprachen der Daker und Thraker sind eng miteinander verwandt und repräsentieren – ähnl. wie das Armen., Griech. oder Alban. – einen selbständigen Zweig des Indoeurop. Das Dak. ist nur in einer einzigen Inschrift und in zwei Listen mit Pflanzennamen überliefert. Eine davon ist eine Aufstellung von Heilkräutern im Traktat des Arztes Dioskurides aus der zweiten Hälfte des 1. Jh. n. Chr. Auf dem Gebiet der röm. Provinz Dacia sind etwa 200 Orts-, Gewässer- und Landschaftsnamen dak. Herkunft überliefert. Im Verlauf des Mittelalters löste sich das Volkstum der Daker im Prozeß der Ethnogenese der Rumänen auf. Reste des Dak. haben sich als Substratelemente im rumän. Wortschatz erhalten, z.B. *strugure* ‹Traubengehänge an der Weinrebe›. Die Erinnerung an das kulturelle Erbe der Daker lebt bei den Rumänen bis heute fort. In ihrer Identität ist das Bewußtsein des dak. Ursprungs ihres Volkes mit dem Stolz, zum röm. Zivilisationskreis zu gehören, aufs engste verknüpft.

Lit.: Barta et al. 1994: 17ff., Die Daker 1980, Popescu 1997, Reichenkron 1966

Draviden. Die Draviden gehören zur vor-indoeurop. Bevölkerung des Ind. Subkontinents. Vor der Einwanderung der Indo-Arier (→ Arier) im 17. Jh. v. Chr. war der größte Teil Indiens von dravid. Populationen bewohnt. Wahrscheinl. sind die Draviden ihrerseits zu Beginn des 3. Jt. v. Chr., von Nordwesten her kommend, ins Industal und in die Gebiete jenseits davon eingewandert. Dafür spricht, daß einige dravid. Bevölkerungsgruppen bis heute in Randzonen außerhalb Indiens leben, etwa die Brahui (2,2 Mio. im Südwesten Pakistans). Die Draviden haben die vor-dravid. Bevölkerung nach Osten abgedrängt. Die Nachkommen jener Ureinwohner Indiens werden Adivasi (*aboriginal people* ‹Ureinwohner› bzw. Stammesvölker) genannt. Diese sind in mehr als 30 ethn. Gruppen ausgegliedert (Agariya, Bondo, Mirdha u. a.).

Die frühen, im Tal des Indus und seiner Nebenflüsse ansässigen Draviden waren höchstwahrscheinl. die Träger der ältesten Hochkultur auf dem Ind. Subkontinent. Die Blütezeit der Indus-Zivilisation wird zwischen ca. 2600 und 1800 v. Chr. datiert. Zu den wichtigsten Kulturzentren gehörten Mohenjo-Daro und Harappa. Die indo-ar. Einwanderer verdrängten die Draviden in den Süden Indiens. Allerdings entwickelten sich im Kontakt zwischen den alteingesessenen Draviden und den indo-ar. Einwanderern vielerorts Formen einer Kultursymbiose, und die dravid. Sprachen haben die indo-ar. Sprachen nachhaltig beeinflußt. Zu den kulturellen Elementen, die die Indo-Arier von den Draviden übernommen haben, gehört auch die Gestalt der Göttin Kali. Diese schwarze Gottheit ist in der hinduist. Religion die Gemahlin des Shiwa. Auch die Buddhisten verehren Kali, die die Schutzpatronin des Königreichs Bhutan ist. Das Indus-Dravid. wurde in einer eigenen Schriftart nach dem logograph. Prinzip geschrieben. Verschiedene Zeichen dieser Schrift erlebten eine Transformation und werden bis heute von dravid. Frauen als mag. Zeichen an Häuserwände gemalt oder auf den Boden gezeichnet, um den Einfluß böser Geister abzuwehren.

Lit.: Andronov 1978, Parpola 1994

E

Ebla. Zwischen ca. 2700 und 2300 v. Chr. bestand ein mächtiges Reich im Norden Syriens, von dessen Existenz man aus den mehr als 17000 Tontafeln weiß, die in seinen Palastarchiven gefunden worden sind. Das Reich wird nach seinem polit. und kulturellen Zentrum das von Ebla genannt. Die Ruinenstätte von Ebla (heute Tell Mardikh) liegt rund 50 km südwestl. von Aleppo. Siedlungsspuren in der Region gehen auf das 4. Jt. v. Chr. zurück. Seine Blütezeit erlebte Ebla zwischen 2600 und 2400 v. Chr. Um 2300 v. Chr. zerstörte ein Brand die Stadt. Womöglich stand dieses Ereignis im Zusammenhang mit einer militär. Expedition Sargons von Akkad (reg. ca. 2300–2245 v. Chr.) gegen die Macht im Westen.

Mehr als 500 Jahre später ließ der in Babylon herrschende Hammurabi (reg. ca. 1792–1750 v. Chr.) Ebla wieder aufbauen und setzte einen lokalen Regenten als Vasall ein. Damals erlebte Ebla eine zweite, kurze Blüte. Danach verlieren sich die Spuren dieses Reiches, das im 3. Jt. v. Chr. die Rolle einer Großmacht zwischen den Stadtstaaten der → Sumerer im Südosten und dem Reich der → Ägypter im Süden gespielt hatte, buchstäbl. im Sand.

In den Texten der sumer. Stadt Mari (im äußersten Südosten Syriens am Euphrat gelegen) wird Ebla erwähnt. So war zwar seit den 1950er Jahren bekannt, daß es im nördl. Syrien eine bedeutende Königsstadt gegeben hatte, aber erst im Jahre 1964 wurde die ehemalige Hauptstand des Reiches Ebla in einer ersten Sondierungsgrabung lokalisiert. Zwischen 1973 und 1976 wurden der Palast und dessen Archiv ausgegraben. Die meisten dort gefundenen Texte sind in einer Variante des Nordwestsemit. geschrieben worden, die man nach dem Fundort Eblaitisch nennt. Die Schriftart ist eine Adaption der sumer. Keilschrift für das Semit. Das Eblait. ist die älteste, von Anbeginn seiner Tradition reich dokumentierte semit. Schriftsprache. Die literar. Überlieferung des Akkad. ist zwar in etwa gleich alt, es gibt aber für die älteste Phase dieser Schriftsprache nur spärl. Zeugnisse. Später übertraf das Akkad. das Eblait. im Hinblick auf seine interregionale Reichweite und schriftsprachl. Produktivität.

Das reichhaltige eblait. Schrifttum enthält nur spärl. Informationen über die Bewohner der Region. Insofern ist nicht bekannt, ob sich die dortige semit. Bevölkerung als Volk fühlte wie die Sumerer und Ägypter. Wenn von den Eblaitern die Rede ist, sind damit im engeren Sinn die Einwohner der Stadt und der näheren Umgebung gemeint.

Lit.: Archi 1999, Matthiae 1999, Matthiae et al. 1995

Edomiter. Das (nord)westsemit. Volk der Edomiter wird verschiedentl. in der Bibel erwähnt (4. Mose 20, 17–21, u. a.). Esau gilt als sein Stammvater. Die Edomiter siedelten seit dem 14. Jh. v. Chr. in der nach ihnen benannten Landschaft Edom (hebr. Edôm, latein. Arabia Petraea) im Süden des Toten Meeres. Die nördl. Nachbarn der Edomiter waren die Ammoniter (→ bibl. Völker), die westl. die Israeliten. Das Verhältnis der Edomiter zu den Israeliten war wechselhaft. Während der Herrschaft Davids (reg. 1006–966 v. Chr.) zahlten die Edomiter Israel Tribut (2. Sam. 8, 13). Unter Salomo (reg. 966–926 v. Chr.) errangen sie ihre Unabhängigkeit (1. Kön. 11, 14 ff.). Die Edomiter gründeten ihren eigenen Staat Idumäa im Westen des Toten Meeres, dessen Beziehungen zum nördl. Nachbarstaat Juda spannungsgeladen waren. Im Bündnis mit dem babylon. Herrscher Nebukadnezar II. (reg. 604–562 v. Chr.) beteiligten sich die Edomiter im Jahre 587 v. Chr. an der Unterwerfung Judas und an der Zerstörung Jerusalems. Die Edomiter wurden später von den → Nabatäern ins Westjordantal verdrängt.

Lit.: Andresen et al. 1990: 787, Beit-Arieh/Beck 1987, Hennig 1995: 191 f.

Elamer. Das Hauptsiedlungsgebiet der Elamer lag im Südwesten des heutigen Iran, bezogen auf die moderne administrative Gliederung in den Provinzen Chusestan und Lorestan sowie im zentralen Sagrosgebirge (s. Karte S. 68). Seit dem 6. Jt. v. Chr. war das Flachland, das dem Gebirge im Westen vorgelagert ist, von Ackerbauern bevölkert. In dieser Ebene wurde um 4000 v. Chr. Susa gegründet, das sich später zum Zentrum des Reichs von Elam entwickelte. Die Region, in der Susa als wirtschaftl., polit. und kultureller Mittelpunkt dominierte, war als Susiana bekannt.

Die Elamer waren zwar wie die → Sumerer nicht-indoeurop.

Herkunft, mit diesen aber nicht näher verwandt. Ethn. und entfernt auch sprachl. werden die Elamer mit dravid. Populationen in Verbindung gebracht. Von den → Draviden nimmt man an, daß sie aus dem Westen (iran. Hochland) nach Nordwestindien eingewandert sind. Die Vorfahren der Elamer hätten sich dieser Theorie zufolge am frühesten von den übrigen Draviden getrennt und sich im Osten Mesopotamiens niedergelassen. Die kollektive ethn. Identität der Elamer als Volk löste sich im Verlauf der Zugehörigkeit der Region zum Pers. Reich (seit dem 6. Jh. v. Chr.) zunehmend auf und verlor sich endgültig nach den Feldzügen Alexanders des Großen (nach 330 v. Chr.). Vermutl. haben sich aber kulturelle Traditionen und sprachl. Spuren des Elam. noch lange erhalten.

Um 3500 v. Chr. veränderte sich der Charakter der älteren dörfl. Siedlungen in der Susiana, und es entstanden die ersten städt. Zentren. Zeitgleich mit dem Aufstieg des sumer. Stadtstaates von Uruk zwischen 3500 und 3100 v. Chr. (späte Uruk-Periode) entwickelt sich Susa zum polit. Zentrum in Elam. Aus jener Zeit stammen auch die ältesten elam. Schriftdokumente, die in einer archaischen Schriftart, in der sog. proto-elam. Strichschrift aufgezeichnet worden sind. Die Schriftentstehung in Elam erfolgte unabhängig von der in Altsumer. Bislang ist ungeklärt, ob Susa in jener Periode polit. vom sumer. Uruk abhängig war oder ob die beiden polit. selbständigen Städte rege Handelskontakte pflegten. Zunächst war nur das Flachland der Susiana polit. geeint. Später verstärkte sich über den Handel der Austausch mit den Bewohnern des Hochlandes.

Bis ins 3. Jt. v. Chr. war Elam eine wichtige Drehscheibe für die wirtschaftl. und kulturellen Beziehungen zwischen dem Westen (Sumer) und dem Osten (Indus-Zivilisation). Im 4. Jt. und in der ersten Hälfte des 3. Jt. v. Chr. verliefen die Handelskontakte mit Indien über Land. Es gab eine nördl. Handelsroute, die sich bis ins ostiran. Tiefland von Seistan verfolgen läßt. Eine südl. Route führte über das Hochland von Kerman. Elam. Waren sind sowohl im nördl. Shahr-i Sokhta als auch im südl. Tepe Yahya gefunden worden. Seit der zweiten Hälfte des 3. Jt. v. Chr. dominierten die Sumerer den Handel mit Indien auf ihrer Seeroute über den Pers. Golf.

Bald nach 2400 v. Chr. verlor Elam seine polit. Selbständigkeit, und das Gebiet wurde von Akkad beherrscht. Zwischenzeitl. gab es Revolten der Hochlandbewohner im Nordwesten von Elam

(Awan), die sich der akkad. Herrschaft widersetzten und mehrere Male Susa eroberten. Die Könige von Awan regierten in Susa einige Generationen lang, bevor das Land ab ca. 1970 v. Chr. von einer Dynastie regiert wurde, deren Angehörige aus Anshan im Südosten der Susiana stammten. Es entstand eine besondere Herrschaftsform, eine Ko-Regentschaft mit drei Hauptpersonen. An der Spitze stand ein Senior-Regent (*sukkalmah*), außerdem gab es einen zweiten Senior-Regenten (*sukkal*), Herrscher von Elam, und einen Junior-Regenten, den *sukkal* von Susa. Diese Ordnung geteilter Herrschaft war offensichtl. der Versuch, die Bewohner des Hochlandes und des Flachlandes parität. zu vertreten und ihre Interessen zum Ausgleich zu bringen.

Die Geschichte Elams und der Susiana ist im 2. Jt. v. Chr. geprägt durch häufige militär. Auseinandersetzungen mit den aufstrebenden Großmächten Mesopotamiens, mit den → Babyloniern und später mit den → Assyrern. Um 1110 v. Chr. eroberte Nebukadnezar I. von Babylon Elam. Damit endete die Periode des alten elam. Reiches. Für eine kurze Zeitspanne (zwischen dem ausgehenden 8. Jh. und der zweiten Hälfte des 7. Jh. v. Chr.) gewann Elam seine polit. Unabhängigkeit zurück. Das neuelam. Reich hatte aber nur bis 646 v. Chr. Bestand, als die Assyrer Susa eroberten und 639 v. Chr. die Susiana botmäßig machten. Ab 559 v. Chr. war Elam vom Pers. Reich der Achämeniden abhängig und blieb von da ab unter pers. Vorherrschaft.

Von Anbeginn der Kontakte mit Mesopotamien gelangten nicht nur sumer. und später akkad. Handelswaren nach Elam, auch die Schriftkultur und die Kunst in der Susiana wurden nachhaltig vom Westen beeinflußt. Die einheim. Strichschrift kam außer Gebrauch und wurde durch die Keilschrift ersetzt. Auch die religiösen Traditionen Elams erlebten einen durchgreifenden Wandel. An die Stelle der ursprüngl. göttl. Hauptfigur, der Göttermutter Pinenkir, traten männl. Gottheiten: Humban (Gott des Herrscherhauses), Nachchunte (Sonnengott), Napir (Mondgott). Allerdings wurden in Elam die alten einheim. Rechtstraditionen (mündl. überliefertes Gewohnheitsrecht) noch lange nach der Einführung des babylon. Rechtskodex beibehalten.

Lit.: Amiet 1988, Carter/Stolper 1984, Harper et al. 1992, Hole 1987, Roaf 1990

Elbslawen. Die Elbe war die natürl. Grenze, bis zu der die →Slawen im Zuge ihrer mittelalterl. Expansion nach Westen gelangten. Ein weiteres Vordringen wurde von den →Sachsen verhindert, die zeitweilig mit den →Franken gemeinsam der Zuwanderung slaw. Bevölkerungsgruppen entgegen wirkten. An der mittleren Elbe entwickelte sich im Lauf der Zeit eine friedl. Koexistenz von Elbslawen und Sachsen. An der unteren Elbe dagegen standen sich jahrhundertelang Slawen und Sachsen feindl. gegenüber. Seit der zweiten Hälfte des 10. Jh. weiteten sich die sächs.-elbslaw. Kontakte zu den deutsch-slaw. Beziehungen aus. Der deutsche Kaiser Otto II. (reg. 973–983) setzte sich mit den Elbslawen einerseits und den Polen andererseits in seinen polit. Plänen auseinander.

Zu den elbslaw. Stämmen gehörten Lutizen, Obodriten, Polaben, Wagrier und einige kleinere Gruppen wie Redarier, Tollenser, Zirzipaner und Kessiner. Zumindest der Einfluß zweier dieser Stämme erhielt polit. Gewicht im frühen Mittelalter. Dies waren die Obodriten und die Lutizen. Die Obodriten werden erstmals im Zusammenhang des Wilzenfeldzugs Karls des Großen im Jahre 789 erwähnt, und sie machten im 9. Jh. durch wiederholte Aufstände gegen sächs. und fränk. Hegemonieansprüche von sich reden. Die Lutizen gefährdeten mit ihrem Aufstand des Jahres 983 den Bestand der frühen deutschen Siedlungen in den elb. Bistümern. Auch später noch, um 1120, war der von diesen Slawen organisierte Lutizenbund für kurze Zeit ein Machtfaktor.

Bis ins 12. Jh. sahen deutsche Herzöge und Fürsten in der deutsch-slaw. Kontaktzone ihre vordringl. Aufgabe darin, die Slawen (im Mittelalter von den Deutschen allgemein «Wenden» genannt) östl. der Elbe zu unterwerfen und zu christianisieren. Der einflußreichste dieser lokalen Herrscher war der Welfenherzog Heinrich der Löwe (seit 1142 Herzog von Sachsen und seit 1154 Herzog von Bayern; gest. 1195), der im Jahre 1147 den Wendenkreuzzug anführte, an dem auch die Dänen beteiligt waren. Auf dem Burgplatz in Braunschweig steht das Denkmal mit dem Löwen, der nach Osten blickt. Der Löwe war Heinrichs Symbol des kontinuierl. Kampfes gegen die Wenden.

Im 8. Jh. waren einige slaw. Bevölkerungsgruppen auch in Gebiete westl. der Elbe vorgedrungen. Im Gebiet von Dannenberg und Hitzacker hatten sie befestigte Siedlungen angelegt, wurden aber von den Sachsen dort nicht behelligt. Als *Drevani* werden diese westl. Elbslawen Anfang des 11. Jh. erwähnt. In der zweiten Hälfte des 11. Jh. ist in den zeitgenöss. Quellen von *Polabi* und *Polabingi* die Rede. Die Nachkommen dieser Slawen, die Polaben (bzw. Drawäno-Polaben), haben noch bis zum Beginn des 18. Jh. in den Kreisen Lüchow-Dannenberg und Wustrow im lüneburg. Wendland ihre heim. Kultur und Sprache bewahrt. Danach hat sich diese lokale Bevölkerung slaw. Abstammung an die sie umgebende deutsche Mehrheitsbevölkerung assimiliert. Die Sprache der Polaben blieb schriftlos, ist aber in ihrer Spätphase in Wörtersammlungen dokumentiert worden, die deutsche Pastoren aufgezeichnet haben.

Lit.: Herrmann 1986: 268 ff., Jordan 1993: 35 ff.

Elymer. Die Elymer (griech. *Elumoi*) gehörten zu den vorgriech. Populationen Siziliens. Ihr Siedlungsgebiet lag im äußersten Nordwesten der Insel (s. Karte S. 148). Verschiedene antike Autoren (Thukydides im 5. Jh. v. Chr. u. a.) hielten die Elymer für Nachkommen der Trojaner, die unter der Führung von Aeneas nach Sizilien geflohen seien und dort neue Wohnsitze gefunden hätten. Im Verlauf des 6. Jh. v. Chr. kamen die Elymer in Kontakt mit der Welt der griech. Kolonisten im östl. Teil Siziliens; im 4. Jh. v. Chr. waren sie vollständig akkulturiert.

Die Sprache der Elymer ist indoeurop. Eine nähere Verwandtschaft mit den ital. Sprachen (→ ital. Völker) ist bislang umstritten. Elym. ist sehr spärl. dokumentiert. Textfragmente (beschriftete Keramikfragmente und wenige Münzlegenden), v. a. aus Segesta, werden in die Zeit vom 6. bis 4. Jh. v. Chr. datiert. Die Inschriften sind in griech. Schrift geschrieben.

Lit.: Price 1998: 136 f.

Eteokreter → Minoer

Eteokyprer (‹Altkyprer›, wörtl. ‹echte, alteingesessene Kyprer›) nennt man die Mehrheitsbevölkerung der Insel Zypern während der Bronzezeit (s. Karte S. 194–195). Ihre Siedlungsspuren lassen sich bis in die Eisenzeit nachweisen, d. h. bis ins 6. Jh. v. Chr. Ob sich eteokypr. Enklaven (z. B. in Amathus) noch länger gehalten haben, ist umstritten. Aufgrund der Sonderstellung ihrer Sprache ist festzustellen, daß die Eteokyprer weder → Indoeuropäer noch Semiten waren. Während des 2. Jt. v. Chr. standen sie in regen Handelsbeziehungen mit Kreta (→ Minoer) und mit Syrien (→ Ugarit). Im 12. und 11. Jh. v. Chr. wanderten myken. Griechen nach Zypern ein. Dies waren Flüchtlinge, die vom griech. Festland flohen, nachdem die dortigen myken. Kulturzentren (Mykene, Tiryns, Pylos, Orchomenos, Theben u. a.) von den Dorern zerstört worden waren.

Das Eteokypr. ist in drei Schriftarten überliefert, in der kyprominoischen, der levanto-minoischen und der kypr.-syllab. Schrift. Diese sind sämtl. von den kret. Linearschriften (Linear A, Linear B) abgeleitet. Die schriftl. Überlieferung des Eteokypr. setzte um 1500 v. Chr. ein und endete mit den letzten kypr.-syllab. Inschriften im 3. Jh. v. Chr. Das griech. Alphabet wurde seit dem 6. Jh. v. Chr. in Zypern verwendet und rivalisierte eine Zeitlang mit der einheim. Schriftart.

Lit.: Haarmann 1995: 109 ff., Morris 1985, Reyes 1994

Etrusker. Die Etrusker nannten sich selbst *Rasenna* (in spätetrusk. Form: *Rasna*). Nach Herodot (I.94) war Rasenna (Tursenos) der legendäre Führer, der die Vorfahren der Etrusker aus Kleinasien nach Italien führte. Bei den Griechen hieß dieses Volk *Tursenoi* (auch: *Turrenoi*), bei den → Römern *Tusci*. Letzteres lebt bis heute weiter im Namen der Toscana, des Kernlandes etrusk. Siedlung (s. Karte S. 148). Für die griech. Form – daher der Name für den Teil des Mittelmeeres im Nordwesten Italiens, das Tyrrhen. Meer – sind die verschiedensten Deutungen vorgeschlagen worden. Eine sehr naheliegende Assoziation aber scheint bislang unbeachtet geblieben zu sein. Griech. *Tursenoi* setzt sich wahrscheinl. aus zwei Grundkomponenten zusammen: *Tur-* < wohl von etrusk. *tur* ‹Gefolgsleute, Angehörige› + *-senoi*, eine Verkürzung des Namens Rasenna (mit der griech. Pluralendung *-oi*).

Nach mytholog. Überlieferung waren die Tyrsener Verbündete Trojas im Krieg gegen die Mykener und gehörten damit zu den Verlierern des wohl berühmtesten Krieges der griech. Antike. Vielleicht gab der verlorene Trojanische Krieg den Ausschlag, daß ein großer Teil der proto-etrusk. Elite – womögl. die gesamte Aristokratie – auswanderte. Der Seeweg nach Italien war seit langem bekannt, denn die Mykener unterhielten in Süditalien zahlreiche Handelsniederlassungen. Obwohl die Mykener den Krieg gegen ihre Rivalen, die Trojaner (→ Einleitung), gewannen, zerfiel bald ihre eigene Macht. Damit waren die Handelsrouten auch für ihre einstigen Feinde, die Proto-Etrusker frei. Deren Landung in Mittelitalien vollzog sich ohne Behinderungen, denn es gab damals kein ital. Volk, das es mit einer polit. so gut organisierten Elite, wie es die Proto-Etrusker waren, hätte aufnehmen können.

Zahlreiche Historiker und Archäologen tun sich bis heute schwer mit der Vorstellung von den Etruskern als Einwanderern. Es wird immer wieder angeführt, daß die Etrusker nicht eingewandert sein können, weil sich das typ. Gepräge ihrer Kultur erst in Italien ausgebildet hat. Dies klingt logisch, und von der Einwanderung eines voll entwickelten Volkes der Etrusker kann deshalb auch keine Rede sein. Tatsächlich sind deren Vorfahren, die Proto-Etrusker, eingewandert, in deren Kultur wahrscheinl. noch viel mehr ägäisches Erbgut lebendig war, als es sich im Profil der etrusk. Kultur der vorröm. Ära identifizieren läßt. Die Frage nach der Einwanderung der Etrusker als des histor. Volkes, das uns in Italien entgegentritt, ist also falsch gestellt. Damit erübrigt sich aber die «richtige» Frage nach der Herkunft des unübersehbaren ägäischen Kulturerbes nicht. Woher kamen die Vorfahren der Etrusker, die Proto-Etrusker? In dieser Form gestellt, wird die Frage den ethn. Transformationsprozessen gerecht, mit denen wir es hier zu tun haben.

Bei den Einwanderern, die im Verlauf des 11. und 10. Jh. v. Chr. nach Italien gelangten, handelte es sich nach Meinung einiger Forscher wohl um eine Gruppe aus dem kleinasiatisch-ägäischen Bereich, die zwar zahlenmäßig nicht sehr stark, aber Träger einer hochentwickelten Stadtkultur (mit Wurzeln in der vor-indoeurop., ägäischen Hochkultur des 2. Jt. v. Chr.) waren. Jedenfalls sind in der archäolog. Hinterlassenschaft Etruriens im ausgehenden 9. und beginnenden 8. Jh. v. Chr. revolutionäre Veränderungen festzustellen. Ältere Dorfgemeinschaften werden zusammengeschlossen, und aus ihnen entwickeln sich die ersten städt. Zentren der Villanova-Kultur. Diese Kultur zeigt bereits die typ. Amalgamierungsprozesse, nämlich die symbiot. Verflechtung einheim. Eigenheiten mit Elementen, die die Einwanderer mitgebracht hatten. Denn von Anbeginn treten externe Zusatzkomponenten, und zwar ägäische und nahöstl. Merkmale in der Villanova-Kultur in Erscheinung.

In der Forschung sind die Ansichten über den Charakter der Villanova-Kultur geteilt. Die einen halten sie für einen Import von außen, die anderen sehen darin eine Mischung aus einheim.-ital. und importierten Elementen. In jedem Fall ist man sich einig darüber, daß diese Kultur sich ohne auswärtige Impulse nicht mit der Rasanz entfaltet hätte, die die archäolog. Hinterlassenschaft ausweist. Die Träger der Villanova-Kultur waren noch nicht die Etrusker der klass. Zeit. Da das etrusk. Kulturerbe auf dem Fundament dieser Kultur aufbaut, lassen sich die Menschen von Villanova zu Recht als Proto-Etrusker identifizieren. Die Etrusker als das histor. Volk sind aus einem ethn.-kulturellen Transformationsprozeß entstanden, an dessen Anfang die proto-etrusk. bzw. Villanova-Kultur stand, und aus deren kontinuierl. Weiterentwicklung die etrusk. Zivilisation aufblühte. Der Wandel vom Volkstum der Proto-Etrusker zu dem der Etrusker ähnelt in mancher Hinsicht der ethn.-kulturellen Transformation, die Jahrtausende früher in Mesopotamien stattfand, als sich die Identität der → Sumerer aus der Ethnizität der Ubaid-Leute entwickelte.

Die Integration der proto-etrusk. Eliten zeitigte unterschiedl. Ergebnisse im regionalen interethn. Kontakt: a) In Lukanien ist eine vollständige Assimilation der Proto-Etrusker an die lokalen Kulturtraditionen der → ital. Völkerschaften zu beobachten; b) in Etrurien kommt es zu einer gleichgewichtigen Fusion, als deren Endergebnis ein echtes kulturelles Amalgam mit sowohl ital. als auch proto-etrusk. Elementen entsteht; c) in den von Villanova-Leuten dominierten Siedlungen des Nordens (Tal des Po, Adriaküste) bewahrt die Regionalkultur proto-etrusk. Eigenheiten bis zur Mitte des 6. Jh. v. Chr.

Das kulturelle Erbe von Villanova wandelt sich im Horizont der Zeit zum Eigenprofil der etrusk. Zivilisation, und in deren Eigenarten fallen von Anbeginn die Beziehungen zum östl. Mittelmeerraum, zur Ägäis und zum Nahen Osten, auf. In diesem Komplex von kulturellen Parallelen ist deutl. zwischen zwei Traditionen zu unterscheiden: einerseits dem altägäischen Kulturerbe, das die etrusk. Zivilisation über ihre proto-etrusk. Frühstadien mit den vorgriech. Zivilisationen des ägäischen Inselarchipels verbindet; anderseits einem nahöstl. Modetrend, der im 8. und 7. Jh. v. Chr. die Vorlieben der etrusk. Aristokratie bestimmte. Dieser zeitl. begrenzte Trend wird die «orientalisierende Periode» (ital. *orientalizzante*) genannt. Die älteren ägäischen Eigenheiten gehen seit dem

8. Jh. v. Chr. eine enge Verbindung mit den orientalisierenden Elementen ein, so daß sie in ihrer Verwobenheit dem Betrachter wie ein symbiot. Beziehungsnetz anmuten. Ledigl. in der wissenschaftl. Analyse können die ägäischen von den orientalisierenden Eigenheiten unterschieden werden.

Die polit. Macht der Etrusker ging von lokalen Stadtstaaten aus, die sich zu einem Bund zusammenschlossen. Hierzu gehörten Caere (Cerveteri), Tarquinii (Tarquinia), Populonia, Rusellae (Roselle), Vetulonia, Volaterrae (Volterra), Arretium (Arezzo), Cortona, Perusia (Perugia), Clusium (Chiusi), Volsinii Veteres (Orvieto) und Veii. In der Anfangszeit wurden diese Stadtstaaten von Königen (etrusk. *laukhume, lukhume*, latein. *lucumo*) regiert. Zum Machtbereich der Regenten von Tarquinii gehörte auch die Stadt Rom. Dies ist eine alte etrusk. Gründung, deren Name sich von einer etrusk. Gentilsippe (Ruma > Roma) herleitet. Die Könige, die Rom bis zur Vertreibung des letzten Herrschers im Jahre 510 v. Chr. regierten, waren Tarquinier. Der letzte etrusk. Regent in Rom hieß Tarquinius Superbus.

Die Etrusker führten zahlreiche Kriege mit den Griechen des Südens und mit ihren ital. Nachbarn. Eine Zeitlang standen sie in einem Bündnis mit den Karthagern gegen die Griechenstädte Siziliens. Die polit. Macht der etrusk. Stadtstaaten wurde seit dem 5. Jh. v. Chr. durch ständige Kriege mit den Italikern und v. a. mit den Römern geschwächt. Im Jahre 424 v. Chr. eroberten die → Samniten Capua. Als Folge dieses Ereignisses löste sich der Städtebund in Etrurien auf. Die lokalen Stadtstaaten waren von nun an auf sich selbst gestellt. Die um 400 v. Chr. nach Norditalien eindringenden Kelten (→ Gallier, → Lepontier) bewirkten, daß sich der dortige Städtebund ebenfalls auflöste. Wenig später setzte die Eroberungskampagne der Römer ein, die eine etrusk. Stadt nach der anderen ihrem Machtbereich anschlossen (als erste 396 v. Chr. Veii und als letzte 264 v. Chr. Volsinii). Danach begann der langwierige Prozeß der Akkulturation der etrusk. Bevölkerung, die nach einigen Generationen röm. Lebensweisen annahm und später auch einen Sprachwechsel zum Latein. vollzog. In einigen rituellen Funktionen hat sich das Etrusk. offenbar noch lange halten können. Es wird berichtet, daß etrusk. Priester (*haruspices*) um Hilfe gebeten wurden, um im Jahre 408 n. Chr. die drohende Eroberung Roms durch die Westgoten (→ Goten) abzuwenden. Damals wurden noch mag. Formeln in Etrusk. gesprochen.

In kultureller Hinsicht übernahmen die Etrusker die Rolle von Vermittlern zwischen der Stadtkultur der griech. Kolonien in Süditalien, mit denen sie in regen Handelsbeziehungen standen, und den Römern. Die Etrusker sind auch das «Volk der Bücher» genannt worden, und sie waren es auch, die die Schrifttechnologie an die → Latiner, andere ital. Völker (→ Umbrer, → Osker) und an Nichtitaliker (Lepontier, → Veneter) in Norditalien vermittelten. Das Etrusk. ist in mehr als 13 000 Inschriften aus der Zeit zwischen dem 7. und 1. Jh. v. Chr. überliefert. Es gibt nur wenige längere Texte. Dazu gehört auch der Text auf einer Mumienbinde, die im Nationalmuseum von Zagreb gefunden worden ist («Agramer Mumienbinde»).

Die Sprache der Etrusker ist nicht indoeurop. Eine mögl. Verwandtschaft wird mit der Sprache der → Räter in Norditalien angenommen. Das Etrusk. hat vor seinem Verschwinden als gesprochene Sprache deutl. Spuren im Latein. hinterlassen. Hierzu gehören nicht nur Entlehnungen des Spezialwortschatzes wie latein. *histrio* ‹Schauspieler› oder *atrium* ‹Eingangshalle eines röm. Hauses›, sondern auch weit verbreitete Elemente des Kulturwortschatzes wie latein. *populus* ‹Volk›, *persona* ‹Person, Individuum›, *elementum* ‹Element› (ursprüngl. ‹Buchstabe des Alphabets›) u. a. Über das Latein. sind diese etrusk. Sprachrelikte in den Kulturwortschatz unserer modernen Sprachen vermittelt worden.

Lit.: Barker/Rasmussen 1998, Bonfante 1986, Cristofani 1985, Facchetti 2000, Pfiffig 1989, Rasponi 1992

Europa. Die Entwicklung der europ. Populationen ist gekennzeichnet durch die Abfolge verschiedener Menschenarten, angefangen mit dem Homo erectus, dessen fossile Spuren an der Peripherie Europas, in der Region Berg-Karabach in Aserbaidschan, gefunden wurden. Die Präsenz des Homo erectus in jener Region geht auf die Zeit um 0,43 Mio. Jahre v. d. Jzt. zurück. Wieweit innerhalb Europas der Homo erectus gesiedelt hat, ist bislang unbekannt. Die materielle Hinterlassenschaft des archaischen Menschen (archaischer Homo sapiens bzw. Homo neanderthalensis) ist im gesamten Süden des europ. Kontinents dokumentiert. Der moderne Homo sapiens (Cro-Magnon-Mensch) wanderte vor etwa 43 000 Jahren, von Südosten her kommend, in West- und Mitteleuropa ein. Dies war die sog. «zweite Besiedlung» Europas durch den Menschen. Im Südwesten Frankreichs interagierten die beiden Menschenarten über Tausende von Jahren. An den Siedlungsspuren ist zu erkennen, daß der moderne und der archaische Mensch etliche Lagerplätze gemeinsam bewohnten. Möglicherweise ist es über Sozialkontakte auch zu Genfluß gekommen, so daß sich im Genprofil der Bevölkerung v. a. im Süden Europas Einflüsse des Neandertalers erhalten haben. Die starke Körperbehaarung mancher Südländer ist so ausgedeutet worden. Die letzten Refugien des Neandertalers waren Andalusien und Südportugal. In jenen Regionen verlieren sich die letzten Spuren seiner Präsenz vor etwa 28 000 Jahren.

Der Entwicklungsstand der paläolith. Jägerkulturen hielt sich während der gesamten Dauer der Eiszeit. Mit der ersten Welle der Klimaerwärmung vor 14 000 Jahren, die das Abschmelzen der Kontinentalgletscher einleitete, veränderte sich die natürl. Umwelt. Das Großwild (Mammuth) zog nach Sibirien ab, und für die Jagd auf Kleinwild waren andere Waffen und Werkzeuge erforderlich. Aus diesen Herausforderungen an die menschl. Anpassungsfähigkeit entstanden die mesolith. Kulturen mit ihren verfeinerten Steinwerkzeugen.

Entscheidende Impulse für die aktive Einwirkung des Menschen auf seine kulturelle Umgebung gingen vom Trend zur Seßhaftigkeit und vom Übergang zu einer nahrungsproduzierenden Lebensweise aus. Der Ackerbau als moderne Technologie verbreitete sich über Kulturkontakte bei den vor-indoeurop. Alteuropäern in Südosteuropa. Diese Jäger und Sammler standen in Tauschhandelsbeziehungen zu den Ackerbauern Kleinasiens und lernten so deren Produkte und Produktionsweisen kennen und schätzen. Im Verlauf des 7. und 6. Jt. v. Chr. breitete sich der Ackerbau von der Balkanregion nach Westen und Norden sowie rings um das Schwarze Meer bis nach Osteuropa aus.

Langzeitwirkungen für die kulturelle Entwicklung in Südosteuropa gingen von drei aufeinanderfolgenden Naturereignissen aus, die die natürl. Umwelt tiefgreifend veränderten und die Menschen zur Verbesserung ihrer Technologien herausforderten. Eine Art Kettenreaktion ging von der Schwarzmeerkatastrophe um 6700 v. Chr. aus, als deren Folge die Landbrücke zwischen Europa und Asien brach und die Wassermassen des Mittelmeeres den damals jenseits der Landbrücke existenten Süßwassersee überfluteten. Nur wenige hundert Jahre nach der Entstehung des Schwarzen Meeres, um 6200 v. Chr., setzte eine Kälteperiode ein, die von Geologen als «kleine Eiszeit» bezeichnet wird. Diese Klimaschwankung veränderte die natürl. Umwelt dahingehend, daß der größte Teil Südosteuropas von Wäldern bedeckt war, die die Ausbreitung des Ackerbaus behinderten. Um 5800 v. Chr. schlug die klimat. Entwicklung in ihr Gegenteil, in eine Wärmeperiode um, und innerhalb weniger Generationen waren die Wälder einer weiten Graslandschaft gewichen, auf der sich der Ackerbau rasanter als vorher verbreiten konnte.

Um die Mitte des 6. Jt. v. Chr. erreicht die Kulturentwicklung der → Alteuropäer in Südosteuropa das Niveau einer Hochkultur. Deren Hauptverkehrsader war die Donau mit ihren Nebenflüssen. Zu den technolog. Leistungen der Donauzivilisation mit ihren bevölkerungsreichen Siedlungen gehörten Innovationen in der Textil- und Keramikherstellung sowie die Einführung verschiedener metallverarbeitender Techniken und der Gebrauch von Schrift – beides deutlich früher als in Mesopotamien.

Der Übergang vom Wildbeutertum zur Wirtschaftsform des Ackerbaus verlief nicht immer und nicht überall konfliktfrei. Die größte Migrationsbewegung in der demograph. Geschichte Europas ist ausgelöst worden durch die Kollision der nahrungsproduzierenden Wirtschaftsform mit dem Viehnomadentum in Osteuropa, und diese Kollision verursachte soziopolit. Erschütterungen, die auch den Niedergang der Donauzivilisation bedingten. Bereits im 7. Jt. v. Chr. hatte das trockene Klima nördl. des Schwarzen Meeres zur Versteppung der Landschaft geführt. Die südruss. Steppe ist damals entstanden. Die Menschen der Region paßten ihre Lebensweisen der kargen Umgebung an, sie wurden Viehnomaden. Zuerst wurde das Pferd domestiziert, dann der wilde Stier (Ur), die Ziege und das Schaf. Die Kultur der frühen Viehnomaden unterschied sich deutl. von der der weiter nördl als Wildbeuter lebenden→ Uralier. Diese Viehnomaden waren → Indoeuropäer. Um 5500 v. Chr. gelangte die Kenntnis der Bodenbebauung mit nicht-indoeurop. Ackerbauern von Westen her in die Region der Viehnomaden. Der Steppenboden war wenig ergiebig, und man brauchte größere Anbauflächen als auf den fruchtbaren Böden weiter im Westen. Das Gebiet, durch das die Viehnomaden mit ihren Herden zogen, wurde nach und nach eingeengt. Ausgelöst durch den Siedlungsdruck im Westen wurde die nomad. Bevölkerung weiter im Osten zu sukzessiven Migrationsschüben veranlaßt. Diese weiträumigen Wanderbewegungen der Viehnomaden werden in Anlehnung an die sichtbaren Zeichen der Totenbestattung ihrer Kriegerelite, monumentale Grabhügel (*kurgan* genannt), als «Kurgan-Migrationen» bezeichnet. Es gab drei Kurgan-Wanderungen:

- Migration der ersten Welle (Kurgan I): zwischen ca. 4500 und 4300 v. Chr.; Zielgebiete: Areal der Suvorovo-Kultur (Moldawien, Unterlauf der Donau in Rumänien, Nordost-Bulgarien), Donautal, Südungarn;
- Migration der zweiten Welle (Kurgan II): ca. 3500 v. Chr.; Zielgebiete: Inlandgebiete auf dem Balkan jenseits der Flußtäler, Vordringen bis in die Alpenregion;
- Migration der dritten Welle (Kurgan III): ca. 3100–2900 v. Chr.; Zielgebiete: Adriaküste, Albanien, Nord- und Ostseeküste, Baltikum und Südskandinavien.

Mit der dritten Welle gelangten Indoeuropäer bis nach Albanien und Nordgriechenland. Dort überlagerte ihre Kultur die der alteingesessenen Bevölkerung. In der Periode zwischen 2300 und 2200 v. Chr., d. h. gegen Ende der frühhellad. Periode (Frühhellad. III), fand der entscheidende kulturelle Umbruch statt. In jener Region bildete sich damals ein bestimmtes ethnokulturelles Profil aus, das spätere Griechentum.

Überall in Mittel- und Westeuropa trafen indoeurop. Migranten auf nicht-indoeurop. Populationen. Diese wurden allmählich verdrängt, assimiliert, oder es entstanden regionale Mischkulturen wie die der → Keltiberer, mit einer Fusion nicht-indoeurop. (→ Iberer) und indoeurop. (→ Kelten) Elemente. Kelt. Siedler lebten seit dem 6. Jh. v. Chr. auf der Iber. Halbinsel. Ihre Kultur wurde von der iber. Kultur entscheidend beeinflußt. Die östl. Variante der iber. Schrift wurde zur Schreibung des Kelt. verwendet. Seit dem 4. Jh. v. Chr. bestanden stadtähnl. Großsiedlungen. Im 2. Jh. v. Chr. waren Keltiberer und → Römer in jahrzehntelange Kämpfe verstrickt. Im Jahre 133 v. Chr. schließl. eroberten die Römer die letzte keltiber. Festung, Numantia (nordöstl. von Soria auf der span. Meseta).

Die vorröm. Bevölkerung akkulturierte sich, nahm röm. Lebensweisen an und vollzog nach wenigen Generationen auch einen Sprachwechsel zum Latein. Im Verlauf des Romanisierungsprozesses verloren zahlreiche Völker ihre Identität. Dies trifft auf die → Etrusker, → Kamuner, → Lepontier, → Räter, → Veneter, die → ital. Völker

Migrationen der untergegangenen Völker der Nachantike (ca. 5.-13. Jh.)

JÜTEN

ANGELN

SACHSEN

F R A N K E N

HERULER

MARKOM

ALEMANNE

SUEBEN

ALANEN

WESTGOTEN

OST

VANDALEN

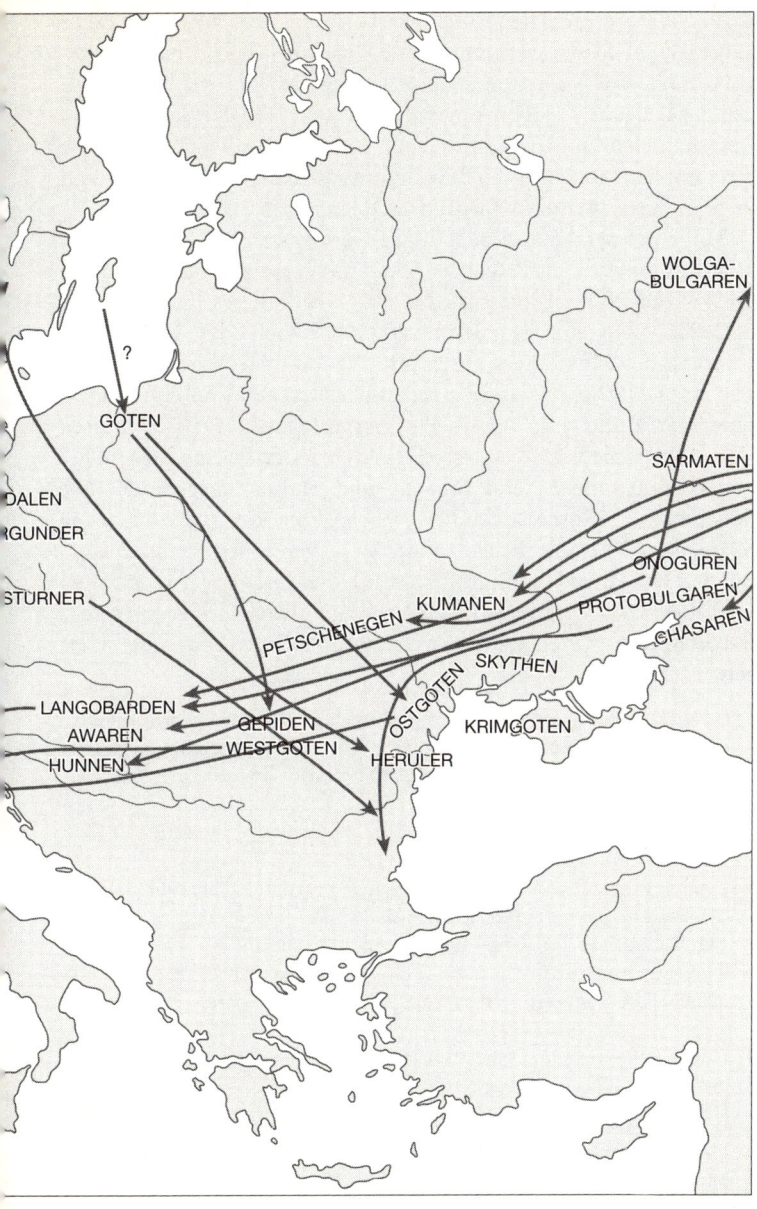

WOLGA-
BULGAREN

?

GOTEN

SARMATEN

DALEN

RGUNDER

ONOGUREN

STURNER

KUMANEN

PROTOBULGAREN

PETSCHENEGEN

CHASAREN

SKYTHEN

LANGOBARDEN

OSTGOTEN

KRIMGOTEN

AWAREN

GEPIDEN

WESTGOTEN

HUNNEN

HERULER

u. a. zu. Gegen Ende der Antike waren die meisten vorröm. Völker aufgegangen in der sie umgebenden romanisierten Mehrheitsbevölkerung. Das Volkstum anderer Gruppierungen wie der → Belgen, → Helvetier, → Thraker, → Daker und → Gallier hielt sich in Resten noch bis ins frühe Mittelalter. Aus der ethn. Fusion der → Illyrer mit der romanisierten Bevölkerung an der Adriaküste entstand im Frühmittelalter das Volkstum der Albaner.

Aufgrund der Migrationen der → Germanen, → Slawen und der Steppennomaden in Osteuropa (Stammesgruppen von → Iraniern und → Turkvölkern) hat sich das ethn. Profil dieses Kontinents in nachröm. Zeit durchgreifend verändert. Viele der Völker, die während des Mittelalters durch ihre Wanderungen und die Kriege mit ihren Nachbarn von sich reden machten, sind untergegangen. Dies war zumeist ein gradueller Assimilationsprozeß, in dessen Verlauf sich die verschiedensten ethn. Gruppen in eine Mehrheitsbevölkerung mit anderer Sprache und Kultur integrierten. Die Westgoten (→ Goten) assimilierten sich an die roman. Bevölkerung Spaniens, das Volkstum der → Franken löste sich in der ethn. Fusion mit den Romanen Nordfrankreichs auf, die elbslaw. Völkerschaften (→ Elbslawen) wurden in das Deutschtum Mitteleuropas integriert, die Steppennomaden akkulturierten sich im Kontakt mit den Ostslawen, insb. mit Russen.

- Untergegangene german. Völker: → Angeln, → Bastarner, → Burgunder, → Franken, → Gepiden, → Heruler, → Jüten, → Langobarden, → Markomannen, → Quaden, → Sachsen, → Sueben, → Teutonen, → Vandalen, → Zimbern;
- Untergegangene kelt. Völker: → Belgen, → Gallier, → Helvetier, → Keltiberer, → Lepontier;
- Untergegangene slaw. Völker: zahlreiche mittelalterl. Stammesgruppen (Anten, Draguwiten, Werziten, Wislanen, Pomoranen u. a.) , → Elbslawen (Obodriten, Polaben, Lutizen u. a.), → Rugier;
- Untergegangene Turkvölker: → Awaren, → Chasaren, → Hunnen, → Kumanen, → Onoguren, → Petschenegen, → Protobulgaren, → Wolgabulgaren;
- Untergegangene iran. Völker: → Alanen, → Kimmerier, → Skythen, → Sarmaten;
- Untergegangene ural. Völker: → Merier, → Muromer.

Lit.: Carbonell/Vaquero 1996, Cavalli-Sforza et al. 1994: 255 ff., Cunliffe 1994, Gamble 1999, Gimbutas 1991, Haarmann 2003a, Herrmann 1986, Kristiansen 1998

F

Falisker. Die Falisker gehören zu den untergegangenen → ital. Völkern und sind am nächsten mit den → Latinern verwandt. Ihr Hauptsiedlungsgebiet lag zwischen den Monti Cimini und dem Tiber (s. Karte S. 148). In jener Gegend sind die Falisker seit dem 8. Jh. v. Chr. bezeugt. Das bedeutendste Kulturzentrum war Falerii (Città Castellana), das rund 50 km nördl. von Rom in der Nähe der Via Flaminia lag. Das Wohngebiet der Falisker war umgeben von Völkern, die polit. einflußreicher waren als das kleine Volk in ihrer Mitte (→ Etrusker, Latiner, → Umbrer, → Sabiner). Die Falisker verbündeten sich um 400 mit der Stadt Veii gegen Rom. Der röm. Einfluß verstärkte sich danach. Im Jahre 241 v. Chr. wurde Falerii von den Römern erobert und zerstört. Die Falerianer wurden in eine neue Stadt, Falerii Novi (ca. 6 km von Falerii Veteris entfernt), zwangsumgesiedelt. Damit endete die Ära polit. Unabhängigkeit.

Das Kulturschaffen der Falisker stand von Anbeginn unter starkem etrusk. Einfluß. Seit dem 4. Jh. v. Chr. gab es in Falerii eine Kolonie griech. Töpfer, die rotfigurige Keramik herstellten. Die Falisker wurden bekannt als Meister der Tonplastik. Es sind Reste von Tempeln mit reich verziertem Dachschmuck aus Ton gefunden worden. – Von den ital. Sprachen weist das Falisk. die vergleichsweise altertümlichsten Züge auf. Aus der Periode zwischen dem Ende des 7. Jh. und dem ausgehenden 2. Jh. v. Chr. ist ein spärl. Schrifttum in Falisk. erhalten. Dies sind rund 300 Inschriften in einer Variante des etrusk. Alphabets.

Lit.: Giacomelli 1978, Hirata 1967, Vetter 1953: 277

Franken. Die Franken (latein. *Franci*) waren kein einheitl. Volk, sondern ein Verband verschiedener Stämme der → Germanen im Gebiet zwischen Rhein und Weser. Dazu gehörten Salier, Ripuarier, Chamaven, Chattuarier, Brukterer, Ampsivarier, Usipeter, Tubanten, Chasuarier u. a. Seit der Mitte des 3. Jh. n. Chr. führten diese german. Stämme wiederholt Raubzüge nach Gallien durch. Franken dienten auch als Söldner im röm. Heer und wurden als Veteranen im Norden Galliens angesiedelt (s. Karte S. 102–103). Im 4. Jh. erhielten die sal. Franken Wohnsitze in Toxandrien als Verbündete der Römer (*foederati*). Die Siedlungen dehnten sich mehr und mehr aus. Im Verlauf des 5. Jh. war das Gebiet zwischen Lüttich und Tournai von den sal. Franken bevölkert. Ripuar. Franken hatten sich am Niederrhein niedergelassen und dort ein Fürstentum mit dem Zentrum Köln gegründet.

Im Jahre 486 beendeten die Franken unter Chlodwig (reg. 482–511) die polit. Vormacht der Römer mit ihrem militär. Sieg über Syagrius und integrierten die Gebiete zwischen Somme und Loire in ihr Reich. Siege über die Westgoten (→ Goten) und Burgunder ermöglichten bis 536 die Ausdehnung des Frankenreiches über den größten Teil Frankreichs. Unter den Merowingern, deren Dynastie bis 751 herrschte, erstreckte sich das fränk. Territorium bis nach Mitteleuropa. Seine größte polit. Ausdehnung und kulturelle Blüte erlebte das Frankenreich unter Karl dem Großen (reg. 768–814, seit 800 als Kaiser). Der als «Karoling. Renaissance» bekannten Reformbewegung verdankt die Nachwelt die Erhaltung zahlreicher Texte des antiken Schrifttums in latein. Sprache, die von den Kopisten nach älteren Originalen oder Abschriften redigiert wurden.

Mit der Annahme des Christentums durch Chlodwig zu Weihnachten 497 verbreitete sich die neue Religion rasch unter der fränk. Bevölkerung. Damit wurde auch eine andere kulturelle Institution übernommen, die den Franken den Anschluß an die zivilisierten Völker Westeuropas ermöglichte, näml. das Latein. als Bildungssprache und Amtssprache der Kirche. Trotz der Akkulturation der Franken an christl. Lebensweisen hielt sich bei ihnen ein starkes Bewußtsein ihrer tradierten Stammesrechte, die prakt. und symbol. ein Eckstein im Fundament der fränk. kulturellen Identität waren. Diese Stammesrechte wurden in verschiedenen Versionen zu verschiedenen Zeiten aufgezeichnet, die der sal. Franken als «Pactus Legis Salicae» im Jahre 507 und die der ripuar. Franken als «Pactus Legis Ribuariae» im 7. Jh.

Kernland der fränk. Siedlung blieb das nördl. Frankreich. In jener Region sind zwischen 80 % und 90 % der Ortsnamen fränk. Herkunft. Die Franken haben ihre Sprache in gesprochener Form lange bewahrt. Noch um 800 muß sie lebendig gewesen sein, denn Karl der Große förderte den Gebrauch des Fränk. als Arbeitssprache im

Reichstag zu Aachen. Die fränk. Bevölkerung im Norden Frankreichs assimilierte sich sprachl. an die roman. Mehrheitsbevölkerung, deren Sprache sich während der Zeit der fränk. Präsenz im Land vom Stadium des gall. Sprechlatein über das Altroman. zum Altfranzös. fortentwickelte. Bestimmte Sprechgewohnheiten der Franken haben sich aber bis in die Periode gehalten, als sie selbst bereits einen Sprachwechsel zum Roman. vollzogen hatten.

Das Fränk., eine westgerman. Sprache, hat etliche Spuren im Französ. hinterlassen, und zwar sowohl im Wortschatz als auch in der Grammatik und im Lautsystem. Der fränk. Einfluß hat sich in mehr als 200 Lehnwörtern auskristallisiert (z. B. *hêtre* ‹Buche›, *salle* ‹Saal›, *bleu* ‹blau›), außerdem in der Phonetik des Französ. (der behauchte Anlaut in fränk. Entlehnungen, das *h aspiré*, das die satzphonet. Bindung von Wörtern blockiert). Die in bestimmten Fällen mögl. oder sogar obligator. Voranstellung des Adjektivs vor das Substantiv, mit dem es verbunden ist – in der Regel ist die Wortfolge im Französ. umgekehrt –, geht auf Einwirkung des Fränk. zurück.

Lit.: Beck et al. 1995, Berschin/Lühr 1995, James 1988, Wood 1994, Zöllner 1970

G

Galater. Der kelt. Stammesverband, der im Jahre 278 v. Chr. über den Hellespont setzte und sich in → Kleinasien niederließ, wurde als Galater (lat. *Galatae*) bekannt. Diese regionale kelt. Population gehörte zur Makrogruppierung der Festlandkelten, die weit in Mitteleuropa, bis nach Norditalien, auf die Brit. Inseln, nach Frankreich und Nordspanien verbreitet waren. Alle diese → Kelten haben sich noch in der Antike akkulturiert und sprachl. an die jeweilige Mehrheitsbevölkerung assimiliert.

Die älteste Überlieferung zur Geschichte der Galater stammt von Demetrios von Byzanz, dessen historiograph. Werke allerdings verschollen sind. Darauf aber beruhen die Ausführungen über die Galater bei Polybios (2. Jh. v. Chr.) und später bei Titus Livius (59 v. Chr.–17 n. Chr.).

Zunächst waren die Galater ein loser Bund von drei verschiedenen Stämmen (*Tolistobogii, Tectosages, Trocmi*). Während der Zeit ihrer gemeinsamen Siedlung in Anatolien festigten sich deren soziale Bindungen. Daß die schätzungsweise 20 000 Personen, die von Südosteuropa her nach Kleinasien migrierten, nicht nur Krieger, sondern zur Hälfte Frauen und Kinder waren, deutet darauf hin, daß sie auf der Suche nach einer neuen Heimat waren.

Die Galater waren ins Land gerufen worden, und zwar von Nikomedes, dem Herrscher von Bithynien. Nikomedes teilte den kelt. Stämmen Wohnsitze in einem Gebiet zu, das im Grenzland zwischen Bithynien und dem Seleukidenreich lag, im umstrittenen Niemandsland beider Staaten. Dieses Gebiet wurde seither Galatia genannt (s. Karte S. 194–195). Die kelt. Krieger kämpften in der Armee des Nikomedes gegen Antiochos I. Soter, wurden aber zurückgeschlagen und ins Inland Anatoliens abgedrängt. Ihre Hauptorte waren Ancyra, Peium (Petobriga) und die Kultstätte von Pessinus. In der Folgezeit unternahmen die Galater zahlreiche Raubzüge gegen die westl. Städte. Die Trocmer operierten im Nordwesten, die Tolistobogier im Südwesten und die Tectosager im südl. Inland.

Die kelt. Bevölkerung in Kleinasien erhielt weiteren Zuzug, als

Attalos II., der Herrscher des Königreichs von Pergamon, im Jahre 218 v. Chr. die *Aigosages*, einen kelt. Stamm vom Balkan, in sein Land holte und sie als Hilfstruppen in seinen Kriegszügen gegen die → Phryger einsetzte. Die polit. Macht der Galater wurde im Jahre 189 v. Chr. gebrochen, nachdem die röm. Armee unter Führung von Cn. Manlius Vulso die verbündete seleukid.-galat. Armee geschlagen hatte und die meisten Tolistobogier und Trocmer als Sklaven verschleppen ließ. Die restl. Galater verblieben in ihrem Siedlungsgebiet, nahmen aber von da an keinen militär. oder polit. Einfluß mehr.

Die Galater hatten bereits nach wenigen Generationen vieles von der Kultur ihrer Umgebung angenommen und sich teilweise auch sprachl. assimiliert. Zwar verehrten sie kelt. Gottheiten und pflegten damit verbundene Riten (z. B. Drunemeton als heilige Stätte), noch wichtiger wurde aber der Kult der Muttergöttin von Pessinus. Die galat. Priesterelite übernahm die Kontrolle über dieses alte Heiligtum der kleinasiat. Cybele. Obwohl die Bevölkerung des Ortes weitgehend hellenisiert war, bewahrte die Priesterelite ihre kelt. Identität. Noch in röm. Zeit war die Hälfte des Priesterkollegiums galat. Herkunft. Zu den typ. kelt. Ritualen im Heiligtum gehörte die Opferung von Kriegsgefangenen an die Gottheit.

Die Kulturtraditionen der Galater haben sich offensichtl. noch Jahrhunderte erhalten. Für den Apostel Paulus waren die Galater als Volk noch eine Realität. Zweimal ist Paulus nach Galatien, ins «galat. Land» gereist. Nur so ist zu verstehen, daß er einen seiner Briefe (geschrieben zwischen 53 und 55 n. Chr.) an die dortige Bevölkerung richtete und sie als «Galater» ansprach (s. den «Brief an die Galater» im Neuen Testament; Galater 1, 6 u. a.). Noch viel später, im 4. Jh., machte der Heilige Hieronymus einige bemerkenswerte Beobachtungen zur Sprache. Er berichtete, daß die Galater ähnl. sprächen wie die Treverer in Trier. Damit erkannte Hieronymus die sprachl. Verwandtschaft dieser beiden kelt. Bevölkerungsgruppen.

Lit.: Cunliffe 1997: 83 ff., 176 ff., Maier 2000: 101 ff.

Gallier. In röm. Zeit stellten die Gallier (lat. *Galli*) die Hauptbevölkerung der nach ihnen benannten Region Gallien (lat. Gallia), die im wesentl. den größten Teil des heutigen Frankreich und Teile Belgiens umfaßte. Regionale Gruppen siedelten auch in Norditalien und

Nordspanien (s. Karten S. 148 und 194–195). Die Gallier waren in der Antike die bevölkerungsreichste der festlandkelt. Ethnien (→ Kelten). Im 6. und 5. Jh. v. Chr. war nur der östl. Teil Galliens von Festlandkelten bewohnt. Erst im Verlauf des 4. und 3. Jh. v. Chr., während der Periode der La Tène-Kultur, dehnten sie ihr Siedlungsgebiet fast über das gesamte Gebiet Frankreichs bis an den Atlantik aus. Im 2. Jh. v. Chr. entstanden die ältesten Städte nördl. der Alpen im Siedlungsgebiet der Gallier. Dies waren befestigte Anlagen (mit dem lat. Ausdruck für ‹Stadt› *oppida* genannt) auf Höhenzügen oder in Flußauen. Die Befestigungen wurden erforderl., nachdem Stammesverbände der → Germanen wiederholt kelt. Siedlungen angegriffen und verwüstet hatten.

Im Süden knüpften die Gallier Kontakte mit den Kolonisten in der im 6. Jh. v. Chr. gegründeten griech. Kolonie Massalia (heute Marseille). Im 2. Jh. v. Chr. kamen sie mit den → Römern in Kontakt. Röm. Truppen drangen erstmals im Jahre 154 v. Chr. nach Südgallien (Gallia Transalpina) ein. Die Kämpfe gegen die gall. Stämme der Region (Vokontier, Arverner, Allobroger) dauerten Jahrzehnte und waren erst mit der Einrichtung der Provinz Gallia Narbonensis (zwischen 125 und 118 v. Chr.) abgeschlossen. Verwaltungszentrum der röm. Provinz war Narbo Martius (heute Narbonne), das 118 v. Chr. gegründet wurde. Die Eingliederung auch des nördl. Gallien (Gallia Comata) ins Imperium Romanum erfolgte mit den Feldzügen Caesars 58 bis 51 v. Chr. Nach Caesars Einschätzung der militär. Lage wäre Gallien auf Dauer wegen der ständigen Einfälle der Germanen ein Unruhefaktor geblieben. Die Eroberung durch die Römer brachte der Region in der Tat Stabilität und wirtschaftl. Aufschwung. Gallien wurde in drei Provinzen untergliedert: Belgica im Nordosten, Celtica im Zentrum und Aquitania im Südwesten.

Belgica war ein Gebiet mit kelt.-german. Mischbevölkerung. Nach den antiken Quellen ist nicht immer klar auszumachen, welcher der erwähnten Stämme kelt. und welcher german. Kulturtraditionen pflegte. Auch ist mit vielerlei Phänomenen kultureller und sprachl. Fusion zu rechnen. Die Bevölkerung in der Celtica war, dem Namen entsprechend, keltisch. Hier lebte die große Mehrheit der Gallier. Die Provinz Aquitania verdankte ihren Namen den dort ansässigen → Aquitaniern, von denen bereits Caesar wußte, daß sie sich deutl. von den benachbarten Galliern unterschieden. Wichtigstes Handels- und Kulturzentrum der neuen Provinzen wurde das

43 v. Chr. gegründete Lugdunum (heute Lyon). Diese Stadt war auch das Verwaltungszentrum für alle drei Provinzen und namengebend für die zentrale Provinz (Celtica), die während der Regierungszeit des Augustus (fakt. Alleinherrscher seit 27 v. Chr., röm. Kaiser 14–19 n. Chr.) in Lugdunensis umbenannt wurde.

Die gall. Bevölkerung akkulturierte sich im Laufe der Zeit an röm. Lebensweisen und assimilierte sich auch sprachl., und zwar ans Sprechlatein. Die Bedingungen für eine kontinuierl. Akkulturation blieben lange stabil. Im 1. Jh. n. Chr. erhielten alle Gallier das röm. Bürgerrecht, und in der ersten Hälfte des 3. Jh. wurde in einem Sprachreskript neben anderen Sprachen auch das Gall. zur Abfassung von Testamenten anerkannt. Daraus kann man schließen, daß zur damaligen Zeit die einheim. Sprache der Kelten in Gallien noch weit verbreitet war. Die Verhältnisse änderten sich aber zusehends während der Spätantike, und als die → Franken in Nordfrankreich Ende des 5. Jh. ihr Reich gründeten, war das Gall. wohl nur noch an abgelegenen Orten lebendig.

Das 2. Jh. brachte Unruhen, die v. a. darauf beruhten, daß german. Stämme immer häufiger und immer tiefer ins Siedlungsgebiet der Gallier eindrangen. Im 3. Jh. überschritten → Alemannen und Franken die Rheingrenze, im 4. Jh. besetzten die Franken Teile der Belgica, und im 5. Jh. zerfiel die alte röm. Ordnung mit dem Einfall der verbündeten → Alanen, → Vandalen und → Quaden (406–07) sowie mit der Gründung des Tolosan. Westgotenreichs (→ Goten) in Südfrankreich (418) mit der Hauptstadt Toulouse.

Das Gall. ist eine der festlandkelt. Sprachen, die sämtl. untergegangen sind. Es gehört zum sog. P-Keltischen im Gegensatz zum Gäl. (Goidel./Ir.) und Keltiber., die das Q-Kelt. vertreten (vgl. gall. *pinpetos* ‹fünf› versus altir. *cóiced* ‹dass.›). Die Differenzierung von P- und Q-Kelt. bezieht sich auf die unterschiedl. Entwicklung der indoeurop. Konsonantengruppe [*kw] im Wortanlaut. Das Gall. wurde in zwei Schriftarten geschrieben, in griech. Schrift (vom 3. Jh. v. Chr. bis zum Anfang des 1. Jh. n. Chr.) und in Lateinschrift (vom Ende des 1. Jh. v. Chr. bis zum Ende des 4. Jh. n. Chr.). Überliefert sind Hunderte von einsprachigen und zweisprachigen (gall.-latein.) Inschriften. Die längsten Texte (auf drei Bleiplatten und Fragmente des «Kalenders von Coligny») stammen aus dem 1. und 2. Jh. n. Chr.

Die einstige Präsenz der gall. Bevölkerung, ihrer Kultur und Sprache in Frankreich hat bleibende Spuren hinterlassen. Kelt. Elemente sind in Hunderten von Ortsnamen erhalten, die sich über den größten Teil Frankreichs verteilen; z. B. Namen gall. Herkunft auf -*acos* > -*ac* in der Bretagne (St-Briac), -*ai* in Nordfrankreich (Vitrai), -*ac* in Südfrankreich (Cognac). Zusätzl. zu einer Anzahl an gall. Lehnwörtern im französ. Wortschatz (z. B. *chemin* ‹Weg›, *charrue* ‹Pflug›), gibt es auch bestimmte Techniken im Sprachbau des Französ., die vom Gall. geprägt sind (z. B. die Zwanziger-Zählung vom Typ 70 = 60 + 10, *soixante-dix*; 80 = vier Zwanziger, *quatre-vingts*; 90 = vier Zwanziger + 10, *quatre-vingts-dix*).

Das gall. Erbe ist auch im kulturellen Gedächtnis der Franzosen lebendig geblieben. Das Symbol des gall. Hahns mag auf das französ. Kulturmilieu beschränkt geblieben sein, weltbekannt dagegen ist die Figur des Asterix, des schlauen und mutigen Galliers, der es mit den Römern aufnimmt und zum Prototyp für die Unbeugsamkeit und Freiheitsliebe der alten kelt. Bevölkerung Frankreichs wurde.

Lit.: Cunliffe 1997: 126 ff., 213 ff., 238 ff., Haarmann 1997, Maier 2000: 69 ff., MacMullen 2000: 85 ff., Russell 1995: 3 ff.

Gepiden. Ursprüngl. Nachbarn der → Goten im Weichselgebiet, zogen die Gepiden später als diese in die Richtung zum Schwarzen Meer. Als Nachzügler der frühen Völkerwanderung gelangten sie erst an die Grenzen Daciens (Transsylvaniens), als die ehem. Röm. Provinz bereits von den Goten in Besitz genommen worden war (s. Karte S. 102–103). Als Verbündete von Byzanz versuchten sie im Jahre 291 vergebl., die Goten von dort zu vertreiben. So ließen sie sich in einem Gebiet nieder, das Teile des heutigen Ungarns (Nordosten) und von Rumänien (Nordwesten) umfaßt. Das Siedlungsgebiet der Gepiden konzentrierte sich im Meszes-Gebirge. Es wurde in etwa begrenzt durch die Flußtäler der Theiß, des Szamos und der Kraszna. Zwischen dem Siedlungsgebiet der Gepiden und der Goten erstreckte sich ein breiter Gürtel von Niemandsland, so daß es zwischen beiden Völkern keine Grenzstreitigkeiten gab.

Als die → Hunnen im Jahre 424 ins Land der Gepiden einfielen, versteckten diese ihren Königsschatz in Szilágysomlyó am Fuße des Keselyü-Bergs. Das Versteck wurde später von den Gepiden selbst nicht mehr gefunden und der in zwei Horten vergrabene Goldschatz erst in den Jahren 1797 und 1889 entdeckt. Die Gepiden arrangierten sich mit den neuen Herren des östl. Mitteleuropa und profitierten als Vasallen der Hunnen von deren Raubzügen. Ardarich, der König der Gepiden, genoß ein seltenes Privileg: Er war Mitglied in Attilas Kronrat. Die Gepiden stellten bedeutende Truppenkontingente für den Feldzug Attilas nach Gallien (451).

Bald nach Attilas Tod (453) zerfiel das Bündnis mit den Hunnen. Die einstigen Vasallen sagten sich los, und unter Führung der Gepiden besiegten die german. Stammesverbände die Hunnen, die von Attilas Sohn Ellak angeführt wurden, im Jahre 455. Anschließend übernahmen die Gepiden alle die Territorien, die von den Hunnen geräumt wurden. Sie siedelten danach bevorzugt in Transsylvanien und im östl. Ungarn. Das Verbreitungsgebiet der Gepiden läßt sich archäolog. an einer bestimmten Leitform erkennen, und zwar an den aus Grabfunden bekannten dekorierten Gürtelschnallen aus Silber mit Adlerkopf. Die Gepiden und ihr Reich werden von dem got. Historiographen Jordanes um die Mitte des 6. Jh. beschrieben. Im Jahre 567 wurden die Gepiden von den verbündeten → Awaren und → Langobarden unterworfen. Ein Teil der gepid. Bevölkerung zog später im Bund mit den Langobarden nach Norditalien.

Das Gepid. ist eine ostgerman. Sprache und am nächsten mit dem Got. verwandt. Im Unterschied zum Got. mit seiner Schrifttradition wurde das Gepid. nur selten geschrieben und ist nur aus wenigen Inschriften (z. B. der Goldring aus dem Grab des 482 gestorbenen Königs Childerich) und Personennamen (hauptsächl. in byzantin. Quellen) bekannt.

Lit.: Barta et al. 1994: 76 ff., Seipel 1999

Germanen. Die german. Völker haben sich in dem langen Prozeß ihrer Ethnogenese aus einem soziokulturellen Kontinuum ausgegliedert, das sich ursprüngl. in einem geograph. sehr begrenzten Areal konzentrierte. Seit mindestens der Mitte des 2. Jt. v. Chr. ging die Entwicklung german. Populationen eigene Wege. Die Migrationen von → Indoeuropäern aus der Region zwischen Don und Wolga brachte Sprecher des Proto-Indoeuropäischen nach Mitteleuropa und darüber hinaus bis nach Westen. Erst seit der Mitte des 1. Jt. v. Chr. gibt es nähere Informationen über die Wohnsitze der Germanen. Damals siedelten sie in einem Kernland, das sich über Dänemark, das südl. Norwegen und Süd-Schweden erstreckte und sich an den Küsten von Nord- und Ostsee von Flandern im Westen bis ins Flußtal der Weichsel im Osten ausdehnte. Im Westen drängten die Germanen kelt. Stämme ab. Im Ostseeraum standen sie jahrhundertelang mit Ostseefinnen im Kontakt.

Die nicht-indoeurop. Populationen wurden nicht einfach verdrängt, sondern unterhielten – nach der Intensität der Sprachkontakte zu schließen – enge Beziehungen zu den german. Völkerschaften. Es fand ein reger Tauschhandel statt; außerdem entwickelten sich langfristig Siedlungsgemeinschaften und in der Folge ethn. gemischte Verbindungen. Auf diese Weise sind zahlreiche Lehnwörter herüber und hinüber gewechselt. Der elementare Wortschatz der german. Sprachen enthält bis zu 28 % Wörter nicht-indoeurop. Herkunft. Auch das Lautsystem der in Kontakt stehenden Sprachen ist wechselseitig beeinflußt worden. Es wird angenommen, daß die von anderen indoeurop. Sprachen abweichende Anfangsbetonung in german. Sprachen auf Einwirkung ostseefinn. Sprachen zurückgeht. Die Wortbetonung liegt im Finn. und anderen Sprachen dieser Gruppe systemat. auf der ersten Silbe. Andererseits ist das komplexe Lautwandelsystem in den ostseefinn. Sprachen wohl nach dem Vorbild der german. Sprachen mit ihrem flektierenden Sprachbau entstanden.

Spätestens im 1. Jh. v. Chr. war das gemeingerman. sprachl. Kontinuum ausgegliedert in drei Hauptgruppen, ins Ost-, Nord- und Westgerman. Zunächst war das Nordgerman. beschränkt auf Norwegen und Schweden, während in Dänemark Sprecher des Westgerman. siedelten. Mit der Abwanderung von → Angeln, → Jüten und → Sachsen nach Britannien und der → Langobarden nach Süden wurde Dänemark weitgehend entvölkert. Erst in der zweiten Hälfte des 1. Jt. n. Chr. bevölkerten Nordgermanen die Region. Die Oder war ungefähr die Trennlinie zwischen Westgermanen und Ostgermanen.

Von den ostgerman. Sprachen ist keine erhalten. Die Völker, die sie sprachen, sind aufgegangen in der Mehrheitsbevölkerung der Länder, wo sie siedelten und/oder Reiche gegründet hatten, der Westgoten (→ Goten) in Südfrankreich und Spanien, der → Vandalen in Nordafrika, der → Gepiden in Transsylvanien, der → Burgunder in Ostfrankreich, → der Heruler in Nordfrankreich. Auflösung des Volkstums und Assimilation kennzeichnen auch das Endstadium der anderen german. Stammesgruppen und Kleinvölker, über die in antiken und mittelalterl. Quellen berichtet wird: → Bastarner, → Markomannen, → Quaden, → Rugier, → Sueben. Ein besonderes Schicksal erlitten die → Teutonen und → Zimbern, deren ethn. Identität phys. von den → Römern vernichtet wurde.

Die ältesten Kontakte von Germanen mit der etrusk. und röm. Welt waren solche der Westgermanen im Alpenraum und der Ostgermanen im Baltikum. Diese sind in die ersten Jahrhunderte n. Chr. zu datieren. Röm. Kaufleute standen in Handelsbeziehungen zu den Germanen im Weichselgebiet, die ihrerseits Vermittler einer bei den Römern begehrten Handelsware waren: Bernstein von der Ostseeküste Ostpreußens und Litauens. Bernsteinschmuck war schon zu Zeiten der → Etrusker nach Italien gelangt. Die Alpengermanen übernahmen ein von den Etruskern stammendes Kulturgut besonderer Art, und zwar zu einer Zeit, als sich röm. Einfluß bereits im Alpenraum geltend machte: das etrusk. Alphabet in einer rät. Variante.

Die ersten sicher datierbaren Runeninschriften stammen aus dem 1. Jh. n. Chr., die Datierung von Texten aus der Zeit v. Chr. sind unsicher. Die Adaption des rät. Alphabets mit klarem röm. Einfluß (in den Buchstabenformen für B, F und R) erfolgte wohl auf den dän. Inseln, vielleicht auf Jütland. Seit etwa 200 n. Chr. werden Runeninschriften häufiger. Im frühen Mittelalter sind Runen die dominante Schriftart in Skandinavien und im nördl. Deutschland. In einigen Teilen der german. Welt entfaltet sich im bikulturellen Milieu einheim. (d. h. heidn.-german.) und christl. Traditionen ein digraph. Schriftgebrauch: die Runenschrift wurde parallel zur Lateinschrift verwendet. Die angelsächs. Kultur war digraph. zwischen ca. 650 und 900. In Skandinavien dominierte noch im Frühmittelalter die Runenschrift; zwischen ca. 1000 und 1400 wurden beide Schriften verwendet; gegen Ende des Mittelalters war die Lateinschrift die gebräuchlichere Schriftart geworden. In einigen entlegenen Winkeln Skandinaviens wurden Runen noch bis ins 18. Jh. verwendet.

Die polit. Kontakte der Germanen mit der röm. Welt waren zunächst feindl. Natur. Als Verbündete der → Hunnen beteiligten sich die Gepiden an den militär. Operationen gegen die Großmacht am Mittelmeer. Während der Völkerwanderungszeit infiltrierten immer neue Germanenstämme ehemals röm. Territorium und gründeten lokale Reiche, wie das der Burgunder in Ostfrankreich, der Gepiden in Transsylvanien, der Westgoten in Spanien und Südfrankreich, der Ostgoten in Italien, der → Franken in Nordfrankreich, der Langobarden in Norditalien. Von den german. Königreichen auf dem europ. Kontinent hatte nur das Frankenreich Bestand. Aber dieses Staatsgebilde, das unter Karl dem Großen (reg. 768–814) Frankreich und den größten Teil Deutschlands umfaßte, war lange Zeit der stärkste polit. Machtfaktor in ganz West- und Mitteleuropa.

Lit.: Beck 1989, Bernhard 1986, Crawford 1995, Krüger 1983, Mallory/Adams 1997: 218 ff.

Geten. Die erste Erwähnung der Geten (griech. *Getai*, latein. *Getae*) geht auf Herodot (5. Jh. v. Chr.) zurück. Seit Beginn unserer Zeitrechnung betrachteten die antiken Autoren (Strabo u. a.) die Geten als einen Stamm der → Thraker. Die moderne Forschung hat dies bestätigt. Die Geten, die im Gebiet der unteren Donau und an der Westküste des Schwarzen Meeres siedelten (s. Karte S. 194–195), gehörten zu den nord-thrak. Stämmen. Es wird eine engere kulturell wie sprachl. Einheit von Geten und den ebenfalls nah verwandten → Dakern angenommen.

Die Geten standen in krieger. Auseinandersetzungen mit allen ihren Nachbarn, mit den Thrakern des Odrysenreichs, mit den → Skythen, den → Mazedoniern, den → Kelten Südosteuropas und mit den german. → Bastarnern. Während der Regentschaft Burebistas (reg. ca. 60–44 v. Chr.) gerieten die Geten eine Zeitlang unter dak. Vorherrschaft. In den Jahren 45 und 46 n. Chr. wurde ihr Siedlungsgebiet der röm. Provinz Thracia angeschlossen. In der Folgezeit akkulturierten sich die Geten und vollzogen bis zur Spätantike weitgehend einen Sprachwechsel zum Sprechlatein. Reste der get. Bevölkerung haben sich an Volkstum und Sprache der im Frühmittelalter einwandernden Südslawen assimiliert.

Es ist überliefert, daß der röm. Dichter Ovid (gest. 17 n. Chr.), der einige Jahre in der Verbannung an der Schwarzmeerküste (Tomis, heute Constanţa) lebte, Gedichte in Getisch geschrieben hat. Von diesen Texten ist jedoch nichts erhalten.

Lit.: Choureshki 1995, Duridanov 1999

Goten. Die Goten sind das bekannteste der ostgerman. Völker und dasjenige mit der wohl kontrastreichsten Geschichte. Der Name Goten hat nicht immer nur zur Benennung dieses bestimmten

Volkes gedient. Seit Ende des 5. Jh. n. Chr. wurden die ostgerman. Völker kollektiv als «gotische Völker» bezeichnet. Im frühen Mittelalter stand «Goten» gleichbedeutend für «Steppenbewohner» und löste den älteren Sammelnamen der → Skythen ab.

Als *Gutones* werden die Goten erstmals zwischen 16 und 18 n. Chr. erwähnt. Unter diesem Namen werden sie bis zur Mitte des 2. Jh. in den antiken Quellen aufgeführt. In einem Bericht des Geographen Ptolemaios aus der Zeit um 150 wird zum ersten Mal auf die Verbindung der Gutonen mit den Guten auf der Insel Scandia (Gotland) hingewiesen. Jordanes, ein got. Historiograph, beschreibt im 6. Jh. als erster Scandia als Ursprungsgebiet der Goten. Er lokalisiert deren Wohnsitze des 1. Jh. v. Chr. im Mündungsgebiet der Weichsel (Gothiscandza). Im 2. Jh. wanderten die Goten ins Schwarzmeergebiet ab. Diese Migration mag im Zusammenhang mit der Kontrolle des Bernsteinhandels stehen. Röm. Kaufleute erwarben den an der preuß. und litauischen Ostseeküste gefundenen Bernstein über german. Mittelsmänner, und dies erklärt, warum der Ausdruck für Bernstein im Latein. (*glaesum*) auf eine german. Wortwurzel zurückgeht (und nicht aus dem balt. *gintaras* entlehnt ist). Auf Gotland und im nördl. Polen sind zahlreiche Horde mit röm. Münzen (*denarii*) gefunden worden, die z. T aus röm. Prägestätten am Schwarzen Meer, v. a. aus Südrumänien und Bulgarien, stammen. Zwar führte die Haupthandelsstraße für Bernstein von der Weichsel über Carnuntum an der Donau (Niederösterreich) über Venetien bis nach Rom, eine östl. Route aber verband die Ostsee mit dem Schwarzen Meer. Da die Kontrolle der Absatzmärkte im Südwesten fest in röm. Hand lag, scheint der Markt im Südosten für die Goten ein besonderer Anreiz gewesen zu sein.

Im Jahre 271 n. Chr. nahmen die Goten Transsylvanien in Besitz, das seither nicht mehr Dacia sondern Gútthiuda ‹Land des Gotenvolks› genannt wurde. Seit Ende des 3. Jh. ist die Spaltung der Goten in zwei Hauptgruppen bekannt, in die *Tervingi-Vesi* (‹Goten des Waldes›; got. Bewohner Transsylvaniens), die westl. Goten, und in die *Greutungi-Ostrogothi* (‹Goten der Steppe›; got. Bewohner östl. des Dnestr), die östl. Goten. Die weitere Geschichte der Goten verläuft für die beiden Hauptgruppen getrennt (s. Karte S. 102–103). Ethn. waren weder die Westgoten noch die Ostgoten einheitlich: Stammesverbände der → Alanen und der → Hunnen gingen im

Volkstum der Westgoten auf, und die Ostgoten assimilierten Bevölkerungsgruppen der → Rugier und → Gepiden.

Westgoten: Seit 332 besaßen die Goten des Waldes den Status von *foederati* im röm. Staatsverband. Die Verbreitung des Christentums bei den westl. Goten ist eng mit der Tätigkeit des Bischofs Wulfila (ca. 311–382) verbunden. Dieser hat die Bibel ins Got. übersetzt; der Text ist in einer Variante der zeitgenöss. griech. Unzialschrift geschrieben. Die Gútthiuda war untergliedert in mehrere *kuni*, i.e. Einheiten polit. Selbstverwaltung und gleichzeitig Abstammungsgemeinschaften. An der Spitze eines solchen Geschlechterverbands stand ein Fürst. Die Basiseinheit des *kuni* war *haims*, die Dorfgemeinschaft. Aus diesen Traditionen entwickelte sich eine Regionalkultur mit Eigenprofil, und deren Träger wurden seit Ende des 4. Jh. Vesier (*Visi* oder *Vesigothi*) genannt und den *Ostrogothi* gegenübergestellt.

Die Goten konnten den Vormarsch der Hunnen nicht aufhalten und wurden von diesen im Jahre 376 endgültig unterworfen. Die Mehrzahl der Westgoten floh in Gebiete südl. der Donau. Diese Flüchtlinge erhielten mit dem Foedus des Jahres 395 das Recht, Teile von Makedonien zu besiedeln, 416 wurden die Goten auch berechtigt, in Thrakien zu wohnen. Die Germaneneinfälle nach Norditalien und eine polit. Krise im Verhältnis der westgot. Führung zum oström. Herrscher veranlaßten Alarich (gest. 410) zu Kriegszügen in Italien. Alarich führte starke Truppenkontingente an, v. a. gut trainierte Kavallerie. Das Image des berittenen got. Kriegers, das in der westeurop. Historiographie so lange nachgeklungen hat, entstand zur damaligen Zeit.

Die got. Heeresverbände machten sich unverzichtbar für Westrom, mit dem verschiedene Föderatenverträge abgeschlossen wurden. Das polit. Bündnis wurde durch die Heirat von Galla Placidia, der Schwester des röm. Kaisers Honorius (reg. 395–423), mit dem Gotenkönig Athaulf (gest. 415) bekräftigt. In Südfrankreich und in Spanien beteiligten sich got. Verbände an den Kämpfen der Römer gegen die Überfälle anderer Germanen, z. B. der → Vandalen. In einer Rebellion erhoben sich die got. Truppen gegen die röm. Oberhoheit und gründeten im Jahre 418 ein Teilreich, das tolosan. Königreich der Westgoten, das bis zum Jahre 507 Bestand hatte. Hauptstadt dieses Reiches in Südwestfrankreich war Toulouse. Das Ende des tolosan. Gotenreichs kam mit der Niederlage gegen die → Franken, die das von den Goten beherrschte Gebiet ihrem Machtbereich anschlossen.

Goten hatten schon seit dem Ende des 5. Jh. in Spanien gesiedelt. Dorthin zogen sich die Goten aus Südwestfrankreich zurück und gründeten einen neuen Staat, das toledan. Reich (507–711) mit der Hauptstadt Toledo. Zwar dehnte sich ihr Machtbereich über den größten Teil der Pyrenäenhalbinsel aus, sie selbst siedelten aber bevorzugt in Kastilien, auf der Hochebene der Meseta. Die Westgoten Spaniens waren Christen wie die von ihnen beherrschte roman. Bevölkerung. Goten nahmen bevorzugt roman.-christl. Namen an. In höheren Ämtern des Königreichs findet man sowohl Goten als auch Romanen, obwohl der Anteil got. Amtsvertreter nach 650 zunimmt. Das Gotenreich zerfiel unter dem Ansturm der Araber im Jahre 711. Zu keiner Zeit stellten die Goten im toledan. Reich die Bevölkerungsmehrheit. Vielmehr etablierte sich eine got. Elite, die schon früh Familienbindungen mit den Vertretern der einheim. roman. Oberschicht einging. Gegen Ende der Westgotenherrschaft in Spanien stammten die meisten Vertreter der got. Elite aus ethn. gemischten Familien. Die got. Aristokratie wurde von den arab. Machthabern nicht entmachtet, sondern trat in deren Dienste und behielt ihren angestammten Landbesitz. Die got. Restbevölkerung assimilierte sich rasch an das roman. Volkstum Nordspaniens.

Die Rechtsgrundlagen der Westgoten sind in zwei größeren Sammlungen aufgezeichnet worden, eine zur Zeit des tolosan. Reiches («Lex Romana Visigothorum», 506) und eine weitere im toledan. Reich («Lex Gothica», 8. Jh.). Das Rechtsbewußtsein wirkte bei den Goten lange nach, und noch im Hochmittelalter (bis ins 11. Jh.) beriefen sich ihre Nachkommen auf ihr altes Stammesrecht. Der berühmteste Vertreter des got. Geisteslebens in Spanien ist Isidor von Sevilla (ca. 560–636), der wegen seiner am Latein. orientierten Universalbildung als Lehrmeister des mittelalterl. Europa bezeichnet worden ist.

Die Einflüsse des Got. auf das Span. sind heute noch sichtbar: Einige der got. Lehnwörter gehören zum Alltagsvokabular, z. B. got. *werra* > span. *guerra* ‹Krieg›, *raupa* > span. *ropa* ‹Kleidung›, *orgoli* > span. *orgullo* ‹Stolz›, *gasalia* > span. Abltg. *agasajar* ‹bewirten›. Auch formative Elemente (Suffixe) der Wortbildung wurden übernommen (z. B. got. *-ing* > span. *-engo* wie in *realengo* ‹königl.›). Das aus vorröm. Zeit stammende span. Suffix -*ez* zur Bildung von Personennamen (z.B. González, Ramírez, Fernández) verdankt seine Popularität und Produktivität got. Einfluß; es wurde bevorzugt im Zusammenhang mit den Stammformen german. Namen verwendet. Die ehemalige gotische Elite genoß ganz offensichtl. auch während der Ära der maur. Herrschaft in Spanien bei der roman. Bevölkerung Prestige, denn got. Namen sind bis in unsere Tage populär geblieben (z.B. Alfonso, Fernando, Rodrigo).

Ostgoten: Die frühe Reichsbildung der Ostgoten (der *Greutungi-Ostrogothi*), ein von Ermanarich regierter Vielvölkerstaat, in dem german. und slaw. Stammesverbände integriert waren, wurde im Jahre 375 von den vordringenden Hunnen zerschlagen. Ein Teil der Goten wich in die südruss. Steppe aus, ein anderer Teil wurde den Hunnen botmäßig. In der Schlacht auf den Katalaun. Feldern (451) standen sich die Ostgoten als Verbündete der Hunnen und die Westgoten, die Sieger der Schlacht, gegenüber. Nachdem die Herrschaft der Hunnen gebrochen war, richteten sich die Ostgoten zwischen 456 und 488 in Pannonien ein. Im Jahre 489 zogen sie – begleitet von anderen german. Völkerschaften (Gepiden, Rugier) – nach Italien, eroberten Rom und übernahmen die Macht. Theoderich (reg. 493–526) war König der Goten und Italiker. Die Nachfolger Theoderichs verwalteten das Erbe ihres Vorgängers, bauten es aber nicht aus. Die Herrschaft der Ostgoten in Italien endete 552, und die ostgot. Siedler Italiens assimilierten sich in den folgenden Generationen an die umgebende roman. Bevölkerung.

Die erste Hälfte des 6. Jh. war eine Periode kultureller Blüte. In jener Zeit entstanden die wichtigsten der got. Handschriften, die erhalten sind. Diese Handschriften, Übersetzungen der Evangelien bzw. deren Fragmente, wurden in den Kulturzentren Norditaliens hergestellt, im Kloster Bobbio und in Mailand. Die prachtvollste dieser Handschriften ist der auf Purpur-Pergament in Silberschrift beschriebene «Codex Argenteus», der später von Norditalien nach Deutschland (Kloster Werden) gelangte und im Jahre 1648 der Königin Christine von Schweden zum Geschenk gemacht wurde. Seit 1669 wird er in der Universitätsbibliothek von Uppsala aufbewahrt.

Diejenigen Ostgoten, die nach der Auflösung des Hunnenreichs nicht in Pannonien blieben, zogen nach Osten ab und vereinigten sich mit den dort verbliebenen Stammesbrüdern. Gemeinsam besiedelten sie die Halbinsel Krim, wo es ihnen gelang, ihr kulturelles und sprachl. Erbe über Jahrhunderte zu erhalten. Im 9. Jh. werden die Krimgoten in einer byzantin. Quelle erwähnt. Der aus Flandern stammende Franziskaner Wilhelm van Ruysbroek berichtet um die Mitte des 13. Jh. von den Goten im Schwarzmeergebiet und nennt ihre Sprache «ydioma Teutonicum». Ein fläm. Gesandter am Hof des Sultans in Istanbul zeichnete im 16. Jh. einige Sprachproben des Krimgot. auf; es ist erst im 18. Jh. untergegangen.

Lit.: Heather 1996, Sidrys 2001, Stearns 1989, Stutz 1966, Wolfram 2001

Griechen → Einleitung

Guantschen nannten sich die Bewohner der Kanar. Inseln (Alt-Kanarier) vor der Nordwestküste Afrikas. Der Name (*guančinet* bzw. *guančinerfe*) setzt sich aus dem berber. Wort für ‹Mensch› (*guan*) und dem einheim. Namen der Insel Teneriffa (*činet* bzw. *činerfe*) zusammen. Eine Besiedlung des Inselarchipels durch Migranten aus Nordafrika läßt sich bis ins 2. Jt. v. Chr. zurückverfolgen. Der kanar. Inselarchipel war den antiken Seemächten des Mittelmeeres bekannt, den → Phöniziern, → Karthagern, Griechen und → Römern. Mehrere Jahrtausende lang wurden auf den Kanaren Megalithbauten errichtet. Diese Bautätigkeit erstreckte sich bis ins 9. Jh. In jene Zeit ist der letzte Migrationsschub von Afrika her auf die Inseln zu datieren.

Die Guantschen haben zu keiner Zeit ein Bewußtsein nationaler Identität entwickelt. In ihrer Isolation auf den Kanar. Inseln verlief ihre kulturelle Entwicklung bis in die frühe Neuzeit ohne störende Eingriffe von außen. Kulturell und sprachl. gehörten die Guantschen zu den berber. Populationen, die in der Antike über ganz Nordafrika (bis an die Grenzen Ägyptens) verbreitet waren. Im 14. Jh. wurde die kanar. Inselgruppe erneut «entdeckt», diesmal von den Franzosen. Später kaufte das Königreich Aragón die von Frankreich besetzten Inseln an und eroberte die restl. zwischen 1478 und 1496. Die span. Kolonisatoren, die sich auf den Inseln niederließen, drängten die Urbevölkerung in das bergige Inland ab. Bis Anfang des 18. Jh. hatten sich die Guantschen ans span. Volkstum akkulturiert und an die span. Sprache assimiliert.

Von den Traditionen der Alt-Kanarier haben sich nur Reste erhalten. Die Unwegsamkeit der Bergtäler hat die Entstehung eines besonderen Kommunikationssystems bedingt, mit dessen Hilfe sich die Guantschen über die Täler hinweg von einem Berghang zum anderen verständigten, eine Pfeifsprache (span. *silbo*). Dieses Zeichensystem basiert auf der Wiedergabe von Wortsilben durch bestimmte Pfeiftöne, die sich nach Länge, Höhe und Stärke voneinander unterscheiden. Silbo wird heute als Kulturerbe gepflegt. Früher war auf den kanar. Inseln die alte Schrift der Berber, Tifinagh genannt, in Gebrauch. Tifinagh ist von der Schrift abgeleitet, die die → Numider in der Antike verwendeten. Auf der südwestl. Insel Hierro sind einige kurze Felsinschriften erhalten geblieben.

Lit.: Ajchenval'd/Militarev 1998, Álvarez Delgado 1964

H

Hattier, auch: Hattier. Die Hattier gehören zu den altkleinasiat. Völkern (→ Kleinasien) und zu den vor-indoeurop. Populationen Anatoliens. Dort waren sie bereits vor der Einwanderung der → Hethiter ansässig. Der Name dieses antiken Volkes ist unbekannt, sie wurden später nach der histor. Landschaft Chatti (akkad. Hatti) benannt,
dem Kernland ihrer Siedlung (s. Karte S. 194–195). Der Landschaftsname wurde beibehalten: Die späthethit. Kleinreiche im nördl. Syrien bezeichneten sich als Reiche von Chatti. Hattusa, die spätere
Hauptstadt des Hethiterreichs, ist eine Gründung der Hattier. Deren
Könige regierten dort in der Zeit zwischen 2500 und 2000 v. Chr. Die
Hethiter avancierten zwar zu den neuen Herren der Stadt, die Bevölkerung von Chatti wurde aber nicht vertrieben, und deren Sprache
wurde nicht unterdrückt.

Das Hatt. ist eine nichtindoeurop. Sprache. Eine Verwandtschaft
mit irgendeiner der anderen alten Sprachen Kleinasiens und des
Vorderen Orients kann nicht nachgewiesen werden. Das spärl.
Sprachmaterial ist aus hethit. und assyr. Quellen bekannt. Dabei
handelt es sich zumeist um die Namen von Personen und Gottheiten. Im Verlauf des 15. Jh. v. Chr. ging das Hatt. unter. Bis dahin hatten sich die Hattier an das Hethit. assimiliert. Als Ritualsprache im
Kultleben der Hethiter lebte das Hatt. aber weiter.

Die Hattier hatten einen bedeutenden Einfluß auf die Kultur der
Hethiter. Die religiösen Vorstellungen der Herren von Hattusa waren von hatt. Vorbildern geprägt. Die höchsten Gottheiten im
hethit. Staatskult waren solche des hatt. Götterpantheons. Dies waren der Wettergott Taru und die Sonnengöttin Wurusemu. Deren
Kultzentrum Arinna war eine Pilgerstätte auch für die hethit. Könige, die dort alljährl. das Heiligtum der Göttin besuchten.

Lit.: Akurgal 1990: 29 ff., Hauschild 1964

Helvetier. Zum Kreis der festlandkelt. Völker (→ Kelten) gehörten
auch die Helvetier (latein. *Helvetii*). Ihr ursprüngl. Verbreitungsge-

biet lag in Süddeutschland, von wo sie in die zentrale Schweiz einwanderten (s. Karte S. 102–103). Die erste entscheidende Konfrontation mit den → Römern war die Schlacht bei Bibracte im Jahre 58 v. Chr. Damals verhinderte Caesar die Einwanderung der Helvetier ins Mündungsgebiet der Garonne. In endgültige Abhängigkeit von röm. Vorherrschaft gerieten sie im Jahre 15 v. Chr. als Folge des Feldzugs des Augustus in die Westalpen. Die german. → Alemannen fielen im 3. und 4. Jh. wiederholt in helvet. Siedlungsgebiet ein, bis es im 6. Jh. zu einer systemat. Landnahme kam. Die Helvetier haben sich teilweise an german. Volkstum assimiliert, teilweise auch romanisiert.

Im Gebiet der Helvetier lagen bedeutende Zentren für den regionalen Handel. Von dort strahlte auch der Romanismus aus. Dazu gehörten Aventicum (heute: Avenches), Aquae Helveticae (Baden), Vindonissa (Windisch) und Turicum (Zürich). Die Erinnerung an die kelt. Bevölkerung lebt in der Namengebung bis heute weiter. Ein Beispiel dafür ist der histor. Name der Schweizerischen Eidgenossenschaft: Confoederatio Helvetica = CH ‹Helvet. Konföderation›.

Lit.: Furger-Gunti 1984

Hephthaliten → Awaren

Heruler, auch: Eruler. Dieses german. Volk, das von den → Römern *Heruli* genannt wurde, war seit den Zeiten seiner ersten Erwähnung in zwei Hauptgruppen getrennt, und zwar in die Ost-Heruler, die 267 n. Chr. erstmals am Schwarzen Meer (s. Karte S. 102–103) bezeugt sind, und in die West-Heruler, deren Wohnsitze nach einem Bericht aus dem Jahre 286 n. Chr. in Gallien lagen. Das Ursprungsgebiet der herul. Stammesgruppen lag wohl im südl. Skandinavien. Die Geschichte der Ost-Heruler ist für die Folgezeit bekannt, die der West-Heruler verliert sich in den Umwälzungen der Landnahme der → Franken in Gallien.

Die Ost-Heruler sind möglicherweise zusammen mit den → Goten ins Schwarzmeergebiet abgewandert. Im 4. Jh. standen sie unter got. Botmäßigkeit. Beide Völker waren später von den → Hunnen abhängig. Nach dem Tod Attilas nutzten die Heruler wie auch die → Gepiden ihre Chance und lehnten sich gegen die Hunnen auf. Nachdem diese in die südruss. Steppe abgedrängt waren (→ Protobulgaren), bot sich für die Heruler ihre einzige histor. Chance einer Reichsgründung (entlang den Flußläufen der Waag und March). Von dort aus unternahmen sie Raubzüge in röm. Territorium. Die aus Mitteleuropa einwandernden → Langobarden standen einige Zeit in einem Vasallenverhältnis zu den Herulern, aus dem sie sich in Kämpfen der Jahre 508 und 509 befreiten.

Um die Mitte des 6. Jh. werden die Heruler noch für die Gegend an der unteren Donau erwähnt. Nach ihrer Niederlage gegen die Langobarden sind Teile der herul. Bevölkerung offenbar nach Skandinavien zurückgewandert.

Lit.: Brunner et al. 1993/2: 245 f.

Hethiter. Um 2000 v. Chr. werden die Hethiter, ein indoeurop. Volk, erstmals in assyr. Texten erwähnt. Der histor. Siedlungsraum in Anatolien mit dem Kernland in Kappadokien (s. Karte S. 194–195) ist nicht ihr Ursprungsgebiet. Woher die Hethiter kamen und weshalb sie nach Anatolien wanderten, ist bis heute ungeklärt. In ihrer neuen Heimat trafen die Immigranten auf eine bodenständige vorindoeurop. Bevölkerung, die → Hattier, die die Landschaft Chatti bevölkerten. Danach wurden später irrtüml. auch die Hethiter benannt, deren Selbstbenennung *Nesa* war. Der Name «Hethiter» ist über hebräische Vermittlung (*Chittim*) vom Landesnamen Chatti (Hatti) abgeleitet.

Bald schon fand ein Machtwechsel in der Stadt Hattusa statt, wo zwischen 2500 und 2000 v. Chr. hatt. Fürsten und Kleinkönige geherrscht hatten. Offensichtl. war das Hethit. gegen Ende jener Epoche bereits als Kanzleisprache in Gebrauch. Als Folge des Machtwechsels avancierte Hattusa zum Zentrum der polit. Macht der hethit. Könige. Im 16. Jh. v. Chr. gründete Hattusili I. das Alte Reich, das bis um 1450 v. Chr. Bestand hatte. Nach einer polit. unruhigen Zwischenperiode konsolidierte sich unter Suppiluliuma I. (reg. um 1370–1335 v. Chr.) das Neue Reich. Dessen Einflußgebiet erweiterte sich in den Nordwesten Kleinasiens sowie nach Südosten und Süden. In der Schlacht von Kadesch (1275) brachen die Hethiter die Vormacht der → Ägypter in Syrien. In einem Friedensvertrag grenzten Hethiter (unter Hattusili III., reg. 1270–1250 v. Chr.) und Ägypter (unter Ramses II., reg. 1279–1213 v. Chr.) ihre Interessensphären in Syrien gegeneinander ab. Die Grenzzone führte in etwa über Homs.

In Ostanatolien waren die Hethiter die polit. Rivalen der → Hurriter. Die hethit. Machtssphäre dehnte sich weit nach Mesopotamien hinein aus. Um 1350 v. Chr. vernichteten die Hethiter das Reich von → Mitanni. Damit war der Weg frei für eine direkte Konfrontation mit den → Babyloniern. Trotz zeitweiliger krieger. Auseinandersetzungen waren die Hethiter offenbar nie ernsthaft bemüht, das babylon. Reich polit. in ihre Abhängigkeit zu zwingen. Daher waren die kassit. Herrscher (→ Kassiten) Babylons zu keiner Zeit Vasallen der Hethiter. Während der Regierungszeit von Suppiluliuma II. (reg. ca. 1220–1200 v. Chr.) wurde die hethit. Gesellschaft durch eine Wirtschaftskrise (Mißernten) erschüttert. Diese Schwächung hatte zur Folge, daß das Reich ungenügend für die militär. Auseinandersetzungen mit der Allianz der Seevölker vorbereitet war, unter deren Ansturm es schließl. zerfiel.

Da das Hethiterreich sich weit über die Siedlungsgebiete anderer Völker ausdehnte, war die hethit. Gesellschaft eine Mosaikkultur, multilingual und multikulturell. Außer dem Hethit. (von den Hethitern *nesili/nasili* genannt), das rund 400 Jahre lang (zwischen ca. 1570 und 1220 v. Chr.) in Keilschrift geschrieben wurde, waren das Luw., das Hatt. und Hurrit. (die beiden letzteren als Ritualsprachen), das Babylon. und Sumer. (beide als Bildungssprachen) in Gebrauch. Die Multikulturalität tritt in den religiösen Traditionen besonders plast. in Erscheinung. Viele Rituale der Hethiter sind von den Hattiern übernommen. Die Hauptgötter des hethit. Pantheon, der Wettergott Taru und seine Gemahlin, die Sonnengöttin Wurusemu, sind ebenfalls hatt. Herkunft. Während der Zeit des Neuen Reichs wurde dieses Götterpaar durch die hurrit. Gottheiten Teschschub und Chepat ersetzt. Auf babylon. Einfluß beruht die Popularität der Göttin Ischtar und ihres Kults. In den hethit. Mythen finden sich viele altanatol. Motive (z. B. der Schlangendrachen; der Mond, der vom Himmel fiel; der verschwundene Vegetationsgott).

Mit dem Verlust ihrer polit. Macht versanken die Hethiter in histor. Bedeutungslosigkeit. Die hethit. Restbevölkerung ging im Volkstum der Nachfolgekulturen auf. Damit erlitten die Hethiter das gleiche Schicksal wie die seinerzeit von ihnen assimilierten Hattier. Die Hethiter haben aber sprachl. Spuren hinterlassen, so in verschiedenen Ortsnamen Anatoliens. Der Name der modernen Stadt Konya beispielsweise geht auf eine griech. Namenform Ikonion zurück, und diese basiert ihrerseits auf einem alten Namen der hethit. Zeit, Ikkuniya.

Lit.: Akurgal 1990: 41 ff., Brunner et al. 1993/2: 248 ff., Kuhrt 1995: 225 ff., Mallory/Adams 1997: 12 ff., Neumann 2001, Neve 1996

Hottentotten. Die Angehörigen dieses vor rund hundert Jahren untergegangenen Volkes, die sich selbst *Khoi-khoi* nannten, gehörten zu den Urbewohnern der Kapregion an der Südspitze → Afrikas. Andere Ureinwohner Südafrikas sind die mit den Hottentotten verwandten Buschmänner (San), von denen sich viele ethn. Kleingruppen erhalten haben. Alle anderen Bevölkerungsgruppen, die heute die Mehrheit im Süden des Kontinents stellen, sind die Nachkommen von Einwanderern, die zu verschiedenen Zeiten dorthin migriert sind. Dies gilt für die schwarzafrikan. Bantu-Populationen (Zulu, Xhosa, Sotho, Swati u. a.) ebenso wie für die weißen Südafrikaner (brit., niederländ., deutscher, französ. u. a. Abstammung) und die Asiaten (Malaien, Tamilen u. a.).

Im Kontakt mit den im Mittelalter eingewanderten Bantu akkulturierten sich die Hottentotten und gingen von ihrer traditionellen Wirtschaftsform als Wildbeuter (Sammler und Jäger) zum Viehnomadismus über. Aus der Notwendigkeit, weite Gebiete als Weideland zu kontrollieren, erwuchsen gleich zu Beginn der Landnahme europ. Siedler in der Kapregion unlösbare Interessenkonflikte. Die ersten weißen Einwanderer fanden im Jahre 1652, angeführt von Jan van Riebeck, in der Kapregion eine neue Heimat. Die Siedler okkupierten in zunehmendem Maße das fruchtbare Weideland der einheim. Viehnomaden und drängten diese in unwirtl. Gegenden ab. In vielen ihrer Haushalte hielten sich die Weißen Hottentotten als «Haussklaven», was für diese eine unweigerl. Entfremdung von ihrer Heimkultur, Zwangschristianisierung und eine oft menschenunwürdige Behandlung zur Folge hatte. Die Gemeinschaft der Hottentotten löste sich bereits im 19. Jh. zunehmend auf. Nur in Restgruppen erhielten sich ihre Heimkultur und Sprache bis ins 20. Jh.

Für die Europäer des 19. Jh. waren Hottentotten der Inbegriff der Exotik. Fünf Jahre lang, zum ersten Mal 1810 in London, wurde eine Hottentottin in vielen Städten Europas nackt in der Öffentlichkeit zur Schau gestellt. Sie hieß Saartjie Baartman; bekannt wurde sie allerdings nur als die «Hottentotten-Venus». Aufsehen erregte v. a.

ihr für die Khoisan-Völker typ. hervortretendes Hinterteil, ein Merkmal, das anatom. als Steatopygie bezeichnet wird. Im Alter von fünfundzwanzig Jahren starb Saartjie in Paris. Ihr Gesäß und ihre Genitalien, in Spiritus konserviert, sind noch heute im Musée de l'Homme in Paris zu besichtigen.

Die Sprache der Hottentotten ist mit den Buschmann-Sprachen (Nama, Tsaukwe, Kxoé, Korana u. a.) verwandt. In den 1930er Jahren wurden die Sprachen der Khoisan-Sprachfamilie «Hottentottensprachen» genannt. Das Hottentott. ist mit dem Ableben seiner letzten Sprecher untergegangen, ebenso wie eine Reihe anderer Buschmann-Sprachen, deren Sprecher sich ans Engl. oder Afrikaans assimilierten. Im ursprüngl. Siedlungsgebiet der Hottentotten haben sich einheim. Namen für Geländeformationen erhalten; z. B. Gamka ‹Löwenfluß›, Kareedouw ‹Schakalpaß (im Gebirge)›.

Lit.: Boonzaier et al. 1996, Shaw 1972

Huari. Die Huari-Kultur gehört zu den vor-inkaischen Regionalkulturen Perus (s. Karte S. 43). Ihren Namen erhielt sie nach dem Ort Huari (Wari), der ca. 25 km nordöstl. von Ayacucho in Südperu liegt. Huari war das polit. Zentrum des Reichs von Huari, das sich um 700 n. Chr. formierte und bis etwa 1100 n. Chr. Bestand hatte. In dieser Stadt haben auf einer Fläche von 20 km² bis zu 100 000 Einwohner gelebt. Es gibt auch an anderen Orten bemerkenswerte Zeugen der Huari-Stadtarchitektur, so Tomeval (im Virú-Tal), Pikillaqta (im Tal von Cuzco) und Viracochapampa (in der Nähe von Marca Huamachuco).

Das 9. und 10. Jh. war die Zeit der größten Ausdehnung des Huari-Reiches. Damals erstreckte sich dessen polit. und kultureller Einflußbereich bis ins Marañón-Tal im Norden und ins Urubamba-Tal im Süden. Diese Ausdehnung über weite Teile Perus ähnelte in seiner verwaltungstechn. Infrastruktur dem späteren Inka-Reich und kann als dessen Muster angesehen werden. Um 1100 zerfiel das Huari-Reich, und in dessen ehemaligen Kolonien blühten erneut die Regionalkulturen auf. Huari und die anderen Städte wurden verlassen. Die Bevölkerung zog sich in ländl. Siedlungen zurück.

In ihrer formativen Periode hat die Huari-Kultur Impulse aufgegriffen, die von der älteren → Nazca-Kultur und von der → Tiahuanaco-Kultur ausgingen. Charakterist. Eigenheiten, die die genannten Kulturen verbinden, sind die polychrome Keramik, die Vielzahl an geometr. Motiven, mit denen Gefäße und Textilien dekoriert sind, und die Häufigkeit, mit der die myth. Tiermotive des Kondors und des Jaguars auftreten. Wie in den anderen vor-inkaischen Kulturen war die Metallverarbeitung auch bei den Trägern der Huari-Kultur techn. ausgereift.

Lit.: Cáceres Macedo 2001: 97 ff., Inka – Peru 1992: 272 ff.

Hunnen. Die frühen Hunnen (asiat. Hunnen) werden mit einem Verband von Nomadenstämmen in Verbindung gebracht, die im 3. Jh. v. Chr. die Grenzen Chinas unsicher machten und mit ihrer Erwähnung in chines. Quellen ins Licht der Geschichte treten. Führend in diesem Verband waren die *Hsiung-nu*, die älteste ethn. Gruppierung der → Turkvölker. An der Spitze der straffen hierarch. Sozialordnung stand der oberste Führer mit göttl. Mandat, in chines. Quellen mit dem Titel *Shan-yü*, im Türk. mit dem höchsten Ehrentitel *Tarxan* benannt. Seine Autorität erstreckte sich auf den polit., jurid. und religiös-spirituellen Bereich. Diese kombinierte Rolle bei den frühen Hunnen ähnelt dem Status der späteren Herrscher in der mongol.-tatar. Allianz, die im Mittelalter weite Teile Osteuropas und Asiens beherrschte.

Die Hunnen wurden von den chines. Armeen der Han-Dynastie in verschiedenen Schlachten geschlagen, der Verband löste sich auf, und die Hunnen wanderten nach Westen ab (s. Karte S. 56–57). Ihre Migration durch Mittelasien in Richtung Europa löste ihrerseits weitere Migrationen aus, und noch bevor die Hunnen sich im östl. Mitteleuropa niederließen, hatten sich ihnen weitere Stammesgruppen angeschlossen: türk. Bevölkerungsgruppen (u. a. → Onoguren), → Iranier, → Germanen u. a. Um 350 n. Chr. erreichten die Hunnen die Wolga. In ihrer ersten größeren militär. Auseinandersetzung zerschlugen sie das frühe Ostgotenreich (→ Goten) unter Ermanarich (375/76). Bis zum Beginn des 5. Jh. waren die Hunnen im Süden bis zur unteren Donau, im Norden bis ins Gebiet von Oder und Weichsel vorgedrungen. Um 425 richteten sie unter ihrem Großfürst Ruga das Zentrum ihrer Herrschaft (*ordu*) in der Ebene der Theiß in Südungarn ein (s. Karte S. 102–103). Während der Regierungszeit Bledas (reg. 434–445) dehnte sich das Hunnenreich vom Rhein bis nach Mittelasien aus.

Die schlagkräftige und rasch einsatzfähige hunn. Reiterei war bei den Feinden gefürchtet und wurde von den Verbündeten geschätzt. Ihre Mobilität war auch der wesentl. Grund dafür, daß die Hunnen sowohl das weström. Reich als auch das oström. Reich bedrängten und hohe Summen als Ablösungen forderten, damit sie auf weitere Einfälle verzichteten. Solange die hunn. Kampftruppen ungehindert im Grenzgebiet der beiden röm. Reiche operieren konnten, blieb das polit. Gleichgewicht gestört. Es gab bestimmte Regionen, die von den Hunnen weitgehend entvölkert worden waren und wo sie selbst nur zur Jagd gingen (z. B. Transsylvanien). Der byzantin. Historiograph Priscus besuchte als Gesandter des byzantin. Kaisers Maximinus im Jahre 449 das Verwaltungszentrum der Hunnen, das auch Sitz von Attilas Kronrat war. Sein Bericht enthält die meisten zeitgenöss. Informationen, die über die Hunnen zur Zeit ihrer größten Macht in Europa überliefert sind. Teilweise stützt sich Priscus auch auf die Darstellung des latein. schreibenden byzantin. Historiographen Ammianus Marcellinus (4. Jh.), der über die ersten Kämpfe der Hunnen mit den Ostgoten (376) berichtet.

Nach der verlorenen Schlacht auf den Katalaun. Feldern in Gallien (451, in der histor. Landschaft Champagne) und dem erfolglosen Einfall nach Norditalien (452) blieben den Hunnen weitere militär. Erfolge versagt. Nach Attilas Tod im Jahre 453 versuchte dessen Sohn Ellak, den Zerfall des Reichs zu verhindern, verlor aber im Jahre 455 die entscheidende Schlacht gegen die ehemaligen Vasallen unter Führung des Gepidenkönigs Ardarich. Die → Gepiden etablierten sich daraufhin in den vormals von Hunnen beherrschten Gebieten und zwangen diese, ihre Siedlungen zu räumen. Dem Kanon der westeurop. Historiographie entsprechend hört hier die Geschichte der Hunnen auf. Allerdings siedelten sie auch nach dem 5. Jh. weiter in Osteuropa und nahmen polit. Einfluß.

Nachdem sich die Hunnen in die südruss. Steppe zurückgezogen hatten, schlossen sie sich dort mit türk. Nomadenstämmen zu einer Föderation zusammen, die im Jahre 480 erstmals in einer byzantin. Quelle erwähnt wird. Trotz ihrer militär. Niederlage und des Zusammenbruchs ihres Reiches genossen sie bei ihren Partnern beachtl. Prestige, denn die Herrscherelite der Föderation von Hunnen, → Protobulgaren und → Onoguren führte ihre Abstammung auf Attila zurück. Die Föderation hatte bis ins 6. Jh. Bestand. In den 550er Jahren wurde dieses Nomadenreich von den → Awaren zerschlagen. Die restl. hunn. Bevölkerung zog nach Norden ins Gebiet der → Wolgabulgaren, wo sie sich als deren Untertanen niederließ. Das Volkstum jener Hunnen ist in dem eines anderen Turkvolks, der Tschuwaschen, aufgegangen.

Die genaue ethn. und sprachl. Verwandtschaft zwischen den europ. Hunnen und den asiat. Hsiung-nu, die in Zentralasien verblieben, ist unklar. Die asiat. Nomadenstämme, die nach Abzug der übrigen Hunnen nach Europa als Hsiung-nu in den Quellen erwähnt werden, sind allerdings ebenfalls als Hunnen bekannt. Sie verfolgten eine ähnl. Kriegstaktik wie die Hunnen in Südeuropa. Ab 500 fielen sie nach Nordindien ein und kontrollierten die Gangesebene militärisch, ließen sich aber dort nicht nieder. Unter ihren Herrschern Toramana und Mihirakula hatte das Reich der asiat. Hunnen seine größte Ausdehnung. Es bestand bis 527. Dann wurden die Hunnen von den Herrschern südind. Kleinreiche aus dem Gangestal vertrieben.

Von dem mit anderen Turksprachen verwandten Hunn. gibt es nur wenige Spuren. Dies sind in röm. Quellen verstreute Personennamen und wenige Einzelwörter (z. B. *ordu* ‹Zeltstadt als Herrschaftszentrum›). Es hat aber längere Texte in Hunn. gegeben. Als die Hunnen zusammen mit den Bulgaren ihr neues Reich im nordwestl. Kaukasusvorland bevölkerten, missionierten byzantin. Kirchenvertreter unter deren Bevölkerung. Es wurde sogar ein Bischofssitz eingerichtet. Einer der Missionare, Qardust, machte sich mit dem Hunn. vertraut und übersetzte die Bibel in die Sprache der Nomaden. Seine um 544 abgeschlossene Übersetzung ist das einzige bekannte Monumentalwerk in hunn. Sprache. Der Originaltext ist verschollen, von Kopien ist nichts bekannt.

Lit.: Barta et al. 1994: 77 ff., Bell-Fialkoff 2000: 215 ff., Benzing 1959, King 1995, Lubo-Lesnichenko 1989, Menges 1995: 16 ff., Rothermund 1995: 83 f., Thompson 1996

Huronen. Eines der aus den histor. Quellen bekanntesten, in der Neuzeit untergegangenen Indianervölker im nördl. → Amerika sind die Huronen, deren Siedlungsgebiet im Küstengebiet der kanad. Provinz Ontario lag. Sie hatten bereits vor dem Stämmebund der Irokesen eine Konföderation mit benachbarten indian. Gruppen geschlossen. Ein Häuptling der Huronenkonföderation, Outchetaguin, führte Verhandlungen mit dem ersten Europäer, der in

Kanada landete, mit Samuel de Champlain (ca. 1570–1635). Im Jahre 1609 wurde in Québec der Grundstein für die Allianz der Huronen mit den Franzosen gelegt. Die ständigen Auseinandersetzungen mit den Irokesen kulminierten 1649 in der Vernichtung von Huronia, des von den Huronen geführten Stämmebundes. Die Huronen wurden von den Irokesen vertrieben und lösten sich in lokale Gruppen auf, die sich im Laufe des 19. Jh. fast alle akkulturierten. Eine von diesen Gruppen, die Wyandot, machten als Verbündete der Franzosen im brit.-französ. Kolonialkrieg (1755–63) von sich reden. Später wurde die Restbevölkerung der Wyandot in Reservaten in Kansas und im südl. Ontario angesiedelt; einige ihrer Nachkommen leben noch in der Gegend.

Lit.: Dickason 1996

Hurriter. Über einen Zeitraum von mehr als tausend Jahren werden die Hurriter (Churriter) in den Quellen der Staaten Kleinasiens, des Vorderen und Mittleren Ostens erwähnt. Um 2230 v. Chr. wird die älteste Inschrift in hurrit. Sprache datiert. Die → Hyksos, die in Ägypten zwischen 1650 und 1550 v. Chr. regierten, werden von einigen Forschern als hurrit. Elite identifiziert. Diese Identifizierung ist allerdings umstritten. Die letzten Erwähnungen der Hurriter stammen aus der Zeit um 1200 v. Chr. Danach verlieren sich die Spuren dieses Volkes, dessen Sprache zwar Prestige als Kultursprache genoß, das aber nirgendwo und zu keiner Zeit einen eigenen Staat gebildet hat. Ein Nachklang findet sich noch im Alten Testament (→ Biblische Völker), wo die Horiter erwähnt werden (1. Mose 14 und 36, 5. Mose 2).

Die Hurriter stammten wohl ursprüngl. aus dem Kaukasus und waren mit der autochthonen Bevölkerung jener Region (→ Kaukasier) verwandt. Die ältesten Spuren ihrer Siedlung lassen sich südl. des Vansees in Ostanatolien nachweisen. Später dehnten sich ihre Siedlungen im Tal des oberen Euphrat, in Nordsyrien und im Osten des Tigris aus (s. Karten S. 68 und 194–195). An einer Reichsbildung waren die Hurriter nur unter einer indo-ar. Elite beteiligt. Dies war das Reich → Mitanni, in akkad. Texten auch als «Land Hurri» bezeichnet, mit der Hauptstadt Wassukanni im Euphratbogen. Dieser um 1500 v. Chr. gegründete Staat hatte kurzzeitig eine weite Ausdehnung, geriet aber schon bald unter militär. Druck seiner mächtigen

Nachbarn, der → Hethiter im Westen und der → Assyrer im Osten. Um 1350 v. Chr. wurde das Reich Mitanni von den Hethitern erobert. Wenig später drängten die Assyrer nach. Danach waren die Hurriter polit. bedeutungslos.

Lange Zeit galt das Hurritische – ähnl. wie das Sumer., Hatt. und Urartäische – als isolierte Sprache. Neuere Forschungen weisen auf die Zugehörigkeit des Hurrit. zur Familie der ostkaukas. Sprachen. Länger als tausend Jahre (zwischen 2200 und 1100 v. Chr.) wurde Hurrit. geschrieben, und zwar in einer Variante der babylon. Keilschrift. Im Hethiterreich wurde es ab ca. 1400 v. Chr. als Ritualsprache verwendet.

Schriftzeugnisse in hurrit. Sprache sind in den Palastarchiven vieler Städte gefunden worden, u. a. in Hattusa, der Hauptstadt des Hethiterreichs, in Mari am mittleren Euphrat, in → Ugarit, der Hafenstadt an der syr. Küste, in El Amarna, der Hauptstadt Ägyptens unter Pharao Amenophis III. (Echnaton). Der längste Text in hurrit. Sprache (mit fast 500 Zeilen) wurde in den dortigen Archiven gefunden. Es ist ein Brief des Mitanni-Königs Tuschratta an den Pharao Echnaton. Es gab eine umfangreiche diplomat. Korrespondenz zwischen Mitanni und Ägypten. Mit Ausnahme dieses einen Briefs in Hurrit. sind alle anderen Texte in Akkad., der damaligen Diplomatensprache, verfaßt. Hurrit. Entlehnungen sind von verschiedenen Sprachen des westl. Asien aufgenommen wurden, z. B. vom Luw. (*paini* ‹Zedernholz› < hurrit. *paini*) und vom Hethit. (*hamri* ‹Heiligtum› < hurrit. *hamri*).

Lit.: Neumann 2001, Salvini 1998, Wegner 2000, Wilhelm 1982

Hyksos. Knapp 100 Jahre regierten Ausländer, die Hyksos, den größten Teil Ägyptens, und zwar während der zweiten Zwischenzeit (ca. 1650–1550 v. Chr.). Die fremden Herrscher kamen aus Palästina, wo sie wie in Ägypten befestigte Städte gründeten. Ihren Namen haben die Hyksos von der griech. Entsprechung des ägypt. Ausdrucks *hk3 h3stwt* (‹Regenten fremder Länder›). Ihre Herrscher (Salitis, Khayan, Apophis und Khamudi als die bedeutendsten) werden in der 15. Dynastie zusammengefaßt. Daneben gab es lokale Könige von Kleinreichen, die als Vasallen der Hyksos zur 16. Dynastie gehören. Gleichzeitig, aber unabhängig von den Hyksos, regierten einheim. ägypt. Könige in Theben (17. Dynastie). In der dynast.

Geschichte Ägyptens stehen diese Dynastien nicht in einer chronolog. Reihenfolge, sondern zeitgleich nebeneinander.

Die Präsenz der Hyksos in Ägypten geht wohl zurück auf die Ansiedlung von semit. Volksgruppen aus Palästina und Syrien (→ Amoriter, → Kanaaniter) im Nildelta in der Zeit der 13. Dynastie (18./17. Jh. v. Chr.) des Mittleren Reiches. Sie fungierten als Vermittler im Handel Ägyptens mit dem Nahen Osten. Die Siedlungen der Zuwanderer konzentrierten sich im östl. Delta, v. a. in der Gegend des heutigen Tell ed-Dab´a, wo die Reste der späteren Hauptstadt des Hyksosreiches, Avaris, ausgegraben worden sind. Als Folge der polit. Schwächung der Regentschaft Ägyptens in der Endphase der 13. Dynastie (Zeit vor 1650 v. Chr.) etablierten sich lokale Hyksos-Herrscher in Avaris, die durch geschickte militär. Operationen und diplomat. Manöver ganz Unterägypten und Teile Oberägyptens unter ihre Kontrolle brachten. Einige Forscher halten sie für eine Elite-Schicht der → Hurriter. Avaris entfaltete sich zum polit. und wirtschaftl. Zentrum und gewann Geltung als wichtiger Handelsplatz im östl. Mittelmeer. Aus anderen Teilen Ägyptens und aus Palästina wurden Handwerker und Baumeister nach Avaris geholt, die die Hyksos-Residenz großzügig ausbauten. Diplomat. Beziehungen wurden u. a. auch mit dem minoischen Kreta geknüpft. Kret. Waren und Kulturgüter sind in Avaris gefunden worden, und Gefäße mit dem Namen des Hyksos-Herrschers Khayan waren in den Vorratslagern des Palastes von Knossos aufbewahrt. Die Vertreter der Hyksos-Elite akkulturierten sich schon bald und nahmen ägypt. Lebensweisen an. Sie machten die → Ägypter aber auch mit Neuerungen bekannt, etwa mit dem Pferd als Reit- und Zugtier. Seit der Zeit der Hyksos verwendete die ägypt. Armee pferdebespannte Streitwagen, außerdem den in Einzelteile zerlegbaren Bogen.

Es ist nicht klar, in welchem Verhältnis die lokalen Hyksos-Herrscher in Palästina zur Zentralmacht in Avaris standen. Da die Städte in Palästina von den Hyksos mit mächtigen Schutzwällen umgeben wurden, nimmt man an, daß es vielleicht sogar krieger. Auseinandersetzungen zwischen der Zentralmacht und lokalen Vasallen gab. Die ägypt. Armee unter dem Pharao Ahmose belagerte die zweitgrößte, festungsähnliche Stadt der Hyksos, Sharuhen (Tell el-´Ajjul) südl. von Gaza drei Jahre lang, bevor sie 1547 v. Chr. eingenommen werden konnte. Der unterägypt. Herrscher Kamose lehnte sich gegen die Vorherrschaft der Hyksos auf und belagerte Avaris, allerdings vergebl. Sein Nachfolger, Ahmose, Begründer des Neuen Reiches und der 18. Dynastie, war erfolgreich und vertrieb die Hyksos aus der Deltaregion.

Im kulturellen Gedächtnis der Ägypter haben die Hyksos keine positive Erinnerung hinterlassen. Sie galten als Barbaren, die die ägypt. Heiligtümer zerstörten und Unglück über das Land brachten. Dieses Image wurde in der griech. geschriebenen Geschichte Ägyptens von Manetho (3. Jh. v. Chr.) festgeschrieben. Spätere Historiographen wie Africanus (3. Jh. n. Chr.) und Eusebius (4. Jh. n. Chr.), die sich auf Manetho stützten, malten noch schrecklichere Bilder von der Zerstörungswut der Hyksos.

Lit.: Bietak 1996, 1999, Redford 1992

I

Iberer. Die Iberer (griech. *Iberes*, lat. *Hiberi, Iberi*) gehören zu den vor-indoeurop. Völkern der Pyrenäenhalbinsel, die auch Iber. Halbinsel genannt wird. Entspr. der Häufigkeit, mit der die Iberer in den antiken Quellen erwähnt werden, waren sie das bekannteste und einflußreichste Volk im vorröm. Spanien. Kulturtraditionen mit spezif. iber. Charakteristika lassen sich frühestens für das 6. Jh. v. Chr. identifizieren. Die iber. Kultur hat sich auf der Basis bronzezeitl. Lokalkulturen des 8. und 7. Jh. v. Chr. herausgebildet. Die besondere Sitte der Brandbestattung sowie bestimmte Stilformen der iber. Keramik lassen auf Einfluß der Urnenfelderkultur in Südfrankreich schließen. Dieser Einfluß beruht entweder auf Ideentransfer im Zusammenhang mit Handelskontakten oder auf der Einwanderung kleinerer Gruppen von Trägern der Urnenfelderkultur, die sich vielleicht an einigen Orten als soziale Elite etablierten. Auf lokalen Entwicklungen basiert die Anlage iber. Siedlungen und die Architektur der Profanbauten.

Das iber. Siedlungsgebiet (s. Karte S. 194–195) gliederte sich in drei Hauptzonen aus: das südwestl. Andalusien, die span. Levante (konzentriert auf dem Gebiet der heutigen span. Provinzen Albacete, Murcia, Alicante und Valencia), das nordöstl. Spanien (Katalonien). Einige iber. Ortschaften wurden auch auf der Nordseite der Pyrenäen in Südfrankreich (u. a. Pech Maho, Ensérune, Mailhac) gegründet. Die Dichte iber. Siedlungen an der span. Ostküste ist größer als die der Ortschaften im Inland. Von Anbeginn standen die iber. Regionalkulturen im Kontakt mit anderen einheim. oder importierten Kulturen. Impulse für die Kultur der Iberer in Andalusien gingen zunächst von Tartessos (→ Tartessier) aus, später machte sich der Einfluß der → Phönizier geltend. Im Nordosten Spaniens wirkte seit dem 6. Jh. v. Chr. die Kultur der griech. Kolonien im westl. Mittelmeer (v. a. von Massalia und Emporion aus). Die Griechen hatten zwar auch eine Kolonie an der Südküste Andalusiens (Malaca) gegründet. Diese geriet aber schon bald unter die polit. Vorherrschaft der → Karthager. Im Nordosten des Verbrei-

tungsgebiets der Iberer haben sich iber. Traditionen (Siedlungs-
räume und Hausarchitektur, Bronzeskulpturen, Techniken und
Stilformen der Keramikherstellung, religiöse Ikonographie, Bestattungsformen, Münzprägung) am besten bewahrt.

Die iber. Gesellschaft war seit dem 6. Jh. v. Chr. hierarch. gegliedert. Die aristokrat. Elite ließ sich v. a. im Nordosten von der griech.
Stadtkultur beeinflussen, und schon um 550 v. Chr. wurde die erste
iber. Stadt ausgebaut. Diese lag nur rund 20 km von der griech. Kolonie Emporion (nordöstl. von Girona) entfernt. Die Urbanisierung
der iber. Siedlungen war ein kontinuierl. Prozeß, der bis zum Beginn der röm. Periode andauerte. Die Städte waren auch die Zentren
des iber. Kunsthandwerks und der iber. Münzprägung. Die Römer,
die ab 201 v. Chr. den Osten Spaniens in ihren Machtbereich eingle-
derten, zeigten sich von der iber. Stadtkultur beeindruckt.

Die Iberer gehören zu den altmediterranen Völkern (→ Mittelmeerraum), zu denen auf der Pyrenäenhalbinsel u. a. die Tartessier
und → Aquitanier zählen. Im Unterschied zu den ebenfalls vorröm.
→ Kelten im Norden Spaniens sind die Iberer keine Indoeuropäer.
Über die engeren Verwandtschaftsverhältnisse der Iberer und ihrer
Sprache ist seit dem 18. Jh. gerätselt worden. Bereits Manuel Larra-
mendi (1728) hatte die Hypothese aufgestellt, wonach das Iber. mit
dem Bask. (bzw. dem antiken Aquitan.) verwandt sei. Diese Auffassung wurde durch Wilhelm von Humboldt (1821) in Westeuropa
verbreitet. Es werden bis heute immer wieder – umstrittene – Versuche unternommen, iber. Inschriften mit Hilfe des Bask. zu deuten.
Ein anderer Forschungsansatz geht davon aus, daß die Ähnlichkeiten zwischen dem Iber. und Bask. im Wortschatz, im Namenmaterial (Orts- und Personennamen) und einige Konvergenzen im gramm-
mat. Bau (z. B. Ableitungsformantien) das Ergebnis langjähriger
Kultur- und Sprachkontakte sind. Zur Ausbildung kultureller und
sprachl. Konvergenzen kam es auch infolge der Kontakte der nicht-
indoeurop. Iberer mit den indoeurop. Kelten im nördl. Spanien.
Deren Volkstum auf der Pyrenäenhalbinsel ist tiefgreifend von iber.
Traditionen geprägt worden, so daß man von einer kelt.-iber. Fusi-
onskultur und schließlich vom Volkstum der → Keltiberer spricht.

Zwischen dem 5. und 1. Jh. v. Chr. wurde das Iber. in einer einheim. Schriftart geschrieben. Bislang sind rund 1800 Inschriften bekannt. Die meisten Texte finden sich auf Schriftträgern wie Stein
(Grabstelen, Felswände), Keramik (Vasen, Schalen, Töpfe, Ampho-

ren) und Metall (z. B. Bleiplatten). Eine kleinere Gruppe von In-schriften (rund 60) sind Münzlegenden. Einige wenige iber. In-schriften sind im latein. Alphabet geschrieben. Die iber. Schrift wurde in drei regionalen Varianten verwendet, in einer südwestl. (bastulo-turdetan.), einer östl. (levantin.) und einer nordöstl. Vari-ante. Der Schriftgebrauch der Iberer strahlte auch in die Nachbar-kulturen aus. Die Tartessier schrieben ihre Sprache mit der süd-westl. Variante der iber. Schrift, die Keltiberer ihre Sprache in der nordöstl. iber. Variante. Die iber. Schrift zeichnet sich durch in Eu-ropa einzigartige Eigenheiten aus: Das Zeicheninventar setzt sich zusammen aus Buchstaben (zur Schreibung der Vokale, der Liquid-laute *l, m, n, r* und der Zischlaute) und aus Silbenzeichen (*ka, ki, te, tu, bi, bo* u. a.). Die Zeichenformen sind deutl. erkennbar vom phö-niz. Alphabet im Süden und vom griech. Alphabet im Norden inspi-riert. Es gibt eine Zusatzkomponente, nämlich Zeichenformen, die Ähnlichkeiten zu den Zeichen ägäischer Linearschriften (wie kret. Linear A und Kypr.-Syllab.) aufweisen. Es ist nachgewiesen wor-den, daß Griechen aus Zypern bereits vor der Gründung griech. Kolonien im westl. Mittelmeer im Verbund mit phöniz. Kaufleuten Handel mit den Iberern trieben.

Die Iberer gewöhnten sich allmähl. an röm. Lebensweisen, ak-kulturierten sich und assimilierten sich sprachl. ans Latein. Der Pro-zeß der Romanisierung dauerte einige Jahrhunderte und war bis in die späte röm. Kaiserzeit im wesentl. abgeschlossen. Iber. Namen wurden latinisiert, und Iberer nahmen auch röm. Namen an. Bei-spielsweise kann man an einer Namenform wie M. Iunius Iaurbeles sprachl. erkennen, daß dessen Träger iber. Herkunft war. Das Ele-ment *Iaur-* bedeutet ‹Herr›, das Element *-beles* ‹schwarz›. Bis heute lassen sich aber auch noch Spuren alter iber. Kulturtraditionen nachweisen, so im Hausbau der span. Levante.

Lit.: Belarte 1997, Harrison 1988, Les Ibères 1997, MacMullen 2000: 50ff., Menéndez Pidal 1968, Olmos/Tortosa 1997

Illyrer (ältere Namenform: Illyrier). Das Verbreitungsgebiet der Illyrer (griech. *Illúrioi,* latein. *Illyrii*) erstreckte sich im Nordwe-sten der Balkan-Region, von der Adriaküste Dalmatiens bis nach Makedonien (s. Karte S. 194–195). Die archäolog. Hinterlassen-schaft weist die größte Siedlungsdichte illyr. Bevölkerungsgruppen für das Gebiet des heutigen Albanien und Bosnien aus. Die Volksstämme jener Region werden in den Berichten röm. Autoren (so bei P. Mela, II 56, und bei Plinius d. Ä. in seiner «Naturalis historia» 3.144) *Illyrii proprie dicti* (‹Illyrer im eigentl. Sinn›) genannt. Die Illyrer waren kein ethn. homogenes Volk, sondern eine Konföderation verschiedener Stämme. Dazu gehörten die Dalmater (Dalmaten/Delmaten) im mittleren Dalmatien, die Liburner (Nordwestdalmatien), Taulantier (Nordalbanien), Breuker (am Unterlauf der Save, Sirmien), Iapoden (westl. Bosnien), Paeoner (nordöstl. von Mazedonien) u. a. Die Verbreitung illyr. Bevölkerungsgruppen auf dem Balkan ist in der Antike u. a. an den Ortsnamen auf *-ona* zu erkennen, z. B. Aenona (heute: Nin), Emona (Ljubljana), Narona (Vid), Salona (Solin nahe Split) Blandona (südl. von Liburnia). Solche Namen weisen entweder direkt auf illyr. Gründungen oder auf illyr. Besiedlung im näheren Umkreis. Weiterer illyr. Städte waren Scodra (Shkodër), Scupi (Skopje), Lychnidos (Ohrid), Idassa (Zadar), Andena (Andia).

Nördl. des Kerngebiets illyr. Siedlung waren Stämme verbreitet, die ebenfalls den Illyrern zugerechnet wurden, in deren Volkstum und materieller Kultur aber auch Eigenheiten anderer antiker Völker zu identifizieren sind. Von den Dardanern, die im oberen Axiostal (nördl. von Mazedonien) siedelten, wird angenommen, daß sie vielleicht ursprüngl. ein Stamm der → Thraker waren, dessen Kultur von der illyr. überformt wurde. Ein anderer dieser Stämme waren die Histrier, die von Strabo (7.5, 3) und Appian («Illyrike» 8) als Illyrer bezeichnet werden, deren Sprache sich aber vom Illyr. unterschied und näher mit dem Venet. verwandt war.

Im Nordwesten der Balkan-Region entwickelten sich seit dem 3. Jt. v. Chr. Lokalkulturen mit Charakteristika, die man als proto-illyr. betrachtet. Am Prozeß der Ethnogenese der Illyrer waren vor-indoeurop. Populationen (→ Alteuropäer) beteiligt, die eine Fusion mit den ältesten indoeurop. Einwanderern (Träger der Tumulus-Kultur von Vučedol sowie der spätbronzezeitl. Glasinac-Kultur in Bosnien) eingingen (→ Europa; Kurgan-Migrationen). Während der Bronzezeit verbreiteten sich bestimmte Techniken der Keramikherstellung und Bestattungsformen (Erdbestattung) vom Balkan nach Süditalien. Die Ähnlichkeiten zwischen dem Illyr. und der Sprache der → Messapier in Süditalien deutet wahrscheinl. auf eine alte Verwandtschaft der Bevölkerung auf beiden Seiten der Adria hin.

Seit etwa 1000 v. Chr. entwickelten sich Lokalkulturen mit Kontinuität in die Eisenzeit (8.–6. Jh. v. Chr.). Die geograph. Verteilung dieser Regionalkulturen spiegelt die Differenzierung der illyr. Stämme wider. In der «Ilias» des Homer (8. Jh. v. Chr.) werden die *Dardani* und *Paeones* als Verbündete der Trojaner genannt. Seit altersher treten die Illyrer als Opponenten und Konkurrenten zunächst der Griechen und später der → Mazedonier auf. Mit den → Kelten auf dem Balkan gab es ebenfalls krieger. Kontakte, in einigen Regionen aber auch Bevölkerungsmischungen. Verschiedene illyr. Personennamen bei den südl. Stämmen gehen auf kelt. Einfluß zurück (z. B. Iaritus, Matera, Nonntio und Sinus bei den Iapoden).

Seit dem 3. Jh. v. Chr. kam es zu ständigen Konflikten zwischen Illyrern und → Römern. Die Illyrer unter ihrer Königin Teutana (= ‹Königin der **teu-ta*›), ein Name, der mit indoeurop. Ausdrücken für ‹Gemeinschaft; Volk(sstamm)› verwandt ist, forderten im Jahre 229 v. Chr. mit ihrer Adriaflotte die Römer zu militär. Interventionen heraus. Die Auseinandersetzungen zogen sich über einen langen Zeitraum hin, und erst im Jahre 168 v. Chr. kapitulierten die Illyrer unter ihrem König Gent(h)ius. Die Eroberung des gesamten, von Illyrern bewohnten Gebiets dauerte aber noch länger an. Im Jahre 155 v. Chr. wurden die *Delmatae* (Namengeber für die Landschaft Dalmatien) besiegt. Deren Siedlungsgebiet wurde 59 v. Chr. (seit 42 v. Chr. unter dem Namen Dalmatia) röm. Provinz. Seit dem Jahre 32 v. Chr. wurde der Name Illyricum für die gesamte Region von den rhät. Alpen bis nach Mazedonien eingeführt. Illyrien war wirtschaftl. attraktiv wegen seiner Bodenschätze, wozu Edelmetalle wie Gold, Silber und Kupfer, außerdem Eisen und die Waldbestände gehörten. In Tragurion (Trogir) wurde Marmor gebrochen. Eine eigenständige Münzprägung (mit Legenden in griech. Sprache) hatte es im illyr. Königreich nur im 2. Jh. v. Chr. während der Regentschaft des Gentius gegeben.

Mehr als sieben Jahrhunderte lang standen die Illyrer im Kontakt mit röm. Kulturtraditionen und mit dem Latein. Die Illyrer akkulturierten sich allmählich, nahmen röm. Lebensweisen an und vollzogen im Lauf des Generationenwechsels auch einen Sprachwechsel zum Lateinischen. Die röm.-illyr. Beziehungen waren aber durchaus auch wechselseitig: Das Imperium Romanum wurde einige Jahrzehnte lang von Kaisern illyr. Abstammung regiert. Zu dieser

Elite der *Illyriciani* aus Sirmium gehörten M. Aurelius Claudius (reg. 268–270 n. Chr.), Domitius Aurelianus (reg. 270–276), Probus (reg. 276–282), der Interimregent Carus, C. Valerius Diocles (bekannt als Diokletian; reg. 284–305) und die rivalisierenden Regenten der Tetrarchie bis 324. Zur Zeit der Spätantike waren die illyr. Bewohner im Küstengebiet der Adria zum größten Teil romanisiert. In Nachbarschaft der romanisierten Küstenbewohner ließen sich seit dem frühen Mittelalter Bewohner des Inlandes nieder, die ihre illyr. Muttersprache beibehalten hatten. Aus dieser Siedlungssymbiose ist im Gebiet des nördl. Albanien das Volkstum der Albaner entstanden, in deren kollektiver Ethnizität die Spuren des Illyrertums bewahrt geblieben sind.

Die kulturelle und sprachl. Symbiose zwischen den romanisierten Illyrern an der Adriaküste und den illyr. Bewohnern des bergigen Inlands, die ihre einheim. Traditionen gegen den Druck der röm. Welt behauptet hatten, scheint bis heute in der alban. Sprache auf. Die Hinterlassenschaft der romanisierten Illyrer sind mehr als 600 Lehnwörter latein. Herkunft im alban. Wortschatz sowie verschiedene Elemente der alban. Wortbildung (Suffixe, Präfixe). Auch von der Sprache der vor-indoeurop. Bevölkerung, die an der Ethnogenese des Illyrertums beteiligt war, haben sich einige Substratelemente im Wortschatz des Alban. erhalten (z. B. alban. *mal* ‹Berg›).

Das Illyr. ist eine indoeurop. Sprache und am nächsten mit dem Messap. in Süditalien verwandt. Ebenfalls verwandtschaftl. nah steht die Sprache der im Nordosten Italiens verbreiteten → Veneter. Bekannt ist das Illyr. aus spärl. Sprachproben, wozu einige Glossen in den Werken antiker Autoren und Aufschriften (z. B. auf einem Bronzehelm) gehören. Überlieferte Ausdrücke des Illyr. sind beispielsweise *rhinós* ‹Nebel› (vgl. altalban. *ren* ‹Wolke›) und *sabaia* ‹bierartiges Getränk›. Aus dem Gebiet der röm. Provinz Illyricum sind zahlreiche Orts-, Gelände- und Gewässernamen illyr. Herkunft bekannt, z. B.: Ulcinium (Ulqini), Dreinos (Drina), Tómaros (Tomaro). Aus den antiken Quellen, in denen über die Illyrer berichtet wird, sind auch Personennamen wie Audarus, Teutana, Etleva, Scenobarbus und Vescleves sowie einige illyr. Götternamen wie Ansotica (illyr. Äquivalent der röm. Venus), Vidasus (illyr. Äquivalent des röm. Waldgottes Silvanus) bekannt. Namenmaterial illyr. Herkunft findet sich auch in den Namen lokaler Bevölkerungsgruppen der Balkanregion, die aus röm.

Quellen bekannt sind (z. B. Burnistae, Dindari, Splonistae, Olciniatae).

Lit.: Covic› 1986, Haarmann 1999, MacMullen 2000: 7 ff., Mallory/Adams 1997: 287 ff., Wilkes 1992

Indoeuropäer, auch: Indogermanen. Seit der Entdeckung der Verwandtschaft zwischen dem Sanskrit und den Sprachen Europas (Lateinisch, Griechisch, Gotisch u. a.) in der zweiten Hälfte des 18. Jh. haben die Fragen nach den gemeinsamen ethn. und sprachl. Wurzeln und geograph. Ursprüngen, also die Indoeuropäer und ihre sog. Urheimat, die Wissenschaftler beschäftigt. In der Forschung hat sich als Bezeichnung der ältesten indoeurop. Populationen die Benennung «Proto-Indoeuropäer» eingebürgert und für das älteste rekonstruierbare Sprachstadium, von dem aus sich spätere indoeurop. Sprachzweige mit ihren Einzelsprachen ausgegliedert haben, der Begriff «Proto-Indoeuropäisch». In der älteren wissenschaftl. Terminologie war auch die Namengebung «Indogermanen bzw. Indogermanisch» verbreitet.

An der Diskussion über die Urheimat der Indoeuropäer haben Linguisten, Archäologen und neuerdings auch Humangenetiker teilgenommen. Die Ursprungsregion ist sowohl in Vorderasien, im Kaukasus als auch in verschiedenen anderen Regionen gesucht worden. Geograph. Eingrenzungen, die sich einseitig auf entweder archäolog. oder sprachhistor.-vergleichende oder humangenet. Daten stützen, lassen mehrere Alternativen zu. Bei einer interdisziplinären Auswertung des verfügbaren Datenmaterials allerdings scheiden die meisten der von den Einzelfachdisziplinen vorgeschlagenen Urheimathypothesen aus.

Die Verbreitung des Ackerbaus von Kleinasien nach Europa ist in eine direkte Beziehung zur Ausbreitung indoeurop. Populationen und deren Sprachen gesetzt worden. Bei diesem Erklärungsversuch entstehen chronolog. Probleme. Der Ackerbau, dessen Verbreitung im 7. Jt. v. Chr. in Südosteuropa begonnen hatte, gelangte um 5500 v. Chr. nach Osteuropa, zu einer Zeit, als Indoeuropäer dort bereits gelebt haben. Darauf weist die Siedlungskontinuität zwischen Don und Wolga und nordwestl. des Kasp. Meeres. Erkenntnisse der Archäologie, der histor.-vergleichenden Sprachwissenschaft und der Humangenetik (s. Karte S. 416) lassen sich dagegen zwanglos korrelieren, wenn man von der These ausgeht, daß die Indoeuropäer ursprüngl. in Osteuropa siedelten und daß die dort ansässigen Bevölkerungsgruppen in mehreren Wellen nach Westeuropa einerseits, nach Zentralasien und darüber hinaus ins iran. Hochland und nach Indien migriert sind (→ Europa, → Iranier). Das Baltikum ist eine Zone früher indoeurop. Expansion, die von der Tiefebene der Wolga ihren Ausgang nahm. Dort finden sich noch sehr alte sprachl. Spuren in der Hydronymie (Fluß- und Gewässernamen)

Im ursprüngl. Siedlungsgebiet der Indoeuropäer ist eine vielschichtige Abfolge verschiedener Kulturschichten im Horizont der Zeit zu erkennen (Elschan-Kultur des 7. Jt. v. Chr., Samara-Kultur ca. 6000–5000 v. Chr., Chwalynsk-Kultur im Steppen- und Waldgürtel der mittleren Wolga zwischen 5000 und 4500 v. Chr., Sredni Stog ca. 4500–3350 v. Chr.). Die indoeurop. Populationen haben schon früh in kulturellen und sprachl. Kontakten mit Nachbarvölkern gestanden. Zu den ältesten Kontakten gehören die zu den → Uraliern in der Waldzone nördl. der indoeurop. Urheimat; sie gehen auf das 6. Jt. v. Chr. zurück. Im 5. Jt. v. Chr. setzten die Kontakte der Indoeuropäer mit ihren Nachbarn im Süden, den → Kaukasiern, ein. In jene Periode fallen auch die frühen Berührungen indoeurop. Steppennomaden mit den → Alteuropäern im nordwestl. Küstengebiet des Schwarzen Meeres (Region von Varna in Bulgarien). Die Namen, die sich die frühen Indoeuropäer und ihre lokalen Gruppen gegeben haben, sind nur teilweise bekannt (→ Arier).

Das Verbreitungsgebiet indoeurop. Völker und Sprachen erstreckt sich von Westeuropa bis in den Ind. Subkontinent und nach China (Tarimbecken). Im Laufe der Expansion hat sich der ursprüngl. proto-indoeurop. Komplex zunehmend aufgelöst in regionale Gravitationen mit kultureller und sprachl. Sonderentwicklung. Zu diesen Komplexen, die sich in der Zeit des 3. und 2. Jt. v. Chr. ausgegliedert haben, gehören im Einzelnen: Arier (Indo-Arier); → Kelten; → ital. Völker; → Germanen; → Balten; → Slawen; → Thraker und → Daker; → Illyrer; Griechen und → Mazedonier; Armenier; → Phryger; anatol. Völker (→ Kleinasien); → Tocharer; → Iranier.

Lit.: Haarmann 1996b, Mallory/Adams 1997, Schmoeckel 1999

Inka. Die Inka sind bis heute das bekannteste der präkolumb. Völker Südamerikas. Histor. faßbar werden sie um 1200 in der Gegend von Cuzco in Südperu. Ursprüngl. war der Name «Inka» mit einem lokalen Clan oder einer Sippe bzw. mit der herrschenden Elite assoziiert; erst später wurde er als Volksname (Ethnikum) verwendet. Zunächst übernahmen die Inka die polit. Kontrolle über ein Teilreich, dessen Zentrum Cuzco war. Die erste Dynastie wurde von Herrschern der Hurin Cuzco (‹Untere Cuzco-Hälfte›) gegründet. Während der Regentschaft des 6. Inka (Inca Roca) erfolgte um 1350 ein Umsturz. Von nun an regierten Vertreter der Hanan Cuzco (‹Obere Cuzco-Hälfte›). In Verbindung mit dem Aufstieg der neuen Dynastie stand die Einführung des Herrschertitels «Sapa Inca»(‹Einziger Inka›, also Oberster der Inka-Elite).

Die kulturellen Traditionen der Inka wurzeln im präkolumb. Kontinuum des andinen Raums. Die meisten Institutionen und Technologien der Inka-Zivilisation setzen ältere Entwicklungsstadien der vor-inkaischen Kulturen fort. Vor allem die Errungenschaften der → Huari im südl. Peru haben die Kultur der Inka mitgeprägt. Dies gilt für den Ackerbau im allgemeinen und die Techniken des Terrassenfeldbaus im besonderen, für die Textil- und Keramikherstellung ebenso wie für die Metallverarbeitung (Gold, Silber, Kupfer, Bronze). In der Kunst der Inka ist zwischen einem «Reichsstil» und den Lokalstilen der vor-inkaischen Kulturen zu unterscheiden, die unter die polit. Oberhoheit der Inka gerieten. Im Reichsstil wurden kleinformatige geometrische und hochstilisierte Motive (*toqapu*) mit symbol. Inhalt bevorzugt.

Die Architektur der Inka ist berühmt geworden v. a. wegen der perfekten Technik des Mauerbaus aus dicken Quadern mit exakt geschliffenen Fugen ohne die Verwendung von Mörtel. Fundamente des Inka-Palastes sind noch in Cuzco zu sehen. Cuzco ist ein illustratives Beispiel für die hochentwickelte Stadtplanung der Inka. Machu Picchu, eine um 1450 auf einem Berggipfel auf dem linken Ufer des Urubamba-Flusses errichtete ehemalige Sommerresidenz der Inka-Herrscher, demonstriert den hohen Stand inkaischer Architektur und des Ingenieurwesens, denen techn. Höchstleistungen selbst in schwierigstem Gelände gelangen.

Der Ursprung der Inka ist myth. verklärt. Nach der präkolumb. Überlieferung entstiegen den Wassern des Titicaca-Sees ein Mann (Manco Capac) und seine Frau (Mama Ocllo). Manco Capac trug einen goldenen Stab, Symbol seiner göttl. Gesandtschaft auf Erden. Im Abstammungsmythos der Inka wird Manco Capac als Sohn des Sonnengottes Inti identifiziert. Inti hatte seinen Sohn beauftragt, den goldenen Stab dort in die Erde zu pflanzen, wo der Boden weich sei und sich für den Ackerbau eigne. Die Ländereien in der Gegend von Cuzco wurden auf diese Weise zur Heimstatt des göttl. Paares. Als Kulturheros brachte Manco Capac den Bewohnern von Cuzco den Anbau von Nutzpflanzen bei und wie man ein Gemeinwesen organisiert. Mama Ocllo unterwies die Frauen in der Kunst des Webens und in der Verrichtung häusl. Arbeiten. Manco Capac gilt als der erste myth. Inka-Herrscher.

Bis ins 15. Jh. war das Herrschaftsgebiet der Inka auf die Region von Cuzco begrenzt. Als Folge des gewonnenen Kriegs mit ihren Nachbarn, den Colla, begannen die Inka unter ihrem 9. Regenten, Pachacuti Inca Yupanqui (reg. 1438–1471), eine systemat. Eroberungspolitik, die im Aufbau des größten Flächenstaates des präkolumb. Amerika kulminierte (s. Karte S. 43). Der Inka-Staat wurde Tawantinsuyu (‹Land der vier Weltgegenden›) genannt. Der Sohn und Nachfolger Pachacutis, Topa Inca Yupanqui (reg. 1471–1493), eroberte weitere Gebiete, und unter Huaina Capac (reg. 1493–1527) erreichte Tawantinsuyu seine größte Ausdehnung. In jener Zeit dehnten sich die Reichsgrenzen im Norden bis Pasto (nördl. Ecuador) und im Süden bis Concepción (Zentral-Chile) aus. Im Westen bildete die Pazifikküste eine natürl. Grenze. Im Osten umfaßte das Territorium den größten Teil Boliviens und reichte bis nach Argentinien hinein.

Die Inka-Gesellschaft war sozial streng hierarch. gegliedert. An der Spitze stand der absolute Herrscher, der Sapa Inca, dessen uneingeschränkte Autorität in einem aufwendigen Zeremoniell legitimiert wurde. Die Herrscherwürde war erblich. Der amtierende Regent wählte als seinen Nachfolger jeweils denjenigen männl. Nachkommen seiner Hauptfrau (*qoya*), den er für den fähigsten hielt. Die Hauptfrau war in der Anfangszeit die Tochter eines der unterworfenen Herrscher, seit der Regierungszeit Topa Inca Yupanquis war es die Schwester des Regenten. Seine übrigen männl. Nachkommen stellten die soziale Elite, den Hochadel. In diese Gruppe konnten auch verdiente Personen als «ernannte Inka» berufen werden. Den niederen Adel stellten die *curaca*. So wurden die entmachteten Herrscher der unterworfenen Völker genannt. Diese in sich sozial gegliederte Elite herrschte über die Masse der Bevölkerung: Bauern in den Ländereien, wo Bodenbau (Kartoffeln, Oca, Mais, Bohnen, Kürbisse, Baumwolle und Coca) betrieben wurde, und Hirten im Hochland, die Herden zahmer Lamas und Alpacas hielten.

Es ist viel darüber gerätselt worden, wie es mögl. war, ein riesiges Reich wie den Inka-Staat zu verwalten, ohne die Verwendung einer der Grundpfeiler jeder Zivilisation: Schrift. Die Inka verwendeten ein Notationssystem, das nach seiner typ. Schnurtechnik *khipu* (span. Form: *quipu*) genannt wird. Die *khipu*-Technik basierte auf der Kombination dreier Prinzipien. Relevant für den Informationstransfer waren die Längen von Haupt- und Seitenschnüren, deren Farbe sowie die Anzahl der in den Strang geknüpften Knoten und die Abstände zwischen ihnen. Früher glaubte man, dieses Kommunikationssystem sei ausschließl. zur Aufzeichnung von Kalkulationen im Rechnungs- und Steuerwesen verwendet worden. Die moderne Forschung hat nachgewiesen, daß mit den *khipu* außer numer. Angaben auch vielerlei andere Informationen für den Wiedergebrauch fixiert werden konnten. Für eine exakte Übermittlung des Informationsgehalts eines *khipu* war man allerdings auf das gesprochene Wort des Nachrichtenvermittlers für Zusatzerklärungen angewiesen. Ähnl. wie in den präkolumb. Kulturen Mesoamerikas komponierten die Inka Bildmotive in narrativen Szenen, in denen Begebenheiten der Geschichte oder Stoffe der myth. Überlieferung dargestellt wurden. Solche Bilderzählungen wurden auf Holztafeln (*keros*) gemalt. Den Darstellungen span. Chronisten wie Sarmiento de Gamboa und Cristóbal de Molina zufolge waren auch die Wände öffentl. Gebäude mit Bilderzählungen bemalt.

Die Ethnogenese der Inka ist bislang wenig bekannt. Das Volkstum der Inka ist mit der Sprache Quechua verbunden. Die Ausbildung des im Inka-Staat verwendeten Quechua, des klass. Quechua, fand im Hochland Perus statt. Die Sprache der Elite wurde *Inca Simi* (Sprache des Adels) genannt, die der Bauern und Hirten *Runa Simi* (Sprache der Untertanen). Die Sprachvariante des Inka-Adels kam mit der polit. Entmachtung ihrer Sprecher außer Gebrauch. Die span. Kolonisten und Missionare verwendeten die Untertanensprache (span. *lengua general* ‹Gemeinsprache›) zu Beginn der Kolonialzeit für ihre Christianisierungskampagnen. Das klass. Quechua ist während der Blütezeit von Tawantinsuyu nicht als Schriftsprache verwendet worden. Erst während der span. Periode, in der zweiten Hälfte des 16. Jh., wurde ein Versepos («Ollantay») verfaßt, das einzige Originalwerk im klass. Quechua. Diese Sprachform ist ausgestorben und hat keinen direkten sprachl. Fortsetzer. Die modernen Quechua-Sprachen (mit mehr als 8,5 Mio. Sprechern) sind zwar mit dem klass. Quechua verwandt, aber keine Tochtersprachen.

Lit.: Bauer 2000, Cáceres Macedo 2001: 123 ff., Fagan 1996: 339 ff., Inka – Peru 1992: 381 ff., Pärssinen 1992, Pease G. Y. et al. 1999

Iranier. Das kulturelle u. sprachl. Eigenprofil iran. Populationen hat sich aus einem proto-indoar. Kontinuum ausgegliedert. Ihre Ethnogenese geht auf das 2. Jt. v. Chr. zurück und ist eingebunden in die Andronovo-Kultur (ca. 1800–1200 v. Chr.), die in Zentralasien verbreitet war. Der Übergang zu einer seßhaften Lebensweise der frühen Iranier assoziiert sich mit einer Lokalkultur, der eisenzeitl. Yaz-Kultur (ca. 1500–1100 v. Chr.) im östl. Teil Zentralasiens. Die älteste Erwähnung iran. Bevölkerungsgruppen findet man in einer Tributliste des assyr. Königs Salmanassar III. (reg. 858–824 v. Chr.), in der die Parsuwas genannt werden. Dieser Name wird mit den Persern identifiziert.

Iran. Populationen haben in histor. Zeit in weiten Teilen Osteuropas, in Zentralasien und im Mittleren Orient gesiedelt. Die frühen Staatsbildungen der Nomadenvölker im Steppengürtel zwischen dem Dnestr im Westen und der zentralasiat. Oasenlandschaft im Osten sind überwiegend solche von Iraniern. Dazu gehören die → Skythen, → Sarmaten und → Kimmerier. In Zentralasien haben seßhafte iran. Völker lokale Königreiche gegründet, wie die → Baktrier, → Saken und → Soghdier (s. Karte S. 56–57). Polit. Machtfaktoren waren die → Meder und → Parther mit ihren Reichen.

Lit.: Mallory/Adams 1997: 308 ff., Rastorgueva 1975

Italische Völker (Italiker). Die meisten Völker, die die Apennin-Halbinsel in röm. Zeit besiedelten, waren → Indoeuropäer. Aufgrund ihrer sprachl. Verwandtschaft lassen sich zwei Gruppen indoeurop. Populationen unterscheiden: ital. Völker (s. u.) und nicht-ital. Völker (→ Messapier, → Sikeler, → Veneter, → Lepontier). Außer den Indoeuropäern (Italikern u. a.) lebten in Italien einige

Italische und andere indoeuropäische und nicht-indoeuropäische Völker Italiens (vom 8. Jh. v. Chr. bis zum Beginn unserer Zeitrechnung)

© Verlag C. H. Beck

nicht-indoeurop. Völker (altmediterrane Völker; → Mittelmeer-raum), von denen die → Etrusker polit. und kulturell die bedeu-tendsten waren. Die ital. Völker lassen sich nach der näheren Ver-wandtschaft ihrer Kulturen und Sprachen folgendermaßen gruppie-ren:

- → Latiner und → Falisker;
- → Osker und → Umbrer sowie mit diesen nah verwandte Völker (→ Äquer, → Marser, → Samniten, → Sabeller, → Pikener, → Volsker)

Die Ethnogenese der Italiker steht im Zusammenhang mit der Mi-gration indoeurop. Bevölkerungsgruppen, die im Zeitraum zwi-schen ca. 3500 und 2500 v. Chr. nach Italien eingewandert sind. In je-ner Periode zeigt die archäolog. Hinterlassenschaft etl. Neuerun-gen. Hierzu gehören die Verwendung neuer Waffen aus Metall (Dolche aus Bronze, Pfeilspitzen, Streitäxte aus Stein) sowie das Auftreten des Pferds. Da es zwischen diesen Kulturen Italiens und denen Mitteleuropas Anklänge gibt, wird vermutet, daß die Vorfah-ren der Italiker aus dem Norden in ihre neue Heimat eingewandert sind. Zusätzl. zum Haupttrend ital. Landnahme von Norden nach Süden gibt es auch sprachl. Anzeichen für eine Ost-West-Drift früher Migranten (aus dem Adriaraum), als deren Folge ältere ital. Populationen (Latiner) von nachfolgenden Migranten von Osten nach Westen abgedrängt wurden. Das Frühstadium ital. Kulturent-wicklung auf der Apennin-Halbinsel ist am besten in den Lokalkul-turen des Nordens (Remedello, Rinaldone) und des Südens (Gaudo) zu erkennen. Die ethn. Ausgliederung in einzelne Völker aus einem ursprüngl. gemeinsamen ital. Kontinuum erfolgte in vorröm. Zeit, und zwar zwischen ca. 1500 und ca. 900 v. Chr.

Sämtl. ital. Völkern ist gemeinsam, daß sie zusammen mit ihren Sprachen bereits im Lauf der Antike untergegangen sind. Dies trifft auch auf die Latiner zu, obwohl sich deren Sprache, das Latein., als gesprochene Sprache bis ins frühe Mittelalter hielt und dann von Va-rianten des Altroman. abgelöst wurde. Die Vielfalt der ital. Völker und Kulturen löste sich in einem langandauernden Prozeß auf, in dem sich die Italiker an die dominante Kultur der Latiner und an de-ren Sprache assimilierten. Die meisten Italiker – wie auch die Nicht-Italiker und Nicht-Indoeuropäer in Italien – hatten sich bereits in der Zeit der klass. Antike assimiliert. Im Süden, in der Region der Magna Graecia (‹Großgriechenland›), strahlten griech. Kultur und

Sprache von den griech. Kolonien auf die einheim. Populationen aus und förderten deren Assimilation. Auf diese Weise verschwanden Völker wie die nicht-indoeurop. →Sikaner und die indoeurop. →Elymer.

Die meisten der von ital. Völkern gesprochenen Sprachen waren verschriftet. Das erhaltene Schrifttum (aufgezeichnet in Varianten des etrusk. und latein. Alphabets) ist – abgesehen von dem in latein., osk. und umbr. Sprache – spärlich. Von den Regionalkulturen der Italiker hat nur eine über die Antike hinaus ausgestrahlt, die der Bewohner Latiums und der Stadt Rom. Das Kulturerbe der →Römer hat sich nicht nur über das Mittelalter hinaus erhalten und das kulturelle Gedächtnis der modernen Völker Europas beeinflußt, sondern sich im kolonialen Zeitalter über die ganze Welt verbreitet. Das Latein. diente teilweise bis ins 19. Jh. als Sprache der Wissenschaft und wird bis heute in offiziellen Funktionen verwendet, etwa als Amtssprache des Vatikan.

Lit.: Amiotti et al. 1994, Beinhauer 1986, Laurence 1998, Mallory/Adams 1997: 314 ff., Moscati 1983, Prosdocimi 1978

J

Jüten, auch: Euten. Die Jüten waren ein nordgerman. Volk, das im Altnord. *Jotar* und im Altengl. *Yte* bzw. *Eotas* genannt wurde; bei den Römern hießen sie *Eutii* bzw. *Euthiones.* Sie stammten ursprüngl. aus der dän. Landschaft Jylland (Jütland), für die sie namengebend waren. Auch der Städtename Eutin in Schleswig-Holstein erinnert an sie. Im Bund mit → Angeln und → Sachsen beteiligten sich die Jüten an der Landnahme Britanniens (s. Karte S. 102–103). Dort konzentrierte sich ihr Siedlungsgebiet im heutigen Kent.

Lit.: Evison 1981

K

Kamassen. Der Name der Kamassen (Eigenbezeichnung: *kalmaži, kanmaži*, russ. *kamasincy)* ist eine Zusammensetzung aus samojed. *kama* ‹Berg› und *az* (ein altes sibir. Ethnonym) und bedeutet wörtl. ‹Leute aus den Bergen›. Das Siedlungsgebiet der Kamassen lag in Westsibirien, in den Sajan-Bergen und in deren nördl. Vorland. Die älteste Erwähnung dieser Volksgruppe stammt aus dem Jahre 1735. Peter Simon Pallas, der im Auftrag der Petersburger Akademie der Wissenschaften Materialien für sein vergleichendes Wörterbuch sammelte, nannte die Kamassen *Monticolae Sajanenses.* Die letzten Kamassen lebten im Dorf Abalakovo. In den 1920er Jahren besuchte ein russ. Forscher den Ort mit den vermeintl. letzten Angehörigen des Kleinvolkes. In einem Artikel der Zeitschrift «Severnaja Azija» (‹Nördl. Asien›) des Jahres 1926 wurden die Kamassen für untergegangen erklärt. Im Jahre 1963 stellte sich dann anläßl. einer Expedition nach Westsibirien heraus, daß noch zwei Sprecherinnen des Kamass. lebten. Mit dem Ableben der letzten Kamassin, Klavdija Plotnikova, im September 1989 ging die lebende Sprachkultur unter.

Die Kamassen waren → Uralier und eines der samojed. Kleinvölker, die das westl. und nördl. Sibirien bevölkern. Ihre Sprache gehört dem samojed. Zweig der ural. Sprachfamilie an. Das Kamass. ist nie geschrieben worden, außer im Zusammenhang mit Sprachproben, die von Sprachwissenschaftlern seit dem 18. Jh. gesammelt worden waren.

Lit.: Simoncsics 1998

Kamuner (Camuner). Die antiken Quellen berichten von einem Volk, das bei den → Römern *Camunni* hieß und in den norditalien. Alpen siedelte (s. Karte S. 148). Das Hauptverbreitungsgebiet war die Tallandschaft, deren Name an die Kamuner erinnert, Valcamonica. Sie erstreckt sich nördl. des Iseosees und gehört administrativ zur Provinz Brescia. Diese Gegend ist mindestens seit dem ausgehenden 6. Jt. v. Chr. ständig besiedelt. Es läßt sich auch eine ältere Besiedlung nachweisen, und zwar im 7. Jt. v. Chr. In der dazwischenliegenden Zeit scheint aber die Valcamonica nicht bewohnt gewesen zu sein.

Das Siedlungsgebiet der Kamuner ist in den 1960er Jahren bekannt geworden wegen des Reichtums an Felsbildern. Die ältesten stammen aus dem 7. Jt. v. Chr. und sind von den Vorfahren der Kamuner in die Felswände und -blöcke an den Hängen des Tals gemeißelt worden. Die Kamuner haben diese Tradition fortgeführt, und ihre Geschichte, über die in antiken Quellen nichts zu ermitteln ist, scheint plastisch in ihren Bildern auf. In den Motiven und narrativen Sequenzen der Felsbilder läßt sich die Entwicklung der Wirtschaftsformen und der Sozialstrukturen verfolgen, vom Stadium des Jägertums zur Bodenbearbeitung und zur Viehhaltung sowie zum Aufbau dörfl. Gemeinwesen. Im Verlauf des Mittelalters erlahmt die Aktivität, Felsbilder zu schaffen. Die Kamuner haben sich in den ersten Jahrhunderten unserer Zeitrechnung an röm. Kultur und Sprache assimiliert.

Die ethn. Zugehörigkeit der Kamuner ist unbekannt. Sie gehören wohl zum Kreis der altmediterranen Völker (→ Mittelmeerraum). Aus den rund 70 Inschriften in Kamun. läßt sich nur vermuten, daß die Kamuner womögl. entfernt verwandt mit den → Etruskern und → Rätern waren. Die in den Fels geritzten Inschriften sind meist sehr kurz und geben wenig Anhaltspunkte auf ihren Inhalt. Die verwendete Schriftart ist eine Ableitung vom etrusk. Alphabet.

Lit.: Amiotti et al. 1994: 19 ff., Anati 1979

Kanaaniter. Unter dem Namen Kanaaniter (auch: Altkanaaniter) werden verschiedene Völkerschaften (Volksstämme) zusammengefaßt, die im 3. und 2. Jt. v. Chr. die histor. Landschaft Kanaan besiedelten. Weder fusionierten sie zu einem ethn. homogenen Volkstum, noch haben sie jemals ein Gefühl polit. Solidarität entwickelt. Es ist auch nicht zur Ausbildung eines gemeinsamen kanaanit. Staates gekommen. Wohl aber entstand eine kanaanit. Kultur mit nachhaltiger Wirkung.

Die Herkunft des Namens der histor. Landschaft Kanaan (hebr. Kenacan), der seit dem 15. Jh. v. Chr. in den literar. Quellen erwähnt wird, ist nicht gesichert. Möglicherweise basiert er auf einer hurrit.

Namenform mit der Bedeutung ‹Land des roten Purpurs›. In der Bibel (AT) wird die gesamte Region westl. des Jordan als Kanaan bezeichnet, später bezieht sich der Name im engeren Sinn auf den syr.-palästinens. Küstenstreifen. Im Küstengebiet entfalteten sich auch die wichtigsten Kulturzentren Kanaans (Byblos, Tyros und → Ugarit). In der jüd. Überlieferung besitzt Kanaan die Bedeutung des «gelobten Landes» für die «auserwählten» Israeliten. In der Bibel ist häufig von den Kanaanitern die Rede (z. B. 1. Mose 10, 18; 2. Mose 3, 8, 17; 4. Mose 13, 29; u. a.), sie werden allerdings immer nur als Einwohner des Landes, nie als Volk bezeichnet.

Zu den alteingesessenen kanaanit. Ethnien gehören die → Phönizier, → Amoriter und die → Hurriter. Die Populationen Kanaans waren v. a. semit. Völkerschaften, insb. nordwest-semit. Stammesgruppen. Eine Ausnahme sind die Hurriter, die ethn. mit den → Kaukasiern verwandt sind. Ab der Mitte des 2. Jt. v. Chr. migrierten Völker nach Kanaan, an deren Volkstum sich die Altkanaaniter allmähl. assimilierten. Zu den jüngeren Populationen Kanaans zählen die → Philister, die → Moabiter, → Edomiter und Ammoniter (→ Biblische Völker), sowie die Israeliten als bevölkerungsstärkste Ethnie.

Die souveränen Kleinreiche der Region standen die längste Zeit ihres Bestehens unter dem polit. Einfluß der zeitgenöss. Großmächte. Dies waren die → Ägypter, deren Vorherrschaft sich bis um 1350 v. Chr. bis an die syr. Küste geltend machte, sich später aber auf das südl. Kanaan (Palästina) beschränkte, die → Babylonier (im nordöstl. Kanaan), die → Hethiter (im nordwestl. Kanaan) sowie zwischenzeitl. das → Mitanni-Reich im 15. und 14. Jh. v. Chr. (im nördl. Kanaan). Das Interesse der mächtigen Nachbarreiche an Kanaan beruhte v. a. auf dessen Rolle als Drehscheibe der wichtigsten Handelsrouten im Nahen Osten (Landrouten) und im östl. Mittelmeer (Seerouten).

Informationen über die alten Regionalkulturen Kanaans findet man bereits in den Tontafelarchiven des Palastes von → Ebla in Nordsyrien aus der zweiten Hälfte des 3. Jt. v. Chr. Im 2. Jt. v. Chr. sind die Texte des Alten Testaments und die Tontafeln von Ugarit (v. a. im 14. und 13. Jh. v. Chr.) die Hauptquellen. Trotz ihrer Assimilation an das Volkstum der Immigranten hat die altkanaanit. Kultur aber einen nachhaltigen Einfluß auf die jüngere Bevölkerung der Region ausgeübt. Insb. die altkanaanit. Kulte und religiösen Vorstellungen haben sich lange erhalten. Nach kanaanit. Vorstellung war El der Hauptgott. Seine Gemahlin war Aschera, die mit der babylon. Ischtar und der phöniz. Astarte identifiziert wird. Im 2. Jt. v. Chr. blühte die Tradition des Gottes Baal auf, dessen Kult sich über ganz Kanaan verbreitete. Aufgrund von Baals Einfluß trat das ältere Götterpaar, die «Eltern» aller Götter Kanaans, in den Hintergrund. Der Baal-Kult war eine Zeitlang der stärkste Konkurrent des Jahwe-Kults der Israeliten.

Kanaan ist eine Region mit alter Schriftkultur. Seit dem 3. Jt. v. Chr. standen hier die ägypt. und mesopotam. Schriftkultur im Kontakt und Austausch miteinander. Im Süden dominierte der Einfluß der ägypt. Hieroglyphen, im Norden der der Keilschrift. Die früheste Alphabetschrift ist in enger Nachbarschaft des kanaanit. Kulturmilieus entstanden (und zwar die proto-sinait. Schrift im 17. Jh. v. Chr.). Diese v. a. von den ägypt. Einkonsonant-Zeichen beeinflußte Schriftart war die Basis der bekanntesten Alphabetschriften im Nahen Osten (Phöniz., Hebräisch, Aramäisch) sowie der südarab. Schriften (Minäisch, Sabäisch u. a.). Im nördl. Teil Kanaans wurde ein originales Schriftsystem geschaffen, mit einem Inventar aus Zeichen der Keilschrift; diese wurden aber anders als dort nicht als Silbenzeichen, sondern als Buchstaben (Ein-Laut-Zeichen) verwendet. Diese in Ugarit verwendete Alphabetvariante kam im 12. Jh. v. Chr. außer Gebrauch. In Kanaan wurden auch Ableger altägäischer Schriften verwendet, und zwar die levanto-minoische Schrift von Ugarit und die Schriftart der Philister in Palästina.

Lit.: Hennig 1995: 471 ff., Land des Baal 1982, Redford 1993, Tubb 2001

Kantabrer. Dieses Volk, das von den Römern *Cantabri* genannt wurde, bewohnte das Bergland im Norden Spaniens (s. Karte S. 194–195). Die Kantabrer gehörten zur vorindoeurop. Bevölkerung der Pyrenäenhalbinsel. Sie siedelten zerstreut in lokalen Verbänden, deren Namen aus röm. Quellen bekannt sind: Orgenomesker, Salänier, Avariginer, Konkaner, Vadinienser, Tamariker und Morekaner. Während der röm. Eroberungsphase standen die Kantabrer in wechselnden Bündnissen mit ihren Nachbarn, v. a. mit den Stämmen der → Keltiberer. Mit diesen unterhielten sie langzeitige Kontakte. Hierauf deutet etwa der Name der antiken Stadt Iuliobriga (mit dem kelt. Element *-briga*) in Kantabrien. Die nördl. Küstenregion und ihr Hinterland wurden relativ spät der röm. Herrschaft unterstellt. Die entscheidenden Kämpfe zwischen Kantabrern und Römern fanden zwischen 26 und 19 v. Chr. statt, während der Regierungszeit des Augustus.

Die Region, wo die Kantabrer siedelten, spielte weder in vorröm. noch in röm. Zeit eine besondere Rolle. Ausstrahlungszentren röm. Kultur in Kantabrien außer Iuliobriga waren Octaviolca, Veleia und Tamaria. Die Kantabrer, die sich in den ersten Jahrhunderten n. Chr. ans Sprechlatein. assimilierten und an röm. Lebensweisen akkulturierten, sind die Namengeber für den Golf von Biskaya in röm. Zeit, der damals Mare Cantabricum hieß, für die Landschaft Cantabria (heute eine span. Provinz) und für das Kantabrische Gebirge.

Lit.: Andresen et al. 1990: 1486, 2847f.

Karer. Erstmals werden die Karer (griech. *Karoi*) in Homers «Ilias» (II, 867) erwähnt, der sie «barbarophon» (wörtl. ‹unverständl. sprechend›) nennt. Dies war offensichtl. ein Hinweis auf die Fremdheit ihrer Sprache. Die Anwesenheit von Karern in Ägypten ist für das 7. und 6. Jh. v. Chr. durch Inschriften in kar. Sprache bezeugt, die in Nubien und Oberägypten (Abu Simbel, Abydos) gefunden worden sind. Diese Inschriften stammen von kar. Söldnern im Dienst der Pharaonen Psammetich I. und II. Heimat jener Söldner war Karien (griech. Karia, pers. Karka, latein. Caria) im Südwesten Kleinasiens (s. Karte S. 194–195). Diese histor. Landschaft war seit 547 v. Chr. offiziell eine vom Pers. Reich abhängige Satrapie, aber fakt. als Königreich selbständig, sein König nominell Vasall des Perserkönigs. Karien wurde in der Antike berühmt, weil dort eines der sieben Weltwunder stand, das Mausoleum, das Königin Artemisia II. für ihren Gatten Mausolos (reg. 377–353 v. Chr.) errichten ließ. Der Ausdruck «Mausoleum» leitet sich von seinem Namen ab. Als Teil der Provinz Asia gehörte Karien seit 133 v. Chr. zum Imperium Romanum. Unter Diokletian (reg. 284–316 n. Chr.) wurde eine selbständige Provinz Caria eingerichtet.

Die Karer sind eines der alten Völker in → Kleinasien. Ihre Sprache ist indoeurop., gehört zum altanatol. Zweig dieser Sprachfamilie und steht verwandtschaftl. dem aus Inschriften bekannten Luw. am nächsten. Das Kar. wurde vom 8. bis 3. Jh. v. Chr. geschrieben. Die älteren, in Stein geritzten Inschriften stammen aus Ägypten, die jüngeren aus Karien selbst. Insgesamt sind mehr als 200 Inschriften erhalten. Die Texte sind in einer Alphabetschrift geschrieben. Ein Teil der Buchstabenzeichen weist auf Parallelen zum westgriech. Alphabet. Andere Zeichenformen lassen Ähnlichkeiten mit den Zeichen der kypr.-syllab. Schrift erkennen.

Lit.: Blümel et al. 1998, Brunner et al. 1993/2: 419

Karthager, auch: Punier. Das ethn. Eigenprofil der Karthager als eines von den → Phöniziern verschiedenen Volkes tritt erst spät in Erscheinung, zur Zeit der Ausdehnung der polit. Vormacht Karthagos im westl. Mittelmeer seit dem 5. Jh. v. Chr. (s. Karte S. 194–195). Die Stadt Karthago (auf einer Halbinsel nordöstl. des heutigen Tunis), nach der die lokale Bevölkerung benannt wurde, war eine Gründung der Phönizier aus Tyros. Das genaue Gründungsdatum ist nicht geklärt, wahrscheinl. war es das Jahr 814 v. Chr. Siedlungsspuren lassen sich erst für das 8. Jh. v. Chr. nachweisen. Die Zusammengehörigkeit der Mutterstadt und ihrer Kolonie wurde lange Zeit in jährl. Zeremonien gefeiert, aus deren Anlaß Gesandtschaften zwischen beiden Städten ausgetauscht wurden.

Die Stadtgründung ist in späterer Zeit myth. verklärt worden. Danach soll Elissa (semit. Elisat), die Schwester des Königs Pygmalion, aus Tyros geflohen sein, nachdem ihr Bruder ihren Ehemann getötet hatte. Zunächst fand Elissa Zuflucht auf Zypern, wo ihr die Einheim. den Beinamen Dido (Deido) gaben. So ist sie in die Geschichte Karthagos eingegangen. Dido gründete die Stadt und regierte dort als Königin. Als der Trojaner Aeneas mit seinen Gefolgsleuten nach Nordafrika verschlagen wurde, verliebte sich Dido in den Helden, dessen Mutter nach der myth. Überlieferung Aphrodite war. Aeneas erwiderte Didos Liebe nicht, sondern zog weiter nach Italien, wo er Stammvater der → Etrusker und → Latiner wurde. Die enttäuschte Dido beging daraufhin Selbstmord. Im Erzählstoff dieses Gründungsmythos, der von Timaeos, Menander, Vergil und anderen literar. ausgearbeitet worden ist, klingen verschiedene kulturelle und histor. Gegebenheiten an. Der Selbstmord der Dido ist womögl. eine Reminiszenz an die alte phöniz. Tradition des sakralen Selbstmordes eines Regenten im Fall einer äußeren Existenzbedrohung einer Kolonie. Der Zwist, der zwischen den Karthagern und den nach Italien abziehenden Trojanern ausbricht, ist vielleicht eine myth. Ausdeutung der jahrhundertealten Rivalität zwischen Karthagern und → Römern, die zu den Pun. Kriegen des 3. und 2. Jh. v. Chr. eskalierte.

Zunächst blieben die Phönizier polit. und wirtschaftl. im westl. Mittelmeer dominant. Die Kriege der Mutterstadt Tyros mit den → Assyrern zwangen sie jedoch, ihren Einsatz im Westen zu reduzieren. Die Karthager übernahmen seit dem 7. Jh. v. Chr. den militär. Schutz der phöniz. Kolonien im westl. Mittelmeer und hielten die Handelskontakte aufrecht. In wechselnden Bündnissen mit den Etruskern und anfängl. auch den Römern (5. und 4. Jh. v. Chr.) schränkten die Karthager den Einfluß der griech. Kolonien auf Sizilien und in Südfrankreich (Massalia) ein. Bis zum Ende des 5. Jh. v. Chr. waren sie zur stärksten polit. Macht der Mittelmeerländer westl. von Sizilien geworden. In den Pun. Kriegen (264–241, 218–201, 149–146 v. Chr.) wurde die polit. Vormacht der Karthager von den Römern gebrochen.

In jener Zeit der jahrzehntelangen Auseinandersetzungen um die Vormacht im westl. Mittelmeer tritt der wohl berühmteste Karthager ins Rampenlicht der Geschichte, Hannibal (246–183 v. Chr.). Als brillianter Stratege brachte er den Römern im eigenen Land, Italien, eine Serie von militär. Niederlagen bei. Seinen größten Sieg errang Hannibal im Jahre 216 v. Chr. bei Cannae, wo die Karthager ein ganzes röm. Heer vernichteten. Trotz seines strateg. Geschicks gelang es Hannibal nicht, seinen Vorteil zu nutzen. Die Hinhaltetaktik der Römer zwang ihn schließl., seine Operationen in Italien aufzugeben. Hannibal endete trag. durch Selbstmord im Exil in Bithynien, um seiner drohenden Auslieferung an die Römer zuvorzukommen.

Symbol für den Niedergang sind die Zerstörung von Karthago und die Versklavung seiner Bewohner. Später spielte die unter Caesar und Augustus wieder aufgebaute Stadt (seither mit dem offiziellen Namen Colonia Iulia Carthago) als Kulturzentrum eine bedeutende Rolle. Dort wirkten der Philosoph Apuleius, der christl. Schriftsteller Tertullian, der Bischof Cyprianus und der Kirchenvater Augustinus. Zwischen 439 und 533 v. Chr. war Karthago Hauptstadt des nordafrikan. Reiches der → Vandalen. Danach fiel es in die Bedeutungslosigkeit ab.

Die Regierungsform des karthag. Staatswesens war die einer Oligarchie. Eine Gruppe einflußreicher Kaufleute und Aristokraten stand unter der Führung von Suffeten, jährl. wechselnden höchsten Beamten, ähnl. den röm. Konsuln. Ein Ältestenrat fungierte als beratendes Organ und Gerichtshof. Die religiösen Traditionen der Karthager waren denen der Phönizier sehr ähnlich. In Karthago wurde die Göttin Tanit (karthag. Tinnit) als Hauptgottheit verehrt. Seit dem 3. Jh. v. Chr. machte sich bei den Karthagern griech.-hellen. Einfluß geltend, v. a. im Verwaltungswesen und in der Wirtschaft. Von den Römern übernahmen die Karthager spezielle Techniken des Schiffsbaus.

Die Sprache der Karthager, das Karthagische (= Punische), war ein jüngeres Entwicklungsstadium des Phöniz., einer nordwestsemit. Sprache. Das Jahr der Zerstörung Karthagos (146 v. Chr.) wird als Beginn der neupun. Sprachperiode angesetzt. Seither entwickelte sich das Karthag. unabhängig vom Phöniz. Ebenso wie dieses war es als Schriftsprache in Gebrauch. Als gesprochene Sprache hielt es sich noch bis ins 6. Jh. n. Chr.

Lit.: Andresen et al. 1990: 1189, Huss 1985, Lancel 1995, Lipinski 1988, Moscati 1984

Kassiten, auch: Kossäer. Die ethn. Herkunft der Kassiten (akkad. *Kassu,* griech. *Kossaioi*) ist unbekannt. Kassit. Bevölkerungsgruppen wanderten sukzessive seit dem 17. Jh. v. Chr. aus dem Sagrosgebirge nach Babylonien (→ Babylonier) ein (s. Karte S. 68). Nach Hammurabis Regentschaft (d. h. nach 1749 v. Chr.) hatte die 1. Dynastie von Babylon den Zenit ihrer Macht überschritten. Der polit. Niedergang brachte eine ständige Schrumpfung des Territoriums und eine innere Schwächung mit sich. Im letzten Stadium war das altbabylon. Reich so schwach, daß Samsu-ditana, der letzte Herrscher, den Angriff des Hethiterkönigs Mursilis I. auf Babylon im Jahre 1595 v. Chr. nicht abwehren konnte. Die → Hethiter nahmen die Stadt ein, plünderten sie und ließen sie in einem polit. Vakkum zurück. Die Kassiten übernahmen die Herrschaft, und ihre Elite regierte Babylon bis 1157 v. Chr. In den Jahrhunderten der kassit. Vormachtstellung konnte sich Babylon erfolgreich gegen die Rivalen Assyrien (→ Assyrer) behaupten.

Lit.: Oates 1990: 101 ff., Saggs 1995: 113 ff.

Kaukasier. Die Vorfahren der heutigen Kaukasier haben nachweisl. seit dem 5. Jt. v. Chr. im Kaukasus gewohnt, wahrscheinl. aber schon früher. Humangenet. und sprachhistor. Indizien sprechen dafür, daß die kaukas. Urbevölkerung des Kaukasus bereits während der letzten Eiszeit das Gebirge bewohnte. Im genom. Profil der Nordwestkaukasier und der Basken haben Genetiker Ähnlichkeiten entdeckt. Auch gibt es einige lexikal. Parallelen zwischen den kaukas. Sprachen und dem Bask. Diese Ähnlichkeiten und Parallelismen sind vemutl. die Spuren einer uralten Verbindung zwischen der Kaukasusregion und Westeuropa. Vor mindestens 35 000 Jahren sind kaukas. Populationen nach Westeuropa abgewandert, wo sie in einem langen ethn. Fusionsprozeß an der Ethnogenese der Basken beteiligt waren.

Die nördl. Kaukasier unterhielten schon früh Kontakte mit den indoeurop. Viehnomaden der russ. Steppe (→ Indoeuropäer). Alte indoeurop. Lehnwörter sind in den meisten nordkaukas. Sprachen erhalten geblieben. Dies bedeutet, es gibt Ausdrücke indoeurop. Herkunft in den beiden Sprachzweigen, dem nordwestl. (Abchasisch-Adygeiisch) und dem nordöstl. (Nachisch-Dagestanisch). Die nordkaukas. Ursprache (Proto-Nordkaukas.) hat sich um 4000 v. Chr. in die beiden Hauptzweige ausgegliedert. Da indoeurop. Lehnwörter in beiden Zweigen erhalten sind, gehen die Kontakte zwischen → Indoeuropäern und Kaukasiern mindestens auf das 5. Jt. v. Chr. zurück. Die Sprachkontakte waren intensiv. Darauf lassen solche Entlehnungen für Begriffe wie Körperteile und soziale Beziehungen schließen. Insofern ist es wahrscheinl., daß die Proto-Indoeuropäer bereits im 6. Jt. v. Chr. mit den Kaukasiern Kontakt aufgenommen haben.

Im Laufe der langen Siedlungsgeschichte der einheim. Populationen in der Kaukasusregion haben sich zahlreiche Völker herausgebildet, von denen einige in histor. Zeit untergegangen sind. Zu den untergegangenen Ethnien, die namentl. bekannt sind, gehören die → Hurriter, die → Urartäer, die → Albaner, die Agwaner, die Apsilen.

Die Region des histor. Armenien war schon bald nach dem Beginn der Wärmeperiode bewohnt, die das Abschmelzen der Eismassen der letzten Eiszeit um 14 000 v. Chr. einleitete. Die ersten Bewohner des südkaukas. Hochlandes waren einheim. Kaukasier, keine Indoeuropäer. Alte Handelsrouten verbanden jene Landschaft mit Anatolien und dem Nahen Osten. Obsidian vom Van-See ist in Çatal Hüyük in Fundschichten des 7. Jt. v. Chr. gefunden worden. Im 6. Jt. v. Chr. wurde Obsidian nach Syrien, in den Südwesten des Iran (Gegend von Susa) und nach Mesopotamien exportiert. Um 5600 v. Chr. gelangte armen. Obsidian als Handelsware auch nach Zypern. Armenien war ein Gebiet mit früher Metallverarbeitung. Der älteste Werkstoff war Kupfer, das seit dem 4. Jt. v. Chr. zu Kupferäxten verarbeitet wurde. Der südl. Kaukasus war bereits eine Region mit langer einheim. Kulturtradition, als die Armenier dorthin gelangten.

Lit.: Cavalli-Sforza et al. 1994: 220 ff., Drevnij Vostok 1988: 112 ff., Haarmann 1996b

Kelten. Die von den antiken Griechen *Keltoi* und von den → Römern *Celtae* genannten Populationen können als ethn. von ihren Nachbarn verschieden seit dem 8. Jh. v. Chr. identifiziert werden. Der Prozeß der Ethnogenese der Kelten hat aber lange vorher eingesetzt. Möglicherweise hatte sich ein kulturell wie sprachl. gesonderter Komplex aus dem indoeurop. Kontinuum bereits um 2000 v. Chr. herausgebildet, spätestens aber um 1500 v. Chr. Die materielle Hinterlassenschaft typ. kelt. Prägung ist seit etwa 750 v. Chr. archäolog. dokumentiert. Das älteste Stadium kelt. Kulturentwicklung wird nach dem Hauptfundort in Österreich Hallstatt-Kultur genannt (ca. 750 – ca. 400 v. Chr.). Das Kernland kelt. Bevölkerungsgruppen war während der Hallstatt-Zeit die Alpenregion und das nördl. Alpenvorland. Das Verbreitungsgebiet erstreckte sich bis nach Ostfrankreich, Süddeutschland und West-Ungarn.

In der darauffolgenden Phase der kelt. Kultur, die nach dem Hauptfundort in der Schweiz als La Tène-Kultur bezeichnet wird (ca. 400 v. Chr. bis zur Zeitenwende), weitet sich das kelt. Siedlungsgebiet durch Migration weit nach Westeuropa (bis auf die Iber. Halbinsel), auf die brit. Inseln, nach Mitteleuropa, nach Norditalien, nach Südosteuropa und bis nach → Kleinasien aus. Zu Beginn unserer Zeitrechnung waren die Kelten die am weitesten verbreitete Bevölkerung in Europa. Im Prozeß der geograph. Ausbreitung profilierten sich zahlreiche regionale Gruppen mit lokaler kultureller und sprachl. Sonderentwicklung. Aufgrund kombinierter Kriterien gliedern sich die kelt. Ethnien in der Antike in zwei Gruppen: Inselkelten und Festlandkelten. Während die erste Gruppe noch heute ihre Nachkommen in den Iren, den Gälen in Schottland, den Sprechern des Kymr. in Wales, den Bretonen in Nordfrankreich hat, sind alle kelt. Ethnien und ihre Sprachen auf dem Kontinent untergegangen. Alle untergegangenen kelt. Ethnien im Überblick:

- Festlandkelten: → Gallier (Gebiet des heutigen Frankreich, Norditalien und Nordspanien), → Keltiberer (Spanien), → Lepontier (Norditalien), → Belgen (Region des heutigen Belgien), → Helvetier (Schweiz), → Galater (westl. Anatolien), zahlreiche Stammesgruppen in Mittel- und Südosteuropa
- Inselkelten: → Pikten (Schottland), → Skoten (nach Schottland eingewanderte ir. Gälen), Kumbrier (nördl. England), Sprachgemeinschaften des Kornischen (Cornwall) und des Manx (Isle of Man)

Die Kelten in West-, Mittel- und Südosteuropa haben sich noch während der Spätantike an die Mehrheitsbevölkerung der Regionen assimiliert, in der sie siedelten. Die histor. Präsenz der Kelten spiegelt sich bis heute in zahlreichen Ortsnamen, u. a. auf *-dunum* (z. B. Lugdunum = Lyon, Singidunum = Belgrad), auf *-acum* (z. B. Mogontiacum = Mainz) oder auf *-magus* (z. B. Rigomagus = Remagen). Nur auf der Halbinsel im Nordwesten Frankreichs hat sich das Festlandkelt. möglicherweise bis zum Ende der röm. Zeit gehalten. Das heute dort gesprochene Breton. ist zwar kein Fortsetzer des Festlandkelt. Aber als inselkelt. Bevölkerungsgruppen im 5. Jh. n. Chr. vor den in Britannien eindringenden → Angeln und → Sachsen über den Ärmelkanal flohen, hat man in jener Region wohl noch das einheim. Kelt. gesprochen. Das Gebiet erhielt nach den kelt. Flüchtlingen seinen Namen: Bretagne. Die Sprechgewohnheiten der festlandkelt. Restbevölkerung paßten sich rasch der Sprache der Immigranten an. Auch von den inselkelt. Sprachen sind etliche untergegangen. Dies gilt für das Kumbr., Korn. und Pikt., außerdem für das Gälische auf der Insel Man (Manx).

Kelt. Sprachen sind bereits in der Antike geschrieben worden, und zwar auf dem Kontinent. Die ältesten kelt. Inschriften sind aus Norditalien überliefert, näml. in Lepontisch. Das Schrifttum in dieser Sprache ist zwar spärl., aber bemerkenswert wegen des hohen

Alters der frühen Texte. Die Überlieferung des Lepont. geht auf das 6. Jh. v. Chr. zurück. Die Texte sind in einer Variante des etrusk. Alphabets (Luganer Alphabet) geschrieben. Das Gall. wurde seit dem 3. Jh. v. Chr., das Keltiber. seit dem 2. Jh. v. Chr. geschrieben.

Lit.: Baitinger/Pinsker 2002, Birkhan 1997, Cunliffe 1997, Green 1995, Haarmann 1997, Maier 2000, Mallory/Adams 1997: 96 ff., Spindler 1991

Keltiberer. Das Verbreitungsgebiet der Keltiberer (latein. *Celtiberi*) konzentrierte sich im Gebiet der heutigen span. Provinz Soria (zwischen den Flüssen Ebro und Duero, s. Karte S. 194–195). Die Keltiberer, die in Stammesverbänden organisiert waren, haben ihren Namen von der Fusion kelt. mit iber. kulturellen Traditionen (→ Iberer). Festlandkelten sind in drei Migrationsschüben auf die Pyrenäenhalbinsel eingewandert. Älteste Spuren kelt. Präsenz in Nordspanien gehen auf das 8. Jh. v. Chr. zurück. Im 6. Jh. v. Chr. erfolgte eine bevölkerungsstarke Einwanderung aus dem südl. Frankreich. Die materielle Hinterlassenschaft der kelt. Siedlungen zeigt für das 5. Jh. v. Chr. Parallelen zur späten Hallstattkultur Mitteleuropas. Im 4. Jh. v. Chr. gelangten weitere kelt. Bevölkerungsgruppen in den Süden. Deren Migration war in den Nordosten Spaniens (mit Ausdehnung bis in den Südosten) gerichtet, wo kelt. und iber. Mischsiedlungen entstanden. Hier lebten Kelten und Iberer in Nachbarschaft und auch in Familienverbänden zusammen.

In den antiken Quellen sind verschiedene der kelt. Stämme (mit ihrer unterschiedl. stark iber. geprägten materiellen Kultur) auf der Iber. Halbinsel namentl. erwähnt. Dazu gehören die Arevaker am mittleren Ebro, die Autrigonen am oberen Ebro, die Kallaiker (*Gallaeci*) – Namengeber der histor. Landschaft Galicien im Nordwesten Spaniens –, außerdem die Beronen und Vaccäer südl. des Ebro, die Gallier nördl. des Ebro. Die Kultur der Arevaker ist vergleichsweise am stärksten iber. beeinflußt, die der Gallier und der Kallaiker deutl. weniger. Seit dem 2. Jh. v. Chr. standen die Keltiberer in ständigen Kämpfen mit den Römern. Die Arevaker widerstanden dem röm. Expansionsdruck am längsten. Ihr polit. Zentrum, die Stadt Numantia (6 km nördl. von Soria), wurde 133 v. Chr. von den Römern erobert und zerstört. Das Siedlungsgebiet der Keltiberer wurde Teil der röm. Provinz Hispania Citerior.

Der Fusionscharakter der keltiber. Ethnie spiegelt sich in ihren kulturellen Institutionen: Kelt. geprägt waren die Kleidung und die Bewaffnung der Krieger. In der Keramikherstellung, im Städtebau und in den Begräbnisriten dagegen kommt der iber. Einfluß zum Tragen. Das Keltiber., eine Variante des Festlandkelt., das insb. im Wortschatz iber. Einfluß zeigt, wurde zwischen dem 2. Jh. v. Chr. und dem 1. Jh. n. Chr. geschrieben, und zwar in der östl. (levantin.) Variante der iber. Schrift. Die späten Inschriften sind im latein. Alphabet abgefaßt. Der längste bekannte keltiber. Text ist eine Landbesitzurkunde, die in Botorrita (dem keltiber. Contrebia Belaiska) in der Nähe von Zaragoza gefunden wurde.

Die Einbindung der keltiber. Bevölkerung in die röm. Einflußsphäre förderte die Akkulturation und sprachl. Assimilation. Der Prozeß der Romanisierung war bei den Keltiberern bis zur Spätantike abgeschlossen. An die histor. Präsenz der Keltiberer erinnern bis heute zahlreiche Ortsnamen Spaniens und Portugals mit kelt. Ableitungsformantien (am häufigsten -*briga*).

Lit.: Almagro-Gorbea 1991, Cunliffe 1997: 133 ff., Lorrio 1997

Kimbern → Zimbern

Kimmerier. Von den → Assyrern *Gimmirraja* genannt, in der bibl. Überlieferung als *Gomer* und bei den Griechen als *Kimmerioi* bekannt, waren die Kimmerer eine lockere Föderation von einzelnen Stammesgruppen der → Thraker und → Iranier. Sie traten als nomadisierende Reiterverbände um 1600 v. Chr. im Steppengebiet der Ukraine und Südrußlands auf. Zu einem Volk mit ethn. Eigenprofil hat sich diese Föderation nicht entwickelt. Die westl. Stammesverbände siedelten zerstreut in Süddeutschland, Norditalien und auf dem Balkan (Mazedonien). Sie assimilierten sich schon bald an die lokale Mehrheitsbevölkerung. Die östl. Gruppe der Kimmerier zog nach → Kleinasien, wo sie in krieger. Auseinandersetzungen mit ihren Nachbarvölkern verwickelt war.

In der klass. Antike, zu einer Zeit, als die Kimmerier schon lange nicht mehr in den Annalen erwähnt wurden, erinnerte noch die Benennung der Straße von Kertsch, die das Azowsche Meer vom Schwarzen Meer trennt, an die histor. Präsenz jener Nomadenstämme. Die Griechen nannten diese Meerenge Bosporos Kimmerios (Kimmer. Bosporus). In jener Region hatten die Kimmerier bis ins 8. Jh. v. Chr. dominiert, bevor sie von den → Skythen vertrieben wurden.

Als polit. Machtfaktor traten die östl. Kimmerier außerhalb Europas in Erscheinung. Für das Jahr 714 v. Chr. wird von einem Kriegszug der Kimmerier gegen das Reich Urartu (→ Urartäer) berichtet. Sie sind für die Zerstörung des phryg. Reiches (→ Phryger) in den Jahren 696 und 695 v. Chr. verantwortlich. Die Kriegszüge, die nach Westen gerichtet waren, hatten zunächst Erfolg. Im Jahre 652 v. Chr. eroberten die Kimmerier Sardes, die Hauptstadt Lydiens. Es waren aber die → Lyder, die die Kimmerier schließl. vertrieben und militär. bedeutungslos machten. Nach 600 v. Chr. finden sich keine Spuren der Kimmerier mehr in den Quellen.

Lit.: Kristensen 1988

Kleinasien. Die untergegangenen Völker Kleinasiens faßt man unter der Sammelbenennung «altkleinasiat. Völker» zusammen. Diese Benennung bezieht sich auf eine Reihe alter Völker(schaften), die in unterschiedl. Verwandtschaftsverhältnissen zueinander stehen. Die meisten dieser Völker haben lokale Staatswesen gegründet, und ihre Sprachen waren verschriftet. Gemeinsam ist allen diesen Regionalkulturen, daß sie im Laufe der Antike untergegangen sind. Die altkleinasiat. Völker und ihre Sprachen gliedern sich folgendermaßen aus:

- Nicht-indoeurop. Völker unbekannter Herkunft oder Verwandtschaft: → Hattier
- Nicht-indoeurop. Völker, deren Verwandtschaft bekannt ist: → Hurriter (Churriter) und → Urartäer; beide Völker gehören zur autochthonen kaukas. Bevölkerung (→ Kaukasier)
- Indoeurop. (altanatol. bzw. anatol.) Völker: → Hethiter, → Luwier, → Palaer, → Lyker, → Lyder, → Karer
- Indoeurop. Völker, die nicht zur Gruppe der altanatol. Völker gehören: → Phryger, → Galater.

Einige dieser Völker wie die Hattier, Hurriter und Urartäer haben bereits im 3. Jt. v. Chr. in Kleinasien gewohnt, d. h. vor der Ankunft der → Indoeuropäer (2. Jt. v. Chr.). Über die ältesten Bewohner der Region gibt es Berichte in luw. sowie hethit. Texten. Von den Sprachen der Hattier und Palaer sind Einzelwörter überliefert. Mit

Ausnahme des Galat. waren die altkleinasiat. Sprachen des 2. und 1. Jt. v. Chr. verschriftet. Das reichhaltigste Schrifttum haben das Hethit. und Luw. produziert.

Lit.: Hauschild 1964, Mallory/Adams 1997: 12 ff.

Kopten. Ethn. gesehen waren die Kopten Nachkommen der → Ägypter. Die Araber, die im 7. Jh. n. Chr. nach Ägypten einwanderten, nannten die Bewohner des Landes *Qibt* (Sg. *Qubt*), ein Name, der sich von griech. *Aigyptioi* ableitet. Die islam. Migranten, die das Niltal bevölkerten, kamen als landnehmende Ackerbauern und übervölkerten schon bald ganz Ägypten. Die einheim. Ägypter (Kopten) assimilierten sich allmählich an das Volkstum der arab. Mehrheitsbevölkerung und gaben im Laufe dieses Prozesses die meisten ihrer kulturellen Traditionen sowie ihre Sprache auf. Erhalten hat sich aber bis heute das Christentum kopt. Prägung, dessen Lehren nach kopt. Überlieferung mit der Missionstätigkeit des Evangelisten Markus im 1. Jh. n. Chr. nach Ägypten gelangten. Die heutigen 6 Mio. kopt. Ägypter (ca. 9 % der Landesbevölkerung) verstehen sich als Mitglieder einer Religionsgemeinschaft, nicht als Volk im ethn. Sinn.

Die kopt. Kirche, die sich auf dem Konzil von Chalkedon (451) als monophysit. Gemeinschaft (Glaube an die Einheit der Person Jesu mit menschl. sowie göttl. Charakter) abspaltete, erwirkte diese Trennung bewußt als Opposition gegen den dominierenden kulturellen Einfluß des Hellenismus. Tatsächl. sind die Inhalte der christl. Lehre sowie die christl. Ikonographie nach ihren Kunststilen und Motivschatz griech.-hellenist. geprägt. Allerdings hat die kopt. Kirche Innovationen eingeführt, die sich überall in der christl. Welt verbreitet haben, und zwar das Klosterwesen. Das bekannteste Zentrum kopt. Gelehrsamkeit war das Katharinenkloster im Sinai.

Die Sprache der Kopten war eine Variante des Spätägypt. und nach seiner histor. Entwicklung die letzte Stufe des Ägypt. Kopt. war bis ins 11. Jh. als Umgangssprache verbreitet, schwand dann aber rasch unter dem situationellen Druck des Arab. Im Verlauf des 14. Jh. kam es gänzl. außer Gebrauch. Seither ist die Muttersprache der Kopten das Ägypt.-Arab. Kopt. wurde seit dem 2. Jh. n. Chr. als Schriftsprache verwendet. Die ältesten Werke des kopt. Schrifttums sind Übersetzungen bibl. Texte. Das Schriftkopt. stand unter starkem Einfluß des Griech. In den Texten der christl. Literatur finden sich rund 2000 griech. Lehnwörter. Kopt. wurde in einer alphabet. Schriftart geschrieben, von deren Zeichen insgesamt 25 aus dem griech. Alphabet entlehnt sind, 6 weitere Zeichen aus dem Bestand demot. Schriftzeichen adaptiert wurden.

Lit.: Bourguet 1980, Brunner-Traut 1982, Griggs 1990, Stern 1880

Kumanen. Um die Wende vom 1. zum 2. Jt. n. Chr. bevölkerten Stammesverbände, die von den Europäern später Kumanen genannt wurden, noch Zentralasien und Westsibirien. Damals waren sie eingebunden in eine Stammesföderation mit den Kiptschaken (einem Turkvolk) und mit den Shari (einem iran. Volk). Im Jahre 1068 brachen die Kumanen in russ. Gebiet ein, besiegten die vereinten Heere dreier russ. Fürsten und etablierten sich in Südrußland. Innerhalb kurzer Zeit erweiterten sie ihren Machtbereich bis an die untere Donau (s. Karten S. 56–57 und 102–103).

Bald schon lag der Schwerpunkt der polit. Kontrolle des jungen Nomadenstaates im Gebiet westl. des Dnepr, der von den Chronisten Cumania genannt wurde. Kuman. Reiterverbände, die unter der straffen militär. Führung einer Kriegerelite (*nökör*) standen, unternahmen Raubzüge ins Byzantin. Reich, nach Ungarn, Rußland und Polen. Mit den Kumanen blieben die Shari verbündet, und iran. Truppeneinheiten kämpften auf Seiten der Nomaden. In byzantin. Quellen werden diese Steppennomaden *Kumanoi* (oder *Komanoi*) genannt. In Anlehnung daran nannten die Westeuropäer sie in ihren latein. Texten *Cumani* (bzw. *Comani*). Andere Namenformen finden sich in altruss. Chroniken (wo die Kumanen *Polovcy* heißen) und bei den Armeniern (*Khardes*). Das Ethnikum, unter dem die Kumanen bei den Ungarn bekannt waren, war *kun*, dessen Herkunft wahrscheinl. in türk. *qu(n)*- ‹bläßl., fahl› zu suchen ist – vermutl. eine Anspielung auf die hellhäutigen, blonden Shari in den kuman. Truppenverbänden, die den Europäern besonders auffielen.

Ihre größte Machtfülle erlangten die Kumanen zu Beginn des 13. Jh. unter ihrem Khan Köten. 1229 gelang es ihnen, den Einfall eines mongol. Heeres unter dem Kommando von Sübedei zurückzuschlagen. Dem viel größeren mongol. Heer, das 1237 mit der Plünderung und Zerstörung russ. Städte begann, hatten sie jedoch keine entsprechende Streitmacht entgegenzusetzen. Khan Köten bat den ungar. König Béla IV. um Schutz. Dieser erklärte sich bereit, die Kumanen als Verbündete anzuerkennen. Daraufhin übertrug der Khan ihm die nominelle Oberherrschaft über Cumania und zog sich mit Teilen der kuman. Elite aus Südrußland nach Ungarn zurück. Auch Teile der kuman. Bevölkerung migrierten nach Westen. Die kuman. Reiterverbände wurden dem ungar. Heer eingegliedert. Die Mongolen stießen in das von den Kumanen hinterlassene polit. Vakuum. In den von ihnen eroberten Gebieten war die ehemalige polit. Ordnung der Kumanen schon in Auflösung begriffen.

Einige Jahrhunderte lang bevölkerten die Kumanen in Streusiedlungen Gebiete südl. und östl. von Budapest zwischen den Flußtälern der Donau, der Theiß und des Körös. Die Bevölkerungsgruppen waren nach vier Hauptclans verteilt: Borchol im Südosten, Cherthan im Süden, Olas im Nordosten, Koor südl. des Maros im Bezirk Csanád. Bis zum Ende des 16. Jh. bewahrte die kuman. Bevölkerung ihren kulturellen und sprachl. Zusammenhalt. Im Krieg gegen die osman.-türk. Kolonialmacht (1593–1606) wurden die Siedlungen der Kumanen verwüstet und deren Bewohner vertrieben. Die alte Sozialordnung in den Clans löste sich endgültig auf.

Die Ethnie der Kumanen hatte sich aus dem kulturellen und sprachl. Kontinuum der → Turkvölker im Verlauf des Frühmittelalters ausgegliedert, während diese aus dem südl. Sibirien nach Zentralasien und in die Gebiete westl. des Ural migrierten. Die kuman. Bevölkerung, die im 13. Jh. nicht nach Ungarn abwanderte, sondern in der Ukraine und in Südrußland verblieb, assimilierte sich in der Folgezeit an die anderen türk. Stammesgruppen, mit denen sie in Kontakt standen. Die Reste des kuman. Volkstums sind in dem der Kasantataren in der Wolgaregion aufgegangen. In Ungarn bewahrten die Kumanen ihre ethn. Identität bis ins 17. Jh. und assimilierten sich dann an Sprache und Kultur im ungar. Milieu.

Trotz ihrer Bekehrung zum Christentum in Ungarn behielten die Kumanen die religiösen Vorstellungen ihrer Vorfahren bei. Steinerne Zeugen des weit verbreiteten Ahnenkults bei den Kumanen sind anthropomorphe Grabstelen, die aus Ungarn, der Ukraine und Rußland bekannt sind. Diese Stelen werden im Ungar. *kunkép* ‹Bild der Kun›, im Russ. *kamennaja baba* ‹Vorfahre aus Stein› genannt. Neben christl. Riten behielten die Kumanen in Ungarn auch ihre heidn. Bestattungsriten bei, die von kuman. Schamanen (*kam*) ausgeführt wurden. Bis ins 15. Jh. blieb die traditionelle Namengebung in Gebrauch (z. B. die Personennamen Althabarz ‹sechs Leoparden›, Kystre ‹Winterquartier›, Aydua ‹Neumond›).

Das Kuman. ist eine türk. Sprache und eng mit dem Kiptschak. verwandt. Beides sind Sprachen der mitteltürk. Periode, wozu außerdem das Wolgabulgar., Tschagataische, Chwaresmische (das Türk. von Choresm) und andere Varianten gehören. Diese Sprachen sind sämtl. ausgestorben. Kuman. war während des Mittelalters in einem weiten Gebiet verbreitet, und zwar im östl. Europa (von Ungarn bis in die südruss. Steppe), in Zentralasien und im Nahen Osten. Dorthin gelangte die Sprache mit Angehörigen der kuman. Elite, die vor den Mongolen aus Südrußland flohen und im Gebiet der Mamelukken Schutz suchten. Das ehemalige polit. Prestige der Kumanen in Europa mag dazu beigetragen haben, daß ihre Sprache als elitäres Medium auch von der einflußreichen Schicht der Mamelukken bevorzugt wurde. Als Sprache der türk. Elite bewahrte das Kuman. seinen besonderen Status im Mamelukkenstaat Syriens und Ägyptens, der von 1250 bis 1517 Bestand hatte.

Das Kuman. wurde seit dem 13. Jh. als Schriftsprache verwendet, es sind aber nur wenige längere Texte erhalten. Dazu gehört der «Codex Cumanicus», der um 1303 aufgezeichnet wurde. Aus Ungarn stammt eine Version des «Vaterunser» nach dem Matthäusevangelium (Matthäus 6, 9–13). Dieser Text stammt aus dem 16. Jh. und ist in einer Niederschrift des 18. Jh. überliefert.

Lit.: Herrmann 1986: 227 ff., Menges 1995: 11 ff., Pálóczi-Horváth 1989

Kuren. Die Kuren gehören zum Kreis der ostbalt. Völker und sind am nächsten mit denjenigen Stämmen verwandt, die an der Ethnogenese der Letten beteiligt waren. Hierzu gehörten u. a. die Lettgallen, Semgallen und Seler. Zeitgenossen der Kuren im Mittelalter waren die → Pruzzen (Altpreußen), ein westbalt. Volk. Aus mittelalterl. Urkunden geht hervor, daß die Kuren ein selbständiger balt. Volksstamm waren. Ende des 12. Jh. werden sie in den «Gesta Danorum» des dän. Chronisten Saxo Grammaticus und im «Chronicon Livoniae» Heinrichs von Lettland erwähnt.

Das histor. Siedlungsgebiet der Kuren erstreckte sich westl. der Rigaer Bucht und auch weiter südl. davon. Dies war die Übergangszone zwischen den balt. Stämmen Lettlands und Litauens. Seit dem 14. Jh. waren die Kuren auch als Bewohner von Fischerdörfern an der Küste Ostpreußens bekannt. An die Präsenz dieses histor. Volkes erinnern bis heute die Namen der Halbinsel Kurland und der Kur. Nehrung. Die nächsten Nachbarn der Kuren waren die Liwen, ein ostseefinn. Volk, dessen Sprache und Kultur sich nur noch in Resten (rd. ein Dutzend aktive Sprecher des Liw.) erhalten hat. Seit dem frühen Mittelalter waren die Kuren am Ostseehandel beteiligt. Im 9. und 10. Jh. unterhielten die → Wikinger Stützpunkte im Siedlungsgebiet der Kuren. Aus jener Zeit stammt die Tradition des Bootsbaus bei den Kuren. Noch bis ins 20. Jh. war an der Küste Ostpreußens ein Bootstyp in Gebrauch, den man «Kurenkahn» (kur. *kurenas*) nannte, und der nach Konstruktion und Besegelung den Drachenbooten der Wikinger sehr ähnlich sah. Später hatten die kur. Küstenbewohner auch Anteil am Handel der Hanse in der östl. Ostsee gehabt.

Vom Kurischen ist nur spärl. Sprachmaterial überliefert. Dabei handelt es sich hauptsächl. um Personen- und Ortsnamen in Urkunden des Spätmittelalters und der frühen Neuzeit, außerdem Grabsteine mit kur. Namen im südwestl. Litauen. Im Verlauf des 16. Jh. hat sich die kur. Bevölkerung in Litauen vollständig assimiliert. Auf der Kur. Nehrung in Ostpreußen dagegen hielt sich das Volkstum der Kuren bis ins 20. Jh.: Kurz vor der Vertreibung der Bevölkerung im Jahre 1945 wurde in den Fischerdörfern noch vereinzelt Kur. gesprochen. Heute sind keine lebenden Sprecher des Kur. mehr bekannt.

Lit.: Senn 1966: 21 ff., Thunmann 1772 (Neudruck 1979)

L

Langobarden. Die Vorfahren der Stammesgruppen, die später unter
dem Namen Langobarden bekannt wurden, siedelten im 2. Jh. n. Chr.
auf beiden Seiten der Niederelbe. Dieses Gebiet war während der
Antike weder wirtschaftl. noch polit. als Machtbereich von nen-
nenswertem Interesse. Die Verlockungen und legendären Reichtü-
mer der Mittelmeerländer mögen die Elbgermanen veranlaßt haben,
ihre ursprünglichen Wohnsitze aufzugeben und nach Süden zu mi-
grieren (s. Karte S. 102–103). Die ersten Gruppen gelangten bis nach
Mähren und Niederösterreich. In der zweiten Hälfte des 2. Jh. drangen Langobarden über die Donau nach Pannonien vor. Die Siedlungen der Langobarden im transdanub. Limesvorland erhielten in der
Folgezeit weiteren Zuzug von elbgerman. Bevölkerungsgruppen.
Zusätzl. ließen sich auch german. Stammesgruppen aus Thüringen
in diesem Gebiet nieder. Um die Mitte des 5. Jh. hatten diese Populationen in einem langandauernden Prozeß sprachl. und kultureller
Fusion ethn. Eigenprofil angenommen. Als Langobarden (‹Lang-
bärtige›) werden die Stammesformationen im Rugierland nördl. von
Noricum (Niederösterreich) erstmals im Jahre 488 erwähnt.

Seit Beginn des 6. Jh. expandierte das Siedlungsgebiet der Langobarden, zunächst bis zur Drau in Oberpannonien, später bis in das
Gebiet zwischen Drau und Save. Dabei gerieten die Langobarden
allmähl. in einen wachsenden polit. Interessenkonflikt mit ihren
Nachbarn. Dies waren die → Gepiden, die als frühere Verbündete
der → Hunnen deren polit. Machtbereich ab 455 übernommen und
sich in Pannonien etabliert hatten. Die → Awaren verstärkten im
6. Jh. ihren Einfluß in Mitteleuropa. Als Verbündete der Awaren beteiligten sich die Langobarden unter ihrem König Alboin (gest. 572
oder 573) in den Jahren 565–67 an der Eroberung des Gepidenrei-
ches. Nur wenige Jahre später jedoch wichen die Langobarden den
Awaren aus, die nach ihrem Sieg über die → Franken ihre Macht
weiter ausbauen konnten.

568 zogen sämtl. langobard. Siedlungsgruppen aus Pannonien ab,
überquerten die Alpen und drangen nach Norditalien ein. In den

folgenden Jahren eroberten sie den größten Teil Norditaliens. Mit der Einnahme des von byzantin. Truppen verteidigten Pavia war diese Landnahme abgeschlossen, an der anfängl. schätzungsweise 30–40 000 Menschen beteiligt waren, außer Langobarden auch kleinere Gruppen von Gepiden, → Sarmaten, → Sueben, Bavarier, Thüringer u. a. Das Kernland der german. Siedlung in Norditalien ist nach den Langobarden (italien. *Longobardi*) benannt (dt. Lombardei, italien. Lombardia). Zahlreiche Ortsnamen, die über ganz Norditalien verstreut sind, erinnern bis heute an die Präsenz der Langobarden (z. B. Gàrdolo, Gardúm, Piónt, Brione, Guizza, Berga, Zava). Bald nach der Eroberung von Pavia wurde Alboin ermordet, wie es heißt, auf Betreiben seiner Frau Rosamunde. Alboin hatte 567 ihren Vater, den Gepidenkönig Kunimund, getötet. Rosamunde wurde zwangsweise mit Alboin verheiratet, und dieser soll sie angebl. gezwungen haben, aus dem Schädel ihres Vaters, der als Trinkschale gestaltet worden war, zu trinken.

Bereits in den ersten Jahren ihrer Landnahme drangen die Langobarden über den Apennin nach Süden vor und gründeten in den 570er Jahren die Fürstentümer von Spoleto und Benevento. Bis zum Ende des 6. Jh. hatten die Langobarden auch weite Teile Süditaliens ihrem Machtbereich unterstellt. Der Kirchenstaat als Vertretung des Papsttums mit der Hauptstadt Rom blieb zwar unabhängig, spielte aber während der Vorherrschaft der Langobarden als Machtfaktor keine Rolle. König Agilulfo (reg. 590–615) nahm den Titel *rex totius Italiae* (‹König von ganz Italien›) an. Im Verlauf des 8. Jh. geriet das Langobardenreich auf polit. Kollisionskurs mit dem Fränk. Reich und wurde schließl. 773/774 von diesem erobert. Auch wenn die polit. Macht der Langobarden damit gebrochen war, existierte das Regnum Italiae in Personalunion mit den fränk. Regenten weiter. Bestimmte Institutionen der Langobarden wie das im «Edictus Rothari» (643) festgeschriebene Recht hatten bis ins 12. Jh. Geltung. Langobard. Regenten herrschten weiterhin im Großherzogtum Benevent sowie in den Fürstentümern Capua und Salerno. Erst im 11. Jh. wurden diese Gebiete in den Normannenstaat Süditaliens eingegliedert.

Die Langobarden erlebten eine Periode kultureller Transformation. In den Berichten spätantiker Autoren wie Procop von Caesarea (gest. 565) und Gregorius Magnus (gest. 604) werden die Langobarden als wilde und grausame Barbaren beschrieben. Dieses

Image basierte wahrscheinl. auf den Eindrücken der frühen militär. Übergriffe dieser Germanen nach Pannonien hinein. In unmittelbarem Kontakt mit den kulturellen Institutionen des Röm. Reiches zeigten sich die Langobarden allerdings offen für Fremdeinflüsse, und die Bevölkerungsgruppen, die nach Norditalien migrierten, waren teilweise bereits Christen und mit röm. Technologien (z. B. Kunsthandwerk) vertraut. In ihrer neuen Heimat Norditalien gründeten die Langobarden christl. Kulturzentren, u. a. das Kloster Bobbio.

Die langobard. Sprache gehört zur Gruppe der westgerman. Sprachen und steht dem alemann. Dialekt am nächsten. Sie wurde nicht geschrieben, da im Langobardenreich Latein Amts-, Kirchen- und Bildungssprache war. Unsere Kenntnis dieser Sprache basiert auf den Elementen (v. a. Orts- und Personennamen), die in latein. Dokumenten aufgezeichnet worden sind, und zwar noch lange, nachdem das Langobard. schon nicht mehr gesprochen wurde. Die histor. Präsenz der Langobarden in Italien hat auch sprachl. Spuren hinterlassen: in Ortsnamen wie Cafaggio, Guardia oder Leno, in Familiennamen wie Aliperti, Grimaldi oder Pandolfi und in Form von langobard. Lehnwörtern, v. a. in den norditalien. Dialekten. Auch im Wortschatz der italien. Standardsprache sind einige Wörter langobard. Herkunft gebräuchl. (z. B. *balcone* ‹Balkon›, *federa* ‹Kopfkissenbezug›, *guancia* ‹Backe›).

Lit.: Arcamone 2001, Diaconus 2000, Menghin o. J., Menis 1991, Scardigli 2001, Tischler 1989

Latiner. Die histor. Landschaft Latium zwischen dem Apennin und dem Tyrrhen. Meer in Mittelitalien erhielt ihren Namen von den Latinern (latein. *Latini*), die sie in der Antike bevölkerten (s. Karte S. 148). Frühe archäolog. Spuren einer Präsenz dieses Volkes weisen auf die Zeit um 1100 v. Chr. Die älteste Geschichte Latiums ist gekennzeichnet durch Städtebünde, deren bedeutendster der Latin. Bund war. Dessen Hauptort war längere Zeit Alba Longa (in der Nähe von Castel Gandolfo). Der Albanus Mons (Monte Cavo in den Albaner Bergen) mit dem Heiligtum des Iuppiter Latiaris war der kult. Mittelpunkt. Dort wurden alljährl. die Feriae Latinae gefeiert.

Alba Longa wurde im 6. Jh. von den polit. Rivalen des Latin.

Städtebundes zerstört, von den etrusk. Herrschern (→ Etrusker) Roms. Damit stieg Rom zum polit. Machtzentrum Latiums auf. Die Feriae Latinae wurden von nun an in Rom organisiert. Im 5. Jh. formierte sich ein neuer Städtebund unter Ausschluß Roms, und zwar um das Heiligtum der Diana von Aricia. Dieser Bund geriet unter den militär. Druck der → Volsker und → Äquer, was die Städte Latiums zum Bündnis mit Rom (Foedus Cassianum, um 460 v. Chr.) bewegte. Die Rolle Roms in diesem Städtebund war wechselhaft. Im Jahre 386 v. Chr. schied Rom aus, trat aber 358 v. Chr. wieder ein. Als Folge eines Krieges 340–338 v. Chr. entmachtete Rom schließl. die übrigen Städte und bestimmte von nun an das polit. Schicksal Latiums und seiner latin. Bewohner. Zunächst wurde den Latinern nur ein beschränktes, erst im Jahre 89 v. Chr. das volle röm. Bürgerrecht zuerkannt.

Die Latiner gehören zu den → ital. Völkern der Apenninhalbinsel, die indoeurop. Sprachen sprechen. Ihre nächsten Verwandten sind die → Falisker. Siedlungsgeschichtl. ist zu erkennen, daß diese beiden Völker von den übrigen Italikern nach Westen, an die Küsten des Tyrrhen. Meeres abgedrängt worden sind. Rom ist zwar eine etrusk. Gründung und stand bis um 470 v. Chr. unter etrusk. Verwaltung, mehrheitl. waren die Stadtbewohner aber während der Zeit der Republik Latiner. Ihre Sprache, das Lateinische, wurde zur Bildungssprache der → Römer und zur Staatssprache des Imperium Romanum erhoben.

Keine andere Sprache der Welt hat eine solche globale Ausstrahlung erlebt wie das Latein. in seinen vielfältigen Funktionen, als Staatssprache (wie noch heute im Vatikanstaat), als Kirchensprache, als Wissenschafts- und Bildungssprache, als Literatursprache. In den zuletzt genannten Funktionen hat das Latein. den Kulturwortschatz Hunderter von Sprachen in Form von Lehnwörtern geprägt, entweder als Folge direkten Einflusses (wie im Deutschen, Engl. oder Ungar.) oder über die Vermittlung anderer Kultursprachen (wie im Russ. über deutsche und französ. Vermittlung, im Finn. über schwed. und neuerdings engl. Vermittlung). Das Latein., dessen literar. Tradition auf die Zeit um 600 v. Chr. zurückgeht, ist das wichtigste sprachl. Medium, über das die Inhalte des antiken Kulturerbes der Nachwelt vermittelt worden sind.

Mit der Landschaft Latium ist der Ursprungsmythos der Römer verknüpft, den diese von ihren einstigen polit. Rivalen, den Etruskern, übernahmen. Im Mittelpunkt dieses Ursprungsmythos steht die Figur des Aeneas, der mit seinen Gefolgsleuten aus dem brennenden Troja flieht und sich auf die Suche nach einer neuen Heimat macht. Die älteste röm. Bearbeitung des Aeneas-Stoffes geht auf Gnaeus Naevius (3. Jh. v. Chr.) zurück. In seinem Werk «Bellum Poenicum» («Der Punische Krieg») wird die polit. Vormachtstellung Roms im Herkunftsmythos um Aeneas histor. legitimiert und die ruhmreiche Abstammung der Römer literar. verdichtet.

Seine literar. anspruchsvollste Form erhielt der Aeneas-Stoff aber erst durch Publius Vergilius Maro (70–19 v. Chr.) in seinem Epos «Aeneis» («Das Epos von Aeneas»), an dem der Dichter zwölf Jahre lang bis zu seinem Tod gearbeitet hat. Geschickt hat Vergil die alten Kulturkontakte der Römer mit den Griechen in das myth. Geschehen einbezogen, nur von den Etruskern ist keine Rede. Aeneas gelangt in das Land seiner Bestimmung, nach Latium, heiratet eine vornehme Tochter des Landes, Lavinia, und gründet ihr zu Ehren die Stadt Lavinium. Der Sohn des Aeneas (aus einer früheren Verbindung mit Creusa), Iulus, galt bei den Römern als Ahnherr der Römer, die auch Aeneaden genannt wurden, insb. des iul. Geschlechts (lat. gens Iuliana). Bei Lavinium gab es eine alte Grabstätte, die von den Römern als Grab des Aeneas verehrt wurde.

Lit.: Alföldi 1977, Coarelli 1987, Holloway 1994, Lopes Pegna 1967: 147 ff., Museo nazionale romano 2000

Lepontier. Bei Caesar («De bello gallico» IV, 10, 3) werden die *Lepontii* erstmals erwähnt. Ihr Siedlungsgebiet lag im Alpenvorland, im Gebiet des Lago Maggiore, des Luganer Sees und des Comer Sees (s. Karte S. 148). An die vorröm. Bevölkerung der Region erinnert bis heute der Name der Alpi Lepontine («Lepontiner Alpen»). Das Wohngebiet der Lepontier gehörte zum Einflußbereich der eisenzeitl. Golasecca-Kultur, deren Anfänge im 7. Jh. v. Chr. liegen.

Die Lepontier waren eine der regionalen Bevölkerungsgruppen der Festlandkelten (→ Kelten). Kulturell und sprachl. waren sie eng mit den Kelten Norditaliens (*Galli cisalpini*) verwandt. Das Lepont. ist die älteste der kelt. Schriftsprachen. Die ältesten Inschriften stammen aus dem 6. Jh. v. Chr. Die Texte sind in einer Variante des etrusk. Alphabets, im sog. «Luganer Alphabet», geschrieben. Im 1. Jh. v. Chr. verlieren sich die Spuren der Schriftlichkeit. Die Lepontier haben sich um die Zeitenwende vollständig an röm. Lebensweisen akkulturiert und einen Sprachwechsel zum Latein. vollzogen.

Lit.: Grassi 1991, Lopes Pegna 1967: 130ff.

Libyer. Der Name der Libyer (Altlibyer) wurde im Altertum auf alle Populationen bezogen, die westl. von Ägypten lebten (s. Karte S. 194–195). Deren Siedlungsgebiete wurden unter dem antiken Namen Libya (Libyen) zusammengefaßt. Der griech. Name *Libyes* leitet sich vom Stammesnamen der Libu ab und wurde schon bald auf die gesamte berber. Bevölkerung des Landes ausgedehnt. Libyen war in drei histor. Landschaften ausgegliedert: die Kyrenaika, Tripolitanien und der Fessan. Im Altägypt. wurden die westl. Gebiete als Tjehenu (unmittelbar westl. des unteren Niltals) oder Tjemehu (das gesamte westl. Areal bis hinunter nach Nubien) bezeichnet. Die älteste Geschichte der dortigen Bevölkerung begann mit der Besiedlung Libyens um 2300 v. Chr. Die Kenntnis, die die Zeitgenossen und die Nachwelt über die Libyer hatten, beruht im wesentl. auf den Berichten in ägypt. Quellen. Die ältesten Hinweise auf die Libyer finden sich in den Dokumenten der 6. und 5. Dynastie (ca. 2500 – ca. 2200 v. Chr.).

Die drei namengebenden Städte Tripolitaniens (Tripolis = ‹drei Städte›), näml. Sabratha, Oea und Leptis Magna, waren phöniz. Gründungen vom Beginn des 1. Jt. v. Chr. Damals war offensichtl. der Saharahandel so wichtig, daß die → Phönizier diese Handelsstützpunkte einrichteten. Im 7. Jh. v. Chr. setzten die griech.-libyschen Kontakte mit der Gründung der Kolonie Kyrene durch Kolonisten aus Thera ein. In Libyen machte sich in jener Zeit verstärkt ägypt. Einfluß geltend, und dies machte sich auch im Kultleben deutl. bemerkbar. Das Orakel des Amon in der Siwa-Oase im griech. Kolonialgebiet strahlte weit über → Afrika hinaus in die griech. Welt aus. Die griech. Welt lernte die Libyer durch Berichte Herodots im 5. Jh. v. Chr. kennen.

Das Verhältnis der Libyer zu ihren Nachbarn, den → Ägyptern im Osten und den Griechen im nördl. Küstengebiet, war wechselhaft und häufig gespannt. Seit der zweiten Hälfte des 3. Jt. v. Chr. standen Libyer und Ägypter in krieger. Auseinandersetzungen. Häufig werden auf den frühen ägypt. Reliefs libysche Kriegsgefangene dargestellt. Während der Periode der 19. Dynastie (ca. 1295–1186 v. Chr.) nahmen die krieger. Übergriffe libyscher Truppen Überhand und forderten die ägypt. Armee unter den Pharaonen Merenptah und Ramses III. zu militär. Großoperationen heraus. Schon bald aber war es Ägypten nicht mehr mögl., dem polit.-militär. Druck der Libyer standzuhalten. Offensichtl. begann die Einflußnahme libyscher Führer auf die Politik Ägyptens schon während der späten 20. Dynastie (11. Jh. v. Chr.). Die polit. Schwächung Ägyptens während der dritten Zwischenzeit führte dazu, daß das Land am Nil von libyschen Herrschern, von den Oberkommandierenden libyscher Söldnertruppen, regiert wurde. Dies erkennt man u. a. an den libyschen Namen der Regenten (z. B. Sheshonk, Takelot, Osorkon, Pami, Pedubast) der 22. bis 24. Dynastie (ca. 945–710 v. Chr.), die auch als die «libyschen Dynastien» bezeichnet werden. Auch einige Herrscher der Spätzeit, der 26. Dynastie (ca. 664–525 v. Chr.), waren libyscher Abstammung. Vom Pharao Apries heißt es, er habe die Libyer im Kampf gegen die Griechen der Kyrenaika unterstützt.

Die Kultur Altägyptens hat weit nach Libyen ausgestrahlt. Die einheim. Kulturtraditionen sind aber zu keiner Zeit überformt worden. Auch die Libyer, die während der Zeit ihrer polit. Einflußnahme in Ägypten lebten, haben sich zwar akkulturiert und ägypt. Lebensweisen angenommen, aber ihre Heimkultur und -sprache nicht aufgegeben. Viele Libyer in Ägypten waren bikulturell und zweisprachig. Umgekehrt fanden auch Eigenheiten der libyschen Kultur Eingang in den Multikulturalismus Ägyptens der Spätzeit. Dazu gehörte beispielsweise das Tragen einer Federkrone als Zeichen eines hohen Sozialstatus während der Periode der libyschen Herrschaft. In jener Zeit wird auch in den Totentexten die ausführl. Erwähnung vieler Generationen von Vorfahren populär, während früher nur die Namen der Eltern des Verstorbenen erwähnt worden waren. Die orale Tradition der Libyer, für die lange Genealogien typisch waren, hat auf diese Weise ihre Spuren in der ägypt. schriftl. Überlieferung hinterlassen. Auch die Umstellung des Schriftgebrauchs im Amtsverkehr Ägyptens von den Hieroglyphen auf die demot. Schriftvariante um 660 v. Chr. geht wohl auf libyschen Einfluß zurück.

Die Libyer von heute, d. h. die arab. Bewohner Libyens, sind keine direkten Nachkommen der Libyer (Altlibyer) der Antike. Die Zeitgenossen der alten Ägypter, Phönizier und griech. Kolonisten

waren Berber und mit anderen ethn. Gruppierungen Nordafrikas
verwandt. Kulturell und sprachl. am nächsten standen den Libyern
die → Numider. Das Numid. ist dem Berber. Libyens so ähnl., daß
manche Forscher vom Numid. als einem Dialekt des Altlibyschen
sprechen. Ethn. aber handelt es sich bei Libyern und Numidern um
selbständige Völker mit kulturellem Eigenprofil. Das Altlibysche
ist im Gegensatz zum Numid. nicht als Schriftsprache verwendet
worden. Bildungssprache der Libyer war das Ägypt.

Lit.: Ajchenval'd/Militarev 1991, Bard 1999: 445 ff., Boardman 1988: 153 ff.,
Leahy 1990, Osing 1980

Ligurer. Bei den Griechen waren die Ligurer als *Ligues* (bzw. *Ligy-
res*), bei den → Römern als *Ligures* (bzw. *Lygires*) bekannt. Ligur.
Stammesgruppen (Statieller, Dekiaten, Salluvier, Stoener, Salasser
u. a.) waren im 1. Jt. v. Chr. in der Küstenregion des nördl. Mittelmeeres verbreitet, und zwar in einem Gebiet, das sich von den Pyrenäen bis in die norditalien. Tiefebene erstreckte (s. Karte S. 148).
Einige Gruppen besiedelten auch Korsika. Die etrusk. Expansion
des 6. Jh. v. Chr. und die der → Gallier im 4. Jh. v. Chr. hatte zur
Folge, daß das Siedlungsgebiet der Ligurer auf die Seealpen und
den nordwestl. Apennin eingeschränkt wurde. Im ausgehenden
4. Jh. v. Chr. begannen die militär. Auseinandersetzungen mit der
aufstrebenden Großmacht Rom. Bis ins 2. Jh. v. Chr. führten die
Römer Kriege gegen die Ligurer, die im Jahre 175 v. Chr. endgültig
unterworfen wurden.

An die ehemalige Präsenz der Ligurer erinnert der Name für deren histor. Siedlungsgebiet, Ligurien, außerdem die Ligur. Alpen
und der Ligur. Apennin. Die Ligurer gehören zum Kreis der altmediterranen Völker (→ Mittelmeerraum). Ihre Sprache war nicht in-
doeuropäisch. Das Ligur. ist nur aus einer einzigen Inschrift bekannt. Ansonsten findet man Hinweise auf das Ligur. in wenigen
Wörtern, die in antiken Quellen verstreut sind. In den südfranzös.
und norditalien. Dialekten haben sich einige Substratwörter des Ligur. erhalten. Zahlreicher sind die Personen- und Ortsnamen, v. a. in
Ligurien, so die Namenformen, die auf *-asco/-asca* enden (z. B. Bo-
gliasco, Bergamasco, Valle Germanasca).

Lit.: Boano 1997, Lopes Pegna 1967: 129 f.

Lusitanier. Es ist nicht mit Sicherheit geklärt, ob die Lusitanier (latein. *Lusitani*) zur vor-indoeurop. Bevölkerung der Iber. Halbinsel gehörten oder ob sie → Indoeuropäer waren und näher mit den *Gallaeci* in Galicien verwandt waren. Die Lusitanier besiedelten den größten Teil Portugals (s. Karte S. 194–195). Ihr Verbreitungsgebiet lag im Norden der → Tartessier, zwischen den Flüssen Douro (Duero) und Tejo (Tajo). Lusitanier haben vermutl. bis nach Andalusien hinein gesiedelt. Diese Annahme wird durch Inschriftenfunde aus der Gegend von Sevilla nahegelegt. Die Sprache der Lusitanier ist in rund 70 Inschriften überliefert, die in der südwestl. Variante der iber. Schrift aufgezeichnet worden sind. Dieselbe Schriftart wurde auch zur Schreibung der Sprache der Tartessier verwendet.

Die wirtschaftl. Basis der lusitan. Siedlungen waren Ackerbau und Viehhaltung. Von entscheidender Bedeutung für die Kontakte mit den anderen Völkern war der Seehandel, über den u. a. phöniz. und griech. Waren sowie Ideengut zu den Lusitaniern gelangten. Die Blütezeit der lusitan. Kultur lag zwischen dem 6. und 3. Jh. v. Chr. Aus den Berichten antiker Autoren ist einiges über die religiösen Kulte der Lusitanier bekannt. Auch die Namen einiger ihrer Gottheiten sind in latein. Form überliefert: Endovelicus, Bormanicus. Ab 218 v. Chr. versuchten die → Römer fast 200 Jahre lang, das Gebiet der Lusitanier unter ihre Kontrolle zu bringen. Erst wenige Jahrzehnte vor der Zeitenwende war die Region, in der die röm. Provinz Lusitania eingerichtet wurde, endgültig befriedet.

Die Erinnerung an die vorröm. Bevölkerung Portugals lebt in namentl. Anspielungen an die Lusitanier weiter. In der Zeitepoche, als die Portugiesen ihr maritimes Weltreich aufbauten, wurden sie von dem Dichter Luís Vaz de Camões (um 1525–1580) als kühne Nachfahren der Lusitanier in seinem Epos «Os Lusíadas» (‹Die Lusiaden›, 1572) gefeiert.

Lit.: Harrison 1988: 133 f., Serrão 1989: 45 ff.

Lutizen → Elbslawen

Luwier. Dieses mit den → Hethitern und → Palaern verwandte indoeurop. Volk ist zu Beginn des 2. Jt. v. Chr. in das nordwestl. → Kleinasien eingewandert. Ihr Hauptsiedlungsgebiet lag in der histor. Landschaft Lykien sowie im nordöstl. Kilikien (s. Karte

S. 194–195). Nachdem sich die Einflußsphäre des Neuen Reichs der Hethiter (seit etwa 1370 v. Chr.) ins Gebiet der Luwier ausgedehnt hatte, waren diese die Untertanen ihrer mächtigen Nachbarn im Osten. Den Luwiern kam eine wichtige Rolle bei der Vermittlung kultureller Traditionen der → Hurriter zu, wozu außer religiösen Kulten auch der Transfer sprachl. Elemente der hurrit. Terminologie gehörte.

Das Luw. (von den Luwiern *luwili* genannt) gliederte sich in zwei Hauptdialekte aus, die beide als Schriftsprachen verwendet wurden. Einer der beiden Dialekte wurde ausschließl. in Keilschrift geschrieben, der andere in der anatol. Hieroglyphenschrift. Die sozialen Funktionen des Luw. während des Neuen Reichs der Hethiter waren die einer Kanzlei- und Ritualsprache. Als Verkehrssprache war das Luw. auch über das Reichsgebiet hinaus in benachbarten Regionen verbreitet und wurde noch Jahrhunderte nach dem Zusammenbruch des Hethiterreichs als Schriftsprache verwendet. Luw. Keilschrifttexte wurden in den Archiven von Hattusa gefunden und stammen aus der Zeit zwischen 1600 und 1200 v. Chr. Die in Hieroglyphen geschriebenen luw. Texte entstanden zwischen 1300 und 700 v. Chr.: Legenden auf Königssiegeln sowie Zeremonialinschriften in Heiligtümern. Das Hieroglyphenluw. wurde v. a. im südl. Anatolien und in Nordsyrien verwendet. Zu den bedeutenden Schriftfunden der jüngsten Zeit gehört ein beschriftetes Bronzesiegel aus Troja (den Hethitern als Wilusa bekannt), das um 1130 v. Chr. datiert wird.

Lit.: Mallory/Adams 1997: 12 ff., Melchert 2002, Starke 1999 und 2001

Lyder. Die Lyder (griech. *Ludioi*, latein. *Lydii*) besiedelten die histor. Landschaft Lydien (griech. Ludia bzw. Maionia ‹Mäonien›, latein. Lydia) im Westen → Kleinasiens, die für sie namengebend war (s. Karte S. 194–195). Den Lydern gelang es, im 7. Jh. v. Chr. die Grenzen ihres Königreichs mit der Hauptstadt Sardes in Kriegen gegen die griech. Kolonien an der ion. Küste und gegen die → Kimmerier im Inland bis an den Fluß Halys auszudehnen. In jener Zeit avancierte Lydien zur stärksten Wirtschaftsmacht des westl. Kleinasien. Damals standen die griech. Seestädte unter lyd. Kontrolle. Dort begann die Geschichte der abendländ. Münzprägung mit der Ausgabe der ersten Geldmünzen, der sog. Elektronmünzen; sie bestanden aus einer Gold-Silber-Legierung.

Der mächtigste Herrscher der Mermnaden-Dynastie war Kroisos (Krösus; reg. um 560–547 v. Chr.), der wegen seines sprichwörtl. Reichtums berühmt wurde. In seiner machtpolit. Verblendung begann Kroisos einen Feldzug gegen das Perserreich. Die Perser blieben siegreich, besetzten Lydien und beendeten die Herrschaft der Mermnaden. Als pers. Satrapie war Lydien ab 547 v. Chr. nominell Teil Persiens, behielt aber fakt. weitgehende Selbstverwaltung. Zwischenzeitl. hatte Pergamon die polit. Kontrolle über Lydien, das 133 v. Chr. Teil der röm. Provinz Asia wurde. Seit der Regierungszeit von Diokletian (reg. 284–316 n. Chr.) war Lydia selbständige Provinz.

Das Lyd. gehört zum Kreis der altkleinasiat. Sprachen. Verwandtschaftl. am nächsten steht es dem Hethit. Zwischen dem 5. und 4. Jh. v. Chr. wurde das Lyd. in einer vom ostgriech. Alphabet abgeleiteten Schriftart geschrieben. Es sind mehr als 100 lyd. Inschriften überliefert.

Die in der Antike thematisierte Beziehung zwischen den Lydern und den → Etruskern ist bis heute myth. verklärt geblieben. Der bekannteste Bericht, in dem die Herkunft der Etrusker aus Lydien beschrieben wird, ist eingewoben in Herodots neunbändigem Werk «Histories Apodeixis». Herodot (ca. 484 – ca. 424 v. Chr.) nennt Lydien als ursprüngl. Heimat der Etrusker, und bei ihm ist auch die Rede von einer Migration nach Italien auf dem Seeweg.

> «Es gab eine Hungersnot in Lydien. König Atys versuchte, die Aufmerksamkeit der Lyder von der Hungersnot abzulenken, aber nach 18 Jahren teilte er die Bevölkerung auf. Die eine Hälfte wanderte unter der Führung seines Sohnes Tyrsenos aus. Zunächst zogen sie nach Smyrna, wo sie Schiffe bauten, die sie mit Proviant beluden. Dann fuhren sie los, auf der Suche nach neuem Land, und ließen sich schließlich unter den Umbriern [in Italien] nieder, wo sie Städte gründeten, in denen sie noch heute leben. Sie nennen sich selbst «Tyrsener» [griech. Tyrsenoi] nach ihrem Führer.» (Herodot I.94)

Herodot hat mit Sicherheit einen histor. Kern in seinem Bericht beschrieben, aber möglicherweise den Sachverhalt einer Kultursymbiose zweier Völker verkannt. Es ist sehr gut denkbar, daß in der Konvergenzzone Lydien Angehörige zweier Völker lebten, die Vorfahren der Etrusker (Proto-Etrusker) und die indoeurop. Lyder.

Lit.: Akurgal 1990: 133 ff., Haarmann 1995: 150 ff.

Lyker. Die histor. Landschaft Lykien (griech. Lukia, latein. Lycia) gab ihren Bewohnern den Namen: Die Lyker hießen bei den Griechen *Lukioi*, bei den → Römern *Lycii*. Lykien grenzte im Nordwesten an Karien, im Südosten an Pamphylien an (s. Karte S. 194–195). Seit 540 v. Chr. gehörte es zum Machtbereich des Pers. Reiches, später (189–168 v. Chr.) stand das Gebiet eine Zeitlang unter der polit. Kontrolle von Rhodos. Rund zwei Jahrhunderte herrschten in Lykien keine fremden Regenten, bis die Region schließl. im Jahre 43 n. Chr. zusammen mit Pamphylien in das Territorium des Imperium Romanum eingegliedert wurde, und zwar als Provincia Lycia et Pamphylia.

Die Lyker sprachen eine indoeurop. Sprache, die zum Kreis der altkleinasiat. Sprachen gehört. Das Lyk. wurde in einer Variante der griech. Alphabetschrift geschrieben. Möglicherweise war die Version des auf Rhodos verwendeten Alphabets Vorbild für die lyk. Schriftart. In lyk. Sprache sind rund 180 Steininschriften und etwa 200 Münzlegenden überliefert.

Lit.: Akurgal 1990: 133 ff., Beekes 2003, Brunner et al. 1993/2: 585 f.

M

Markomannen. Dieser elbgerman. Stamm tritt im Jahre 58 v. Chr. ins Licht der Geschichte. Markomannen werden als Kämpfer im Heer des Sueben Ariovist (→ Sueben) erwähnt, der als erster german. Heerführer durch die Darstellung in Caesars «Commentarii de bello gallico» (51 v. Chr.) namentl. bekannt wurde. Das Ursprungsgebiet der Markomannen lag am Main. Von dort wichen sie wenige Jahre vor der Zeitenwende dem Druck der → Römer aus und wanderten nach Böhmen ab (s. Karte S. 102–103). Dort konsolidierte sich ihr Einflußbereich, und sie bildeten den Kern eines Stämmebundes.

Die Markomannenkriege waren die ersten massiven Zusammenstöße zwischen → Germanen und Römern. In den Jahren 166–180 n. Chr. überschritten immer wieder Verbände der Markomannen im Bund mit → Quaden die mittlere Donau. Nur mit Mühe konnten die Römer die Nordgrenze ihres Reiches stabilisieren. Als Folge dieser Kriege wurde in Castra Regina (heute Regensburg) eine Legion stationiert, und german. Bevölkerungsgruppen wurden auf röm. Gebiet angesiedelt. In den folgenden Jahrhunderten stießen die Markomannen wiederholt über die Donau nach Süden vor. Sie werden zuletzt im 4. Jh. n. Chr. erwähnt. Danach scheint sich der Stammesverband der Markomannen aufgelöst zu haben. Vielleicht sind Reste ihrer Bevölkerung im Volkstum der Bajuwaren aufgegangen.

Lit.: Brunner et al. 1993/3: 620

Marser. Dieses → ital. Volk bewohnte die Gegend am Fuciner See (s. Karte S. 148); der Hauptort war Marruvium. Seine Entstehung verdankt dieses Volk nach röm. Überlieferung einem archaischen ital. Ritual, dem *Ver sacrum* (‹heiliger Frühling›). Dieses Ritual gebot, daß Menschen in Kolonien geschickt wurden mit der Verpflichtung, nie in ihre Heimat zurückzukehren. Als Bekräftigung dieses Versprechens wurden alle Tiere geopfert, die im Frühling des

Jahres geboren wurden, in dem man den *Ver sacrum* abhielt. Die Vorfahren, von denen sich die Marser bei einem *Ver sacrum* getrennt haben sollen, waren die → Sabeller.

Im Jahre 308 v. Chr. verbündeten sich die Marser mit den → Römern. Später allerdings lehnten sie sich gegen die röm. Vorherrschaft auf, und zwar im Mars. Krieg (91–89 v. Chr.). Nach dieser gescheiterten Revolte werden die Marser nicht mehr erwähnt.

Lit.: Brunner et al. 1993/2: 622, 1993/3: 607

Massageten. Verschiedene iran. Stammesgruppen, die als Viehnomaden den Steppengürtel Zentralasiens bewohnten, wurden seit Herodot (I.215 ff.) im 5. Jh. v. Chr. als Massageten (griech. *Massagetai*, latein. *Massagetae*) bezeichnet. Kernland dieser Populationen war das Gebiet beiderseits des Oxus (Amu Darja). Herodot berichtet von ihren Lebensgewohnheiten und Bräuchen. Danach soll außer Monogamie auch Polygamie sozial akzeptiert worden sein. Die Massageten sollen den Lichtgott Mithras verehrt und angebl. rituellen Kannibalismus gepflegt haben, wobei das Fleisch von Verstorbenen zusammen mit dem von Opfertieren verzehrt worden sein soll.

Lit.: Harmatta 1994: 28 ff.

Maya. Die Urheimat der Maya lag im nördl. Mexiko, von wo sie in prähistor. Zeit nach Süden migrierten. Ausgelöst wurde diese Migrationsbewegung durch den Siedlungsschub der Uto-Azteken, die um 2500 v. Chr. begannen, aus der Region im Südwesten der heutigen USA nach Süden zu drängen. Diese Südbewegung hat sämtl. seßhafte Populationen im nördl. Mexiko disloziert. Die Maya fanden im Hochland von Guatemala eine neue Heimat. Von dort sind sie später auch in die Tiefebene abgewandert und haben die gesamte Halbinsel Yucatán besiedelt (s. Karte S. 43). Siedlungskontinuität in jener Region läßt sich seit dem frühen 2. Jt. v. Chr. nachweisen.

Die kulturelle Entwicklung einiger regionaler Maya-Populationen erreichte schon in vorchristl. Zeit zivilisator. Niveau. Wichtige Anfangsimpulse für die Entwicklung einer Hochkultur erhielt die Maya-Bevölkerung durch den Einfluß der olmek. Zivilisation, die den Nachfolgekulturen spezialisierte und verfeinerte Kulturtechnologien bereitstellte. Hierzu gehören die Monumentalarchitektur (u. a. Pyramidenbau), entwickelte Techniken der Keramikherstellung, der Bildhauerkunst und Steinschneiderei (z. B. Jade), das Kalenderwesen und der Schriftgebrauch. Die Schrift wurde zuerst von den Chol-Maya im Hochland verwendet und später an die Maya in Yucatán weitervermittelt. Die klass. Texte der präkolumb. Ära sind in Chol und in Yucatek. verfaßt.

Entgegen einer weit verbreiteten Auffassung ist das Volk der Maya nicht untergegangen: Wohl wurde die präkolumb. Elite der Maya von den span. Konquistadoren im 16. Jh. ausgerottet, der größte Teil der Maya-Bevölkerung überlebte aber, und zwar als Arbeitssklaven der Großgrundbesitzer. Die heutigen Maya bilden allerdings keine polit. Einheit mehr; sie leben zerstreut in zahlreichen lokalen Gemeinschaften. Die bevölkerungsstärksten Gruppen sind die Yucateken (die Maya in Yucatán) mit rund 0,5 Mio. Angehörigen, die westl. Quiché in Guatemala (0,355 Mio.) und die zentralen Quiché im zentralen Hochland von Guatemala (0,216 Mio.).

Lit.: Morris 1988, Münzel 1985: 24 ff.

Mazedonier. Die Schreibung des Völkernamens ist im deutschen Sprachgebrauch ambivalent. Im allgemeinen wird unterschiedslos Mazedonier und Makedonier (entspr. Mazedonien/Makedonien) geschrieben. Zur Vermeidung einer Verwechslung der Mazedonier (mit den Griechen verwandtes Volk der Antike) mit den Makedonen (südslaw. Volk der Neuzeit) und Mazedoniens (Staat der Antike) mit Makedonien (Balkan-Staat) wird hier die Schreibung mit -z- zur Identifizierung der antiken Bevölkerung bevorzugt.

Die Vorfahren der Mazedonier (griech. *Makedonoi*, latein. *Macedoni*) wanderten im 2. Jt. v. Chr. in die histor. Landschaft Mazedonien (griech. Makedonia, latein. Macedonia) ein (s. Karte S. 194–195). Zwar waren die Mazedonier mit den griech. Stämmen eng verwandt, sie galten aber bei diesen als «Barbaren» mit ungriech. Sitten und unverständl. Sprache. Anfängl. mußten sich die Mazedonier dem außenpolit. Druck Persiens beugen. 510–479 v. Chr. stand Mazedonien in einem Vasallenverhältnis zum Perserreich. Bald nach dem Ende der pers. Oberhoheit gelang es Alexander I. von Mazedonien (reg. ca. 498 – ca. 454 v. Chr.), das Territorium seines Königreichs auszudehnen. Hauptstadt war zunächst Aigai, ab dem 4. Jh. v. Chr. Pella.

Die weitere Geschichte Mazedoniens war geprägt von den Kontakten mit den Griechen im Süden. Bereits Alexander I. öffnete sein Land griech. Kultureinflüssen. Griech. wurde Amtssprache des Königreichs Mazedonien, Literaten und Philosophen aus dem Süden wirkten am mazedon. Königshof, und das Kulturschaffen stand ganz im Zeichen griech. Traditionen. Abgesehen von den kulturpolit. Bindungen Mazedoniens an Griechenland gab es konkrete wirtschaftl. Interessen der Griechen an dem Nachbarland des Nordens. Dies waren die natürl. Ressourcen Mazedoniens wie Bauholz und Edelmetalle. Zudem führten durch Mazedonien die wichtigsten Verbindungswege von Norden nach Süden und von Westen nach Osten. Im 4. Jh. v. Chr. stieg Mazedonien unter seinen beiden mächtigsten Königen Philipp II. (reg. 359–336 v. Chr.) und dessen Sohn Alexander dem Großen (reg. 336–323 v. Chr.) zur Großmacht auf. Das Reich Alexanders war für kurze Zeit das zweitgrößte der Antike nach dem Imperium Romanum. Griech. Stadtkultur und Sprache wurden damals bis an die Grenzen Indiens verbreitet, und diese hellenist. Renaissance verdankt das Griechentum einem Nichtgriechen. Auch einer der berühmtesten Vertreter des griech. Kulturschaffens, Aristoteles (384–322 v. Chr.), dessen Ideengut die Tradition der europ. Philosophie nachhaltig beeinflußt hat, war mazedon. Herkunft.

Die mazedon. Gesellschaft war streng hierarch. geordnet. An der Spitze stand der König, der gleichzeitig die Funktionen eines obersten Richters, Priesters und Heerführers erfüllte. Seine Herrschaft wurde gestützt von der einflußreichen Aristokratie, den Vertretern des Reiteradels. Dies waren die Gefolgsleute (griech. *hetairoi*) des Königs, denen je nach Verdienst Land und Privilegien zugeeignet wurden. Es gab keine Knechtschaft oder Leibeigenschaft; die Bauern waren frei. Alexander I. erweiterte dieses Feudalsystem mit der Einführung des Standes der ‹Gefolgsleute zu Fuß› (*pezhetairoi*).

Die Sprache der Mazedonier war mit dem Griech. eng verwandt. Beides sind indoeurop. Sprachen und bilden innerhalb dieser Sprachfamilie einen eigenen Zweig, ähnl. wie das Armen. und im Unterschied zu den größeren Gruppierungen der ital. Sprachen (→ ital. Völker), der german. Sprachen (→ Germanen), der kelt. Sprachen (→ Kelten) oder der slaw. Sprachen (→ Slawen). Das Mazedon. wurde nicht als Schriftsprache verwendet. Mazedon. Namen (von Personen und Ortschaften) finden sich verstreut in griech.

Quellen. Es sind nur wenige Wörter des Mazedon. überliefert (z. B. mazedon. *danos* ‹Tod›, verwandt mit griech. *thanatos* ‹dass.›).

Lit.: Errington 1986, Green 1991, Hammond 1989, Vokotopoulou 1993

Meder. Die Meder (assyr. *Madajju*, altpers. *Mada*, griech. *Medoi*) waren ein westiran. Volk (→ Iranier), dessen ursprüngl. Wohngebiet im Bergland des nordwestl. Iran lag. Seit dem 9. Jh. v. Chr. werden die Meder als Opponenten der → Assyrer erwähnt (erstmals im Jahre 835 v. Chr.). Den Assyrern gelang es trotz mehrfacher Versuche nicht, alle Stämme der Meder zu unterwerfen. Von Assyrien abhängig war zeitweilig die med. Bevölkerung im Süden. Die Meder wurden unter ihrem König Phraortes (gest. ca. 625 v. Chr.) geeinigt und erlangten durch einen Sieg über die Assyrer ihre Selbständigkeit. Die Hauptstadt ihres neu gegründeten Reiches war Ekbatana. Sie erweiterten ihren Herrschaftsbereich in der Folgezeit auf Kosten der assyr. Vormacht. Im Bündnis mit den → Babyloniern (unter Nabupolassar) eroberten die Meder (unter Kyaxares) schließl. die polit. Zentren Assyriens, Assur (614 v. Chr.) und Ninive (612 v. Chr.). Danach bauten sie ihre Vormachtstellung gegen das Reich Urartu (→ Urartäer) und gegen Lydien (→ Lyder) aus (s. Karte S. 68). Zu den Vasallen der Meder gehörten u. a. die Perser, die sich um 558 v. Chr. unter Kyros II. in einer Revolte erhoben. Der Niedergang des med. Reiches kam mit der Eroberung von Ekbatana durch die Perser im Jahre 549 v. Chr. Die Meder stellten zwar einen erhebl. Teil der Bevölkerung im pers. Achämenidenreich, sie erlangten ihre frühere polit. Macht aber nicht wieder.

Die Meder haben ihre Sprache nicht geschrieben. Seit dem 9. Jh. v. Chr. sind Namen und später Lehnwörter in einigen der vorderasiat. Schriftsprachen überliefert.

Lit.: Brunner et al. 1993/2: 637, Kuhrt 1995: 652 ff.

Merier. Die Merier gehören zu den finn.-ugr. Völkern (→ Uralier), die im Mittelalter untergegangen sind. Sie werden im 6. Jh. erstmals von dem got. Historiographen Jordanes erwähnt. In der Kiewer Nestor-Chronik (12. Jh.) werden sie *Merja* genannt. Der Nero-See bei Rostow und der Pleschtschejewo-See (südl. von Pereslawl) werden dort als ihr Siedlungsgebiet beschrieben. Aufgrund von Orts-

und Gewässernamen kann aber festgestellt werden, daß die Merier weiter verbreitet waren, und zwar über ein Gebiet, das im Norden von der Wolga, im Osten von deren Nebenfluß Oka und im Westen von der Moskwa begrenzt wurde. Diese Region liegt etwa 100 km nordöstl. von Moskau.

Seit dem 9. Jh. siedelten Russen im Gebiet der Merier. Im Zuge der Ausdehnung der russ. Siedlungen entfaltete sich eine russ.-mer. Kultursymbiose, wobei das russ. Element allmähl. dominierte. Im Verlauf des 11. Jh. gaben die Merier ihre Kulturtraditionen und auch ihre Sprache auf. Ihr Volkstum ging in dem der russ. Mehrheitsbevölkerung auf. Von der Sprache der Merier ist nichts erhalten. Rückschlüsse auf die histor. Präsenz der Merier können allein aufgrund des Namenmaterials finn.-ugr. Herkunft in der Region ihrer früheren Verbreitung gezogen werden.

Lit.: Matveev 1996, Rjabinin 1997: 149 ff., Winkler 2002

Meroiter. Als Meroiter werden die Einwohner der antiken Stadt Meroe bezeichnet, deren Ruinen rund 120 km nördl. von Khartum im Sudan liegen. Im 6. Jh. v. Chr. wird Meroe als eine der Städte im Königreich Kusch genannt. Damals wurde die Stadt unter dem Namen Aithiopia bekannt. Zwischen 270 v. Chr. und 350 n. Chr. war Meroe Hauptstadt des meroit. Reiches. Mit Bezug auf dieses Staatswesen bezieht man den Namen Meroiter auch auf die Bewohner des ganzen Reichsgebiets.

Die Herrscherelite von Meroe waren Nubier. Dies gilt wohl auch für den größten Teil der Bevölkerung des Reiches. Die Nubier sind kein untergegangenes Volk, sondern leben bis heute im nördl. Sudan. Ihre Sprache, das zur nilosaharan. Sprachfamilie gehörende Nil-Nub., wird von mehr als 1 Mio. Menschen gesprochen. Die meroit. Kultur war stark von ägypt. Einfluß überformt. Das Meroit., eine nilo-saharan. Sprache, wurde vom 2. Jh. v. Chr. bis zum 4. Jh. n. Chr. geschrieben. Es gehört zum Kreis der untergegangenen Sprachen.

Lit.: Bard 1999: 510 ff., Davies 1993, Fischer 1980, Shinnie 1996, Török 1997

Messapier. Bei den Griechen hießen die Messapier *Messapioi*, bei den → Römern *Messapii* (auch *Iapygi Messapii*). Sie werden erstmals bei Herodot (VII, 170) im 5. Jh. v. Chr. erwähnt. Die Messapier bewohnten den äußersten Südosten Italiens, ein Areal, das sich über die heutige italien. Provinz Puglia (Apulien) erstreckt (s. Karte S. 148). Hauptsiedlungsgebiet war die Region zwischen Brundisium (Brindisi) und Tarentum (Tarento). Zu den Messapiern werden auch die antiken Stämme der Kalabrer und Sallentiner gerechnet. Als Konkurrenten der Griechen Süditaliens gewannen die Messapier mit der Eroberung von Tarent im Jahre 473 v. Chr. für kurze Zeit die polit. Kontrolle über diesen wichtigen Handelshafen. Im Jahre 266 v. Chr. unterlagen sie den Römern, und zwei Jahre später wurde Brundisium als Colonia dem röm. Reich eingegliedert. Der Prozeß der kulturellen und sprachl. Integration der Messapier in das Römertum war erst um die Zeitenwende abgeschlossen.

Die älteste Geschichte dieses indoeurop. Volkes (→ Indoeuropäer), das nicht direkt mit den → ital. Völkern Italiens verwandt ist, steht im Zusammenhang mit frühen Migrationen, die von den Küsten Illyriens auf dem Balkan ausgingen, über die Adria führten und in den Süden der Apenninhalbinsel gerichtet waren. Die Einwanderung geht wahrscheinl. auf das 11. oder 10. Jh. v. Chr. zurück. Die Sprache der Messapier ist aufs Engste mit der Sprache der → Illyrer verwandt. V. a. im Namenschatz (Orts- und Personennamen, Ethnika) findet man auf beiden Seiten der Adria zahlreiche Parallelismen. Der Name *Apuli* bezeichnet einen Stamm der Messapier, und als Personenname war *Apulus* in Illyrien verbreitet. Zum messap. Personennamen *Dalmathus* gibt es Parallelen im illyr. Personennamen *Dalmata* und im Ortsnamen *Dálmatas*. Zwischen dem 6. und 1. Jh. v. Chr. wurde das Messap. in einer Variante der griech. Schrift geschrieben. Die Texte der mehr als 300 Inschriften sind zumeist kurz.

Lit.: Amiotti et al. 1994: 126 ff., De Juliis 1988, Mallory/Adams 1997: 378 f.

Minäer. Zu den altarab. Völkern im Süden der Arab. Halbinsel gehören u. a. die Minäer (*Maan, Main*). Im 8. Jh. v. Chr. konsolidierte sich ihr Reich mit der Hauptstadt Main nordöstl. von Sana (Jemen). Im Unterschied zu den → Sabäern dehnten die Minäer ihren Einflußbereich v. a. durch intensive Handelsbeziehungen aus, während die Sabäer deswegen auch Kriege führten. Die minäischen Herrscher haben keine eigenen Münzen geprägt, auch dies ein

deutl. Kontrast zu den Traditionen im Reich der Sabäer. Die Blütezeit des minäischen Handels lag zwischen ca. 500 und ca. 100 v. Chr.
Das Minäerreich löste sich in seinem Endstadium ohne äußere In-
tervention von selbst auf. Letzte Erwähnungen stammen aus dem
2. Jh. n. Chr.

Das Minäische ist wie das verwandte Sabäische in einer südarab.
Schriftvariante aufgezeichnet worden. Das minäische Schrifttum
weicht vom sabäischen inhaltl. u. a. darin ab, daß zahlreiche Texte
überliefert sind, in denen über die Handelskontakte mit Ländern
außerhalb Arabiens (z. B. mit Ägypten, Syrien, Mesopotamien und
dem phöniz. Stadtstaat Tyros) berichtet wird. Derjenige minäische
Text, der am weitesten vom Kernland der Minäer gefunden wurde,
ist eine zweisprachige (griech.-minäische) Inschrift von der Insel
Delos aus dem Jahre 166 v. Chr.

Lit.: Hoyland 2001: 40 ff.

Minoer. Das Volk, das die altkret. Kultur schuf, war in der Antike
nicht als Minoer bekannt. Dieser Name ist erst seit den Zeiten gebräuchl., als der brit. Archäologe A. J. Evans zu Beginn des 20. Jh.
durch seine Ausgrabungen den Palast von Knossos in Nordkreta
freilegte und die histor. Realität der altkret. Kultur bestätigte, die er
minoisch nannte. Dies ist eine Anspielung auf den legendären König
Minos von Kreta, um den sich zahlreiche griech. Mythen ranken.
Hierzu gehören die Erzählungen vom Minotauros, von Ariadne,
der Tochter des Minos, und von dem griech. Helden Theseus. Die
Minoer gehörten zur vorgriech. Bevölkerung Kretas (s. Karte
S. 194–195). Sie waren nach Kultur und Sprache keine Indoeuropäer. Die Eteokreter (‹echte Kreter›, nach griech. *eteos* ‹echt,
wirkl.›) waren die Nachkommen der Minoer. Ihr Volkstum löst sich
im Akkulturationsprozeß an die dor.-griech. Bevölkerung noch
während der Antike auf.

Der Aufstieg der Minoer zur Seemacht, als die sie im 2. Jt. v. Chr.
bekannt wurden, gründete sich auf bestimmte Voraussetzungen
einer Kulturentwicklung, die um 3000 v. Chr. mit dem frühminoi-
schen Kulturstadium einsetzte. Nach neueren Erkenntnissen der
archäolog. und kulturhist. Forschung erlebte Kreta gegen Ende
des 4. Jt. v. Chr. intensive Kontakte zum griech. Festland. Die Einwanderung von → Indoeuropäern um das Schwarze Meer herum

nach Südosteuropa löste eine Fluchtbewegung von Angehörigen der sozialen Elite aus, die Träger der älteren Donauzivilisation waren (→ Alteuropäer, → Europa). Kleinere Bevölkerungsgruppen sind vermutl. als Flüchtlinge vom Festland aus in die Inselwelt der Ägäis migriert. Nach Kreta gelangten in jener Zeit wichtige Impulse eines Kulturtransfers von Institutionen der Donauzivilisation. Das importierte Ideengut (Formen der Keramik und Motivschatz ihres Dekors, religiöse Vorstellungen, Symbolik und Ikonographie, Basiselemente der älteren Schrifttradition auf dem Balkan) gingen eine Fusion mit lokal-kret. Elementen ein und wurden zu dem Komplex transformiert, der als minoisches Kulturgut im 3. Jt. v. Chr. sein typ. Eigenprofil gewinnt. Die bronzezeitl. Kultur Altkretas ist auch als «Tochter» der älteren Donauzivilisation bezeichnet worden.

Die Kulturentwicklung der Frühzeit (Frühminoisch zwischen ca. 3000–2100 v. Chr.) leitet über in die ältere Palastzeit (2100 bis 1700 v. Chr.). Damals konzentrierten sich die Verwaltung, die Verteilung von Wirtschaftsgütern, das Kultleben und das Kulturschaffen in den Palästen (Knossos, Malia, Phaistos, Kato Zakros). Erdbeben zerstörten die meisten Palastanlagen, die aber wieder aufgebaut wurden. Während der jüngeren Palastzeit (bald nach 1700 bis ca. 1400 v. Chr.) erlebte das minoische Kulturschaffen eine Renaissance. Damals waren aber nicht mehr nur die Paläste die kulturellen Zentren, sondern auch städt. Siedlungen wie Palaikastro, Hagia Triada, Gurnia u. a. Die spätminoische Periode (ca. 1400–1050 v. Chr.) ist die Zeit, als die griech. Mykener auf der Insel herrschten (v. a. von den administrativen Zentren Knossos und Chania aus). Der Beginn der Eisenzeit markiert den Übergang zum subminoischen Kulturstadium (ca. 1050–10. Jh. v. Chr.).

Im Verlauf der älteren Palastzeit bauten die Minoer ihre Handelskontakte in der östl. Region des Mittelmeeres aus. Über den Handel mit Zypern gelangten minoische Waren auch in den Nahen Osten, und zwar über die Hafenstadt → Ugarit an der syr. Küste. Andererseits fanden über dieselbe Route Handelsgüter aus dem Vorderen Orient ihren Weg nach Kreta. Die Handelskontakte bestanden auch mit den → Ägyptern, deren Quellen bereits im 3. Jt. v. Chr. das Land Keftiu erwähnen, das mit Kreta identifiziert wird. In der Bibel wird Kreta Kaftor genannt (Jeremia 47, 4). Die Minoer unterhielten außer den Handelsschiffen auch eine Kriegsflotte, beides wurde zur

Grundlage ihre Thalassokratie (‹Seemacht›). Die Minoer errichteten auf einigen Inseln der Ägäis Handelsstützpunkte und Kolonien, u. a. Akrotiri auf der Kykladeninsel Thera (das heutige Santorini). Der Vulkanausbruch von Thera (um 1625 v. Chr.) vernichtete nicht nur die minoische Stadt auf der Insel. Die von der Eruption des Vulkans verursachte Flutwelle verwüstete die Nordküste Kretas und vernichtete den größten Teil der minoischen Flotte. Dies bedeutete das Ende der minoischen Seemacht.

Das Minoische ist eine vor-indoeurop. Sprache und insofern mit dem Griech. nicht verwandt. Geschrieben wurde es in zwei Schriftsystemen, in einer Hieroglyphenschrift (in zwei Varianten) und in einer Linearschrift (Linear A). Die schriftl. Überlieferung setzt um 2500 v. Chr. ein und dauert bis ins 11. Jh. v. Chr. Der berühmteste und gleichzeitig geheimnisvollste Text des minoischen Schrifttums ist zweifellos der Spiraltext in Hieroglyphenschrift auf dem Diskos von Phaistos aus der Zeit um 1700 v. Chr. Es handelt sich dabei um einen Ritualtext in Verbindung mit einer Begräbniszeremonie. Das Eteokret. als Fortsetzer des Minoischen wurde in griech. Schrift geschrieben. Eteokret. Inschriften aus der Zeit zwischen dem 8. und 3. Jh. v. Chr. sind in den Heiligtümern von Praisos und Dreros gefunden worden.

Lit.: Braune 1988, Buchholz 1987, Dickinson 1994, Duhoux 1982, Haarmann 1995: 49 ff., Marinatos 1993

Mitanni. Dieser Name steht im Zusammenhang mit der Reichsbildung der → Hurriter. Das Reich von Mitanni wurde auch Chanigalbat ‹Land Churri› genannt. Hauptstadt war Wassukanni. Die Regierungsform von Mitanni war vermutl. die einer Föderation von Vasallenstaaten mit lokalen Herrschern, die unter einheitl. Oberhoheit standen. Die Mehrheit der Bevölkerung von Mitanni waren Hurriter, die aber wohl von einer indo-ar. Elite regiert wurden. Deren Vertreter sind an ihren ar. Namen zu erkennen (Shuttarna, Saushtatar, Artatama, Artashumara u. a.). Mitanni wurde um 1500 v. Chr. gegründet. Der erste Regent, der namentl. identifiziert werden kann, war Parrattarna, der um 1480 v. Chr. die Herrschaft von Mitanni antrat. Parrattarna dehnte das Territorium des Reiches bis nach Aleppo im Westen aus. Um 1350 v. Chr. wurde Mitanni von den → Hethitern erobert.

Der bekannteste König von Mitanni war Tushratta (14. Jh. v. Chr.), und die berühmteste aller Frauen von Mitanni war eine seiner Töchter. Ein Teil von Tushrattas diplomat. Korrespondenz mit Ägypten (→ Ägypter) ist erhalten und wurde im Palastarchiv von Akethaton (El Amarna) gefunden, der zwischenzeitl. Hauptstadt Ägyptens während der Regierungszeit von Amenophis IV. Tushratta hatte eine seiner Töchter dessen Vater Amenophis III., dem «Sonnenkönig», zur Frau gegeben. Bei dessen Tod übernahm sein Sohn den Harem und damit auch die junge Witwe seines Vaters. Dies war Nofretete (‹die Schöne, die da kommt›), von der es heißt, sie sei damals die schönste Frau in Ägypten gewesen. Ihre Kalksteinbüste steht im Ägypt. Museum in Berlin. Der um einige Jahre jüngere Pharao nannte sich später Echnaton und führte den Kult des einzigen Gottes, des Aton, in Ägypten ein. Vieles deutet darauf hin, daß die Durchsetzung des Monotheismus der energ. Nofretete zu verdanken ist, die sich dadurch ihre Stellung als Hauptfrau («große Königsgemahlin») errang. Ihre Tochter, Anchesenpaton, heiratete den Pharao Tutenchaton, der noch einige Jahre lang den Atonkult aufrecht erhielt, bevor er ihn abschaffte und seinen Namen in Tutenchamun (reg. 1332–1323 v. Chr.) änderte.

Lit.: Freed et al. 1999, Haarmann 1998: 23 ff., Kuhrt 1995: 283 ff., Wilhelm 1982

Mittelmeerraum. Bevor indoeurop. Volksstämme (→ Indoeuropäer) die Länder rings um das Mittelmeer und dessen Inselwelt besiedelten, waren in dieser Region zahlreiche nicht-indoeurop. Populationen ansässig. Von vielen dieser sog. altmediterranen Völker kennen wir nicht einmal die Namen, selbst wenn uns ihre Sprache schriftl. überliefert ist. Der Name, mit dem sich das Volk, das wir → Minoer nennen, selbst benannte, ist unbekannt, obwohl die vor-indoeurop. Bevölkerung des alten Kreta zahlreiche Schriftdokumente hinterlassen hat. Keines der altmediterranen Völker hat länger als bis zur Epoche der Spätantike überlebt. Reste der thrak. Bevölkerung (→ Thraker) haben sich in der Gebirgsregion Bulgariens bis ins 6. Jh. n. Chr. erhalten, bevor sie im Volkstum südslaw. Stämme aufgingen.

Die altmediterranen Völker verteilen sich wie folgt in den Gebieten rings ums Mittelmeer und auf den Inseln:

**In römischer Zeit (bis 5. Jh. n. Chr.)
untergegangene vor-indoeuropäische,
indoeuropäische und afroasiatische
Völker im Mittelmeerraum**

- Iber. Halbinsel: → Tartessier, → Iberer, → Keltiberer, Südwest-Gallien: → Aquitanier
- Sardinien: → Paläosarden
- Apennin-Halbinsel und Sizilien: → Ligurer, → Etrusker, → Kamuner, → Räter, → Elymer, → Sikaner
- Südosteuropa: → Alteuropäer, → Minoer
- Zypern: → Eteokyprer
- Naher Osten: → Phönizier, → Moabiter, → Kanaaniter, → Philister, → Amoniter u. a.
- Nordafrika: → Libyer, → Numider, → Karthager

Zum reichen kulturellen Erbe dieser Völker in ihren Siedlungsgebieten gehören Tausende von Orts- und Gewässernamen sowie eine Vielzahl an Lehnwörtern aus den alten Sprachen, die als Substratelemente
in den rezenten Sprachen weiterleben. Der Name der Stadt Rom geht
auf eine etrusk. Form Ruma zurück, und dies war der Name eines
etrusk. Gentilgeschlechts. Vorgriech. ist der Name der Stadt Athen.
Der größte Fluß in Südosteuropa, die Donau, hat ihren Namen aus
einer Zeit bewahrt, als es dort noch keine → Indoeuropäer gab. Städte
in Spanien wie Cádiz oder Málaga sind phöniz. Gründungen, und
auch deren moderne Namen gehen auf phöniz. Ursprünge zurück.

Einige der altmediterranen Sprachen waren verschriftet und wurden in verschiedenen Schriftarten (etrusk., iber., Linear A, phöniz., ugarit.) geschrieben. Das Schrifttum in diesen alten Schriftsprachen ist zumeist spärlich. Es gibt aber auch Sprachen mit einer reichen schriftl. Überlieferung, etwa das Eblait., Ugarit., Phöniz., Minoische und Etrusk.

Die Völker des Mittelmeerraums haben eine Periode polit. Unruhen und kultureller Umwälzungen erlebt. Dies ist die Zeit der «Seevölker». Die Herkunft der unter diesem Sammelnamen in den antiken Quellen aufgeführten Völker liegt im Dunkeln. Bereits im 14. Jh. v. Chr. werden die Schardin als Seeräuber und Söldner fremder Heere in syr. Texten erwähnt. Die Allianzen, in denen die Seevölker später standen, als ihre Truppen die Machtverhältnisse im Nahen Osten erschütterten, entstanden wohl im Zusammenhang mit dem Niedergang der myken. Seemacht im Verlauf des 13. Jh. Bereits während der Regierungszeit von Ramses II. (reg. 1290–1224 v. Chr.) gab es vereinzelte Gefechte zwischen der ägypt. Armee und Verbänden der Seevölker. Im Bund mit den Libyern griffen sie Ägypten (→ Ägypter) zur Zeit des Pharao Merenptah (reg. 1224–1214 v. Chr.) an. In einer großangelegten Offensive besetzten die Armeen der Seevölker Zypern, verwüsteten die syr. Küstenstädte und zogen bis nach Palästina. Im Grenzgebiet zu Ägypten wurden die Seevölker schließlich von Ramses III. (reg. 1193–1162 v. Chr.) in einer Schlacht zu Lande und zu Wasser besiegt. Über dieses Ereignis wird in einem Bilderfries an den Wänden des Tempels von Madinat Habu (Theben-West) berichtet.

Einige der Seevölker sind namentl. bekannt. Dazu gehören die Akawa, Turus, Lukku, Schardin und Sakalus, die mit dem in hethit. Texten erwähnten Land Achchijawa in Verbindung gebracht werden. Achchijawa ist bisher nicht genauer lokalisiert worden. Es wird angenommen, daß damit die Großregion der östl. Ägäis und der Südwesten → Kleinasiens gemeint war. Zu den Seevölkern werden auch die Tyrsener (→ Etrusker), die → Lyker und ein Volk gezählt, das in akkad. Texten mit dem Namen *palastu* erscheint. Dieses Ethnikum ist vom Hebräischen als *Pelištim* übernommen worden, was zur Basis für die europ. Namenformen der Philister wurde. Die Philister gehörten zwar zu den Verlierern der Schlacht gegen Ramses III., sie wurden aber als Vasallen in Palästina angesiedelt, und ihre Krieger taten als Söldner Dienst in der ägypt. Armee. Nach den

Unruhen der Kriege und Migrationen des ausgehenden 13. Jh. verlieren sich die Spuren der Seevölker mit Ausnahme der Philister.

Lit.: Cameron 1993, Haarmann 2002a: 36f., Helck 1971, Niemeier 1998, Redford 1992

Moabiter. Die Moabiter (hebräisch *Mo'avi*) gehören zum Kreis der nordwestsemit. Völker und sind ethn. am nächsten mit der semit. Bevölkerung Kanaans (→ Kanaaniter) verwandt. Seit dem 14. Jh. v. Chr. besiedelten die Moabiter das östl. Jordanland, im Westen bis ans Tote Meer, im Süden bis ins sog. «Weidental» (Jesaja 15, 7). Im Zuge der Unruhen während der israelit. Landnahme im 12. Jh. v. Chr. dehnten sie ihr Siedlungsgebiet bis ins Westjordanland aus und standen dort im Kontakt mit den Israeliten.

Die histor. Geschichte der Moabiter war sehr wechselhaft. Im 10. Jh. wurden sie von König David (reg. 1004–965 v. Chr.), dessen Mutter eine Moabiterin (Rut) war, unterworfen, und das Königreich Moab war als Vasallenstaat von Israel abhängig. Im 9. Jh. v. Chr. errangen die Moabiter erneut ihre Unabhängigkeit und weiteten die Grenzen ihres Reichs nach Norden über den Fluß Arnon hinaus aus. Im 8. Jh. v. Chr. geriet Moab unter die Vorherrschaft der → Assyrer, später der → Babylonier, im 6. Jh. v. Chr. der → Nabatäer. Zu Beginn des 2. Jh. n. Chr. wurde die Region der röm. Provinz Arabia eingegliedert. Während der röm. und byzantin. Periode erlebten einige der moabit. Kulturzentren wie Rabbathmoba und Charachmoba (bzw. Kir Moab) eine späte Blüte.

Während der Zeit der Unabhängigkeit im 9. Jh. v. Chr. entstand das einzige erhaltene Schriftdokument in moabit. Schrift und Sprache, die nach dem Moabiterkönig benannte «Mescha-Stele» (auch «Moabiter-Stein») in Dibon, der Hauptstadt von Moab. Das Monument wurde im Jahre 1868 entdeckt. In dem Text auf der Stele ist von den Kriegen gegen Israel die Rede und davon, daß die staatl. Unabhängigkeit (d. h. die Befreiung von israelit. Vorherrschaft) dem Gott der Moabiter, Kamos (Kemosch) zu verdanken sei. Das Moabit. steht verwandtschaftl. den regionalen Varianten des Semit. in Kanaan (insb. dem Phöniz.) am nächsten. Die Schriftart der Mescha-Inschrift ist eine Ableitung von der althebräischen Schrift.

Nach der bibl. Überlieferung nannten sich die Moabiter nach

ihrem Stammvater Moab. Dieser war der Sohn, der der inzestuösen Beziehung zwischen Lot und seiner ältesten Tochter (1.Mose 19, 30–38) entsprang. Die Ursprünge dieses semit. Volkes sind wohl in den nomad. Populationen zu suchen, die den syr.-arab. Raum im 2.Jt. v. Chr. bevölkerten. Das Volkstum der Moabiter ging später in dem der Araber des Nahen Ostens auf.

Lit.: Haarmann 1992: 271 f., Hennig 1995: 489, 585 f., 605 f.

Moche. Die Moche-Kultur (bzw. Mochica-Kultur) im Norden Perus entfaltete sich in der Periode zwischen etwa 100 und 800 n. Chr. Das Siedlungsgebiet erstreckte sich vom Tal des Piura im Norden bis zum Tal des Huarmey im Süden (s. Karte S. 43). Ihren Namen hat diese vor-inkaische Kultur nach dem Ort Moche im Tal des gleichnamigen Flusses erhalten. In Moche stand eines der beeindruckendsten Bauwerke jener Epoche, eine rechteckige Pyramide als Unterbau eines Tempels. Die Expansion des Reiches der → Huari führte zur polit. Entmachtung der Moche. Deren Kultur lebte aber fort und wurde von den → Chimú weitergeführt.

Die Moche bauten ihre Kultur auf den Fundamenten älterer Regionalkulturen auf. Dies betrifft die Wirtschaft ebenso wie die Architektur und das Handwerk sowie die Gesellschaftsform. Die Moche-Gesellschaft war hierarch. gegliedert, Es gab eine aristokrat. Schicht, die soziale Elite, Freie (Bauern, Handwerker, Fischer) und Sklaven. Im Reich der Moche gab es kein polit. Zentrum und auch keine Städte. Die dezentralisierte Verwaltung kannte nur dorfähnl. Siedlungen mit Wohnhäusern und Zeremonialbauten (Residenzen lokaler Aristokraten, Tempelpyramiden).

Die Wände einer der Tempelpyramiden, der von Huaca Cao Viejo (El Brujo) nördl. von Trujillo an der Küste, sind verziert mit farbigen Reliefs, in denen Opferrituale dargestellt sind. Zu den wichtigsten Ritualen gehörten Menschenopfer. Ein Priester schlitzte dem Opfer die Kehle auf, das Blut wurde in einem geweihten Gefäß aufgefangen, aus dem der Priester anschließend trank. Menschenopfer waren in den präkolumb. Kulturen der Andenregion weit verbreitet, und auch die → Inka kannten solche Rituale. Ob Menschenopfer dazu dienten, das Wohlwollen der Gottheiten zu erwirken oder in Zeiten der Not den vermeintl. Zorn der Götter zu besänftigen, ist nicht bekannt.

Die wichtigste Wirtschaftsform der Moche war der Feldbau. Die Felder in den regenarmen Küstenebenen wurden über ein Kanalsystem von Bewässerungsgräben mit Wasser aus den Flüssen der Andentäler versorgt. Die intensive Bewirtschaftung umfaßte u. a. den Anbau von Mais, Bohnen, Avocado, Chili-Pfeffer, Guava und Erdnüssen. Zur Viehhaltung gehörten Lamas, Schweine und Enten. Die Moche betrieben Hochseefischerei und ergänzten ihren Nahrungshaushalt durch die Jagd auf Kleintiere in den Andentälern.

Die Moche sind bekannt geworden durch ihr Kunsthandwerk. Sowohl als Metallurgen wie als Produzenten hochwertiger Keramik waren sie unvergleichl. Meister. Beide Traditionen gehen auf ältere Kulturstufen zurück, auf die Salinar-Kultur mit ihrem unverwechselbaren Keramikstil. Die spätere Chimú-Kultur, die die Tradition der Keramikherstellung weiterführte, erreichte aber nicht die hohe Entwicklungsstufe der Moche. Die Metallverarbeitung kannte die verschiedensten Techniken, Kalthämmern ebenso wie Schmelzverfahren zur Herstellung von Legierungen. Die wichtigsten Metalle waren Gold, Silber und Kupfer.

Die Moche verzierten ihre Keramik mit filigranartigen Feinlinienornamenten. Dies waren zumeist Darstellungen myth. Gestalten mit vielerlei naturalist. Attributen (Kleidung, Schmuck, Gerätschaften). Ein besonderes themat. Genre sind die mit erot. Szenen skulptural verzierten Gefäße, wozu Kultschalen ebenso wie Gebrauchskeramik gehören. Die Freizügigkeit der erot. Darstellungen überrascht jeden modernen Betrachter, der an den Kanon der christl. Kunst im europ. Mittelalter gewöhnt ist. Andere Handwerkssparten, deren Produktion in der archäolog. Hinterlassenschaft der Regionen gut dokumentiert ist, waren die Textilherstellung, die Holzschnitzerei, die Verarbeitung von Muscheln zu Schmuck und die Wandmalerei. Die Materialien für das Kunsthandwerk kamen teilweise von weither. Der von den Moche-Künstlern verarbeitete Lapislazuli stammt aus dem Norden Chiles, und Spondylus-Muscheln wurden aus Ecuador importiert.

Es ist darüber spekuliert worden, ob die Moche Schrift verwendet haben. Obwohl es dafür keine Beweise gibt, haben sie wahrscheinl. über ein bestimmtes Notationssystem verfügt, mit dessen Hilfe Nachrichten von einem Ort zum anderen mittels Boten gebracht werden konnten. Darauf lassen einige Bilder auf Gefäßen schließen, die einen Läufer mit einem Bündel in der Hand zeigen. Vielleicht war dieses Notationssystem ein Vorläufer der später von den → Inka verwendeten *khipu*-Schnüre.

Lit.: Cáceres Macedo 2001: 70 ff., Donnan/McClelland 1999, Gwin 2004, Inka – Peru 1992: 100 ff.

Moesier. Die histor. Landschaft Mösien (griech. Musía, latein. Moesia), deren Kerngebiet südl. der unteren Donau, zwischen Drina und Save, liegt, erhielt ihren Namen von den Moesiern (griech. *Musoi*, latein. *Moesi*). Die meisten Forscher rechnen die Moesier zu den Stämmen der → Thraker. Einige bezeichnen sie als selbständiges Volk. Kulturell und sprachl. waren die Moesier aufs Engste mit den → Dakern verwandt. Es wird eine dak.-moes. Dialektgruppe postuliert, die sich in einer kulturellen Konvergenzzone entfaltet hat.

Die seit der ersten Hälfte des 1. Jh. n. Chr. bestehende röm. Provinz Moesia lag an der Peripherie des Imperium Romanum. Die dortige Bevölkerung war ständigen Einfällen der → Bastarner und → Skythen aus dem Norden und Nordosten ausgesetzt. In späterer Zeit wurde Moesien administrativ aufgeteilt. Infolge der starken militär. Präsenz der röm. Armee. vollzog die lokale Bevölkerung schon früh einen Sprachwechsel zum Sprechlatein., das sich kontinuierl. in eine Form des Frühroman. und später des Rumän. fortsetzte.

Das Moes. wurde nicht geschrieben; es ist ledigl. aus Orts-, Flur- und Gewässernamen bekannt, z. B. Altina (heute Oltina), Odessos (Warna), Storgosia (Plewen).

Lit.: Duridanov 1999, Gerov 1980

Muisca, auch: Chibcha. Die Muisca besiedelten die Hochplateaus von Cundinamarca und Boyacá in Zentralkolumbien (s. Karte S. 43). Ihre Kultur gewinnt im Verlauf des 7. Jh. n. Chr. Eigenprofil. Die wichtigste Wirtschaftsform war der Feldbau, und zwar in den Tälern sowie auf Terrassen an Berghängen. Die Siedlungen hatten teilweise städt. Charakter. Dort gab es Gebäude, die als Residenz für den lokalen Machthaber dienten, außerdem Tempel. Die Mehrheit der Muisca lebte in Dörfern mit Rundhäusern.

Die Gesellschaft war hierarch. gegliedert. Im polytheist. Pantheon der Muisca war die Sonne die wichtigste Gottheit. Gewässer wie die Bergseen waren heilige Stätten, an deren Ufern Opferrituale abgehalten wurden. Verschiedene Handwerkssparten waren hoch entwickelt. In der Metallurgie wurden Gußtechniken angewandt, etwa für Votivfiguren (sog. *tunjos*) aus Gold. Gold wurde aus den Flüssen gewaschen und Kupfer in Bergwerken gewonnen. Im Siedlungsgebiet der Muisca wurden Smaragde gefunden und im Kunsthandwerk verarbeitet. Wie in den anderen vor-inkaischen Kulturen Südamerikas war auch bei den Muisca die Herstellung von Keramik und Textilien besonders hoch entwickelt.

Die Verwendung von Gold in Zeremonien, die die Muisca durchgeführten, gab den Ausschlag für die Entstehung vom Mythos des Goldlandes (span. El Dorado). Die span. Konquistadoren wohnten der Amtseinführung des Muiscafürsten von Guatavita bei. Zum maßlosen Erstaunen der Europäer wurde der Amtsträger mit Goldstaub überpudert. Seit dem 16. Jh. haben Abenteurer vergebl. nach El Dorado gesucht, vor allem im Amazonas-Gebiet.

Die größte Expedition, die je auf die Suche nach dem legendären El Dorado ausgeschickt wurde, war das von dem Vizekönig Perus im Jahre 1560 organisierte Unternehmen, mit 370 span. Soldaten und zweitausend Indianern unter der Führung von Pedro de Ursúa. Mit Schiffen verschiedener Bauart befuhren die Abenteurer den Amazonas auf der Suche nach den Omagua-Indianern, in deren Gebiet das Goldland vermutet wurde. Ursúa fiel einer Meuterei zum Opfer, als deren Anführer Lope de Aguirre, ein Baske, zur Rebellion gegen den König von Spanien aufrief. Mit den Omagua-Indianern nahmen die Spanier Kontakt auf, El Dorado aber fanden sie nicht. Die weitere Reise der Expeditionsflotte bis zur Mündung des Amazonas war äußerst beschwerl. und verlustreich. Den Überlebenden gelang es, bis zur Küste Venezuelas zu segeln. Dort gingen Aguirre und seine Männer an Land, durchquerten den Dschungel und die Hochebenen der Anden und stellten sich in Peru zum Kampf gegen die Truppen des Vizekönigs. Die Meuterer wurden überwältigt und Aguirre getötet. Damit endete die abenteuerlichste Suche der Kolonialgeschichte nach El Dorado.

Bis ins 18. Jh. hatten sich die Muisca vollständig an die span. Kolonialsprache assimiliert. Die in diesem Prozeß untergegangene Muttersprache der Muisca (Muisca bzw. Mosca) gehört zur Familie der Chibcha-Sprachen und ist mit modernen Indianer-Sprachen wie Tunebo (Kolumbien), Kuna (Panama) und Cabécar (Costa Rica) verwandt. Heutzutage gibt es nur wenige Enklaven von Chibcha in

Kolumbien (nahe den Städten Tocancipa, Cota, Gachancipa und Tenjo), die zwar nicht ihre einheim. Sprache, wohl aber Reste des Volkstums und der kulturellen Traditionen ihrer Vorfahren bewahrt haben.

Lit.: Bray 1979, Hemming 1995

Muromer. Das Siedlungsgebiet der Muromer, die in altruss. Chroniken als *Muroma* und in skandinav. Quellen als *Móramar* bekannt waren, konzentrierte sich im Tal der Oka, eines Nebenflusses der Wolga. Im 10. Jh. wurde Murom als Stützpunkt an der Handelsstraße gegründet, die vom Gebiet der Ostslawen im Großfürstentum Kiew bis ins Reich der Bulgaren an der Wolga (→ Wolgabulgaren) verlief. Seit 988 war Murom Verwaltungszentrum eines russ. Fürstentums. Zu Beginn waren die Mehrheit der Bewohner Muroms Muromer. Im 11. Jh. überwog aber bald russ. Einfluß. Dies ist an der materiellen Hinterlassenschaft der Stadtkultur (z. B. Architektur) zu erkennen. Die Muromer waren – wie die nah verwandten → Merier – ein finn.-ugr. Volk (→ Uralier), das seit etwa dem 7. Jh. ethn. Eigenprofil zeigt. Von ihrer Sprache, die schriftlos blieb, sind nur Spuren in Orts- und Gewässernamen bewahrt. Die Muromer haben sich noch im Mittelalter vollständig an die russ. Siedlungsgruppen assimiliert, die in die Region einwanderten und die finn.-ugr. Populationen übervölkerten.

Lit.: Rjabinin 1997: 197 ff.

N

Nabatäer. Ursprüngl stammen die Nabatäer (arab. *Al Nabat, Al Anbat*, wörtl. ‹die Leuchtenden›) aus dem Norden der Arab. Halbinsel. Von dort sind arab. Nomaden im 6. Jh. v. Chr. nach Edom, ins Gebiet südl. des Toten Meeres migriert. Im 4. Jh. v. Chr. formierte sich in jener Region das Königreich der Nabatäer, die damals schon seßhaft waren. Das Reichsgebiet erweiterte sich zusehends und umfaßte außerdem den zentralen Negev, die Halbinsel Sinai und zeitweilig den Südwesten Arabiens (s. Karte S. 194–195). Seit 169 v. Chr. war Petra die Hauptstadt des Reiches.

In diesem Gebiet kreuzten sich die wichtigsten Handelsrouten des Nahen Ostens. Von besonderer Bedeutung war die Karawanenstraße, die die Verbindung nach Südarabien (Handel mit den altarab. Völkern, z. B. → den Minäern und → Sabäern) herstellte. Dies war die Weihrauchstraße, über die Myrrhe transportiert wurde. Die Nabatäer kontrollierten auch den Fernhandel mit Indien (Gewürze). Der andere grundlegende Wirtschaftsfaktor war die Landwirtschaft (Bewässerungsfeldbau).

Ende des 2. Jh. v. Chr. verloren die Nabatäer ihren Handelsstützpunkt Gasa an die Juden. Unter Aretas III. (reg. 87–62 v. Chr.) wurde Damaskus erobert, das fortan als Handelsplatz diente. Die Nabatäer begannen mit ihrer eigenen Münzprägung. Ihre Beziehungen zu den Römern waren wechselhaft. Als sie dem militär. Druck des jüd. Staates nicht mehr standhalten konnten, unterstellten sich die Nabatäer der röm. Oberhoheit. Unter den Herrschern der Spätzeit, Obadas II. (reg. 30–8 v. Chr.) und Aretas IV. Philodemos (reg. 8. v. Chr.–40 n. Chr.), erlebte das Nabatäerreich seine größte Blüte. Rabel II. Soter (reg. 70–106 n. Chr.) konnte die Auflösung seines Reiches nicht verhindern. Er hatte keinen Nachfolger. Der röm. Kaiser Traian annektierte das verbliebene Territorium des Nabatäerreiches und integrierte es als Provinz Arabia mit dem administrativen Zentrum Bostra. In jener Zeit verlor Petra seine ehemalige Rolle als Knotenpunkt der Karawanenstraßen an Palmyra in Syrien.

Die Sprache der Nabatäer war ein stark vom Arab. überformtes Aramäisch. Seit dem 2. Jh. v. Chr. wurde diese Sprachform geschrieben, und zwar in einer Ableitung der aramäischen Schrift. Die nabatäische Schrift war bis ins 2. Jh. n. Chr. in Gebrauch.

Lit.: Hoyland 2001: 68 ff., Negev 1986, Stierlin 1987, Wenning 1987

Nazca. Die Anfänge der vor-inkaischen Nazca-Kultur gehen auf das 1. Jh. n. Chr. zurück. Die Träger dieser Kultur errichteten ihre städt. Siedlungen auf den Hügeln rings um die Hochebene von Nazca (rund 440 km südl. von Lima) und im Tal des gleichnamigen Flusses (s. Karte S. 43). Die Hänge der Hügel waren in Terrassen aufgeteilt, auf denen Feldbau mit Hilfe von Bewässerungstechnik betrieben wurde. Die Techniken der Keramikherstellung, insb. des Dekors von Tongefäßen, waren weit entwickelt. In den polychromen Ornamenten findet man bis zu neun verschiedene Farbtöne. Die Motive auf den Gefäßen stehen im Zusammenhang mit religiösen Vorstellungen über myth. Wesen. Bestattungen erfolgten in Grabkammern, in denen Mumienbündel deponiert wurden. Im 7. Jh. geriet die Regionalkultur von Nazca unter die Vorherrschaft des Huari-Reiches. Die → Huari übernahmen die Techniken für ihre verfeinerte Keramikherstellung von den Nazca-Leuten.

Die Hochebene von Nazca ist berühmt wegen ihrer «Scharrbilder», d. h. wegen der Linien, die das flache Plateau teilweise kilometerweit zerfurchen, und wegen der überdimensionalen Figuren, deren Konturen aus dem Boden gescharrt worden sind. Einen Gesamtüberblick über das riesige Bilderfeld und auch über die einzelnen Motive gewinnt der moderne Betrachter nur, wenn er aus der Luft herunterschaut; dazu werden Flüge in Kleinflugzeugen angeboten. Die Figuren, die in teils naturalistischer, teils stark stilisierter Darstellung Menschen und myth. Tiere (Kondor, Jaguar) wiedergeben, haben ganz verschiedene Größen. Die Proportionen rangieren von wenigen Metern bis zu über 180 m (z. B. Bild einer Iguana, einer Rieseneidechse). Dieses Bild der Eidechse ist durch den transamerikanischen Highway (Panamericana Sur), der über die Ebene von Nazca führt, durchschnitten worden.

Die ältesten Bilder stammen aus dem 3. Jh. v. Chr., also noch aus einer Zeit vor der Entfaltung der Nazca-Kultur, und stehen möglicherweise im Zusammenhang mit der Paracas-Kultur, auf die die

Nazca-Kultur aufbaute. Den Schöpfern dieser Bilder war klar, daß man die Konturen nicht ausmachen kann, wenn man auf der Ebene selbst steht, und sie selbst konnten sie auch nicht als solche mit eigenen Augen erkennen. Die Herstellung der Motive erforderte demnach ein erhebl. Maß an abstrakter Vorstellungskraft. Dies wird auch als «Rätsel von Nazca» bezeichnet, und es hat nicht an Versuchen gefehlt, Aliens aus dem Weltraum zu bemühen, die angebl. den Menschen bei der Herstellung dieser Bilder behilflich gewesen wären. Bei der Vermessung der Bilder hat die deutsche Forscherin Maria Reiche (1903–1998) festgestellt, daß drei Hauptmaße verwendet wurden, und zwar 32,5 cm, 1,3 m und 26 m. Diese Maße sind rechnerisch miteinander verbunden: 32,5 cm x 4 = 1,3 m; 1,3 m x 2 x 10 = 26 m. Allgemein werden die myth. Bilder als Ausdrucksformen für das astronom. Wissen der Nazca-Leute interpretiert, obwohl eine schlüssige Erklärung für die Akkumulation eines solchen Wissens bislang aussteht. Maria Reiche, ausgebildete Mathematikerin und Geographin, erforschte seit den 1940er Jahren in Zusammenarbeit mit peruan. und US-amerikan. Forschern die Bilder von Nazca. Sie steht bei den Peruanern vor allem deswegen in besonderem Ansehen, weil sie sich um den Schutz und die Bewahrung der vor-inkaischen Monumente in der Nazca-Region bemüht hat.

Lit.: Cáceres Macedo 2001: 84 ff., Dukszto/Helfer Arguedas 2001, Eisleb 1977, Inka – Peru 1992: 111 ff.

Numider. Die nicht-seßhaften Populationen, die im Norden Afrikas westl. von Libyen bis ins Gebiet des heutigen Marokko verbreitet waren (s. Karte S. 194–195), wurden von den griech. Kolonisten der Kyrenaika (nordwestl. Libyen) *nomades* ‹Nomaden› genannt. Davon leitet sich der Name der Numider ab, die bei den → Römern *Numidae* hießen. In der Geschichte der Numider zeigt sich deutl. ihre Zerrissenheit in lokale Stammesgruppen. Polit. waren die Numider zu keiner Zeit geeinigt. Die Königreiche, die sie gründeten, wurden jeweils nur von regionalen Stammesverbänden getragen. Die Reichsgründungen der Numider fallen in die Periode ihrer Kontakte mit den polit. mächtigen und kulturell dominierenden Nachbarn, den → Karthagern und Römern.

Die Numider waren Berber und eng mit den → Libyern verwandt. Vermutl. noch vor dem 4. Jh. v. Chr. hatten zwei bevölkerungsstarke und sozial straff organisierte Stammesgruppen Eigenprofil gewonnen, die Massyler (latein. *Massyli*; in der Region des westl. Tunesien und des östl. Algerien) und die Masaesyler (latein. *Masaesyli*) südl. und westl. davon (im südl. Tunesien, im westl. Algerien und in Marokko). Die Masaesyler waren während des 1. Pun. Krieges (264–241 v. Chr.) im Hinterland der Karthager erstarkt und bestimmten als erster numid. Stammesverband das Gleichgewicht der polit. Kräfte in Nordafrika.

Sowohl Karthager als auch Römer bemühten sich darum, die Masaesyler als Verbündete zu gewinnen. Der mächtigste König der Masaesyler, Syphax, paktierte mit den Karthagern gegen die Römer gegen Ende des 2. Pun. Krieges (218–201 v. Chr.). Dem Massyler-König Masinissa (auch Masinissas und Massanassis; 240–148 v. Chr.) wiederum gelang es mit röm. Hilfe, seinen Rivalen Syphax zu besiegen und auch dessen Sohn Vermina polit. auszuschalten. Als Verbündete Roms hatten die Massyler auch Anteil an der Zerschlagung der polit. Macht Karthagos im 3. Pun. Krieg (149–146 v. Chr.). Das Verhältnis der Numider zu den Römern, die seit dem Ende des 3. Pun. Krieges Nordafrika beherrschten, war in der Folgezeit wechselhaft. In den Jahren 111 bis 105 v. Chr. lehnten sie sich unter ihrem König Iugurtha in einer Revolte (Jugurthin. Krieg) gegen die Kolonialherren auf, allerdings vergeblich. Numidien wurde geteilt. Im Jahre 46 v. Chr. ging der größte Teil verwaltungsmäßig in der Provinz Africa Nova auf. Unter Augustus (25 v. Chr.) wurde die Provinz Africa Proconsularis eingerichtet, wozu Numidien und Africa Vetus (das ehemals von Karthago kontrollierte Territorium) gehörten. Erst im Jahre 198 n. Chr. wurde das histor. Gebiet Numidiens als eigene Provinz restituiert. Später wurde der größte Teil Numidiens von den → Vandalen besetzt und ihrem Reich eingegliedert. Bis in die röm. Ära hatten Städte wie Cirta, Hippo Regius, Lambaesis, Thamugadi, Theveste und Thugga Bedeutung als Handels- und Kulturzentren.

Die Sprache der Numider, das Numid., ist eng mit dem Libyschen (Altlibyschen) verwandt. Die modernen Berbersprachen, die im nördl. Afrika verbreitet sind, sind ebenfalls mit dem Numid. verwandt, allerdings keine direkten Fortsetzer dieser in der Spätantike untergegangenen Sprache. Gegen Ende der röm. Kolonialzeit hatten sich viele Numider akkulturiert und röm. Lebensweisen angenommen. Schon früh verbreitete sich das Christentum. Diejenigen, die sich dem röm. Assimilationsdruck nicht beugten, wichen ins Inland aus. Der wohl berühmteste Afrikaner berber. Abstammung war Aurelius Augustinus (354–430 n. Chr.), dessen Mutter Numiderin war und dessen Vater aus Italien stammte. Latein. lernte der als Kirchenvater berühmt gewordene Augustinus bereits in seiner Kindheit. In dieser Sprache hat er auch alle seine Schriften verfaßt.

Im Unterschied zum Altlibyschen wurde das Numid. als Schriftsprache verwendet. Es sind mehr als 1100 numid. Inschriften erhalten, die meisten einsprachig. Im Einzugsgebiet des karthag. Kultureinflusses sind auch zweisprachige Texte (in Numid. und Pun.) verfaßt worden. Die nach ihrem Inhalt bedeutendste dieser Bilinguen ist die Inschrift am Masinissa-Tempel in Thugga aus dem Jahre 139 v. Chr. Aus dem westl. Teil Numidiens sind numid.-latein. Inschriften bekannt. Die numid. Texte sind in einer lokalen Schriftart aufgezeichnet, im numid. (bzw. altlibyschen) Alphabet, das in drei lokalen Varianten verwendet wurde: die massyl., masaesyl. und gaetul. Schriftart. Die numid. Schrift gibt nur Konsonanten, aber keine Vokale wieder. Etl. Zeichenformen weisen auf Parallelen mit solchen der südsemit. (thamud.) Schriften, die Formen anderer Buchstaben deuten auf histor. Beziehungen zu den altägäischen Kulturen, zu altkret. Linear A der → Minoer und der kypr.-syllab. Schrift Altzyperns. Zwar sind die Numider als Volk sowie ihre Sprache untergegangen, ihre Schrift lebt aber in der modernen Berberschrift Ti-Finagh weiter.

Lit.: R.-Alföldi 1979, Horn/Rüger 1979, MacMullen 2000: 30 ff.

O

Obodriten → Elbslawen

Olmeken. Die Küstenregion am Golf von Mexiko war das Kernland der Olmeken (s. Karte S. 43). Sie gehören zum Kreis der altamerikan. Völker, die einen entscheidenden Anteil an der Entwicklung der präkolumb. Zivilisationen in Mittelamerika hatten. Wie sich die Olmeken selbst nannten, ist nicht bekannt. Ihren Namen erhielten sie nach der Bevölkerung, die dort zur Zeit der Ankunft der Spanier im 16. Jh. lebte (*Olmeca*, wörtl. ‹die Leute aus dem Kautschukland›).

Die Anfänge der klass. olmek. Hochkultur gehen auf das 16. Jh. v. Chr. zurück. Die typ. Eigenheiten der Kulturentwicklung sind an den Hauptstätten der olmek. Zivilisation zu erkennen. Dies sind Tlalcozotitlán (im mexikan. Bundesstaat Guerrero), San Lorenzo (in Veracruz) und La Venta (in Tabasco). In diesen frühen Kulturzentren altamerikan. Kultur sind bereits die wesentl. Elemente vertreten, die später von anderen Völkern wie den → Maya, → Azteken, Mixteken, Zapoteken u. a. weiterentwickelt worden sind: Monumentale Architektur mit Pyramidenbauten und Ritualplattformen, steinerne Skulpturen und Stelen, Reliefdekor an Wänden aus Stein, Kleinplastik (z. B. Schmuck aus Jade), Schrifttechnologie, Anfänge eines Kalenderwesens.

Unverkennbar olmek. geprägt sind die monumentalen Steinskulpturen, die Kolossalköpfe aus Basalt, die eine Höhe zwischen 2,5 und 4 m erreichen. Das dargestellte myth. Wesen zeigt in seiner Physiognomie die Verquickung menschl. Gesichtszüge mit solchen einer Raubkatze. Der Jaguar war eine mytholog. Symbolfigur im gesamten präkolumb. Amerika. Seine Rolle als Motiv der olmek. Steinskulpturen findet eine zeitgleiche Parallele in den Reliefs der Kultur von → Chavín in Peru.

Die Anfänge des Schriftgebrauchs bei den Olmeken gehen auf das ausgehende 2. Jt. v. Chr. zurück. Ihre Blütezeit erlebte die Schriftkultur um die Mitte des 1. Jt. v. Chr. Die Schrift gehörte zu den bedeutendsten Technologien, die von den anderen Völkern Mittelamerikas von den Olmeken übernommen und weiterentwickelt wurden. Auch Basiselemente der olmek. Religion wurden von den Maya u. a. weiter tradiert. Dazu gehört beispielsweise die Popularität des Regengottes, dessen Kult bis zur Ankunft der Spanier weit verbreitet war.

Der Aufschwung, den die olmek. Kultur nahm, stand im Zusammenhang mit der Kontrolle der wichtigsten Handels- und Verkehrswege. Über diese Verbindungen gelangten olmek. Kaufleute und mit ihnen olmek. Kultureinfluß in andere Regionen. Außerhalb des olmek. Kernlandes wurden eine Reihe von Handelsstützpunkten gegründet, die sich auch zu Irradiationszentren der olmek. Kultur entfalteten, und zwar in Chalcatzingo, Tlatilco, Oaxaca, Las Victorias und in Tres Zapotes. Bis um 400 v. Chr. blühte die olmek. Zivilisation, verfiel danach aber aus bislang unbekannten Gründen. Zwischen 150 v. Chr. und etwa 250 n. Chr. erlebte die olmek. Kultur eine Nachblüte (epi-olmek. Kulturstadium). Die kulturellen Institutionen der Olmeken lebten in vielfältigen Transformationen in den anderen präkolumb. Regionalkulturen weiter. Ihre Sprache ging allerdings ebenso wie das Volkstum selbst unter. Mit dem Olmek. verwandte Sprachen, die zur Familie der Mixe-Zoque-Sprachen gehören, sind bis heute im südl. Mexiko verbreitet.

Lit.: Benson/Fuente 1996, Bernal 1976, Grove 1984, Haberland 1986b: 87 ff., Killion 1996

Onoguren (auch: Onguren). Die ethn. Identität der Onoguren (griech. *Onogunduroi, Unnogunduroi,* latein. *Onoguri, Onogunduri*) ist nicht eindeutig geklärt. Daß es sich dabei um ein → Turkvolk handelte, steht zwar fest, ob die Onoguren aber eine selbständige Stammesgruppe oder eng mit den → Hunnen assoziiert oder gar mit ihnen identisch waren, ist umstritten. Selbst wenn sich im alten Namen eine Assoziation mit den Hunnen spiegelt, sagt das wenig über die tatsächl. Affiliation aus.

Im Jahre 429 n. Chr. wird berichtet, daß die Onoguren die Meerenge von Kertsch überquerten, die das Schwarze Meer vom Asowschen Meer trennt. Vorher hatten sie im Vorland des Kaukasus gesiedelt. Aus chines. Quellen weiß man, daß Onoguren im 3. Jh. n. Chr. auch in Zentralasien gelebt haben, und zwar im Siebenstromland.

Des weiteren tauchen Onoguren im Zusammenhang mit den Migrationen der Ungarn im 6. und 9. Jh. auf (s. Karte S. 102–103). Die nach Westen ziehenden Ungarn, die sich selbst *Magyarok* (‹Magyaren›) nennen, standen unter der Führung einer onogur. Elite, deren prestigevoller Name sich in den Fremdbenennungen (dt. Ungarn, engl. Hungarians, französ. Hongrois) erhalten hat. Das Jahr ihrer offiziellen Landnahme in der Pannon. Tiefebene ist 896. Die Angehörigen der onogur. Elite assimilierten sich bald, und ihr Volkstum ging in dem der Ungarn auf. Wenn es zutrifft, daß die Onoguren mit den Hunnen ident. sind, ist dieses Turkvolk Jahrhunderte nach seiner Vertreibung aus Südosteuropa (nach der Niederlage der Hunnen gegen die → Gepiden 455 n. Chr.) ein zweites Mal nach Westen migriert.

Lit.: Menges 1995: 20 f., László 1970

Osker. Die Osker (griech. *Opikoi*, latein. *Osci*) besiedelten die histor. Landschaft Kampanien, wohin sie im 8. Jh. v. Chr. aus dem Bergland am oberen Sangro einwanderten (s. Karte S. 148). Im Kontakt mit den → Aurunkern (7. Jh. v. Chr.), → Etruskern (6. Jh. v. Chr.) und später den → Samniten (5. Jh. v. Chr.) ging die osk. Kultur eine Fusion mit deren Kulturen ein. Dem polit. Einfluß der → Römer, die Osker für einen samnit. Stamm hielten, widersetzten sich diese lange Zeit. Erst 290 v. Chr. geriet das Siedlungsgebiet der Osker endgültig unter röm. Kontrolle.

Wie die meisten anderen vorröm. Populationen Italiens gehören auch die Osker zum Kreis der → ital. Völker, deren Sprachen einen eigenen Zweig der indoeurop. Sprachfamilie bilden. Sprachl. am nächsten sind die Osker mit den → Umbrern verwandt. Das aus mehreren hundert Inschriften und einigen längeren Texten bekannte Oskisch wurde von ca. 400 v. Chr. bis um 75 n. Chr. geschrieben. Zu den ältesten Texten gehören Münzlegenden, die jüngsten sind Graffiti aus Pompeji. Der längste bisher bekannte Text, die «Tabula Bantina», ist das Fragment einer Bronzetafel mit fast 400 Wörtern. Das Schrifttum gliederte sich in die verschiedensten Genres aus. Es sind Fragmente von Gesetzessammlungen, Inschriften an öffentl. Gebäuden (Pompeji), Weihinschriften und Fluchformeln überliefert.

Daß das Osk. auch für amtl. Zwecke verwendet wurde, steht im Zusammenhang mit einer polit.-kulturellen Einrichtung der osk.

Gesellschaft, mit dem Amt des Meddix, von dem der röm. Chronist Festus (4. Jh. n. Chr.) in seinem Werk «Breviarium rerum gestarum populi Romani» (110, 19 L) berichtet und das noch bis in die röm. Ära Bestand hatte. Der Meddix war ein Beamter, der auf ein Jahr gewählt wurde und dem Führungsaufgaben oblagen, und zwar als oberster Priester, Richter und Heerführer.

Lit.: Lopes Pegna 1967: 152, Schrijver 1998

Ozeanien mit seiner immensen Flächenausdehnung – der allergrößte Teil ist von Wasser bedeckt – weist Spuren von nur einer Menschenart auf, des modernen Homo sapiens. Ähnlich wie in → Amerika fehlen auch in Neuguinea und in der pazif. Inselwelt Anzeichen für die Präsenz des Homo erectus oder des Neandertalers (des archaischen Homo sapiens). Der älteste bekannte Fund menschl. Besiedlung auf Neuguinea, Reste einer Feuerstelle auf der Huon-Halbinsel, ist ca. 40 000 Jahre alt (s. Karte S. 62–63). Zwischen diesen ältesten Daten und der Entdeckung der neuseeländ. Inselgruppe durch Polynesier aus Tahiti um 1000 n. Chr. liegt eine enorme Zeit- und Entwicklungsspanne.

Die Besiedlung Neuguineas und der pazif. Inselwelt erfolgte in vier großen Migrationsschüben und in zahlreichen weiteren mit regionaler Begrenzung. Die Träger dieser Migrationen waren Menschen unterschiedl. ethn., sprachl. und kultureller Zugehörigkeit.

- Die 1. Migration (ab 40 000 Jahren v. d. Jzt.) ging überwiegend vom südostasiat. Festland aus. Allerdings kamen einzelne Gruppen auch aus dem Südosten Chinas, von den Philippinen und womögl. auch aus Japan. Neuguinea und Australien bildeten noch im Paläolithikum eine zusammenhängende Landmasse, so daß die gemeinsame Erschließung dieser Regionen zu Lande möglich war. Neuguinea war bereits lange besiedelt, bevor das Gebiet geograph. von der Landmasse Australiens getrennt wurde.
- Die 2. Migration (zwischen ca. 1500 und ca. 1000 v. Chr.) ging von der Ostküste Neuguineas aus in verschiedene Richtungen, und zwar nach Norden bis zu den Karolinen, nach Osten bis zur Samoa-Gruppe und nach Süden bis Neukaledonien. Die Fidschi-Inseln liegen im Zentrum dieser älteren pazif. Siedlungsbewegung; sie werden kulturell zu Melanesien gerechnet. Fidschianer

waren es aber, die ihre Kultur weiter nach Osten trugen, und hieraus entwickelten sich die polynes. Regionalkulturen. Die Ausgliederung der polynes. Kulturen aus der älteren Fidschi-Kultur ist als historischer Prozeß zu verstehen, und dieser Prozeß verläuft gleichzeitig mit der Ausdifferenzierung zwischen melanes. und polynes. Charakteristika. Insofern ist es ein Anachronismus, wenn man die Fidschi-Kultur als melanes.-polynes. Mischkultur bezeichnet.

- Die 3. Migration: Das um 200 v. Chr. erneut einsetzende dynam. «Inselspringen» geht von der Fidschi-Gruppe aus, genauer von der Lau-Gruppe südöstl. der Fidschi-Inseln. Die Stoßrichtung dieser Expansion zielt nach Osten. Auf diese Migration geht die Besiedlung der Gesellschaftsinseln zurück, deren Hauptinsel Tahiti ist. Etwa ein halbes Jahrtausend später beginnt eine Migration über die größten Distanzen im pazif. Raum. Um 300 n. Chr. erreichen polynes. Seefahrer die Osterinsel, etwa hundert Jahre später werden die Inseln von Hawaii besiedelt.

- Die 4. Migration: Die letzten Fernfahrten werden, ebenfalls von Tahiti aus, in südwestl. Richtung unternommen. Um 1000 n. Chr. schließl. landen die Polynesier auf den Inseln Neuseelands.

Die Namen derjenigen Ethnien, deren innerer Zusammenhalt sich in der vorkolonialen Geschichte der Inselwelt aufgelöst hat und die im Rahmen der durch die Migrationen ausgelösten Umwälzungen mit ihrer Sprachkultur untergegangen sind, sind nicht bekannt. In der Neuzeit ist es v. a. der Sprachverlust, d. h. der Verlust der einheim. Muttersprache, der die Kleinvölker Ozeaniens zu «sprachlosen» Einheimischen macht. Dies trifft auf die Waamwang in Neukaledonien, auf die Aribwatsa, Bina, Getmata, Hermit, Kaniet und Yoba in Papua-Neuguinea zu.

Lit.: Cavalli-Sforza et al. 1994: 343 ff., Irwin 1992, Nile/Clerk 1996: 50 ff.

P

Palaer. Dieses indoeurop. Volk → Kleinasiens war mit den → Hethitern verwandt. Die Palaer siedelten im Nordwesten Anatoliens, in der Landschaft Pala. Später wurde dieses Gebiet Blaene genannt und war Teil von Paphlagonien. Die Palaer haben kein Reich gegründet, sondern waren Untertanen des Alten Reichs der Hethiter. Über die Palaer ist ansonsten sehr wenig bekannt. Von ihrer Religion weiß man nur, daß ihr Hauptgott Zaparwa (bzw. Ziparwa) war.

Das Palaische ist in einigen wenigen Keilschrifttexten aus Hattusa, der Hauptstadt des Hethiterreichs, überliefert. Möglicherweise hatten sich die Palaer bereits im 16. Jh. v. Chr. weitgehend an hethit. Kultur und Sprache assimiliert, obwohl ihre Sprache sporad. noch bis ins 13. Jh. v. Chr. geschrieben wurde.

Lit.: Mallory/Adams 1997: 12 ff.

Paläosarden ist die Sammelbenennung für die vorröm. Populationen der Mittelmeerinsel Sardinien (s. Karte S. 194–195). Möglicherweise sprach die dortige Bevölkerung mehrere Sprachen, die sich allerdings nicht näher differenzieren lassen. Die Insel war bereits seit ca. 10 000 v. Chr. bewohnt. Einwanderer kamen in sukzessiven Migrationen vom Festland herüber. Die älteste Kulturstufe Sardiniens, die des Neolithikums (jüngere Steinzeit), weist nach den Stilformen und Motiven der Kleinplastik auf Parallelen mit der zeitgenöss. Kultur Südosteuropas. Typisch für die Tradition der darstellenden Kunst im 5. und 4. Jt. v. Chr. sind weibl. Idolfiguren wie die «Venus von Macomer», die «Göttin von Olbia» oder die «Göttin von Decimoputzu». Die Figurinen aus späterer Zeit zeigen Ähnlichkeiten mit den weibl. Statuetten des minoischen Kreta (→ Minoer) und mit den Idolen der Kykladeninseln.

Zu den typ. Formen der frühen Architektur auf Sardinien gehören Megalithbauten, aus riesigen Steinplatten errichtete Grabkammern. Die Tradition der Großsteinbauten entwickelte sich fort und produzierte eine bronzezeitl. Kultur mit einem unverwechselbaren Baustil, der nach den charakterist. Rundbauten, den Nuraghen, benannt wird. Die Anfänge der Nuraghen-Kultur liegen um 1800 v. Chr. Zunächst wurden nur einzelstehende Türme errichtet, später auch ganze Wohnkomplexe mit Rundbauten verschiedener Größe, v. a. im Zentrum und im Norden Sardiniens. Die größten Anlagen findet man in Abbasanta (Losa-Nuraghen), Torralba (Santu Antine) und in Barùmini (Su Nuraxi). In immer mehr verfeinerten Bauformen lebte diese Kultur bis um 500 v. Chr. fort, an einigen Orten der Insel bestand die Tradition sogar noch bis in die röm. Ära hinein. Die Nuraghen-Kultur war schriftlos. Zu den bevorzugten Materialien allerdings gehörte Bronze. Mehr als 1500 Skulpturen aus Bronze sind an den Siedlungsplätzen der Nuraghen-Bauer gefunden worden.

Als die → Phönizier im 10. Jh. v. Chr. begannen, Handelsstützpunkte wie Nora, Sulcis, Tharros, Olbia u. a. an den Küsten zu errichten, hatte dies kaum Auswirkungen auf die paläosard. Bevölkerung des Inlands. Auch als ab 509 v. Chr. die → Karthager den Seehandel Sardiniens kontrollierten, waren die Paläosarden daran nicht beteiligt. Sardinien gehörte seit 238 v. Chr. zur röm. Einflußsphäre, aber erst nach der Schlacht von Cornus im Jahre 215 v. Chr. hatten die → Römer die militär. Oberhand auf der Insel. Die paläosard. Bevölkerung des zentralen Berglandes widersetzte sich den Kolonialherren jedoch noch lange. Die Romanisierung der Inselbevölkerung war ein Prozeß, der sich über mehrere Jahrhunderte hinzog. Ein entscheidender Faktor für die Akkulturation der Inselbevölkerung war das Christentum, das sich seit dem frühen 3. Jh. verbreitete. Gegen Ende der röm. Ära (Mitte des 5. Jh.) hatte sich allerdings das Sprechlatein. weitgehend durchgesetzt, und auf dessen Basis entwickelte sich auf Sardinien eine roman. Sprache mit Eigenprofil, das Sardische.

Das Paläosard. ist aus Hunderten von Substratelementen bekannt, die sich im Wortschatz des Sard. erhalten haben. Zu den sprachl. Relikten der vorröm. Bevölkerung gehören Bezeichnungen für Tiere und Pflanzen sowie für Landschaftsformen (z. B. sard. *kallùttsu* ‹Wolf›, *alàse* ‹Klee›, *tsèppara* ‹steinige Ebene›). Das Paläosard. gehört zum Kreis der altmediterranen (d. h. vor-indoeurop.) Sprachen. Eine nähere Verwandtschaft zu anderen alten Sprachen des Mittelmeerraums (z. B. zum Iber. in Spanien oder zum Etrusk. in Italien) läßt sich allerdings nicht nachweisen.

Lit.: Anati 1984, Lilliu 1999, Pittau 1995

Parner → Parther

Parther. Das Siedlungsgebiet der Parther (altpers. *Parthawa*, griech. *Parthoi, Parthioi*, latein. *Parthi*) lag südöstl. des Kasp. Meeres, im Westen der histor. Landschaft Chorasan (s. Karten S. 56–57 und 68). Kyros II. (reg. 559–530 v. Chr.), Begründer des Pers. Reiches, unterwarf die Parther und richtete eine Satrapie Parthien ein. Diese Region wurde später Teil des Reiches der Seleukiden, die die von Alexander dem Großen eroberten Gebiete Persiens regierten. Die polit. Schwäche des Reiches unter Seleukos II. nutzten die Parner, die im Jahre 247 v. Chr. von Nordosten her nach Parthien eindrangen, sich dort etablierten und unter Arsakes I., dem ersten Herrscher der Arsakiden-Dynastie, ein unabhängiges Reich gründeten. In diesem Reich Parthien stellten für einige Zeit die Parner die soziale und polit. Elite. Die halbnomad. Parner wurden schnell seßhaft und assimilierten sich an die parth. Mehrheitsbevölkerung, die nach wenigen Generationen auch machtpolit. tonangebend wurde.

Das Partherreich dehnte sein Territorium im Verlauf des 2. Jh. v. Chr. weit nach Osten (bis an die Grenzen Chinas und Indiens) und nach Westen (bis in den Euphratbogen) aus. Vom Beginn des 1. Jh. v. Chr. an traten die Großreiche Parthiens und Roms in eine militär. Konfrontation um die polit. Vorherrschaft im Vorderen Orient. Lange Zeit war Armenien polit. Zankapfel, um den mehrere Kriege geführt wurden. Zwischen 53 und 428 n. Chr. regierten Herrscher einer Nebenlinie der Arsakiden Armenien. Im 2. Jh. n. Chr. erfolgte der polit. Niedergang des Partherreiches. Der letzte Herrscher des unabhängigen Parthien war Artabanos V. (reg. 213–224 n. Chr.). Nach seinem Tod wurde Parthien in das Reich der Sassaniden eingegliedert.

Parther und Parner waren zwei eng verwandte iran. Völker. Das Parthische gehört zur Gruppe der nordwestiran. Sprachen. Andere Sprachen der mitteliran. Periode sind die ebenfalls untergegangenen Sprachen der → Soghdier, → Saken und → Baktrier. Parth. war Amts- und Bildungssprache der Arsakiden und als Schriftsprache zwischen dem 3. Jh. v. Chr. und dem 9. Jh. n. Chr. in Gebrauch. Das Parth. diente als Schriftsprache noch lange nach dem Zerfall des Partherreiches. Texte in Parth. sind überwiegend in der von der aramäischen Schrift abgeleiteten Pehlewi-Schrift geschrieben. Die in Zentralasien (Turfan) gefundenen parth. Texte gehören zum religiösen

Schrifttum der Manichäer-Sekte und sind in manichäischer und soghd. Schrift abgefaßt.

Lit.: Harmatta 1994: 131 ff., Schippmann 1980, Yarshater 1983

Pelasger. In altgriech. Quellen wurde das Ethnikum *Pelasgoi* als eine Art Sammelbenennung für die vorgriech. Bevölkerung der Balkanhalbinsel verwendet. Die Pelasger werden erstmals in Homers «Ilias» (II 681, XVI 233) erwähnt. Die Hinweise in den Werken antiker Autoren sind vage. Demnach siedelten die Pelasger nicht nur auf dem Balkan, sondern auch in → Kleinasien. Die Lokalisierung des pelasg. Siedlungsgebiets im östl. Thessalien ist spekulativ und läßt sich weder archäolog. noch ethnograph. belegen. Als Volk entziehen sich die Pelasger also in gleichsam myth. Weise dem Zugriff einer wissenschaftl. Identifizierung.

Sprachwissenschaftler wie W. Georgiew und A. J. van Windekens haben die These vertreten, die Pelasger seien → Indoeuropäer gewesen und ihre Sprache eine altertüml. Variante des Indoeurop. Dieses glaubte man aus den vorgriech. Substratelementen des Griech. ermitteln zu können. Als Ergänzung zu dieser spekulativen Identifizierung der Pelasger als eines mit den Griechen entfernt verwandten Volkes werden auch die ägäischen *Pelasts* als eines der «Seevölker» (→ Mittelmeerraum) mit den → Philistern gleichgesetzt und ihr Name von griech. *pelagos* ‹Meer› hergeleitet. Diese Annahmen haben allerdings keine allgemeine Anerkennung gefunden.

Da der vorgriech. Lehnwortschatz des Griech. aus verschiedenen Quellen stammt, ist ebenso eine Identifizierung des Pelasg. als vorindoeurop. Sprache und der Pelasger als vor-indoeurop. Volk möglich. Aus dieser Sicht würden die Pelasger die jüngste Schicht der vor-indoeurop. Bevölkerung (→ Alteuropäer) vertreten, mit der die einwandernden griech. Stämme in Kontakt kamen. Hinweise in den antiken Quellen auf die Verbreitung der pelasg. Bevölkerung auf der europ. wie asiat. Seite des Ägäischen Meeres würden den modernen Erkenntnissen über die Präsenz vor-indoeurop. Populationen in dieser Region entsprechen.

Lit.: Katičić 1976: 71 ff., Mallory/Adams 1997: 243 ff.

Perser → Einleitung

Petschenegen. Die Petschenegen waren Steppennomaden, die erstmals im 8. Jh. erwähnt werden. Damals lebten sie in Westasien (nördl. des Kasp. Meeres und des Aralsees) sowie im westl. Sibirien. Diese Nomaden waren ein Turkvolk, das mit anderen, in Zentralasien verbreiteten Populationen verwandt war. Ihre Nachbarn im Osten und Südosten waren die ebenfalls zu den → Turkvölkern zählenden → Kumanen und oghus.-türk. Stammesverbände. Im Westen schob sich das Khanat der → Chasaren wie ein Riegel in die Ebene südl. des Uralgebirges hinein und sperrte für lange Zeit die Zuwanderung anderer Steppenvölker nach Osteuropa. Die Chasaren unternahmen häufiger Kriegszüge ins Gebiet der Petschenegen, vor allem, um Sklaven zu erbeuten.

Ende des 9. Jh. fielen die Petschenegen nach Europa ein und drangen weit nach Westen vor (s. Karte S. 102–103). Im Gebiet zwischen Don und Dnepr stießen sie auf ungar. Stammesgruppen, die sie nach Westen abgedrängten. In kurzer Zeit hatten sich die petscheneg. Bevölkerungsgruppen unter lokalen Führern zu einem polit. Machtfaktor im südl. Rußland entwickelt. Petscheneg. Reiterverbände kontrollierten die Dnepr-Schnellen und damit den Schiffsverkehr zwischen Skandinavien, Kiew und Byzanz. Das Land der Petschenegen wurde von den Byzantinern Patzinacia genannt. Der byzantin. Chronist Konstantin Porphyrogennetos sagte im 10. Jh., daß die Russen von Kiew keinen Krieg mit anderen Ländern führen könnten, «wenn sie keinen Frieden mit den Petschenegen haben» («De administrando imperio», Kap. 2, 51).

Die Byzantiner bemühten sich wiederholt, die Petschenegen als Verbündete zu gewinnen, allerdings mit wechselhaftem Erfolg. Im Rahmen ihrer Bündnispolitik wurden die Petschenegen von den Byzantinern auch als Puffer gegen die → Slawen im erstarkenden Großfürstentum Kiew eingesetzt. Aufgrund eines Stillhalteabkommens mit Byzanz hatten die Petschenegen den Rücken frei und führten zwischen 968 und 972 entscheidende militär. Schläge gegen Kiew aus. Die Auseinandersetzungen endeten mit der Niederlage der Russen, der Plünderung der Kiewer Rus und dem Tod des Großfürsten Swjatoslaw. Der Khan der Petschenegen ließ sich aus dem Schädel Swjatoslaws eine Trinkschale herstellen.

Im Verlauf des 11. Jh. gerieten die Petschenegen unter den militär. Druck der Kiewer Russen im Norden und der Byzantiner im Süden. Im Jahre 1122 unternahmen sie ihren letzten Angriff auf Byzanz, wurden zurückgeschlagen und ihre Verbände in den folgenden Jahren vernichtet. Damit verloren sie endgültig ihre polit. Macht. Die Reste der petscheneg. Bevölkerung assimilierten sich im Süden der Ukraine allmähl. an das Slawentum. Diejenigen Petschenegen, die vom byzantin. Kaiser Johannes II. Komnenos (reg. 1118–1143) nach Bulgarien und Mazedonien deportiert worden waren, verloren schon bald ihre ethn. Identität und assimilierten sich dort an die lokale südslaw. Bevölkerung.

Einige Gruppen von Petschenegen waren nach der Niederlage von 1122 nach Ungarn geflohen und hatten als Vasallen von König Stephan II. (reg. 1116–1131) Ländereien in Westungarn zugesprochen bekommen. Noch im 13. Jh. werden zahlreiche Ortsnamen mit petscheneg. Elementen in jener Region erwähnt (z. B. Tebe ‹Hügelkuppe›, Tokaj ‹Flußbiegung›, Balkány ‹morastiger Ort›, Csát ‹Quelle›). Bis ins 15. Jh. konnten die Petschenegen im Gebiet Csanád südl. des Maros-Flusses ihre Sonderrechte bewahren. Danach verlieren sich die Spuren des petscheneg. Volkstums.

Lit.: Herrmann 1986: 226 ff., Pálóczi-Horváth 1989: 7 ff.

Philister. Im 12. Jh. v. Chr. werden die Philister (hebräisch *Pelištim*, griech. *Fulistieim*) erstmals als eines der Seevölker (→ Mittelmeerraum) erwähnt, die Krieg gegen Ägypten zur Zeit Ramses III. (reg. 1187–1156 v. Chr.) führten. Nach ihrer Niederlage gegen die ägypt. Armee wurden die Philister als Vasallen in der Küstenebene der histor. Landschaft angesiedelt, die nach ihnen den Namen Palästina (< Philistina) erhielt (s. Karte S. 194–195). Im Zusammenhang mit ihrer Expansion ins Inland gerieten sie in einen Interessenkonflikt mit den landnehmenden Stämmen der Israeliten. Insb. war das Siedlungsgebiet der Leute vom Stamm Dan umstritten. Die Daniter wichen dem militär. Druck der Philister und zogen sich in den Norden Israels zurück (Richter 18).

In den ältesten Erwähnungen des Alten Testaments werden die Philister auch als Kaftoriter bezeichnet (1. Mose 10, 14). Der Name weist auf die Insel Kaphtor (bzw. Kaftor, ägypt. Keftiu) hin (Amos 9, 7), die mit Kreta identifiziert wird. In der materiellen Kultur der Philister und in einigen ihrer kulturellen Institutionen sind deutl. Parallelen zu den altägäischen Kulturen erkennbar. So weist die Keramik der Philister nach ihrer Formgebung und nach dem Motivschatz ihres ornamentalen Dekors auf die aus Zypern bekannte spätmyken. Tradition. Obwohl bislang nur Fragmente beschrifteter Objekte in den Kulturzentren der Philister gefunden worden sind, gilt als gesichert, daß die Philister eine Schriftart (Philisto-Minoisch) verwendeten, die eng mit den Linearschriften des ägäischen Raums (insb. mit dem Kypr.-Syllab.) affiliiert ist.

Die Philister waren in einem Städtebund (Pentapolis ‹fünf Städte›) geeint, zu dem Gasa, Aschdod, Askalon, Ekron und Gat gehörten (Josua 13, 3). Die polit. Geschichte der Philister steht im Zeichen ständiger Grenzstreitigkeiten mit den Israeliten. Von der kurzen Periode ihrer Unterwerfung (2. Samuel 5, 17 ff.) durch König David (gest. 966 v. Chr.) abgesehen, waren Philister und Israeliten unabhängige Rivalen im Kampf um die Kontrolle des palästin. Hinterlandes. Ende des 8. Jh. v. Chr. wurden die Philister von den → Assyrern unterworfen. Danach werden sie nicht mehr erwähnt. Ihr Volkstum ging eine Fusion mit den semit. Völkerschaften ein, die Palästina später besiedelten.

Lit.: Brug 1985, Garbini 1997, Hennig 1995: 696 f.

Phönizier. Das Kernland der phöniz. Siedlung war die Landschaft Phönizien (griech. Foinike, latein. Phoenicia), die ihrem Namen entsprechend im Altertum als Purpurland bekannt war. Der einheim. Name Phöniziens war Kanaan, eine Namenform, die wohl hurrit. Herkunft ist. Diese Landschaft erstreckte sich im nördl. Teil des Nahen Ostens und umfaßte den Küstenstreifen Syriens, des Libanon und Israels (s. Karte S. 194–195). Bereits im 3. Jt. v. Chr. kreuzten sich in Phönizien die wichtigsten Handelsrouten des Nahen Ostens, die Verbindungen nach Ägypten (→ Ägypter) im Süden und Mesopotamien im Osten herstellten. Neben Purpur war Bauholz (v. a. Zedern aus dem Libanon) eine begehrte Handelsware, die in die Anrainerstaaten des Mittelmeeres und in den Mittleren Osten exportiert wurde.

Im 2. Jt. erweiterten sich die Handelskontakte nach Zypern, in die Ägäis und ins syr. Hinterland. Zu den frühen Handelszentren gehörten die Hafenstädte Byblos, Tyros, Sidon und Berytos. In jener Zeit stand Phönizien unter der Vorherrschaft Ägyptens. Die Stadtstaaten genossen allerdings einen polit. Freiraum, den man als begrenzte Selbstverwaltung bezeichnen kann. Nach der Invasion der Seevölker (→ Mittelmeerraum) bald nach 1200 v. Chr. lockerte sich die ägypt. Herrschaft zunehmend, und die phöniz. Stadtstaaten erlebten ab 1100 v. Chr. eine Periode polit. Unabhängigkeit. Erst im 9. Jh. v. Chr. gerieten die Hafenstädte Phöniziens wieder in Abhängigkeit, zunächst wurden sie den → Assyrern tributpflichtig. Es folgten Perioden der Vorherrschaft der → Babylonier, der Perser, der → Mazedonier unter Alexander dem Großen sowie der → Römer. Als Phönizien im Jahre 64 v. Chr. in die Provinz Syria eingegliedert wurde, hatte es seine frühere Rolle im Handelsverkehr des östl. Mittelmeerraums bereits verloren.

In der Periode zwischen ca. 1100 und ca. 700 v. Chr. erlebte die phöniz. Kolonisation im Mittelmeerraum ihre Blütezeit. Damals gründeten die Phönizier Handelszentren weit entfernt von den Heimathäfen. Besonders aktiv bei der Einrichtung von Kolonien war Tyros. Im Mittelmeer gab es zwei Hauptrouten, die von phöniz. Schiffen befahren wurden, und zwar eine südl. an der Küste Nordafrikas entlang und eine nördl., über Kreta und Thera, an der Südküste Griechenlands entlang bis nach Italien und Sardinien. Zypern entwickelte sich durch den phöniz. Handel zu einer Drehscheibe zwischen dem östl. Mittelmeerraum, der Ägäis und dem Westen. Am Handel waren nicht nur die Phönizier selbst, sondern auch Vertreter anderer Völker beteiligt. Seit kurzem ist bekannt, daß viele Unternehmungen von Phöniziern und Zyprern gemeinsam organisiert wurden, sozusagen als Joint Ventures. Kypr. Waren und kypr. kultureller Einfluß sind bis zur Pyrenäenhalbinsel gelangt.

Zu den ältesten phöniz. Stützpunkten im westl. Mittelmeer gehört Gades (das heutige Cádiz) im Mündungsgebiet des Guadalquivir. Das um 1100 v. Chr. gegründete Gades lief seinem Rivalen, dem weiter westl. gelegenen Tartessos, schon bald den Rang ab. Die Kolonien in Nordafrika, Hippo Regius, Utica und Karthago, entstanden im 9. Jh. v. Chr. An der Nordküste Siziliens blühte Panormos (das heutige Palermo) auf, auf Sardinien richteten sich die Phönizier in Tharros, Nora, Bithia und an anderen Orten ein. Am weitesten entfernt von Phönizien lag Mogador an der Atlantikküste Marokkos. Über die Fernroute ins westl. Mittelmeer führte auch der Weg phöniz. Handelsschiffe nach Britannien, von wo begehrte Rohstoffe wie Zinn, Blei und Eisen in den Nahen Osten geholt wurden.

Die Mehrheitsbevölkerung in Phönizien waren die Phönizier (griech. *Foinikioi*, latein. *Phoenicii*), die sich im 2. Jt. v. Chr. als Volk mit kulturell-sprachl. Eigenprofil aus dem Kontinuum der altkanaanit. Populationen (→ Kanaaniter) ausgliederten. Sprachl. sind die Phönizier mit anderen nordwestsemit. Völkern verwandt, und zwar mit den → Aramäern, Israeliten und → Moabitern. Ein jüngeres Entwicklungsstadium des Phöniz. ist die Sprachform der → Karthager (Punier) in Nordafrika. Das Volkstum der Phönizier ging in dem der arab. Bevölkerung auf, die in Phönizien seit der Spätantike siedelte. In den von Phöniziern gegründeten Kolonien des westl. Mittelmeeres assimilierten sich die Phönizier an die lokale Mehrheitsbevölkerung. Sprachl. läßt sich das Phöniz. in seiner jüngeren Variante, dem Karthag., noch bis ins 6. Jh. n. Chr. nachweisen. Zur Zeit der arab. Migrationen im 7. Jh. hatte sich das Phöniziertum im ethn. Sinn bereits aufgelöst.

Die Phönizier sind für ihre regen Handelskontakte im gesamten Mittelmeerraum bekannt. Weniger bekannt ist, daß sie auch polit. Einfluß nahmen. So wurde für einige Jahre das Geschick der Großmacht Rom von einem Phönizier bestimmt. Dies war Kaiser Septimius Severus (reg. 193 bis 211 n. Chr.). Er stammte aus einer phöniz. Familie, die nach Afrika immigiriert war. Seine Heimatstadt war Leptis Magna in Tripolitanien. Septimius verbrachte die meisten Jahre seiner Regierungszeit in den röm. Provinzen. Er dehnte die Grenzen des Imperium Romanum weit nach Osten aus. Während einer mehrjährigen Kampagne im Norden Britanniens starb er in Eburacum Cassiodor (York).

Weder das phöniz. Volkstum noch die phöniz. Sprache haben die Zeit überdauert. Das phöniz. Alphabet aber hat in transformierter Form seinen Weg in die ganze Welt gefunden. Ohne dieses phöniz. Kulturerbe ist unsere moderne Schriftlichkeit kaum vorstellbar. Der älteste Ableger der phöniz. Schrift ist im kulturellen Milieu Kretas entstanden, wo im Verlauf des 9. Jh. v. Chr. die älteste europ. Alphabetschrift entstand. Damit wurden eine Zeitlang nicht nur das Griech., sondern auch das Eteokret., die Sprache der Nachkommen der → Minoer, geschrieben. Die Phönizier transferierten ihre Schrift bis nach Spanien, wo die lokalen Schrifttraditionen (die turdetan. Schrift der → Tartessier, die südwestl. Schriftvariante der → Iberer) entscheidend geprägt wurden. Der griech. Schriftableger des phöniz. Alphabets hat seinerseits zahlreiche weitere Schriftarten hervorgebracht, das etrusk., latein., kyrill. und andere Alphabete.

Lit.: Birley 1999, Gehrig/Niemeyer 1990, Martín Ruiz 1995, Moscati 1988a, b, Niemeyer 1989

Phryger. Die Namengeber für die histor. Landschaft Phrygien, die Phryger (griech. *Frugioi,* latein. *Phrygii*), wanderten im 12. Jh. v. Chr. ein. Nach dem Zeugnis der antiken Quellen sollen sie aus der Balkanregion (Mazedonien, Thrakien) stammen. Im 8. Jh. v. Chr. konsolidierte sich unter der Herrschaft von Midas II. (reg. 738 bis 696 v. Chr.) ein phryg. Großreich mit der Hauptstadt Gordion. Im Westen grenzte es an Lydien, im Süden erstreckte es sich bis nach Kilikien, im Osten über das Flußtal des Halys hinaus (s. Karte S. 194–195). Das phryg. Reich wurde in den Jahren 696 und 695 v. Chr. von den → Kimmeriern zerstört.

Später kamen die Phryger unter lyd. Herrschaft (spätes 7. Jh. v. Chr.). Seit der Mitte des 6. Jh. v. Chr. stand Phrygien unter der polit. Kontrolle des Perserreiches und wurde geteilt, in ein nördl. Klein-Phrygien und ein südl. Groß-Phrygien. Nach der Invasion der kelt. → Galater (277–74 v. Chr.) wurde Phrygien erneut geteilt, diesmal in einen östl. Teil (Galatien) und in einen westl. Teil, der dem Territorium des Reiches von Pergamon eingegliedert wurde. Dieser Teil gehörte seit 133 v. Chr. zur röm. Provinz Asia. Mit der Ausdehnung des Imperium Romanum geriet ganz Phrygien unter röm. Oberherrschaft, und seit der Regierungszeit von Diokletian (reg. 284–316 n. Chr.) wurde die Region als Phrygia I und Phrygia II verwaltet.

Das wichtigste Kulturzentrum Phrygiens war Pessinus (rund 130 km südwestl. von Ankara) mit dem Kybele-Heiligtum. Im 3. Jh. v. Chr. übernahmen die Galater die Verwaltung und das Ritual-wesen in Pessinus. Von dort gelangte der Kybele-Kult nach Rom. Über diplomat. Vermittlung Pergamons wurde es den → Römern erlaubt, den schwarzen Meteoriten, der als Symbol der Göttin im Heiligtum von Pessinus verehrt wurde, nach Italien zu bringen. Dort wurde der mag. Stein in eine Bronzestatue der Kybele einge-lassen, der im Jahre 191 v. Chr. ein Tempel auf dem Palatin errichtet worden war. Der Kybele-Kult entwickelte sich bis zur Spätantike zum mächtigsten der heidn. Kulte in Rom.

Die Phryger waren ein Volk mit indoeurop. Sprache und, zumin-dest in der Frühzeit, mit indoeurop. Kulturtraditionen. Das Phryg. gehört zwar zum Kreis der altanatol. Sprachen, steht aber im Unter-schied zu den anderen, näher miteinander verwandten Sprachen Anatoliens (Hethit., Luw. u. a.) isoliert. Ähnl. wie das Alban. in der indoeurop. Sprachfamilie repräsentiert auch das Phryg. einen eige-nen Sprachzweig.

Bis ins 6. Jh. v. Chr. bewahrte die phryg. Kultur eigenständige Züge. Danach wurde sie von der griech. Kultur überformt. Im 8. Jh. v. Chr. adaptierten die Phryger die westl. Variante der griech. Schrift und paßten sie ihrer Sprache an. Aus der Zeit zwischen dem 8. und 4. Jh. v. Chr. sind mehr als 250 altphryg. Inschriften erhalten. In der Zeit zwischen dem 1. und 4. Jh. n. Chr. erlebte die phryg. Schriftkultur eine Nachblüte. Aus jener Periode sind 110 neu- bzw. spätphryg. Inschriften überliefert. Im 7. Jh. ist das Phryg. endgültig untergegangen.

Lit.: Akurgal 1990: 498 ff., Mallory/Adams 1997: 418 ff.

Pikener. Das → ital. Volk der Pikener (Picener), die am nächsten mit den → Umbrern und → Sabellern verwandt sind, bewohnte die Region Picenum an der Adriaküste (s. Karte S. 148). Dieses Gebiet wurde im Norden durch den Apennin begrenzt und reichte im Süden bis Aternus (Pescara). Die Pikener gerieten im Jahre 268 v. Chr. unter die Botmäßigkeit der → Römer und akkulturierten sich in der Folgezeit.

Lit.: Amiotti et al. 1994: 89 ff., Lopes Pegna 1967: 140 ff.

Pikten. Bis in die röm. Ära bevölkerten die Pikten den größten Teil Schottlands. Das pikt. Volkstum stellte sich als Verbund zweier kulturell wie sprachl. eng verwandter Stämme der → Kelten dar: Kaledonier (*Caledonii*) und Maeatae (*Miathi*). Erstere waren namengebend für die latein. Bezeichnung Schottlands, Caledonia. Das ethn. Eigenprofil der lokalen Bevölkerung Schottlands gliederte sich zu Beginn unserer Zeitrechnung aus dem Kontinuum der kelt. Populationen Britanniens aus, die die Brit. Inseln seit dem 4. Jh. v. Chr. in sukzessiven Migrationen bevölkert hatten.

Die Pikten traten im Zusammenhang mit der röm. Kolonisation Britanniens ins Licht der Geschichte. Von den → Römern wurden sie seit dem 2. Jh. n. Chr. *Picti* (wörtl. ‹die Bemalten›) genannt, offensichtl. ein Hinweis auf die Sitte der Kelten, sich zu tätowieren. Die röm. Namenform *Picti* ist jedoch die volksetymolog. Entstellung eines pikt. Wortstammes (*Pit-*), der sich bis heute in zahlreichen Ortsnamen erhalten hat (z. B. Pitlochry, Pittenweem). Er leitet sich von pikt. *pett* (‹Landparzelle›) ab und weist offensichtl. auf Wohnbezirke pikt. Siedlungsgruppen hin.

Das Siedlungsgebiet der Pikten verblieb außerhalb des röm. Territoriums und wurde durch den von Antoninus Pius im Jahre 142 n. Chr. errichteten nördl. Limes (Antonine Wall) abgegrenzt. Die pikt. Stämme unternahmen im 3. und 4. Jh. zahlreiche Raubzüge in röm. Gebiet. In nachröm. Zeit, ab dem 5. Jh., drangen gäl. Siedler aus Irland ein und nahmen die Ländereien, die sich für den Ackerbau eigneten, nach und nach in Besitz. Der Kontrast zwischen den beiden kelt. Ethnien, den christl. Gälen und den Pikten mit ihren lokalen polytheist. Kulten, beeindruckte die Zeitgenossen in besonderem Maße. Um 540 beschrieb der angelsächs. Mönch Gildas die Pikten als unwürdige Heiden, als «Gewürm», das in Felsspalten lebe. Die Christianisierung der Pikten wurde von deren bekanntestem König, Bridei mac Maelcon, ab Mitte des 6. Jh. betrieben. Dies änderte allerdings wenig an dem Interessenkonflikt zwischen Pikten und Gälen. Im 9. Jh. gaben die Pikten ihren jahrhundertelangen Widerstand auf und fügten sich in die von den Gälen eingeführte soziale Clanordnung. Der Prozeß der fortschreitenden Assimilation an die Mehrheitsbevölkerung war nach zeitgenöss. Berichten im 12. Jh. abgeschlossen.

Das Pikt. gehört zum Kreis der inselkelt. Sprachen und ist am nächsten mit dem Kymr. und dem ausgestorbenen Korn. verwandt. Das pikt. Namenmaterial, das in mittelalterl. Quellen Schottlands erhalten ist, ist häufig gäl. entstellt. Reichhaltig überliefert allerdings sind pikt. Personennamen (z. B. Drosten, Uoret, Nehton u. a.). Erhalten sind knapp 40 Inschriften in Pikt., davon 7 im latein. Alphabet und 32 in der Ogham-Schrift, die von den gäl. Siedlern aus Irland nach Schottland gebracht worden war. Es wird vermutet, daß sich im Pikt. die Reste vorkelt. Sprachen erhalten haben. Die archäolog. Hinterlassenschaft älterer Populationen Schottlands kann bis ins 6. Jt. v. Chr. datiert werden. Seit etwa 3000 v. Chr. waren die Orkney-Inseln ständig besiedelt. Aufgrund der Spärlichkeit der pikt. Sprachreste bleiben solche Annahmen jedoch spekulativ.

Anklänge an die Geschichte der Pikten findet man in den Ossian-Dichtungen des Schotten James Macpherson (1736–1796). Sie ranken sich um die myth. Figur des Ossian, eines im Alter erblindeten Helden des 3. Jh., der in seinen Gesängen die Taten seines Vaters, des Königs der Kaledonier, feiert.

Lit.: Laing/Laing 1993, Laing 1994, Sutherland 1994

Powhatan. Die wenigen Indianer, die heute noch als Nachkommen des Volkes der Powhatan in verschiedenen Streusiedlungen im Osten des US-Bundesstaates Virginia leben, sprechen schon lange nicht mehr die Sprache ihrer Vorfahren. Das Powhatan gehörte zur östl. Gruppe der Algonkin-Sprachen. Es gibt kein Gefühl kultureller Zusammengehörigkeit mehr bei den Resten der Powhatan. Das Einzige, was von ihren Traditionen übrig geblieben ist, ist die nostalg. Erinnerung an die Rolle der Vorfahren im Kontakt mit den europ. Einwanderern zu Beginn der brit. Kolonialzeit.

Damals ist eine Legende entstanden: Pocahontas (ca. 1596–1617), auch Matoaka genannt. Sie war die Tochter des Häuptlings der Powhatan, Wahunsunacock. Pocahontas gewann das Vertrauen der Siedler und trat als Kurierin und Vermittlerin zwischen Weißen und Indianern auf. Ihrem Verhandlungsgeschick ist es zu verdanken, daß die weißen Siedlungen in Virginia – die älteste war Jamestown (1607) – nicht vernichtet wurden. Der Anführer der Siedler, John Smith, verfaßte seine «Generall Historie of Virginia, New-England, and the Summer Isles» (1624) und begründete damit das legendäre Image der «Prinzessin» der Algonkin. Als «Lady Rebecca» lebte die zum Christentum konvertierte Pocahontas in Jamestown, heiratete einen Witwer namens John Rolfe und hatte einen Sohn mit ihm. Im Juni 1616 reiste Pocahontas mit ihrer Familie und einigen anderen Indianern nach England und wurde als «la belle sauvage» (‹die schöne Wilde›) wie eine Gesandte aus königl. Geblüt empfangen. Nur wenige Monate später, im März 1617, starb Pocahontas. Sie wurde in der Kirche von St. George in Gravesend (Kent) beigesetzt.

Lit.: Fausz 1996, Gunn Allen 2003

Polaben → Elbslawen

Protobulgaren. Die Protobulgaren waren ein → Turkvolk, das gegen Ende der Antike geschichtl. bezeugt ist. Die Protobulgaren hatten im Bund mit den → Hunnen im 5. Jh. n. Chr. im nördl. Schwarzmeergebiet ein Reich gegründet, das im 7. Jh. unter Khan Kuvrat seine Blütezeit erlebte. Im Jahre 679 zerfiel es unter dem Ansturm der → Chasaren. Teile der protobulgar. Bevölkerung unter Führung ihrer Elite wanderte nach Westen ab (s. Karte S. 102–103). Gegen Ende des 7. Jh. n. Chr. überquerten sie die Donau und siedelten sich südl. des Flusses an. Diesem epochemachenden Ereignis in der Bevölkerungsgeschichte Südosteuropas verdanken die sog. Donaubulgaren ihren Namen. In Bulgarien herrschten sie als Elite über südslaw. Stammesverbände. Rund 150 Jahre dauerte die türk. Vorherrschaft in Bulgarien. Erst 852 bestieg der erste Slawe, Boris I., den bulgar. Zarenthron.

Seit dem 9. Jh. assimilierten sich die Donaubulgaren verstärkt an slaw. Brauchtum und an das Südslaw. (Bulgar.). Alte Traditionen der Donaubulgaren hielten sich aber noch lange. In der Zeit zwischen dem 8. und dem Beginn des 11. Jh. sind Felsritzungen in der Gegend von Pliska und Preslav entstanden. In den Motiven und narrativen Sequenzen, wozu auch der gelegentl. Gebrauch von Kerbschriftzeichen gehört, sind zwei kulturelle Entwicklungsstadien zu unterscheiden, eine vorchristl. und eine christl.

Lit.: Benzing 1959, Haarmann 2002a: 170 f., Herrmann 1986: 64 ff., Pohl 2002: 227 f.

Pruzzen, auch: Altpreußen. Die Pruzzen sind die Namengeber für die histor. Landschaft Preußen. Ihr Verbreitungsgebiet konzentrierte sich insb. an der Ostseeküste. Die Vorfahren dieser westl. → Balten waren sehr wahrscheinl. die *Aestiorum gentes* (bzw. *Aestii*), die im 45. Kap. des Werks «Germania» (um 100 n. Chr.) des röm. Historiographen Publius Gaius Cornelius Tacitus (ca. 56 bis nach 118 n. Chr.) erstmals erwähnt werden. Die → Römer hatten an jener Region wegen des Bernsteinhandels ein besonderes Interesse. Die alte Handelsstraße führte von der preuß. Ostseeküste quer durch Mitteleuropa bis nach Norditalien. Die *Aestii* werden von Tacitus als ein Volk von Bernsteinsammlern beschrieben. Trotz der Ähnlichkeit des Namens mit dem der Esten, einem finnougr. Volk, paßt die Beschreibung des Tacitus über die Wohnsitze und die Lebensgewohnheiten der *Aestii* nicht zu den Ostseefinnen.

Die *Aestii* werden erneut in dem Werk «Getica» (bzw. «De origine actibusque Getarum», Cap. XXIII) des got. Historiographen Jordanes (6. Jh.) erwähnt. Jordanes zählt sie zu den Stämmen, die von den → Goten unterworfen worden seien. In den Reisebeschreibungen des arab. Geographen Ibrahim ibn-Jakub (ca. 956) werden die Pruzzen erstmals bei ihrem histor. Namen (*B(u)rus*) genannt. Von dieser Namenform leiten sich verschiedene Varianten des Ethnonyms ab, die in den Quellen des Mittelalters und der Neuzeit zu finden sind (*Pruzze, Prousi, Borussus*).

Die Pruzzen sind der einzige histor. faßbare Stammesverband der Westbalten. Die übrigen balt. Völker (die untergegangenen → Kuren sowie die Letten und Litauer) sind solche der ostbalt. Gruppe. Die Sprache der Pruzzen, das Pruzz. oder Altpreuß., ist aus Textsammlungen und Glossaren des 16. Jh. bekannt. Die Aufzeichnungen wurden sämtl. von deutschsprachigen Pastoren gemacht, für die das Altpreuß. eine Fremdsprache war. Hierzu gehören ein 800 Wörter umfassendes deutsch-altpreuß. Glossar («Elbinger Vokabular»), eine Liste von 100 Wörtern in der «Preuß. Chronik» von Simon Grunau und drei Übersetzungen des luther. Katechismus.

Seit Ende des 10. Jh. wurden von Polen aus Missionierungsversuche bei den Pruzzen unternommen. Der Deutsche Ritterorden, dem 1226 durch päpstl. Autorität die Eroberung des Pruzzenlandes genehmigt worden war, organisierte zwei Kreuzzüge (1231 von Thorn aus, 1233 von Kulm aus) nach Preußen. Wegen des anhaltenden Widerstands der Pruzzen gelang die Eroberung endgültig erst im Jahre 1283. Das Siedlungsgebiet der Pruzzen wurde in das Territorium des Deutschen Ritterordens eingegliedert. Bis zum Beginn des 14. Jh. war die Christianisierung der Westbalten im wesentl. abgeschlossen. Die Pruzzen haben sich spätestens gegen Ende des 17. Jh. vollständig an das umgebende Deutschtum akkulturiert, und ihre Sprache wurde im Generationenwechsel zugunsten des Deutschen aufgegeben.

Lit.: Kilian 1980, Mallory/Adams 1997: 46 ff., Smoczynski/Holvoet 1992, Smoczynski 1998

Punier → Karthager

Punt. Seit der Antike hat der sagenumwobene Name Punt die nostalg. Vision eines untergegangenen Reiches evoziert, das reich an Schätzen war. In der Tat produzierte Punt exotische Handelswaren, die in vielen Ländern begehrt waren: Gold, Weihrauch, das aromat. Baumharz (Boswellia, ägypt. *senetjer*), und Myrrhe (Commiphora, ägypt. *'antyu*). Ab der Mitte des 3. Jt. v. Chr. wurden diese Waren nach Ägypten exportiert.

Darüber, wo das Land Punt einst lag, ist viel spekuliert worden.

Als mögl. Regionen sind das Gebiet des heutigen Somalia und des Jemen genannt worden. Neuere Forschungen weisen auf das östl. Grenzgebiet zum Sudan und auf Eritrea. Dorthin führte wohl die Reise, die die ägypt. Pharaonin Hatschepsut (reg. 1479–1458 v. Chr.) unternahm, um die polit. und wirtschaftl. Kontakte zwischen beiden Ländern zu pflegen. Diese Reise ist in einem Bilderfries am Totentempel der Regentin in Deir el-Bahri dargestellt.

Die wirtschaftl. Beziehungen zwischen Ägypten und Punt wurden südl. des 4. Nilkatarakts von Zwischenhändlern aufrecht erhalten. Bis ins 12. Jh. v. Chr. bestanden die Handelskontakte zwischen beiden Ländern. Dann verlieren sich die histor. Spuren Punts. Der ägypt. Handel konzentrierte sich danach auf die Karawanenstraße, die «Weihrauchstraße», im Westen der Arab. Halbinsel. In der Region, wo früher Punt existierte, blühten später verschiedene Reiche auf, das von Da'mat (ca. 650–350 v. Chr.) und das von → Aksum (2.–10. Jh. n. Chr.).

Es gibt keine Informationen darüber, wer die Bewohner des Reiches Punt waren. Falls die Lokalisierung von Punt im Grenzgebiet des Sudan zutrifft, kann es sich um kuschit. oder nilosaharan. (nub.) Bevölkerungsgruppen gehandelt haben. Von einem Volk von Punt ist nirgendwo die Rede.

Lit.: Bard 1999: 636f., Kitchen 1997

Pyu. Die älteste Bildung eines Königreichs auf dem Territorium des modernen Staates Myanmar (Burma) geht auf die Pyu zurück, ein mit den Burmesen verwandtes Volk, das bereits vor Beginn unserer Zeitrechnung aus dem nördl. Bergland nach Zentral-Myanmar eingewandert war. Inschriftl. sind die Pyu seit dem 3. Jh. n. Chr. bezeugt. Die erste Erwähnung stammt aus einer chines. Quelle. Das Reich der Pyu hatte drei sukzessive Zentren: seit dem 5. Jh. Thayekhettaya, dessen hinduist. Name Sri Ksetra ‹glückl. Feld› war, später Peikthanomyo und zuletzt Halingyi (ab dem 9. Jh.). Im Frühmittelalter machte sich bei den Pyu ein starker Einfluß ind. Kulturtraditionen bemerkbar. Die drei Hauptreligionen (Brahmanismus, Hinduismus, Buddhismus) waren im Pyu-Reich verbreitet und artikulierten sich außer im Kultleben auch in den Baustilen der Heiligtümer und anderer öffentl. Gebäude.

Die mit dem Burmes. eng verwandte Sprache der Pyu gehört zum tibeto-birman. Sprachzweig der sino-tibet. Sprachfamilie, deren Hauptvertreter das Chines. und Tibet. sind. Pyu wurde seit dem 7. Jh. geschrieben. Die Inschriften aus der Zeit vom 7. bis 13. Jh. enthalten viele Personennamen (insb. Königsnamen und solche von Adoranten) und sind zumeist buddhist. Inhalts. Die Bedeutung der Sprache der Pyu im öffentl. Leben dokumentiert der Text der viersprachigen Inschrift (in Pali, Mon, Pyu und Burmes.) auf einer Doppelstele im heiligen Bezirk des Myazedi-Stupa (südl. von Pagan).

Mehr Detailinformationen über die Pyu und ihr höf. Leben erfährt man aus chines. Quellen, in denen der Empfang zweier Gesandtschaften der Pyu beim Tang-Kaiser in den Jahren 800 und 802 beschrieben wird. Aus chines. Quellen wird die Nachwelt auch über den Niedergang des Pyu-Reiches informiert, das unter den Expansionsdruck der von Süden vorstoßenden Mon geriet und 832 erobert wurde. Danach zogen sich die Pyu aus der Ebene ins Landesinnere zurück und reorganisierten ihr Reich im Einzugsbereich der Handelsstraße, die China mit Indien verband. Vom 9. bis 12. Jh. werden sie in pers. und arab. Quellen erwähnt.

Reste der Pyu-Bevölkerung verblieben in Zentral-Myanmar und sind noch im 14. Jh. in der Region der burmes. Königsstadt Pagan bezeugt. In späterer Zeit werden sie nicht mehr erwähnt. Die Pyu haben sich allmähl. an die burmes. Mehrheitsbevölkerung assimiliert, mit der sie seit dem späten Mittelalter in ständigem Kontakt standen.

Lit.: Dittmar 1989: 317 ff., Luce 1985

Q

Quaden. Die erste Erwähnung der elbgerman. Quaden (latein. *Quadi*) geht auf das Jahr 21 n. Chr. zurück. Damals siedelten die Quaden vorwiegend an der March (Südmähren) und über die Waag und Gran hinaus (Westslowakei). Sie gingen ein Bündnis mit den → Markomannen ein und führten als deren Verbündete Krieg gegen die → Römer (Markomannenkriege zwischen 166 und 180). Zusammen mit den → Sarmaten unternahmen die Quaden seit 260 erneute Einfälle in röm. Territorium. Nachdem sie in zwei Kriegen (357/58 und 374/75) von den Römern besiegt worden waren, löste sich der Stammesverband zusehends auf. Ein Teil zog mit → Vandalen und → Sueben bis nach Spanien und siedelte in Galicien. Andere Gruppen schlossen sich den → Langobarden an und drangen mit diesen 568 nach Oberitalien ein.

Lit.: Brunner et al. 1993/3: 226

R

Räter. Die Räter (latein. *Raeti*) waren eines der nichtindoeurop. Völker Italiens (s. Karte S. 148). Nach röm. Überlieferung hätten sie ursprüngl. in der norditalien. Tiefebene gesiedelt und wären den kelt. Einwanderer gewichen, die um 400 v. Chr. nach Norditalien vordrangen. Für diese vermeintl. Siedlungsbewegung der Räter gibt es aber keine archäolog. Beweise. Das Kernland der histor. Siedlung der Räter in der Region Südtirol (im Gebiet der italien. Provinzen Trento und Bozen/Bolzano) trägt bis heute den Namen seiner vorröm. Bewohner (Rät. Alpen). Die heutigen Rätoromanen ihrerseits haben ihren Namen vom Bezug auf die Region, nicht auf die Urbevölkerung.

Die Römer hielten die Räter für ein mit den → Etruskern stammesverwandtes Volk. Diese Beobachtung ist von der modernen Forschung insofern bestätigt worden, als das Rät. und Etrusk. als entfernt miteinander verwandte Sprachen identifiziert werden. Wann sich die beiden Sprachen ausgegliedert haben, ist gänzl. unbekannt, da die Spärlichkeit des rät. Sprachmaterials keine Rekonstruktion eines protosprachl. Stadiums für das Rät. und Etrusk. erlaubt. Das Rät. war als Schriftsprache in Gebrauch. Überliefert sind rund 200 Inschriften in einer Variante des etrusk. Alphabets.

Lit.: Amiotti et al. 1994: 19 ff., Schumacher 1992

Römer. Als ein Volk im ethn. Sinn haben Römer nie existiert. Sie als solches zu bezeichnen, beruht auf einer begriffl. Verzerrung antiker Verhältnisse in der Neuzeit. In der histor. Rückblende der europ. Geschichtsbetrachtung im Zeitalter des Nationalismus wurden die Römer leichthin zu einem Volk gemacht, wohl in dem Bedürfnis, die Träger der röm. Kultur mit einem Kollektivbegriff zu identifizieren, der mit den Auffassungen über Kulturnationen des 18. und 19. Jh. konform ging. In der Antike wurden Begriffe wie ‹Römer› (latein. *Romanus*) und ‹Römertum› (latein. *Romanitas*) auf verschiedene Sachverhalte bezogen:

- Römer = gebürtiger Römer: Einwohner der Stadt Rom, der dort geboren wurde und dort lebte. In der Anfangszeit waren die Einwohner Roms → Latiner, die von einer etrusk. Elite (→ Etrusker) regiert wurden.
- Römer = Bürger der Stadt mit Bürgerrecht: Angehöriger der aristokrat. Sozialschicht der Stadt Rom. Die röm. Aristokratie war in Sippen (*gentes*) gegliedert. Bürgerrecht besaßen in der Anfangszeit nur die *gentiles*.
- Römer = freier Bürger der Stadt: Als Römer galten Freie (d. h. Nichtsklaven), unabhängig davon, ob sie in Rom geboren wurden oder von außerhalb gekommen waren, um in der Stadt zu wohnen. Außer aus Latium kamen Zuwanderer auch aus anderen Gegenden Italiens und aus den Provinzen des Reiches, darunter so Prominente wie Plautus aus Umbrien, Ennius aus Kalabrien, Vergil aus Andes (bei Mantua), Horaz aus Venusia (Venosa), Ovid aus Sulmo (Sulmona), Seneca aus Corduba (Córdoba) usw.
- Römer = freier Bürger des röm. Reiches: Ein freier Römer war jemand, der das Bürgerrecht des Imperium Romanum besaß, also kein Sklave oder Auswärtiger (Bürger eines Fremdstaates) war. Als freie Römer wurden lange Zeit nur die Einwohner Latiums und der von anderen Italikern (→ Oskern, → Umbrern, → Sabellern u. a.) bewohnten Landschaften bezeichnet (s. Karte S. 148), denen nach ihrer Unterwerfung das röm. Bürgerrecht zuerkannt wurde (z. B. den → Sabinern kollektiv im Jahre 241 v. Chr.) und von denen viele als Kolonisten (*colones*) in die Provinzen des Reiches abwanderten.
- Römer = freier Bürger des röm. Reiches ungeachtet seiner ethn. Volkszugehörigkeit: Im 3. Jh. n. Chr. wurde das Bürgerrecht auf alle freien Untertanen des Imperium Romanum ausgedehnt, so daß Italiker ebenso wie → Iberer, → Gallier, → Karthager (Punier), → Germanen und Angehörige anderer Völker das Recht hatten, sich «Römer» zu nennen.

Römersein als Bürger des Imperium Romanum war eine Frage des Lebensstils und der Gewohnheit, Latein. zu sprechen und Kosmopolit zu sein, und dabei spielten die Volkszugehörigkeit oder die Herkunft religiöser Traditionen, die man pflegte, keine wesentl. Rolle. Zentrum dieses Kosmopolitismus war die Stadt Rom selbst, wo einheim. ebenso wie fremde Kulte populär waren, wie die der Cybele (latein. für griech. Kybele), der Magna Mater, aus → Kleinasien oder der ägypt. Isis.

Die seit 395 n. Chr. bestehende Trennung des Weström. Reichs vom Oström. Reich läßt die polit. Identifizierung im Sinne der letztgenannten, weitesten Definition erkennen. Die Griechen nannten die Römer *Romaioi*. Im Sinn einer rein staatsbürgerl. Definition des Römertums wurden auch die Griechen seit Ende des 4. Jh. als

«Römer» bezeichnet. Um die «echten» Römer von den röm. Bürgern im Osten zu unterscheiden, waren im Griech. Namen wie *presbúteroi Romaíoi* ‹Weströmer› und *'eóoi Romaíoi* ‹Oströmer› in Gebrauch. Die polit. Sinngebung des Begriffs ‹Römertum› machte später auch die Identifizierung des Moskowiterstaats, des Fortsetzers des polit. Erbes von Byzanz, als «drittes Rom» möglich.

Lit.: Adkins/Adkins 1994, Giardina 1989, Haarmann 2003b, Jones 1997: 29 ff., Laurence/Berry 1998, MacMullen 2000

Rugier. Das Ethnikum «Rugier» bezieht sich auf zwei verschiedene Ethnien, die auch im Latein. leicht unterschiedl. benannt werden. Gemeinsam ist ihnen lediglich, daß sie – nacheinander – im gleichen Gebiet siedelten, auf der Ostseeinsel Rügen und im sich östl. davon erstreckenden Küstengebiet (Pommern). Man unterscheidet:

– German. Rugier: Das ursprüngl. Verbreitungsgebiet dieser ostgerman. Stammesgruppe, die von den → Römern *Rugi* oder *Rugii* genannt wurde, erstreckte sich zwischen Rügen und dem Küstenstreifen bis zur Weichselmündung. Die german. Rugier migrierten um die Mitte des 4. Jh. n. Chr. nach Süden und fanden neue Wohnsitze an der Donau, und zwar an der Peripherie der röm. Provinz Noricum Ripense. In das von ihnen verlassene Gebiet wanderten → Slawen ein. Die Rugier an der Donau waren eine Zeitlang von den → Hunnen abhängig, schlossen sich später den Ostgoten (→ Goten) an und zogen mit diesen im Jahre 489 nach Italien. Nach wenigen Generationen hatten sich die german. Rugier an die roman. Mehrheitsbevölkerung Italiens assimiliert.

– Slaw. Rugier (auch: Ranen): Die slaw. Rugier (latein. *Rugini*) ließen sich auf der Ostseeinsel Rügen nieder, nachdem die → Germanen von dort abgezogen waren. Dort bildeten sie ihr ethn. Eigenprofil aus. Sie waren bereits im Frühmittelalter den westl. Chronisten bekannt. Um 700 berichtete der Angelsachse Beda Venerabilis von den *Rugini*. Damals erweckten die Rügenslawen das Interesse angelsächs. Missionare. Auch arab. Geographen wurden im 9. Jh. auf die von ihnen *Arujanija* (oder *Arkanija*) genannten Rugier aufmerksam. Ihre Hauptstadt Arkona mit ihrer Tempelburg wurde im 12. Jh. von dem dän. Chronisten Saxo Grammaticus beschrieben.

Sie wurde im Jahre 1168 von den Dänen erobert. Die Rugier waren am Ostseehandel beteiligt und kontrollierten wohl auch zeitweilig den Schiffsverkehr. Ihr Einfluß scheint in dem Namen auf, den man der Region im Mittelalter gab: Mare Rugianorum (‹Meer der Rugier›). Die Rugier assimilierten sich später an die Kultur und Sprache der deutschen Zuwanderer, die das Gebiet im Laufe des Mittelalters übervölkerten.

Lit.: Brunner et al. 1993/3: 301, Herrmann 1986: 265 ff.

S

Sabäer. Von den frühen lokalen Königreichen, die sich zu Beginn des 1. Jt. v. Chr. in Südarabien konstituieren, ist das von Saba am bekanntesten. Seine weltweite Bekanntheit verdankt Saba zweifellos dem bibl. Bericht über den Besuch der Königin von Saba (arab. Bilkis) bei König Salomon (ca. 970–931 v. Chr.) in Israel (1. Kön. 10; 2. Chron. 9). Da ältere Schichten der südarab. Zivilisationen lange Zeit nicht entdeckt waren, glaubten viele Forscher, daß diese Erzählung eine Legende sei, die in die bibl. Geschichte eingewoben wurde, um den Ruhm Salomons zu feiern. Inzwischen ist bekannt, daß die Weihrauchstraße von Südarabien bis in den Nahen Osten mit Sicherheit bereits zu Zeiten Salomons in Betrieb war. Der Besuch der Königin von Saba könnte also durchaus stattgefunden haben. Die moderne Forschung hat außerdem bestätigt, daß es in den südarab. Reichen verschiedene weibl. Dynastien gegeben hat.

Die besonders begehrten Produkte des Fernhandels waren Weihrauch (Boswellia) und Myrrhe (Commiphora); beides hatten die → Ägypter im 2. Jt. v. Chr. aus dem sagenumwobenen Reich → Punt importiert. Die europ. Kulturwörter für diese Waren auf der Basis des Griech. (*libanos* ‹Weihrauch›, *myrrha/murra* ‹Myrrhe›) und Latein. (*libanus/olibanum* ‹Weihrauch›, *murra* ‹Myrrhe›) haben ihren Ursprung im Südarab., wahrscheinl. im Sabäischen. Die Sabäer traten die Nachfolge von Punt an, das um 1200 v. Chr. aus den Annalen verschwindet. Noch ein anderes Element der kulturellen Hinterlassenschaft der altarab. Zivilisationen hat bis heute fortlebt: die Genealogie des äthiop. Königshauses, das sich von Menilek, dem gemeinsamen Sohn der Königin von Saba und Salomon, herleitet. Die Verherrlichung Menileks als Stammvater der äthiop. Könige findet ihre sublime Ausdrucksform in einem der Hauptwerke der äthiop. Literatur, im «Kebrä nägäst» (‹Herrlichkeit der Könige›), das Anfang des 14. Jh. entstand.

Das Königreich von Saba, dessen Hauptstadt zunächst Sirwa, später Marib war, erstarkte im 6. Jh. v. Chr. und dehnte seine Herrschaft sukzessive auf die anderen lokalen Königreiche aus. Dazu gehörten die Reiche Main (das Reich der → Minäer), Qataban und Hadramaut. Das Reich von Hadramaut wurde endgültig erst im 3. Jh. n. Chr. den Sabäern untertan. Im 1. Jh. v. Chr. verloren die Sabäer die Kontrolle über die Karawanenstraßen. Dies war der Beginn des wirtschaftl. Niedergangs und der Schwächung der polit. Macht. Dies war auch die Zeit, als sich ausländ. Mächte bemühten, Südarabien zu kontrollieren. Die → Römer versuchten im Jahre 24 v. Chr. vergebl., Marib zu erobern. Zwischen ca. 325 und 360 n. Chr. dehnte das Reich → Aksum in Äthiopien seinen Herrschaftsbereich bis nach Südarabien aus. In jener Periode verbreitete sich das Christentum. 200 Jahre später, zwischen 535 und 565, war Saba äthiop. Kolonialgebiet. Um 570 wurde Südarabien Provinz des pers. Sassanidenreichs. Der letzte Satrap (pers. Statthalter) der Region trat im Jahre 628 zum Islam über.

Die altarab. Zivilisationen haben außer einer reichen materiellen Kultur eine blühende Schrifttradition hervorgebracht. Aus der Periode zwischen dem 8. Jh. v. Chr. und der Mitte des 6. Jh. n. Chr. sind Tausende von Inschriften erhalten. Die meisten sind in Relieftechnik in Stein gehauen, andere finden sich auf Metallgegenständen (vielfach aus Bronze). Die Texte sind in einer eigenen südarab. Variante der Alphabetschrift aufgezeichnet worden, hauptsächl. in sabäischer und minäischer Sprache.

Lit.: Breton 1998, Hoyland 2001, Yémen 1997

Sabeller. Nach röm. Überlieferung gliederte sich das Volk der Sabeller aus dem älteren Volk der → Sabiner durch ein archaisches Ritual aus, das *Ver sacrum*. Danach wurden Kolonisten aus dem Siedlungsgebiet eines Volkes ausgeschickt, um irgendwo neue Siedlungen zu gründen. Diese Neusiedler durften aber nicht zurückkehren. Wie die Sabiner gehörten die Sabeller zu den indoeurop. → ital. Völkern, am nächsten verwandt waren sie mit den → Oskern und → Umbrern. Den Sabellern werden verschiedene lokale Gruppen wie die → Äquer, Herniker, Päligner und → Samniten zugeordnet. Sprachl. Spuren des Sabell. haben sich bislang nicht mit Sicherheit nachweisen lassen.

Lit.: Brunner et al. 1993/3: 308, Devoto 1951: 160 f.

Sabiner. Dieses → ital. Volk gehört der Überlieferung zufolge zusammen mit den → Latinern zu den ältesten Bewohnern der Hügellandschaft, in der die Stadt Rom errichtet wurde (s. Karte S. 148). Die Sabiner sind am nächsten mit den → Umbrern verwandt. Sie wurden 290 v. Chr. von den → Römern unterworfen und ihre Siedlungen (Amiternum, Cures, Nursia, Reate) dem röm. Machtbereich angegliedert. Im Jahre 241 v. Chr. wurde den Sabinern das röm. Bürgerrecht zugesprochen. Die Verleihung des Bürgerrechts wurde später von dem röm. Schriftsteller Titus Livius in seinem monumentalen Werk «Ab urbe condita libri» (14 n. Chr.) myth.-historiograph. verklärt.

Der ebenfalls von Titus Livius («Ab urbe condita libri» 1, 9 ff.) dargestellte Raub der Sabinerinnen erzählt von einem Fest, das der Stadtgründer Roms, Romulus, veranstaltete, und zu dem auch die vornehmen Sabiner eingeladen waren. Da die Römer keine eigenen Frauen zum Fest geladen hatten, raubten sie die anwesenden Sabinerinnen. Ein Rachefeldzug der Sabiner gegen die Römer blieb aus, weil sich die Sabinerinnen zwischen die Kontrahenten stellten und Frieden erwirkten. Seither lebten Römer und Sabiner in friedl. Nachbarschaft.

Lit.: Brunner et al. 1993/3: 239, 308, Lopes Pegna 1967: 142 ff.

Sabr. Gegen Ende des 2. Jt. v. Chr. treten die semit. Populationen im Südwesten der Arab. Halbinsel ins Licht der Überlieferung. In der südwestl. Küstenregion hebt sich ein regionales materielles Kulturprofil ab, das der sog. Sabr-Kultur (ca. 1550–1200 v. Chr.). Ihre Träger, ein altarab. Volk, waren seßhafte Ackerbauern. Die Felderwirtschaft war über ein ausgeklügeltes Bewässerungssystem organisiert. Die Sabr-Leute unterhielten auch Fernhandelskontakte. Die Sabr-Kultur ist damit durch die Ingredienzen ausgezeichnet, die in den nachfolgenden Regionalkulturen, denen der → Sabäer und → Minäer, als Eckpfeiler des Wirtschaftslebens weiter ausgebaut werden. Die Sabr-Kultur war noch schriftlos, aber um die Wende vom 2. zum 1. Jt. v. Chr. setzte der Schriftgebrauch in Südarabien ein.

Lit.: Vogt/Sedov 1997

Sachsen. Der Name der Sachsen geht auf german. *Sahsnotas* (‹Schwertleute›) zurück. Die Römer nannten diesen german. Stamm *Saxones*. Zunächst waren die Sachsen ein einzelner Stamm im Kreis der Nordseegermanen. Im 2. Jh. n. Chr. erweiterte sich ihre gemeinschaftl. Organisation zu der einer Stammesgruppe bzw. eines Großstammes. Im 5. Jh. teilten sich die Sachsen (s. Karte S. 102–103) in die Gruppen, die nach England abwanderten (→ Angelsachsen) und in diejenige Bevölkerung, die auf dem Festland verblieb (Altsachsen).

Im 6. Jh. beherrschten die Sachsen große Teile im Nordwesten Deutschlands. In jener Zeit verstärkte sich aber der polit. Druck des Frankenreichs im Westen und der nach Westen expandierenden → Slawen jenseits der Elbe. Der polit. Interessenkonflikt mit den → Franken löste die Sachsenkriege aus, die Karl der Große (reg. 772–804, seit 800 als Kaiser) gegen die festländ. Sachsen führte und die mit deren Zwangschristianisierung endeten. Das alte Stammesrecht der Sachsen («Lex Saxonum», 802) wurde erst in christl. Zeit aufgezeichnet.

Das Volkstum der Sachsen in England ging in dem der Angelsachsen auf. Auf dem Festland bildeten sich in histor. Kontinuität die lokalen Identitäten der Westfalen, Ostfalen und der Thüringer heraus. Die heutigen Bewohner Sachsens sind also keine direkten Nachkommen des alten Stammes der Sachsen.

Lit.: Ahrens 1978, Herrmann 1986: 268 ff., Lammers 1970

Saken, auch: Sakas. Als Reiternomaden traten die Saken (griech. *Sakai*, latein. *Sacae*) im 1. Jt. v. Chr. im westl. Zentralasien auf (s. Karte S. 56–57). Sie werden bei Herodot (VII.64) im 5. Jh. v. Chr. erwähnt. Die Saken standen unter der Herrschaft verschiedener polit. mächtiger Nachbarvölker. Zeitweilig waren sie Vasallen des Perserreichs, später der → Hunnen (Hsiung-nu). Das im 3. Jh. v. Chr. gegründete Khotan (chines. Ho-t'ien) im Südwesten des Tarimbeckens wurde im 1. Jh. n. Chr. Zentrum eines Königreiches, das bis zur Periode der Islamisierung (um 1000) den Handel über die Südroute der Seidenstraße kontrollierte. Die Elite in diesem Oasenstaat waren Saken.

Sak. Bevölkerungsgruppen drangen zwischen 85 und 70 v. Chr. auch nach Nordwestindien ein. Die antiken Autoren (z. B. Ptolemäus VII.1.55, Dionysius Periegeta V.1088) nannten die Saken in Indien Indoskythen. Die Saken gründeten die «indoskyth.» Reiche unter Maues (reg. ca. 98–58 v. Chr.) und Azes I. (reg. 58–23 v. Chr.). Diese Reiche wurden nach wechselvoller polit. Geschichte endgültig erst von den Herrschern der Gupta-Dynastie, die ab 240 n. Chr. in Indien regierten, aufgelöst.

Die Saken waren → Iranier und eng mit den → Sarmaten und → Skythen verwandt. Ihre Sprache gehört zur Gruppe der ostiran. Sprachen. Sak. war seit dem 6. Jh. Amtssprache des Reiches von Khotan. Es diente auch als Handelssprache. Die meisten sak. Texte sind buddhist. Inhalts und stammen vorwiegend aus der Periode zwischen dem 8. und 10. Jh. Der Mahayana-Buddhismus wurde insb. von König Kaniska I. (reg. 78–101 n. Chr.) gefördert und verbreitete sich damals in ganz Zentralasien. Das Sak. wurde in einer Variante des ind. Gupta-Alphabets geschrieben, das sich seinerseits von der Brahmi-Schrift ableitet.

Lit.: Frédéric 1987: 147, 735, 971, Harmatta 1994: 191 ff.

Samaritaner, auch: Samariter. Die Samaritaner bewohnten die histor. Landschaft Samaria. Als Samaritaner wird die dortige israelit. Mehrheitsbevölkerung bezeichnet, die über intensive kulturelle und soziale Kontakte eine ethn. Fusion mit Bevölkerungsgruppen anderer Völker eingingen, die von den → Assyrern nach der Eroberung des Nordreichs Israel in den Jahren 722 und 721 v. Chr. nach Samaria deportiert wurden. Die Juden des Südens erkannten die Samaritaner trotz ihrer Bewahrung des jüd. Glaubens nicht als eigentl. Juden an. Dieses ethn. Stereotyp der anthropolog. «Unreinheit» dominierte die Beziehungen zwischen Juden und Samaritanern und produzierte ein soziokulturelles Prestigegefälle zwischen den Angehörigen beider Völker. Es wird auch in der Bibel thematisiert (→ Biblische Völker).

Die Samaritaner, deren Kultur stark von jüd. Traditionen überformt worden ist, adaptierten zur Schreibung ihrer Sprache die althebräische Schrift. Das Samaritan. hat sich bis heute in der Liturgie der kleinen jüd.-samaritan. Gemeinde in der palästin. Stadt Nablus erhalten. Ähnl. wie die → Kopten definieren sich die heutigen Samaritaner als religiöse Minderheit inmitten einer muslim. Mehrheitsbevölkerung.

Lit.: Haarmann 1992: 308 ff., Hennig 1995: 758 ff.

Samniten. Die Samniten (latein. *Samniti*) waren ein lockerer Bund verschiedener → ital. Volksstämme, wozu die Caraceni, Caudini, Frentani und Sidicini gehörten. Strabon (gest. 25 n. Chr.) bezeichnet die Samniten in seinen «Geographika hypomnemata» (V, 250) als zu den → Sabinern gehörend. Diese ursprüngl. in Mittelitalien (mittlerer Apennin) beheimateten samnit. Bevölkerungsgruppen drangen im 5. Jh. v. Chr. weiter nach Süden vor (in Richtung Campania und Lucania) und übervölkerten teilweise die dort ansässigen Gruppen der → Osker (s. Karte S. 148). Von den Samniten heißt es, sie hätten den Kult des heiligen Stiers gepflegt.

Lit.: Lopes Pegna 1967: 152 ff.

Sarmaten. Im Kräftespiel der Nomadenvölker, die im 1. Jt. v. Chr. den Steppengürtel im Süden Rußlands und in der Ukraine bevölkerten, waren die Sarmaten (griech. *Sauromatai, Sarmatai*, latein. *Sarmatae*) nach den → Kimmeriern und → Skythen die letzten, die das weite Gebiet von der Wolga bis an die untere Donau beherrschten. Die Griechen kannten die Sarmaten seit den Zeiten Herodots (5. Jh. v. Chr.) als Reiterkrieger und geschickte Bogenschützen. Es gab offensichtl., wie bei den Skythen, auch weibl. Krieger, was die Griechen zu der Annahme verleitete, die sarmat. wie die skyth. Kämpferinnen seien die Amazonen ihrer myth. Überlieferung.

Aus ihren ursprüngl. Wohnsitzen zwischen Don und Wolga drängten die Sarmaten im 3. Jh. v. Chr. nach Westen und verdrängten die Skythen aus dem Dneprgebiet (s. Karte S. 56–57). Mit den Griechen in den Kolonien an der Nordküste des Schwarzen Meeres standen die Sarmaten seit dem 2. Jh. v. Chr. in ständigem, teils friedl., teils krieger. Kontakt. Im Unterschied zu den Skythen akkulturierten sich die Sarmaten nicht, sondern behielten ihre nomad. Lebensweise bei. Dies spiegelt sich auch in ihrer Kunst (z. B. Tierdarstellungen), die kaum von der Ästhetik der Hellenen berührt war. Im 3. Jh. gerieten die Sarmaten unter die Herrschaft der → Goten, die sich in der Steppe und auf der Halbinsel Krim niederließen. Die → Hunnen vertrieben die Sarmaten schließl. im 4. Jh. aus der Steppe. Ein Teil der sarmat. Bevölkerung schloß sich den Hunnen an, andere Sarmaten zogen sich ins Kaukasusvorland zurück. Zusammen mit den Resten der → Alanen und Skythen ging ihr Volkstum in dem der Osseten auf.

Die Sprache der Sarmat. ist eng mit dem Skyth. verwandt. Beide gehören zur Gruppe der ostiran. Sprachen, wobei das Sarmat. eine jüngere Entwicklungsstufe repräsentiert. Das Sarmat. blieb schriftlos und ist ledigl. aus einigen Streuwörtern und Namen in den Werken antiker Autoren bekannt. Einzige Ausnahme ist eine kurze sarmat. Inschrift in griech. Schrift aus dem 10. Jh., die im Flußtal des Selentschuk (Nebenfluß des Kuban) gefunden worden ist. Im Wortschatz des Krimgot. finden sich einige sarmat. Lehnwörter. Bis heute erhalten haben sich verschiedene Entlehnungen sarmat. Herkunft im Ungar. (z. B. *híd* ‹Brücke›, *tölgy* ‹Eiche›). Diese Ausdrücke sind in die Sprache der Ungarn gelangt, bevor diese aus dem westl. Uralgebiet in Richtung Mitteleuropa migrierten. In ihrer ursprüngl. Heimat hatten die Ungarn in den ersten Jahrhunderten n. Chr. im Kontakt mit den Steppennomaden, u. a. den Sarmaten gestanden.

Lit.: Bell-Fialkoff 2000: 184 ff., Harmatta 1970, 1994: 465 ff., Sulimirski 1970

Seevölker → Mittelmeerraum

Sikaner. Die Sikaner (griech. *Sikanoi*, latein. *Sicani*) bewohnten den Süden Siziliens (s. Karte S. 148) und waren die westl. Nachbarn der → Sikeler. Ihre Kultur und Sprache waren wohl vor-indoeurop. und gehörten zum Mosaik der zahlreichen altmediterranen Kulturen im → Mittelmeerraum.

Lit.: Lopes Pegna 1967: 161 ff.

Sikeler. Dieses von den Griechen *Sikeloi*, von den Römern *Siculi* genannte Volk bewohnte den Südosten Siziliens (s. Karte S. 148). Die Sikeler waren namengebend für die Insel Sizilien, die bei den Griechen der Magna Graecia Sikelia hieß. Obwohl nur spärl. Sprachreste des Sikel. erhalten sind (wozu insb. Personen- und Ortsnamen in griech. Quellen gehören), kann aus einem Vergleich mit anderen Sprachen Italiens der Rückschluß gezogen werden, daß das Sikel. zum ital. Sprachzweig des Indoeurop. gehörte.

Die Sikeler wanderten wahrscheinl. von Norden her nach Sizilien ein. Im Zuge der griech. Kolonisierung der Ostküste Siziliens wurden sie seit dem 8. Jh. v. Chr. ins Inland abgedrängt. Bereits in vorröm. Zeit waren sie weitgehend akkulturiert. Das Volkstum der

Sikeler ging in dem der griech. Bevölkerung auf. Die → Römer dehnten den Namen *Siculi* auf alle Bewohner Siziliens aus.

Lit.: Lopes Pegna 1967: 161 ff.

Simbabwe. Die Ruinenstätte, die auch dem heutigen Staat seinen Namen gab, liegt am südl. Rand des Hochlands. Siedlungsspuren lassen sich hier seit dem 11. Jh. nachweisen. Im 13. Jh. wurde der monumentale Mauerring (great enclosure) erbaut (Länge: über 250 m, Höhe: stellenweise mehr als 10 m, Breite an der Basis: bis 5,5 m). Die Mauerung ist in einer ähnl. Technik ausgeführt, wie sie von den Mauern der → Inka bekannt ist. Sorgfältig behauene Granitblöcke wurden ohne Mörtel aufeinander geschichtet. Am oberen Rand der Mauer verläuft ein Schmuckfries mit Zickzackmustern und Vogelfiguren. Die Anlage von Simbabwe mit ihren Zusatzgebäuden wird als Palastzentrum eines mittelalterl. Reiches gedeutet. Der Gebäudekomplex ist das größte Bauwerk im vorkolonialen Afrika südl. der Sahara.

Die Handelsbeziehungen des Reiches von Simbabwe reichten weit. Exportiert wurden Edelmetalle (Gold, Kupfer) und Eisenerz. Von den Waren, die über den Tauschhandel importiert wurden, kamen einige aus China (Porzellan), aus Syrien (Glas), aus Persien (Fayencen). Wichtige Handelspartner waren auch die Araber an der afrikan. Ostküste.

Träger der Kultur Simbabwes waren die Vorfahren der heutigen Schona, eines Bantu-Volkes. Das Staatswesen hatte bis ins 15. Jh. Bestand und zerfiel dann. Lange Zeit blieben die Ruinen den Weißen verborgen. Erst 1871 wurde Simbabwe von Karl Mauch «entdeckt».

Lit.: Connah 1987, Niana 1984

Skoten. Die Namengebung für die seit dem 5. Jh. n. Chr. nach Wales und später auch nach Schottland migrierenden Iren stammt von den → Römern, die die gäl. Einwanderer aus Irland *Scoti* oder *Scotti* nannten. Nach den Skoten ist Schottland (latein. Scotia) benannt. Die Nachkommen jener Immigranten, die seit dem Frühmittelalter die schott. Highlands bevölkerten und die → Pikten verdrängten, leben bis heute im Westen Schottlands, auf den Hebriden, auf der

Insel Skye und im Nordwesten der Highlands. Die Sprechergemeinschaft des Schott.-Gäl. ist seit Jahrzehnten in einem ständigen Schrumpfungsprozeß begriffen. Die meisten Gälen Schottlands haben sich ans Engl. assimiliert.

Lit.: Laing 1994: 30ff., Mytum 1992

Skythen. Die ältesten Erwähnungen der Skythen, die von den Griechen *Skuthai* und von den Römern *Scythae* genannt wurden, stammen aus dem 6. Jh. v. Chr. Der Dichter Anakreon (356.6–11) erwähnt die Sitte der Skythen, Wein pur und nicht mit Wasser vermischt wie die Griechen zu trinken. Die Kenntnis dieser Sitte verbreitete sich rasch, und Herodot (4.74–75) berichtet im 5. Jh. v. Chr., daß die Spartaner einen unvermischten Trunk «Wein nach skyth. Art» nannten. Die Skythen nannten sich wohl selbst Skoloten (griech. *Skolotoi*), wie dem Bericht Herodots zu entnehmen ist. Außer aus den archäolog. Funden an Siedlungs- und Begräbnisstätten stammt der größte Teil an Informationen über die Skythen aus dem vierten Buch von Herodots Werk «Histories Apodeixis» (‹Darlegung der Erkundung›), wo in den Kapiteln 1 bis 142 ausführl. von den Steppennomaden die Rede ist.

Die Skythen waren kein einheitl. Volk, sondern ihre ethn. Identität stellte sich im Profil eines lockeren Bundes von verschiedenen Stammesgruppen dar. Hierzu gehörten in der Mehrzahl iran. Volksgruppen, von denen einige wie die Kallippiden, Agathyrsen (‹königl. Skythen›), Neuren und Budinen namentl. bekannt sind. Mit diesen Gruppen, die Varianten des Iran. sprachen, standen auch nicht-verwandte Volksstämme in engem Kontakt. Dies waren nichtindoeurop. Populationen wie → Kaukasier und → Uralier. Die Skythen stellten die aristokrat. Elite dieses Stämmeverbandes.

Die Anfänge der skyth. Geschichte gehen auf den Beginn des 1. Jt. v. Chr. zurück, als nomad. Volksstämme – Träger der Andronovo-Kultur – in mehreren Migrationsschüben aus Nordwestasien nach Europa einwanderten. In einem Areal, das im Westen vom Don, im Norden von der Wolga und im Süden vom Kaukasus begrenzt wurde, gewann die skyth. Kultur Eigenprofil. Skyth. Stammesgruppen bewohnten auch den Steppengürtel Südsibiriens und Westasiens; sie sind als Altai-Skythen bekannt (s. Karte S. 56–57). Von ihrem Ursprungsgebiet migrierten die Skythen nach Westen, in die Schwarzmeerregion. Herodots Bericht (4.11–12) zufolge hatten die Skythen die → Kimmerier um die Mitte des 7. Jh. v. Chr. endgültig aus dem Gebiet der heutigen Ukraine und Südrußlands vertrieben und dort das erste Nomadenreich Europas gegründet (s. Karte S. 102–103).

Die Expansion der Skythen wurde getragen von dem Erfolg ihrer Reiterei, deren nomad. Kriegstaktik Täuschungsmanöver und Überraschungsangriffe einschloß. Zahlreiche antike Autoren wie Aristoteles, Strabo, Plinius, Frontinus u. a. heben den außergewöhnlichen Kampfesmut der skyth. Reiter hervor. Als Bogenschützen wurden sie von ihren Feinden gefürchtet und von ihren Verbündeten geschätzt. Dank ihrer mobilen Kriegsführung gelang es der skyth. Reiterei, den Angriff des pers. Heeres unter Darius I., der im Jahre 514 v. Chr. eine Strafexpedition gegen die Steppennomaden unternahm, zurückzuschlagen. Zu den Reiterverbänden der Skythen gehörten auch weibl. Krieger, die im Ruf standen, ebenso hart und tapfer zu kämpfen wie die Männer. Die Griechen glaubten, in diesen Kriegerinnen des Nomadenvolkes die ihnen aus ihren Mythen vertrauten Amazonen zu erkennen. Nach Meinung der Skythen waren die → Sarmaten die Nachkommen der krieger. Frauen und skyth. Männer.

Im 5. Jh. v. Chr. dehnte sich das skyth. Königreich über weite Teile der Ukraine und Südrußlands aus, von der Ister (Donau) im Westen zum Tanais (Don) im Osten. Im Süden bildeten die Schwarzmeerküste und die Halbinsel Krim die natürl. Grenze. Im Norden reichte das skyth. Einflußgebiet bis in die Gegend südl. von Kiew. Herodot besuchte Scythia und hielt sich einige Zeit in der Stadt Olbia auf. Zu dieser Zeit lebten Skythen nicht nur als Nomaden in der Steppe, sondern auch als Bewohner der Städte an der Schwarzmeerküste, wo sie sich ans Griechentum akkulturierten. Die Nachkommen aus den häufigen Mischehen wurden *Ellenes Skuthai* (‹skyth. Griechen›) genannt. Sie waren bikulturell und zweisprachig und stellten somit ein wichtiges Bindeglied im Kontakt zwischen Skythen und Griechen dar. Die beiden Völker unterhielten rege Handelsbeziehungen. Die griech. Kolonisten der Küstenregion wurden von den Skythen mit Getreide versorgt, das sie weiter ins Mutterland verschifften. Skyth. Viehzüchter lieferten auch Pferde, Schafe und Rinder. Von den Griechen erhielten die Skythen im Tausch Edelmetalle, insb. Gold, und Luxusgüter der griech. Welt.

König Atheas gründete im 5. Jh. v. Chr. das zweite skyth. Reich, das schon bald unter den militär. Druck der → Mazedonier im Westen und der Sarmaten im Osten geriet. Letztere verdrängten im Verlauf des 3. und 2. Jh. v. Chr. die Skythen, die sich auf die Krim zurückzogen und dort das dritte und letzte der Skythenreiche gründeten. Dessen Hauptstadt war Neapolis Skythike. Dieses Reich hatte bis zur Invasion der → Goten im 3. Jh. n. Chr. Bestand. Reste der skyth. Bevölkerung zogen sich ins Kaukasusvorland zurück und lebten dort in Nachbarschaft mit den → Alanen. Das skyth. Volkstum ist schließlich im Verlauf des Mittelalters in dem des iran. Volks der Osseten aufgegangen.

Die materielle Kultur der Skythen, v. a. der aristokrat. Elite, ist bekannt aus den reichen Beigaben der zahlreichen Grabhügel (nach einem tatar. Wort Kurgane genannt). Besondere Aufmerksamkeit haben die Kurgane von Pazyryk im Altai-Gebirge (80 km südl. des Telezker Sees) auf sich gezogen, weil diese Grabhügel in der Permafrostzone liegen und daher sämtl. organ. Materialien (Teppiche, Lederapplikationen, Pelze, Seide) sowie die Mumien einbalsamierter Leichname bestens konserviert sind. Die Kurgane stammen aus der Zeit vom 5. bis 3. Jh. v. Chr. Die Motive der Körpertattoos sowie die Ornamente und Verzierungen an den Holzsarkophagen von Pazyryk illustrieren deutl. den skyth. Tierstil. Diese Eigenart skyth. Kunst, seit dem 7. Jh. v. Chr. voll ausgebildet, ist auch für andere Nomadenkulturen Eurasiens charakteristisch. Zu den dargestellten Tieren gehören Raubtiere (z. B. Panther) und Fabelwesen, aber auch Hirsche, Elche, Widder und Pferde. Die Posen der Tiere haben, wie die dargestellten Tierarten selbst, offenbar mag.-religiöse Bedeutung. Die meisten Objekte (Schmuck, Verzierungen von Pferdegeschirr und Waffen) mit skulpturierten oder reliefierten Tierdarstellungen sind aus Gold gefertigt. Dieser Schmuck stammt aus den Städten der Schwarzmeerküste. Dort ließen sich skyth. Handwerker nieder, darunter auch Goldschmiede, die den skyth. Tierstil in die Ornamentik des Goldschmucks einbrachten.

Die Region, in der Skythen und griech. Kolonisten im Kontakt standen, war eine kulturelle Konvergenzzone. Dies ist u. a. an den religiösen Traditionen zu erkennen. Die von den Skythen verehrte Hauptgottheit war die Göttin Tabiti, die den Beinamen ‹Königin der Skythen› hatte. Herodot vergleicht Tabiti mit der griech. Hestia. Beide Göttinnen sind Schutzpatroninnen des Herdfeuers und der

Heimstatt. Der Name der Tabiti geht auf die indoeurop. Wurzel *tap- ‹erhitzen, schüren (vom Feuer)› zurück. Auch bei den Griechen der Schwarzmeerküste war die beliebteste Gottheit eine Göttin, und zwar Aphrodite Apatouros.

Die Skythen waren sprachl. und kulturell auf Engste mit den Sarmaten verwandt. Beides waren iran. Völker (→ Iranier), und ihre untergegangenen Sprachen gehörten zum östl. Zweig des Iran., einer der großen Gruppierungen der indoeurop. Sprachfamilie. Vom Skyth., das schriftlos blieb, sind nur spärl. Zeugnisse überliefert. Dazu gehören etwa 200 Einzelwörter, außerdem Namen von Personen und Gottheiten, die sich in griech. Quellen finden. Die histor. Präsenz der Skythen in der Steppenregion hat sich in einigen Lehnwörtern skyth. Provenienz im Russ. und Ukrain. niedergeschlagen (z. B. russ. sapog ‹Stiefel›, topor ‹Axt›).

Lit.: Chazanov 1975, Harmatta 1994: 23 ff., Pogrebova/Raevskij 1992, Raevskij 1985, Reeder 1999, Schiltz 1994, Wendelken 2000

Slawen. Als Folge der prähistor. Migrationen der Proto-Indoeuropäer aus ihrer Urheimat zwischen Don und Wolga nach Westen setzte seit der ersten Hälfte des 2. Jt. v. Chr. als regionale Eigenentwicklung die Ethnogenese der Slawen ein, und zwar nicht isoliert von anderen Indoeuropäern, sondern im Kontakt mit diesen. Dies waren insb. die → Balten, mit denen Slawen über Jahrhunderte in Siedlungsnachbarschaft gelebt haben. Die östl. Slawen standen seit mehr als eineinhalb Jahrtausenden auch im Kontakt mit finn.-ugr. Völkern (→ Uraliern). Die Ausgliederung der slaw. Sprachen in einen östl. (Russ., Ukrain., Weißruss. u. a.), südl. (Slowen., Kroat., Serb., Bulgar. u. a.) und westl. (Poln., Sorb., Tschech. u. a.) Zweig geht auf das 6. und 7. Jh. n. Chr. zurück.

Die ältesten histor. Zeugnisse über die Wohngebiete der Slawen stammen aus der ersten Hälfte des 1. Jt. n. Chr. Damals siedelten die Slawen noch geschlossen in einem Gebiet, das den mittleren Teil und den Westen der Ukraine sowie angrenzende Teile Polens umfaßte. In jener slaw. Urheimat sind die ältesten slaw. Gewässernamen erhalten. Dort lebten slaw. Stämme teilweise in Gemeinschaft oder in Nachbarschaft mit german. Völkerschaften. Die → Goten, die in jener Zeit ihre Wohnsitze von der unteren Weichsel in Richtung Schwarzmeerküste verlagerten, traten zeitweilig als herrschende Elite der Slawen auf. Einflüsse sind auch von Seiten der Steppennomaden aus der südruss. Steppe festzustellen, und zwar von → Skythen, → Sarmaten und → Alanen. Vermutlich haben slaw. Truppenkontingente unter Führung der → Hunnen gegen Byzanz und das weström. Reich gekämpft.

Die Namen zahlreicher slaw. Völker und Stammesgruppen sind in mittelalterl. Quellen überliefert. Dazu gehören Wjatitschen, Drewljanen, Poljanen, Masowier, Wislanen, Lendzianen u. a. Von vielen kennt man nicht viel mehr als den Namen und das ungefähre Verbreitungsgebiet. Über andere geben die Quellen mehr Informationen, etwa über die Anten. Allerdings gibt es auch Forschungsmeinungen, nach denen die slaw. Ethnizität der Anten nicht gesichert ist. Sie werden im Zusammenhang mit anderen slaw. Stämmen erstmals im 6. Jh. n. Chr. erwähnt, in der «Gotengeschichte» (13) des Jordanes und in den «Gotenkriegen» (IV) des Prokop, beides bedeutende Historiographen im Byzantin. Reich. Den Quellen zufolge bewohnten die Anten damals das Steppengebiet zwischen den Karpaten und dem Don. Das Verhältnis der Anten zu den Goten war wechselhaft. Zunächst waren sie Vasallen dieser german. Stammesgruppe. Während der Zeit der hunn. Vorherrschaft im Karpatenraum gab es häufig krieger. Auseinandersetzungen mit german. Stämmen. Seit der ersten Hälfte des 6. Jh. beteiligten sich die Anten an den krieger. Unternehmungen der Südslawen in den Gebieten südl. der Donau. Mit Mühe konnte der byzantin. Kaiser Justinian (reg. 527–565) diese Einfälle unterbinden. Der Herrscher ließ sich als Justinianus Anticus (‹Bezwinger der Anten›) feiern. In späterer Zeit werden die Anten nicht mehr erwähnt.

In den Gebieten, wo sich die slaw. Siedlungen kontinuierl. entwickelt haben, sind viele ältere Stammesgruppen im Lauf der Zeit eine ethn. Fusion mit anderen Gruppierungen eingegangen. Im Rahmen solcher ethn. Ausgleichsprozesse haben sich die modernen slaw. Völker ausgegliedert. In einigen Gebieten mit slaw. Mehrheitsbevölkerung kam es sogar zur Assimilation nichtslaw. Ethnien, so der → Protobulgaren in Bulgarien und finn.-ugr. Völker, der → Merier und → Muromer, deren Siedlungsgebiet im Mittelalter von Russen übervölkert wurde. Anders waren die Verhältnisse in Mitteleuropa, wo slaw. Stammesgruppen im Frühmittelalter bis an die Elbe und sogar darüber hinaus vorstießen. Im Zuge der späteren deutschen Ostexpansion wurden die meisten slaw. Kleinvölker zwischen Elbe und Oder assimiliert. Die Sorben sind die einzige Ethnie jener Region, die ihre ethn. Identität bis heute bewahrt hat. Zu den untergegangenen Völkern gehören u.a. die → Rugier, Pomoranen und Dadosanen, außerdem → Elbslawen wie die Obodriten und Lutizen sowie Polaben, deren Volkstum sich erst im 18. Jh. aufgelöst hat.

Lit.: Herrmann 1986, Mallory/Adams 1997: 523 ff., Struve 1986

Soghdier. Die Soghdier waren → Iranier und ihre Sprache mit der der → Baktrier, → Parther und → Saken verwandt. Alle diese mitteliran. Sprachen sind untergegangen. Das Hauptverbreitungsgebiet der Soghdier war die histor. Landschaft Soghdien in Zentralasien (s. Karte S. 56–57), die bei den Griechen der Antike Sogdiane, bei den Römern Sogdiana und bei den Persern Sugda hieß. Sie erstreckte sich über das Gebiet des heutigen Usbekistan und über Teile Tadschikistans, Kirgisiens und Turkmeniens. Die wirtschaftl. Basis der Region war der Handel über die Seidenstraße. Waren und Ideengut wanderten vorwiegend in ost-westl. Richtung, mit den Oasenstädten als Verteilerzentren. Polit. und kulturelles Zentrum der Sogdiana war Marakanda (nördl. von Samarkand).

Die längste Zeit ihrer Geschichte standen die Soghdier unter der Vorherrschaft fremder Eliten. Vom 6. bis zum 4. Jh. v. Chr. unterstand Soghdien dem pers. Achämenidenreich. Als Folge der Eroberung durch Alexander den Großen (zwischen 329 und 327 v. Chr.) etablierten sich griech. Herrscher, als erste die Seleukiden. Soghdien war eine Zeitlang polit. vom gräko-baktr. Reich abhängig. Die Saken eroberten die Oasenstädte im 2. Jh. v. Chr. und gründeten lokale Fürstentümer. Zwischen dem 3. und 7. Jh. n. Chr. gehörte Soghdien zum pers. Sassanidenreich. Nach der Eroberung Irans richteten die expandierenden Araber ihr Hauptaugenmerk auf Soghdien. Die militär. Operationen begannen Ende des 7. Jh. und zogen sich einige Jahrzehnte hin. Erst in der zweiten Hälfte des 8. Jh. hatten die Islamisierungskampagnen bleibenden Erfolg. Damals konvertierten die Buddhisten Soghdiens massenweise zum Islam.

Soghd. wurde nicht nur im Siedlungsgebiet der Soghdier selbst verwendet, sondern fand als Verkehrs- und Handelssprache Verbreitung weit darüber hinaus, und zwar bis nach Nordwestchina (Xinjiang) und in den Norden der Mongolei. Das Soghd. wurde zwischen dem 4. und 11. Jh. als Schriftsprache verwendet. Zahlreiche soghd. Manuskripte sind in den buddhist. Höhlenklöstern entlang der Seidenstraße gefunden worden. Wertvolle Schriftfunde wurden zwischen 1902 und 1920 in Xinjiang (insb. in Dunhuang) gemacht. Die Texte sind in einer eigenen, von der aramäischen Schrift abgeleiteten Variante geschrieben.

Lit.: Höllmann 2004: 66 ff., Litvinsky 1996: 233 ff., Obel'čenko 1992

Sueben. Das Ursprungsgebiet sueb. Stammesverbände lag im Gebiet der mittleren Elbe. Von dort drangen Sueben, die von den → Römern *Suebi* bzw. *Suevi* genannt wurden, unter Ariovist im Jahre 71 v. Chr. nach Gallien ein, wurden aber später (58 v. Chr.) von Caesar zurückgedrängt. Andere Gruppen von Sueben wanderten bis ins Neckargebiet und ließen sich dort nieder (s. Karte S. 102–103). Diese Sueben sind als *Suebi Nicretes* bekannt. Teile der Sueben drangen im Jahre 409 zusammen mit → Vandalen und → Alanen nach Gallien ein und zogen bis nach Spanien. Dort ließen sie sich im Jahre 411 im Nordwesten Spaniens, in Galicien, nieder und gründeten ein Königreich. Es bestand bis zum Jahre 585, als die Westgoten (→ Goten) die Region ihrem Machtbereich anschlossen.

Die Sueben waren kein einheitl. Volk, sondern ein lockerer Bund von Stammesgruppen, zu denen Nemeter, Triboker, Vangionen, → Quaden u. a. gehörten. Das Sueb. gehört zum Kreis der westgerman. Sprachen und ist näher mit dem ebenfalls untergegangenen Fränk. verwandt. Von der histor. Präsenz der Sueben in Galicien zeugen Ortsnamen mit dem Element *Suevos* oder *Suegos* und einige Lehnwörter in den iberoroman. Sprachen (z. B. portugies. *britar* ‹brechen›, galic. *laverca* ‹Lerche›).

Lit.: Peschel 1978, Price 1998: 461

Sumerer. Die Geschichte der Bewohner der histor. Landschaft Sumer (s. Karte S. 68), d. h. des Kernlands der sumer. Stadtstaaten als Teil Mesopotamiens, setzt in der zweiten Hälfte des 4. Jt. v. Chr. ein. Damals traten die Sumerer als Ackerbauern mit einer hierarch. gegliederten Gesellschaft, städt. Siedlungen, dem Gebrauch einer archaischen Schrift (altsumer. Piktographie) und mit der Organisation der frühen Stadtstaaten (Uruk, Eridu) auf. Die Ethnogenese der Sumerer reicht aber in die vorgeschichtl. (d. h. schriftlose) Periode zurück und vollzog sich neueren Forschungen zufolge im südl. Mesopotamien. Die Sumerer sind also nicht als voll ausgebildetes Volk in ihre spätere Heimat eingewandert, wie traditionell angenommen wird. Als Ursprungsland wird von den Sumerern selbst Dilmun genannt, was mit der Insel Bahrain im Pers. Golf identifiziert worden ist. Diese myth. Herkunft kann allerdings nicht durch archäolog. Daten untermauert werden. Nach neuerer Auffassung ist das sumer. Volkstum das Ergebnis eines ethn. Transformationsprozesses, an dem Einwanderer und lokale Siedlungsgruppen beteiligt waren. Bevölkerungsgruppen aus Nordmesopotamien, Träger der Ubaid-Kultur, drangen um 4000 v. Chr. nach Süden vor und gingen im Kontakt mit der lokalen vorsumer. Bevölkerung der Region eine Fusion ein.

Die polit. Macht der weitgehend selbständigen sumer. Stadtstaaten konzentrierte sich in den Händen lokaler Könige (im Sumer. *ensi* genannt), die weltl. Autorität mit sakralen Funktionen eines ird. Vertreters des jeweiligen Stadtgottes verbanden. Die Stadtstaaten profitierten von ihren weitreichenden Wirtschaftsbeziehungen und der Kontrolle wichtiger Handelsrouten. Bereits im 3. Jt. v. Chr. wurde auch die Seeroute durch den Pers. Golf bis zu den Hafenstädten der Indus-Zivilisation am Ind. Ozean (von Sutkagen-dor in der südpakistan. Region Makran bis nach Lothal in Indien, 700 km südöstl. von Mohenjo-daro) frequentiert. Auf dieser Route war Dilmun ein wichtiger Umschlagplatz für Waren aus West und Ost.

Lange Zeit gab es in Sumer keine einheitl. Reichsbildung. Die in der ersten Hälfte des 3. Jt. v. Chr. erstarkenden Stadtstaaten Uruk, Kisch, Ur und Lagasch erschlossen sich Territorien unterschiedl. Umfangs. Erst gegen Ende des 3. Jt. v. Chr. gelang unter der 3. Dynastie von Ur eine umfassende Reichseinigung. Dieses Reich von Ur hatte von ca. 2050 bis ca. 1950 v. Chr. Bestand. In der Folgezeit ging die polit. Herrschaft in Mesopotamien an die → Babylonier über. Der sumer. Stadtstaat Mari am oberen Euphrat hatte seine eigene lokale Geschichte (ca. 2500–1760 v. Chr.) und unterhielt Handelsbeziehungen mit dem Reich von → Ebla.

Sumerisch ist mit keiner anderen Sprache der Welt verwandt. Als eine der großen Kultursprachen der Alten Welt hat es eine jahrhundertealte Tradition. Bis um 1800 v. Chr. wurde Sumer. gesprochen, danach nur noch als Schriftsprache verwendet. Geschrieben wurde es von ca. 3200 bis 1600 v. Chr. in den von Sumerern bewohnten Kulturzentren. Auch danach blieb das Sumer. bei anderen Völkern im Vorderen Orient (z. B. bei → Akkadern, → Hethitern, → Hurritern) als Bildungs- und Wissenschaftssprache in Gebrauch. Die Spuren der sumer. Schriftkultur verlieren sich in den letzten Jahrhunderten v. Chr. Sumer. wurde in zwei Schriftsystemen geschrieben. Die ältere Schriftart setzt sich aus piktograph. Zeichen zusammen und war rund ein halbes Jahrtausend in Gebrauch. Ab etwa 2700 v. Chr. wurde die Keilschrift verwendet, die ihren Namen nach den Keilen hat, die mit einem stumpfen Griffel in weichen Ton gedrückt wurden. Die sumer. Keilschrift wurde in vielen Regionalkulturen Mesopotamiens und angrenzender Gebiete zur Schreibung lokaler Sprachen adaptiert, u. a. des Akkad., Hethit., Hurrit., Elam. (→ Elamer), Babylon. und Pers. sowie in Ebla und → Ugarit.

Im Anfang diente der Schriftgebrauch ausschließl. ökonom. Zwecken wie der Auflistung von Waren und Tempelvorräten. Auch im frühen Steuerwesen spielte Schrift eine zentrale Rolle. Mit der Einführung der Keilschrift fächerte sich das sumer. Schrifttum in vielerlei Genres aus. Dazu gehören Mythen, Epen, Klagelieder und Hymnen, Kultlyrik und wissenschaftl. Texte der Spätzeit. Das «Gilgamesch»-Epos gehört zum Kanon der Weltliteratur. Die Schriftsprache unterschied zwei Sprachvarianten, *eme-gir* (‹Sprache der Prinzen›) als Hauptsprache und *eme-sal* (‹feine Sprache›) als Ritualsprache (auch für Hymnen und Klagelieder) und Sprachform der Frauen. Viele sumer. Texte sind ins Babylon. übersetzt, Stoffe und Motive in der babylon. Literatur variiert worden.

Kulturell gibt es viele Ähnlichkeiten zwischen den Völkern Mesopotamiens, und zwar deshalb, weil die Sumerer ihre Nachbarkulturen nachhaltig beeinflußt haben. Am stärksten artikulierte sich die Ausstrahlung der sumer. Kultur bei den semit. Akkadern. Außerdem identifizierten viele Nachbarvölker ihre Gottheiten mit denen Sumers (z. B. die akkad. Ischtar mit der sumer. Inanna). Andererseits wurden sumer. Kulturmuster nicht einfach übernommen, sondern vielfältig transformiert.

Elementare Errungenschaften der Zivilisation wurden bei den Sumerern weibl. Gottheiten zugeschrieben. Die Schöpfergöttin war Ti'amat, geehrt als die Mutter der ersten Generation mesopotam. Gottheiten. Ihre Rolle übernahm bei den Babyloniern die männl. Gottheit Marduk. Uttu war die Schutzpatronin des Webens, Ninkasi die des Bierbrauens. Ninurra galt als Schutzpatronin der Töpferei. Nisaba, ursprüngl. eine sumer. Vegetationsgöttin, wandelte sich in eine Göttin der Schreibkunst und der Gelehrsamkeit. Sumer. Schreiber setzten an das Ende der von ihnen verfaßten Schriftstücke den Vermerk «Gepriesen sei Nisaba». Auch die Rolle der sumer. Nisaba wird bei den Babyloniern vom allmächtigen Marduk übernommen.

Die zivilisator. Errungenschaften, die die Sumerer der Nachwelt hinterlassen haben, wären ohne die Vermittlung der Bibel wohl nur Experten vertraut. Die bibl. Geschichte, insb. die Erzählungen und Berichte des Alten Testaments, haben die Kunde von den alten Kulturen Mesopotamiens in alle Welt verbreitet. Die Bibel vermittelt auch ein eindrucksvolles Bild der enormen Ausstrahlung Sumers, Akkads und Babylons auf die Nachbarkulturen. Verschiedene kulturelle Einrichtungen unserer modernen Welt gehen über vielerlei Transformationen zurück auf sumer. Ursprünge (→ Asien). Dazu gehören beispielsweise die Sieben-Tage-Woche und die Basiselemente der Zwölfer-Zählung bei der Einteilung des Tagesrhythmus in kleinere Zeiteinheiten (Tag + Nacht = 24 Stunden, 1 Stunde = 60 / 5 x 12/ Minuten, 1 Minute = 60 Sekunden).

Lit.: Cluzan et al. 1999, Crawford 1991, Kuhrt 1995, Nissen 1988, Postgate 1992, Roaf 1990, Redford 1993, Snell 1997: 15 ff., Thomsen 1984

T

Tanguten, auch: Xi-Xia. Die Tanguten werden im 11. Jh. als *Xi-Xia* (geschrieben als *Hsi-Hsia* in älteren westl. Quellen) oder westl. *Xia* in chines. Quellen erwähnt. Polit. Selbständigkeit errangen sie unter ihrem Herrscher Li Yuan-hao (gest. 1047), der das Reich der Xi-Xia begründete. Dessen Territorium erstreckte sich in der Region von Koko Nor über Teile der heutigen chines. Provinzen Gansu und Shenxi. Hauptstadt war Ningxia (das heutige Yin-Ch'uan). Der Handelsverkehr zwischen China und Zentralasien stand bis ins 13. Jh. unter der Kontrolle der Tanguten. Der tangut. Staat konnte dem Ansturm der Mongolen nicht widerstehen und wurde im Jahre 1227 von den Truppen Dschingis Khans erobert. Die Einnahme der Hauptstadt Ningxia war allerdings die letzte Kriegstat des Mongolenführers. Es heißt, die Tangutenprinzessin, die Tochter des besiegten tangut. Herrschers, habe Dschingis Khan getötet, der sie als Kriegsbeute geraubt hatte.

Die Tanguten waren ein nordosttibet. Volk, dessen Sprache im 16. Jh. außer Gebrauch kam. Das Tangut. gehörte zum tibeto-burmes. Zweig der sinotibet. Sprachfamilie und war mit dem Tibet. näher verwandt. Unsere Kenntnis der tangut. Geschichte basiert zum überwiegenden Teil auf Berichten in chines. Quellen, außerdem auf dem Inhalt einer in tangut. Sprache verfaßten fünfbändigen Enzyklopädie. Das Tangut. wurde mit einer lokalen Schriftart geschrieben, deren Repertoire von rund 6600 Zeichen deutl. chines. inspiriert ist. Die tangut. Schrift wurde im Jahre 1036 offiziell im Tangut-Staat eingeführt. Tangut. Texte sind aus der Zeit vom 11. bis 16. Jh. erhalten.

Lit.: Janhunen 1996: 140 ff., Kychanov 1996

Tartessier, auch: Turdetaner. Die Tartessier, eines der vorröm. Völker der Pyrenäenhalbinsel, haben ihren Namen nach dem Handelszentrum Tartessos, das im unteren Flußtal des Guadalquivir (zwischen den beiden Mündungsarmen) angelegt war (s. Karte S. 194–195).

Die genaue Lage dieser antiken Hafenstadt ist bislang unbekannt. Der einheim. Name Tertis wurde vermutl. zu Tartessos gräzisiert; so hieß der Guadalquivir in hellenist. Zeit. Identisch mit Tartessos ist das im Alten Testament erwähnte Tarschisch (bzw. Tarsis). Der Fernhandel mit Tartessos mit seinem direkten Zugang zur Atlantikküste florierte bereits in der zweiten Hälfte des 2. Jt. v. Chr.

Den Berichten in der Bibel zufolge (Ezechiel 27, 12; u. a.) waren die ältesten Handelskontakte die mit den → Phöniziern, insb. mit der Hafenstadt Tyros im Nahen Osten, wenig später auch zu Israel unter König Salomo (gest. 926 v. Chr.; 1. Könige 10, 22). Die in der Bibel erwähnten «Tarschischschiffe» waren für die Israeliten und die anderen Völker, die mit den Tartessiern Handel trieben, offenbar der Inbegriff für die Kontakte mit fernen Welten, worum sich allerlei phantast. Vorstellungen rankten. Nachklänge dieser myth. verklärten Frühzeit findet man noch in den Berichten über Tartessos, die aus der Periode stammen, als die griech. Einwohner der Hafenstadt Phokaia an der ion. Küste → Kleinasiens die Haupthandelspartner der Tartessier waren. Diese Kontakte, auf die in der Bibel hingewiesen wird (1. Mose 10, 4), entfalteten sich im Verlauf des 7. Jh. v. Chr. In der griech. Überlieferung ist von einem sagenhaften König der Tartessier mit Namen Arganthonios die Rede, der angebl. 120 Jahre alt wurde und 80 Jahre regierte. Arganthonios war sicher keine histor. Persönlichkeit. Die Namenform basiert wohl auf einem kelt. Wortstamm für Silber (*argant*) und bedeutet etwa ‹der aus dem Silberland›. Insofern konnte sich dieser Name auf jedes beliebige Oberhaupt der tartess. Gesellschaft beziehen.

Tartessos war ein wichtiger Umschlagplatz entlang der Überseeroute für den Handel mit Zinn. Phöniz. Schiffe fuhren bis in die Bretagne und nach Südengland, um das begehrte Metall einzuhandeln, und machten in Tartessos Zwischenstation. Von dort wurden andere Edelmetalle wie Silber, Kupfer, Eisen und Blei exportiert. Diese Rohstoffe wurden im Hinterland (im Gebiet der heutigen Provinz Huelva) abgebaut. Die Beziehungen der Tartessier zu den Phöniziern waren zwar lange Zeit friedvoll, und beide Seiten profitierten vom Überseehandel. Allerdings bemühten sich die Phönizier, den Handel im westl. Mittelmeer unter ihre uneingeschränkte Kontrolle zu bringen. Gades (das heutige Cádiz) in nächster Nähe von Tartessos war eine phöniz. Konkurrenzgründung (um 1100 v. Chr.). Seit dem 8. Jh. v. Chr. wirkte sich der Einfluß der phöniz. Kolonien an der Südküste Spaniens im Gebiet des Reiches von Tartessos aus. Diese engen kulturellen Beziehungen, die die «orientalisierende» Periode der vorröm. Geschichte in Spanien markieren, standen in scharfem Kontrast zu den polit. Spannungen der Tartessier zu den Phöniziern, die sich zur gleichen Zeit verstärkten.

Die Karthager, die ab dem 6. Jh. v. Chr. ihren Einfluß verstärkt hatten und das polit. Erbe der Phönizier im westl. Mittelmeer übernahmen, schalteten den Wirtschaftskonkurrenten aus. Um 500 v. Chr. wurde das Reich der Tartessier erobert und Tartessos zerstört. Damit endete die Zeit der polit. Eigenstaatlichkeit. Die Tartessier fügten sich in die karthag. Fremdherrschaft ebenso wie später in die der → Römer. Die Römer benannten den Golf von Cádiz nach den Tartessiern: Tartessius Sinus. Noch während der Antike akkulturierten sich die Tartessier und assimilierten sich sprachl. ans Latein.

Das Tartess. war eine vor-indoeurop. Sprache, für die keine gesicherte Verwandtschaft mit anderen Sprachen nachzuweisen ist. Seit dem 7. Jh. v. Chr. wurde das Tartess. in einer Schriftart (bastulo-turdetan. Schrift) geschrieben, die deutl. Bezüge zu östl. Vorbildern, und zwar zu den phöniz. und griech. Alphabeten, zeigt. Texte (v. a. Grabinschriften und Münzlegenden) sind bis weit über das Ende des Reiches von Tartessos (bis um 200 v. Chr.) überliefert.

Lit.: Alvar/Blázquez 1993, Díaz-Andreu/Keay 1997: 178 ff., Harrison 1988: 52 ff.

Tasmanier. Die Tasmanier sind eine der Aborigine-Gruppen Australiens, die keine Eigenidentität mehr besitzen, sondern sich kulturell wie sprachl. an die Mehrheitsbevölkerung assimiliert haben. Den Nachkommen der wenigen Tasmanier, die die Massaker und Deportationen des 19. Jh. überlebten, unterscheiden sich jedoch aufgrund anthropolog. Merkmale (u. a. Schädelform) von anderen engl.-sprachigen Australiern.

Die Sonderentwicklung der Tasmanier begann, als ihre Heimat, die Australien im Süden vorgelagerte Insel Tasmanien (Tas), vor rund 8000 Jahren vom Festland getrennt wurde (s. Karte S. 62–63). Dies war die Folge der Überspülung des Festlandsockels, da der Meeresspiegel nach dem Abtauen der Eismassen der letzten Eiszeit seit etwa 12 000 Jahren angestiegen war.

Seit Anfang des 19. Jh. ließen sich Walfänger auf Tasmanien nieder. Ihr wichtigster Stützpunkt war das 1804 gegründete Hobart. Die einheim. Bevölkerung wurde sukzessive verdrängt und auf die Inseln (Flinders Island u. a.) in der Bass Strait zwischen Australien und Tasmanien deportiert. Junge Tasmanierinnen wurden auf den Walfangschiffen als Prostituierte gehalten. Die tasman. Sprache und Kultur ging gänzl. unter; die letzte Sprecherin des Tasman., Truganini, starb im Jahre 1876. Die wenigen überlebenden Tasmanier gaben ihre Heimkultur und ihre Muttersprache auf und assimilierten sich vollends. Zu den Aufgaben des seit den 1970er Jahren aktiven Tasmanian Aboriginal Centre (Hobart) gehört die Sicherung von Landrechten sowie die Dokumentation untergegangener Kulturtraditionen.

Lit.: Cavalli-Sforza et al. 1994: 349, Horton 1994/2: 1050 ff.

Teotihuacán. Die präkolumb. Kultur von Teotihuacán (Teotihuacán de Arista, 40 km nordöstl. von Mexico City; s. Karte S. 43) entfaltete sich in einer Periode zwischen dem 2. Jh. v. Chr. und dem 8. Jh. n. Chr. Ihre Blütezeit erlebte diese Kultur zwischen 100 und 600 n. Chr. Die im Hochland (ca. 2300 m) gelegene Stadt wurde im 2. Jh. v. Chr. gegründet. Um 200 n. Chr. entstand die Stadtanlage in Schachbrettform, deren Ruinen bis heute zu sehen sind. Mittelpunkt der Anlage war die große Quetzalcoatl-Pyramide mit reichem Reliefdekor. Entlang der Nord-Süd-Achse liegen die Sonnenpyramide und die Mondpyramide sowie Palastbauten. Der Ort hat seinen Namen Teotihuacán (‹Stätte der Götter›) von den → Azteken bekommen. Nach ihrer Auffassung war dies der Ort, wo der Zyklus der gegenwärtigen Zeit anfing. Die span. Chronisten des 16. Jh. haben sich mit diesem Ort besonders beschäftigt. Die moderne archäolog. Forschung hat die präkolumb. Kulturstätte Teotihuacán als älteste Stadtanlage der Neuen Welt identifiziert. Bereits die Azteken suchten die Herkunft der Leute von Teotihuacán zu ergründen. Schon damals rankten sich Mythen um die Anfänge der entwickelten Architektur; Riesen und die Götter selbst wurden als ihre Schöpfer genannt. Auch die moderne Forschung weiß bis heute nicht, woher die Stadtgründer kamen, welche ethn. Zugehörigkeit sie hatten oder welche Sprache sie sprachen.

Die Wirtschaftsform der Gesellschaft von Teotihuacán, die von einer Kriegerelite regiert wurde, war der Feldbau. Ein ausgeklügeltes Bewässerungssystem brachte in der regenarmen Gegend das nötige Wasser auf die Felder. Eine wichtige Handelsware war Obsidian, der bei Otumba abgebaut wurde. Die Kontakte des Fernhandels reichten bis nach Oaxaca und ins Gebiet der → Maya. Um 750 n. Chr. wurde die Stadt aus unbekannten Gründen aufgegeben.

Die Frage, welche Notationssysteme die Leute von Teotihuacán verwendeten, ist nicht endgültig geklärt. Es waren zahlreiche glyphenähnl. Symbole in Gebrauch, von denen ein Teil Bedeutung in der religiösen Symbolik hatte, andere die Funktion von Emblemen besaßen (z. B. zur Identifikation des Sturmgottes). Es gab ein System von Zahlzeichen mit Hilfe von Strichen und Punkten, dessen Gebrauch aber nur spärl. dokumentiert werden kann. Gesicherte Hinweise auf eine schriftl. Fixierung kalendar. Daten gibt es nicht. Rund zwei Dutzend der Bildsymbole haben Parallelen in den Schriftsystemen der Maya und Azteken. Der größte Teil der Zeichen ist aber auf Teotihuacán beschränkt. Offensichtl. ist der Zeichengebrauch von dort nicht über die Handelskontakte in andere Regionen Mesoamerikas vermittelt worden.

Lit.: Berrin, K./Pasztory, E. 1993, Carrasco 2002, Haberland 1986a: 31 ff., Storey 1996

Teutonen. Die Teutonen (latein. *Tutoni, Teutones*) gehören zu den german. Stammesgruppen, die zusammen mit den → Zimbern (Kimbern) um 120 v. Chr. ihre ursprüngl. Heimat in Dänemark (Jylland/Jütland) verließen, nach Süden migrierten und in röm. Territorium eindrangen. Nach anfängl. Siegen über röm. Truppen wurden die Teutonen im Jahre 102 v. Chr. von Gaius Marius bei Aquae Sextiae (heute Aix-en-Provence) besiegt und weitgehend dezimiert. Reste der teuton. Bevölkerung zogen mit den Zimbern weiter nach Norditalien, wo sie endgültig von den → Römern vernichtet wurden.

Lit.: Brunner et al. 1993/3: 502

Thraker. Die nach ihren Bewohnern, den Thrakern (griech. *Thrâkes* oder *Threikes*, latein. *Thraces*), benannte histor. Landschaft Thrakien (altgriech. Thrake, neugriech. Thrakia, bulgar. Trakija) erstreckte sich im Westen bis Mazedonien, im Osten bis ans Schwarze

Meer, im Norden bis an die Donau und im Süden bis an die Ägäisküste (s. Karte S. 194–195). Thrak. Bevölkerungsgruppen lebten auch auf einigen ägäischen Inseln (Samothrake, Thasos, Lemnos). Das Kernland der thrak. Siedlung war das heutige Bulgarien.

Die thrak. Ethnie gliederte sich – zersplittert in zahlreiche lokale Stammesgruppen (Asten, Bisalten, Besser, Thynen, Bistonen, Odrysen u. a.) – bereits in der zweiten Hälfte des 2. Jt. v. Chr. aus dem indoeurop. Kontinuum aus, in dem ihre Sprache einen eigenen Sprachzweig repräsentiert. Das kulturell-sprachl. Eigenprofil der eng verwandten → Daker ist eine jüngere Entwicklung. Innerhalb des Kreises der indoeurop. Völker, Kulturen und Sprachen steht der thrak.-dak. Komplex verwandtschaftl. dem der → Balten am nächsten.

Seit der Mitte des 8. Jh. v. Chr. gründeten die Griechen Kolonien im Siedlungsgebiet der Thraker, an der Nordküste der Ägäis und auf der Halbinsel Chalkidike. Diese Stadtgründungen, wozu Abdera, Byzantion, Amphipolis, Poteidaia und Olynthos gehörten, entwickelten sich in der Folgezeit zu Ausstrahlungszentren griech. Kultur mit weitreichender Wirkung auf Lebensgewohnheiten und Traditionen der Bevölkerung in ganz Thrakien. Über ihre Kontakte mit Griechen lernten die Thraker das Münzwesen, die Schriftkultur und die Welt der griech. Götter kennen.

Die Thraker hatten ihre eigenen Götter, wie Bessoi, Bebrykes, Skombroi und Perkon. Letzteres war der Beiname des thrak. Reitergottes Heros. Perkon findet eine Parallele im litauischen Götternamen Perkunas (‹Donnergott›). Die Hauptgottheit bei den Thrakern war Bendis, die mit der griech. Artemis und auch Hekate gleichgesetzt wurde. Bendis war die Schutzgöttin der geschlechtl. Vereinigung und des Zusammenwohnens. Ihr Name leitet sich von einem indoeurop. Verbstamm mit der Bedeutung ‹binden› ab, bedeutet also wörtl. ‹die Verbinderin›. Neben den Gestalten des einheim. Götterpantheons waren bei den Thrakern auch die griech. Gottheiten populär, die häufig in der thrak. darstellenden Kunst abgebildet worden sind.

Zu einer einheitl. Reichsgründung bei den Thrakern kam es erst spät. Um 450 v. Chr. einigte Teres die verschiedenen thrak. Stämme unter seiner Herrschaft. Seine größte Ausdehnung und Blüte erlebte das Thrakerreich während der Regierungszeit von Sitalkes (reg. 440–424 v. Chr.). Dieses Reich zerfiel, als Thrakien im Jahre

341 v. Chr. mazedon. Provinz (→ Mazedonier) wurde. Später stand es für kurze Zeit unter der Vorherrschaft der → Kelten (Reich von Tylis). Im Jahre 15 v. Chr. wurden die Thraker als Vasallen polit. von den → Römern abhängig. Seit 45 n. Chr. gab es eine röm. Provinz mit dem Landesnamen Thracia, seit der Regierungszeit des Diokletian (reg. 284–305 n. Chr.) auch eine Diözese gleichen Namens.

Die histor. Präsenz der Thraker ist im Kernland ihres Siedlungsgebiets in mehr als tausend Orts-, Flur- und Gewässernamen dokumentiert, u. a. in dem des Rhodopen-Gebirges, das erstmals bei Herodot im 5. Jh. v. Chr. erwähnt wird. Der Name Rhodopen leitet sich von einem thrak. Ausdruck her, der wörtl. ‹Gebiet des rotbraunen Flusses› bedeutet. In dieser Gebirgslandschaft haben Reste der thrak. Bevölkerung ihre Kultur und Sprache bis ins 6. Jh. n. Chr. bewahrt. Danach assimilierten sich die letzten Thraker an das Volkstum der → Slawen. Südslaw. Stammesgruppen, die seit dem 5. Jh. v. Chr. nach Thrakien eingewandert waren, hatten sich damals bereits in ganz Bulgarien niedergelassen und das thrak. Siedlungsgebiet übervölkert.

Die Thraker waren berühmt wegen ihrer Goldschmiedekunst. Der älteste Schatzfund stammt aus einem bronzezeitl. Grab von Waltschiran bei Plewen und wird auf das 13. bzw. 12. Jh. v. Chr. datiert. Bereits in den dort gefundenen Objekten aus Gold zeigt sich das thrak. Kunsthandwerk in seiner Perfektion. Ob die Tradition der Goldschmiedekunst bei den Thrakern in irgendeiner Beziehung zur frühen Goldbearbeitung in der Varna-Kultur steht, ist bislang ungeklärt. In einem chalkolith. (stein-kupferzeitl.) Gräberfeld bei Varna ist der älteste Goldschatz der Welt gefunden worden (4500–4300 v. Chr.). In den Stilformen der thrak. Goldarbeiten manifestiert sich deutl. griech. Ästhetik, im Motivschatz sind griech. Vorlieben zu erkennen.

Die griech. Schrifttradition strahlte auf das Kulturschaffen der Thraker aus, und das Griech. diente der thrak. Elite als Bildungssprache; die Verwendung des Thrak. als Schriftsprache ist wohl nicht sonderl. gefördert worden. Nur wenige rein thrak. Inschriften in griech. Schrift sind überliefert. Die längste dieser Inschriften ist auf einem goldenen Ring eingraviert.

Lit.: Duridanov 1985, Ivanov/Avramova 2000, Marazov 1994, Salminen 2000

Tiahuanaco. Die langlebigste der vor-inkaischen Kulturen in den Zentralanden (s. Karte S. 43) war die von Tiahuanaco, die zwischen ca. 300 v. Chr. und 1000 n. Chr. Bestand hatte. Die Blütezeit dieser Regionalkultur war die Periode zwischen 375 und 725. Der Ort, nach dem die Kultur ihren Namen erhalten hat, liegt etwa 20 km südöstl. des Titicacasees auf bolivian. Territorium. Das polit. und kulturelle Einflußgebiet der Herrscher von Tiahuanaco erstreckte sich über Bolivien hinaus bis in den Nordteil Chiles.

Die wichtigen steinernen Zeugen der Tiahuanaco-Architektur finden sich alle im Kulturzentrum Tiahuanaco. Die Kalasasaya-Anlage ist eine große Plattform mit den Maßen 130 x 135 m mit dem reliefgeschmückten Sonnentor, das aus einem Monolithen gehauen ist, zahlreichen Bauteilen und Mauern aus behauenen Steinen, die ohne Mörtel auf- und ineinander gepaßt sind. Hier findet man das bautechn. Vorbild für die späteren Inkamauern (z. B. die Palastfundamente in Cuzco), die aus Steinquadern ohne Mörtelverbund errichtet wurden. Das größte Bauwerk in Tiahuanaco ist eine Stufenpyramide (Akapana). Ihr Höhenmaß sind 15 m und ihre Seitenlänge 200 m. Zu den architekton. Besonderheiten dieser Regionalkultur gehören monumentale Steinplastiken, die Höhen bis zu 5,5 m erreichen.

Auffällig im Dekor der Keramik und Textilien ist das hohe Maß an Stilisierung der Figuren von Menschen und myth. Wesen und das Maß an Abstraktheit bei den ornamentalen Motiven. Sowohl die Architektur als auch die Vorliebe für abstrakt-geometr. Motive haben von der Tiahuanaco-Kultur auf die Traditionen der → Huari eingewirkt. Über deren Vermittlung gelangte der Tiahuanaco-Stil in viele Regionen Perus.

Lit.: Disselhoff/Linné 1961: 197 ff., Eisleb/Strelow 1980

Tocharer. Es gibt verschiedene Populationen, auf die das Ethnikum Tocharer angewandt worden ist. Zu unterscheiden sind die «echten», nicht-indoeurop. Tocharer von den indoeurop. Sprechern der tochar. Sprachvarianten A, B und C. Die häufige Verwechslung der beiden Ethnien geht auf die frühe Sprachforschung zum Tocharischen zurück (seit 1908). Die damaligen Forscher hielten die «echten» T. für die Sprecher der indoeurop. tocharischen Sprache. Obwohl sich diese Annahme später als Irrtum herausstellte, hat sich der alte («falsche») Name hartnäckig bis heute gehalten.

– «Echte» Tocharer: Sie wurden von den Chinesen *Yuezhi* (in älteren westl. Quellen *Yüeh-chih*) genannt. Ursprüngl. siedelten diese Stammesgruppen im Gebiet der chines. Provinz Gansu (im sog. Gansu-Korridor). Die asiat. → Hunnen (*Hsiung-nu*) besiegten die Tocharer im Jahre 176 v. Chr. und verdrängten sie nach Westen. Der größte Teil der Tocharer migrierte bis ins Siebenstromland Zentralasiens (s. Karte S. 56–57). Im Jahre 129 v. Chr. überschritten diese Tocharer den Iaxartes (Syr Darja) und fanden neue Wohnsitze am oberen Oxus (Amu Darja). Die dortige Landschaft, die sich im Süden Usbekistans und Tadschikistans und bis in den Norden Afghanistans erstreckt, wurde nach den neuen Bewohnern Tocharestan genannt. Eine kleinere Gruppe der aus Gansu vertriebenen Tocharer siedelte im Tarimbecken. Über die Sprache der «echten» Tocharer kann man nur spekulieren; vielleicht war sie eine der altaischen Sprachen.

– Tocharer = Träger der tochar. Sprachkultur: Die Sprecher des Tochar. sind mit den «echten» Tocharern nicht ident. Ihre Vorfahren, deren Sprache aus Texten des 6. bis 8. Jh. n. Chr. bekannt ist, kamen wahrscheinl. aus dem östl. Europa. Die im Tarimbecken gefundenen Mumien weisen anthropolog. Merkmale europider Menschen auf. Das kulturelle und sprachl. Profil dieser Tocharer bildete sich im ausgehenden 1. Jt. v. Chr. aus, und zwar auf der Basis der Afanasevo-Kultur im Altai-Gebirge und im Flußtal des Jenisej. Von dort sind die Tocharer zu Beginn unserer Zeitrechnung nach Süden migriert (s. Karte S. 56–57). In den Freskenmalereien der Höhlenklöster von Kucha (Qizil und Qumtura) sind sie als hochgewachsene Menschen mit blonden oder rötl. Haaren dargestellt. Die Sprache dieser Tocharer, die innerhalb der indoeurop. Sprachfamilie einen eigenen Zweig repräsentiert (ähnl. wie das Griech. oder Armen.), tritt in den Texten in zwei elementaren Varianten auf, die Tochar. A und B genannt werden. Eine dritte Variante (Tochar. C) ist nur aus Lehnwörtern im Prakrit (mittelind. Sprachform) bekannt. Das tochar. Schrifttum ist buddhist. Inhalts. Im frühen Mittelalter war der Buddhismus die Hauptreligion der Völker in der von den Chinesen Xinjiang genannten Region.

Lit.: Mair 1995, Mallory/Adams 1997: 590 ff., Thomas 1985

Tolteken. Die Tolteken wanderten aus dem Nordwesten Mexikos in die zentrale Hochebene ein (s. Karte S. 43). Nach dem Niedergang von → Teotihuacán (Mitte des 8. Jh. n. Chr.) und vor dem Aufstieg der → Azteken im 14. Jh. war das von den Tolteken gegründete Reich mit der Hauptstadt Tula (seit 920 n. Chr.) der wichtigste Machtfaktor in Zentralmexiko. Um 985 wurde das Machtzentrum weiter südl. nach Tula Grande verlagert. Ein Teil der toltek. Bevölkerung migrierte auf die Halbinsel Yucatán (987 Besetzung von Chichén Itzá). Wichtigste Handelsware war Obsidian, der in Pachuca (Bundesstaat Hidalgo) gewonnen wurde. Im Jahre 1179 wurde das Reich der Tolteken von Invasoren aus dem Norden zerstört.

Die Tolteken waren ein uto-aztek. Volk. Sie sprachen eine Variante des Nahuatl, das mit dem klass. Nahuatl der Azteken verwandt war.

Lit.: Diehl 1983, Haberland 1986a: 46 ff.

Turdetaner → Tartessier

Turkvölker. Die ältesten Hinweise auf Stammesgruppen, deren ethn. Identität sich eindeutig als türk. bestimmen läßt, gehen auf das Jahr 429 n. Chr. zurück. Damals werden zum ersten Mal die → Onoguren erwähnt, die die Meerenge von Kertsch überschritten. Im Jahre 552 n. Chr. gründeten die Türküt (auch: Türgüt) im Gebiet der heutigen Mongolei (Flußtal des Orchon) das erste Reich. Im Rahmen der Ausdehnung ihres Einflußbereichs gerieten die Türküt schon bald in einen dauerhaften Interessenkonflikt mit den Chinesen, die um 630 n. Chr. die östl. Reichshälfte annektierten. Die Umwälzungen jener Zeit lösten weiträumige Migrationen nach Südwesten aus. So gelangten zahlreiche türk. Stammesgruppen nach Zentralasien und darüber hinaus nach Osteuropa. Nur eine Gruppe wanderte aus Südsibirien weiter in Richtung Nordosten ab, und zwar die Jakuten (0,38 Mio.), deren Siedlungsgebiet an der mittleren Lena liegt.

Auf europ. Boden kam es zu frühen Reichsbildungen (Reich der → Protobulgaren im 5. und 6. Jh. n. Chr., Khanat der → Chasaren im 7. Jh. n. Chr. u. a.). Die Landnahme türk. Stämme in Anatolien setzte im 11. Jh. ein. Die türk. Völker, die im Mittelalter von sich reden machten, haben sich assimiliert. Dazu gehören die → Hunnen, Chasaren, Onoguren, Protobulgaren, → Wolgabulgaren, → Petschenegen und → Kumanen.

Lit.: Golden 1998, Menges 1995

U

Ugarit. Die Ruinen der antiken Stadt Ugarit (heute Ras Shamra) liegen etwa 15 km nördl. von Lattakia an der syr. Küste. Der antike Hafen der Stadt, der heute verlandet ist, war Minet-el-Beida. Die Region war bereits im 7. Jt. v. Chr. besiedelt. Die Lage der Stadt war bis in die Neuzeit unbekannt. Erst 1928 stieß ein Bauer durch Zufall mit seinem Pflug an einen Sarkophagdeckel, der über einem Familiengrab lag. Ein Jahr später begannen die Ausgrabungen der Stadt unter Leitung von Claude Schaeffer.

Ugarit erstarkte als Seehafen um 1400 v. Chr. Damals blühte der Handel mit Zypern und über zypr. Vermittlung mit Kreta. Zunächst gehörte Ugarit zur ägypt. Einflußsphäre, um 1350 v. Chr. geriet das nördl. Syrien unter die polit. Kontrolle des Reichs der → Hethiter. Obwohl Ugarit nominell in einem Vasallenverhältnis stand, war es trotzdem weitgehend unabhängig und hatte einen breiten Handlungsspielraum für seine Kontakte mit überseeischen Handelspartnern. Um 1180 v. Chr. geriet es in die militär. Unruhen, die von den Seevölkern (→ Mittelmeerraum) ausgelöst worden waren und wurde zerstört.

Die Bevölkerung der Stadt selbst und ihres Einzugsgebiets war multiethn. Ein großer Teil der Bewohner waren → Hurriter. Die am meisten verwendete Schriftsprache Ugarits war das nach der Stadt benannte Ugaritisch, eine Variante des Nordwestsemit. Ugarit. Texte sind in zwei Schriftarten geschrieben worden, in einer Adaption der mesopotam. Keilschrift und in einem lokalen Alphabet, dessen Zeichen aus dem Bestand der syllab. Keilschrift selektiert sind. Das Phöniz. (→ Phönizier) ist mit dem Ugarit. am engsten verwandt. Ob sich die semit. Bevölkerung der Region um Ugarit als eigenes Volk fühlte, ist nicht bekannt.

Lit.: Bordreuil 1999, Yon 1999

Umbrer. Seit dem Beginn des 1. Jt. v. Chr. siedelten die Umbrer (latein. *Umbri*, griech. *Ombrikoi, Ombroi*) in der nach ihnen benannten histor. Landschaft Umbrien (Umbria) in Mittelitalien (s. Karte S. 148). Dorthin waren sie von Norden her eingewandert. Kernland der umbr. Siedlung war der Apennin, und zwar das Gebiet im Osten des oberen Tibertals. Vor ihrer Unterwerfung durch die → Römer hatten sich die Umbrer in kleinen Stadtstaaten organisiert. Dazu gehörten Sentinum (Sassoferrato), Iguvium (Gubbio), Asisium (Assisi), Tuder (Todi), Spoletium (Spoleto), Interamna (Terni) u. a. In der Schlacht bei Mevania (308 v. Chr.) unterlagen die Umbrer den Römern und waren seither polit. machtlos. Die Einrichtung röm. Kolonien in Umbrien und der Bau der Via Flaminia, die eine direkte Verkehrsverbindung mit Rom herstellte, förderten die Akkulturation und Assimilation der umbr. Bevölkerung. Der wohl berühmteste der romanisierten Umbrer, Titus Maccius Plautus (ca. 254–184 v. Chr.), dessen Muttersprache das Latein. war, hat sich als Komödiendichter in der röm. Literaturgeschichte einen bleibenden Platz erworben.

Die Umbrer gehören zum Kreis der → ital. Völker und ihre Sprache zum ital. Sprachzweig der indoeurop. Sprachfamilie. Das Umbr. ist am nächsten mit der Sprache der → Osker verwandt. Umbr. wurde vom 5. bis 1. Jh. v. Chr. geschrieben. Altumbr. Texte sind in einer Variante der etrusk. Schrift verfaßt, die spätumbr. Inschriften sind im latein. Alphabet geschrieben. Der umfangreichste Text (ca. 750 Wörter) sind priesterl. Anweisungen, die sog. «Tabulae Iguvinae» (Iguvin. Tafeln). Das Umbr. hat dem Latein. verschiedene Lehnwörter vermittelt (u. a. *coda* ‹Schwanz›, *asinus* ‹Esel›).

Lit.: Amiotti et al. 1994: 77 ff., Buck 1928

Uralier. Das Kernland ural. Populationen lag im Gebiet von Oka und Kama, beides Nebenflüsse der Wolga. Das ursprüngl. Verbreitungsgebiet ural. Jäger und Sammler erstreckte sich bis an die Küsten des Schwarzen Meeres im Süden und bis an die Ostseeküste in Norddeutschland. Die Kontakte mit den → Indoeuropäern gehen weit zurück, mindestens bis ins 6. Jt. v. Chr. (s. Karten S. 16–17). Uralier wie Indoeuropäer sind die Nachkommen der Bevölkerung, die bald nach dem Ende der letzten Eiszeit westl. des Uralgebirges heimisch wurde. In dem Areal, das im Norden von den Proto-Uraliern, im Süden von den Proto-Indoeuropäern bewohnt war, zeigt die materielle Kultur eine klare Kontinuität seit dem Mesolithikum. Die kulturelle Entwicklung in Osteuropa ist demnach nicht von außen beeinflußt worden. Im Gebiet der Uralier herrschte im Neolithikum die Agidel-Kultur vor. Bei den Indoeuropäern dominierte die Samara-Kultur (ca. 6000–5000 v. Chr.).

Für die älteste Periode ihrer Geschichte ist eine Kultur- und Sprachsymbiose zwischen Uraliern und Indoeuropäern anzunehmen. Sprachhistor. Spuren sind lexikal. Parallelismen im Wortschatz der Sprachen beider Familien (z. B. proto-indoeurop. *wedh- : proto-ural. *wetä- ‹führt›/Verbform in der 3. Pers. Sg.) und Ähnlichkeiten im System der Pronomen (z. B. proto-indoeurop. *me- : proto-ural. *-me ‹1. Pers. Sg. des Personalpronomens›). Diese Konvergenzen stammen aus älterer Zeit als die späteren einseitigen Entlehnungen indoeurop. Herkunft im Ural. Im Laufe der Zeit prägten sich regionale Spezifika aus, die letztl. die Trennung in eine proto-ural. und in eine proto-indoeurop. Grundsprache bedingten. Aufgrund ihrer zahlenmäßigen Dominanz haben die indoeurop. Populationen die ural. Völker nach und nach in Richtung Norden und Nordosten abgedrängt sowie ural. Bevölkerungsgruppen assimiliert. Dieser Prozeß setzt sich bis heute in Gestalt der Assimilation ural. Völker an das Russentum fort.

Das Dominanzgefälle der indoeurop.-ural. Kontakte spiegelt sich ebenfalls in den Namen verschiedener ural. Völker, die auf indoeurop. Ausdrücke zurückgehen. Die Eigenbezeichnung der Mari (Tscheremissen) ist der sprachl. Reflex eines proto-ar. (also indoeurop.) Wortstammes *márya- ‹Mann, Sterblicher›. Dies ist auch die Wurzel für den Namen des untergegangenen Volks der → Merier, die der got. Historiker Jordanes um 550 n. Chr. als *Merens* erwähnt. Ungarn, Chanten und Mansen werden unter dem Sammelnamen «Ugrier» gruppiert. In der altruss. Nestorchronik ist von den *Jugra* die Rede. Dazu läßt sich ein proto-ar. Wort rekonstruieren, und zwar *ugrá- mit der Bedeutung ‹mächtig, vornehm, hervorragend›. Auch im Wortschatz einiger ural. Sprachen haben sich Spuren der Kontakte zu Indoeuropäern erhalten. Beispielsweise leitet sich das finn. Wort orja ‹Sklave› vom Namen der Arier ab (*arya/*orya). Die Motivation für die Übernahme liegt wohl in der Situation der Gefangennahme von feindl. Kämpfern. Die Grundbedeutung von *orya wäre demnach ‹kriegsgefangener Arier, der versklavt wird›.

Nach der näheren Verwandtschaft ihrer Sprachen gliedern sich die ural. Völker in samojed. und finn.-ugr. Ethnien. Zu den Samojeden gehören Kleinethnien wie Nenzen, Selkupen, Nganasanen im nord-westl. und südl. Sibirien; untergegangen sind die → Kamassen. Zu den Finnougriern zählen Finnen, Esten, Ungarn, Mordwinen, Mari, Saa-men sowie die Kleinvölker der Chanten und Mansen in Westsibirien; untergegangen sind u. a. die Merier und → Muromer. Im Endstadium ihrer vollständigen sprachl. Assimilation befinden sich die Ischoren und Woten westl. von St. Petersburg sowie die Liwen in Lettland.

Lit.: Carpelan et al. 2001, Haarmann 1996b

Urartäer. Die Urartäer werden erstmals im 13. Jh. v. Chr. in assyr. Quellen erwähnt. Im 9. Jh. v. Chr. konsolidierte sich ein Reich Ur-artu (Uruatri) unter der Herrschaft von Sardur I. (reg. ca. 832 – ca. 825 v. Chr.). Dieses Königreich erstreckte sich über das Hochland Armeniens (s. Karte S. 68) und reichte im Westen bis an den Eu-phrat, im Osten bis ins Gebiet von Ardabil (nordwestl. Iran), im Norden bis in die Gegend von Leninakan (Armenien) und im Süden bis Rawandus (nördl. Irak). Die Hauptstadt des Reiches war Tuschpa (das heutige Van). Von Anbeginn seiner Existenz rivalisierte das Reich Urartu um polit. Vormacht mit Assyrien. Im 8. Jh. v. Chr. ge-lang es den Urartu-Herrschern Argischti I., Sardur II. und Rusa I., ihr Reichsgebiet gegen den militär. Druck der → Assyrer weiter aus-zudehnen. Erst im Jahre 714 v. Chr. erlitten die Urartäer eine emp-findl. Niederlage gegen Sargon II. Das Reich Urartu überdauerte auch den Niedergang Assyriens, wurde dann aber schließlich von den → Medern erobert.

Die Urartäer waren ein mit den → Hurritern verwandtes Volk. Die Vorfahren beider Völker stammten aus dem östl. Kaukasus (→ Kaukasier) Das Urartäische gehört zum Kreis der ostkaukas. Sprachen, aus deren sprachhistor. Kontinuum es sich um die Mitte des 3. Jt. v. Chr. ausgegliedert hat. Bei den Texten in urartäischer Sprache, die zwischen ca. 850 und ca. 600 v. Chr. entstanden, handelt es sich um monumentale Felsinschriften mit formelhaften Wendun-gen. Die Schrift, in der das Urartäische geschrieben wurde, ist eine Variante der Keilschrift. Die Urartäer haben ihre Schreibtechnolo-gie von den Hurritern übernommen, deren Schriftkultur eine län-gere Tradition hatte.

Lit.: Haas 1986, Salvini 1995

V

Vandalen. Von allen german. Völkern der Völkerwanderungszeit haben die Vandalen (latein. *Vandali, Vandalii,* griech. *Uandaloi, Vandeloi*) die längste Migration erlebt (s. Karte S. 102–103). Von ihren ursprüngl. Wohnsitzen im Oder-Warthe-Raum sind sie bis nach Nordafrika migriert. Bereits in der Frühzeit ihrer Existenz als ethn. Kollektiv war die vandal. Bevölkerung in zwei Hauptstämme gegliedert, die Hasdingen und die Silingen, von denen die histor. Landschaft Schlesien ihren Namen hat. Noch Jahrhunderte später wurde die Region, von wo die Vandalen auszogen, regio Vandalorum genannt, so in den «Annales Alamanici» aus dem Jahre 796.

Im 2. Jh. n. Chr. zogen einige vandal. Gruppen bis in den Karpatenbogen und in die Ebene der Theiß. Ins Licht der röm. Geschichte traten die Vandalen, als sie 406/07 den Rhein überquerten und durch Gallien nach Spanien vordrangen. Unter der Führung des Vandalenkönigs Gunderich (reg. 406–428) migrierten auch → Sueben und Bevölkerungsgruppen der → Alanen nach Westen. Im Jahre 411 wurden den nach Spanien eingedrungenen Stammesgruppen, die sich als Verbündete *(foederati)* der → Römer verpflichteten, von diesen Siedlungsgebiete zugewiesen. Die Hasdingen siedelten zusammen mit den Sueben in Galizien (im Nordwesten Spaniens), die Silingen ließen sich in Andalusien (Südspanien) nieder. Die Vandalen in Südspanien waren die Namengeber für die histor. Landschaft Andalusien (span. Andalucía). Die span. Namenform geht allerdings auf den Namen zurück, den die Araber seit dem 8. Jh. verwendeten: Al-Andalus.

Als die Westgoten begannen, ihr toledan. Reich aufzubauen, richtete sich ihr Expansionsdruck direkt gegen die Silingen, die 418 besiegt wurden. Daraufhin verschob sich das polit. Kräfteverhältnis auf der Pyrenäenhalbinsel zugunsten der → Goten. Unter ihrem König Geiserich (reg. 428–477) setzten rund 80 000 Vandalen und Reste der Alanen im Jahre 429 von Spanien nach Nordafrika über und zogen bis vor Karthago, das 439 erobert und Hauptstadt des neu gegründeten Reichs der Vandalen in Afrika wurde. In der Folgezeit wurden auch Sizilien, Sardinien, Korsika und die Balearen von den Vandalen besetzt.

Die bis zur Ankunft der Vandalen bestehende röm. Zivilverwaltung wurde für die lokale Bevölkerung beibehalten; röm. Besitzer von Landgütern mußten aber ihre Ländereien an die vandal. Herren abtreten. Die Vandalen hatten ihre eigene Sozialordnung und Gerichtsbarkeit. Es gelang ihnen in der Folgezeit aber nicht, ihren Staat zu konsolidieren. Sie verlegten sich auf Raubzüge im westl. Mittelmeer. Im Jahre 455 landete eine ihrer Flotten in Italien. Das Ziel der Vandalen war Rom: die Stadt wurde geplündert. Danach zogen sie wieder ab. Dieses Ereignis machte weit über Italien von sich reden, weil der Papst die Vandalen der Außenwelt als grausames und zerstörungswütiges Volk beschrieb. Die Erinnerung an die Plünderung Roms hat bis in die Neuzeit weitergelebt. Im ausgehenden 18. Jh. prägte der französ. Bischof Blois Grégoire den Begriff *vandalisme* ‹sinnlose, mutwillige Zerstörung›, der von der Académie Française angenommen wurde und zusammen mit dem Stereotyp von den barbar. Vandalen einen festen Platz in den modernen Kultursprachen gefunden hat.

Der Staat der Vandalen war schon bald im Innern zerrüttet. Gründe dafür waren zum einen die Konfrontation der arian. Sektierer gegen die kathol. Kirche, zum anderen die Richtungskämpfe im innerdynast. Konflikt über das Verhältnis zum Byzantin. Reich. Der byzanzfreundl. Hilderich wurde 530 von Gelimer abgesetzt. Diese Palastrevolte rief die Byzantiner auf den Plan, deren Armee im Jahre 533 unter Belisar in Nordafrika landete und das Vandalenreich eroberte. Die vandal. Elite wurde entmachtet und die Bevölkerung vertrieben.

Das Vandal. gehört wie das Got., Gepid. (→ Gepiden), Sueb. u. a. zur Gruppe der ostgerman. Sprachen, die sämtl. untergegangen sind. Es ist nur wenig vandal. Sprachmaterial überliefert. Dies sind Münzlegenden und Personennamen, die in latein. Urkunden enthalten sind.

Lit.: Diesner 1966, Pischel 1987

Veneter. Es gab verschiedene Volksstämme der Antike, die als Veneter benannt wurden:

- die im 8. Jh. v. Chr. von Homer in der «Ilias» (II 852) erwähnten Veneter (griech. *Enetoi*) in Paphlagonien, einer Landschaft in → Kleinasien, an der Südküste des Schwarzen Meeres, im Westen grenzt sie an Bithynien, im Osten reicht sie bis zum Fluß Halys.
- eine Veneter (griech. *Enetoi*) genannte Stammesgruppe in der zentralen Balkanregion, von der Herodot im 5. Jh. v. Chr. berichtet
- ein kelt. Stamm gleichen Namens (latein. *Veneti, Venedi*) in der südl. Bretagne, der im Jahre 56 v. Chr. von Caesar unterworfen wurde
- die von den röm. Autoren Plinius dem Älteren und Tacitus im 1. Jh. n. Chr. erwähnten *Venethi* oder *Veneti* östl. der Weichsel, vermutl. slaw. Bevölkerungsgruppen, deren Nachkommen später nach Westen migrierten und im deutschen Sprachraum als Wenden (althochdt. *Winida*) bekannt waren
- die Veneti im Nordosten Italiens.

Über diese letzteren Veneter (griech. *Enetoi*, latein. *Veneti*) ist vergleichsweise am meisten bekannt. Sie sind die Namengeber für die histor. Landschaft Venetien (italien. Veneto) im Nordosten Italiens (s. Karte S. 148). Das Wohngebiet dieses Volkes erstreckte sich an der Adriaküste bis zur Mündung des Po und im Inland. Die wichtigsten Siedlungszentren waren Ateste (Este), Patavium (Padua), Tarvisium (Treviso) und Bellunum (Belluno). Die Kultur der Veneter hat sich im 9. Jh. v. Chr. aus dem Kontinuum der über ganz Italien verbreiteten Proto-Villanova-Kultur ausgegliedert. Die Veneter konnten sich erfolgreich gegen den Expansionsdruck sowohl der → Etrusker als auch der in Norditalien ansässigen → Gallier behaupten. Seit 215 v. Chr. stand ihr Gebiet unter röm. Kontrolle. Röm. Bürgerrecht (→ Römer) wurde den Venetern im 1. Jh. v. Chr. zugesprochen, als sie sich schon weitgehend an röm. Lebensweisen akkulturiert hatten.

Die Sprache der Veneter ist indoeurop., gehört allerdings nicht zum Zweig der ital. Sprachen (Latein., Osk., Umbr. u. a.). Entfernt verwandt mit dem Venet. ist die Sprache der → Illyrer. Venet. wurde zwischen ca. 550 und ca. 100 v. Chr. geschrieben und ist aus mehr als 200 Inschriften bekannt, von denen die meisten sehr kurz sind. Schriftträger waren Stein, Bronzetafeln und Tongefäße. Viele Inschriften finden sich auf Bronzenadeln, die als Votivgaben im Schrein der Göttin Reitia in deren Heiligtum (Fondo Baratela) deponiert worden waren. Das ältere Schrifttum bedient sich einer Variante der etrusk. Schrift, in der Spätphase (ab 150 v. Chr.) wurde die Lateinschrift verwendet.

Lit.: Amiotti et al. 1994: 41 ff., Capuis 1993, Mallory/Adams 1997: 620 f.

Volsker. Seit dem 6. Jh. v. Chr. sind die Volsker in Campanien bezeugt. Sie waren ein → ital. Volk, das mit den → Umbrern und → Oskern näher verwandt war. Im Zuge der Ausdehnung ihres Siedlungsgebiets aus dem Bergland an die tyrrhen. Küste (s. Karte S. 148) gerieten die Volsker in Konflikt mit den → Latinern. Bereits im Jahre 329 v. Chr. wurden sie von den → Römern unterworfen und ihr Hauptort, Privernum (Priverno), erobert. Die Volsker haben früh röm. Kultur angenommen und sich ans Latein. assimiliert.

Lit.: Brunner et al. 1993/3: 625, Lopes Pegna 1967: 149 ff.

Vor-inkaische Völker der Andenregion → Chavín, Chimú, Huari, Moche, Nazca, Tiahuanaco.

W

Wagrier → Elbslawen

Wari → Huari

Wandalen → Vandalen

Wikinger. Die Wikinger waren kein einheitl. Volk im ethn. Sinn. Sie haben ihren Namen von der Epoche der skandinav. Geschichte, die von ca. 700 bis ca. 1100 n. Chr. dauerte. Die Frühzeit ist gekennzeichnet durch die Raubzüge der Skandinavier an den Küsten Britanniens, Irlands und Nordfrankreichs. In der Endphase kam es zu tiefgreifenden sozialen Umwälzungen der lokalen Gesellschaften in Skandinavien, als christl. Lehre und Weltanschauung das traditionelle, german.-heidn. Kulturmilieu zu transformieren begannen. Das Ende der Wikingerzeit ist markiert durch den kulturellen Übergang zur Welt der christl. Königreiche in Nordeuropa. Island ging mit seinem frühen parlamentar. Gemeinwesen einen eigenen Weg.

Die Herkunft des Namens «Wikinger» ist ungeklärt. Vielleicht bezieht er sich auf die Landschaft Viken im Süden Norwegens (Wikinger = Leute aus Viken), von wo aus die Nordmänner auszogen zu ihren Unternehmungen. Die Wikinger aus Dänemark sind in erster Linie für die skandinav. Landnahme im Norden Englands und an den Küsten Irlands verantwortlich. Von Norwegen aus fuhren Wikinger vornehml. in den Nordatlantik und gründeten Kolonien in Grönland. Die schwed. Wikinger (in altruss. Chroniken *Varjagi* ‹Waräger› genannt) befuhren mit ihren Schiffen den Dnepr (den «Weg nach Byzanz») und die Wolga (den «Weg zu den Arabern»).

Im Anfang war die Sprache der Wikinger, das Altnord., verhältnismäßig einheitl. Das Altnord. nahm allerdings mehr und mehr Lokalkolorit an. Zwischen ca. 800 und ca. 1150 n. Chr. wurde es in Runenschrift geschrieben, danach noch eine Zeitlang in Lateinschrift. Mit dem Ende der Wikingerzeit löste sich die ehemalige

Spacheinheit zusehends auf, und es gliederten sich allmähl. die regionalen nord. Sprachen aus. Im Zuge dieses Prozesses, der vom 12. bis 14. Jh. andauerte, bildeten sich auch neue ethn. Identitäten heraus, die der nord. Völker.

Lit.: Fitzhugh/Ward 2000, Ólason 1998, Pulsiano 1993: 693 ff.

Wolgabulgaren. Die Vorfahren der Wolgabulgaren waren die → Protobulgaren, die im 5. Jh. n. Chr. ein Khanat im Gebiet des Azowschen Meeres gegründet hatten. Dieses Reich wurde 679 von den → Chasaren zerstört. Die protobulgar. Bevölkerung wanderte teilweise nach Westen, wo sie südl. der Donau ein neues Reich gründeten (Donaubulgaren). Andere Gruppen zogen nach Norden und ließen sich an der mittleren Wolga nieder, wo sie ebenfalls ein neues Reich aufbauten (s. Karten S. 102–103 und 56–57). Diesen Bulgaren hatten sich Reste der → Hunnen angeschlossen, deren Volkstum später in dem der Tschuwaschen aufging. Zu den Untertanen der Wolgabulgaren gehörten auch Bevölkerungsgruppen der Mordwinen, eines wolgafinn. Volkes (→ Uralier).

Zunächst konnten sich die Wolgabulgaren nicht dem polit. Einfluß der Chasaren entziehen, deren Vasallen sie für Jahrhunderte blieben. Erst nachdem Swjatoslaw, der Großfürst von Kiew, das Chasarenkhanat erobert hatte (Einnahme von Sarkel im Jahre 965, von Itil 969), konnte sich das Reich der Wolgabulgaren ohne polit. Druck von außen entfalten. Es hatte bis ins 14. Jh. Bestand. Mongol. Truppen eroberten die Hauptstadt Bulgar im Jahre 1236. Das Bulgarenreich wurde aber nicht zerstört, sondern blieb als Vasallenstaat der Goldenen Horde bestehen. Gegen Ende des 14. Jh. löste es sich dann endgültig auf.

Die ältesten Nachrichten über die Wolgabulgaren stammen aus dem 10. Jh. und finden sich in den Reiseberichten des arab. Gesandten Ibn-Foszlan, der im Jahre 922 die Stadt Bulgar besuchte. Dies war zu der Zeit, als die Wolgabulgaren den Islam annahmen. Auch in den Traktaten des arab. Geographen Mas'oudy, der über Völker und Reiche im östl. Europa handelt, findet man Informationen über die Bulgaren an der Wolga. Die Araber hielten sie fälschl. für → Slawen. Tatsächl. waren die Wolgabulgaren ein → türk. Volk und mit den Tataren, → Kumanen, → Petschenegen u. a. Turkvölkern des östl. Europa verwandt. Das Wolgabulgar. wurde vom 10. bis 14. Jh.

in arab. Schrift geschrieben. Von dem Schrifttum, das in der Zeit vor dem Mongolensturm entstand, ist nichts überliefert. Erhalten dagegen sind wolgabulgar. Grabinschriften des 13. und 14. Jh. Das Wolgabulgar. hat auf einige der Sprachen eingewirkt, mit denen es in der Wolgaregion im Kontakt stand, so auf das Udmurt., eine finn.-perm. Sprache. Auch ins Russ. sind wolgabulgar. Lehnwörter übernommen worden, darunter ganz bekannte Begriffe wie russ. *kniga* ‹Buch› oder *lošad'* ‹Pferd›.

Lit.: Benzing 1959, Haarmann 1976, Menges 1995: 38 ff.

Z

Zimbern. Das ursprüngl. Wohngebiet der Zimbern (german. *Himbroz*, latein. *Cimbri*, griech. *Kimbroi*) lag im Nordwesten der Halbinsel Jylland (Jütland). An die Zimbern erinnert heute noch der Landschaftsname Himmerland. Zusammen mit den ebenfalls aus Jylland stammenden → Teutonen wanderten die Zimbern um 120 v. Chr. nach Süden. Im Jahre 113 v. Chr. überquerten sie die Alpen und fielen in die röm. Provinz Noricum ein, wo sie ein röm. Heer besiegten. Die Forderung der Zimbern nach Ländereien auf röm. Territorium mit dem Zweck ihrer Neuansiedlung wurde vom Senat in Rom abgewiesen. Daraufhin wandten sich die Zimbern nach Westen. Die röm. Truppen, die sich ihnen bei Arausio (heute: Orange) in den Weg stellten, wurden 109 v. Chr. ebenfalls besiegt.

Nach ihrem Pyrenäendurchzug im Jahre 105 v. Chr. wollten sich die Zimbern im Nordosten Spaniens niederlassen, mußten aber dem Druck der → Keltiberer weichen. Eine neue Migration setzte ein, diesmals nach Osten gerichtet. Im Jahre 101 v. Chr. drangen die Zimbern bis in die Po-Ebene vor, wurden dort von einem röm. Heer gestellt und vernichtend geschlagen. Auch die Familien der zimbr. Kämpfer, die mitgezogen waren, wurden von den → Römern zum großen Teil umgebracht. Mit diesem ersten Genozid der röm. Geschichte wurde das Volkstum der Zimbern und einiger anderer Stammesgruppen (Teutonen, Ambronen, Haruden) in ihrer Begleitung ausgelöscht.

Die Zimbern waren Germanen, und ihre Sprache gehörte zur westl. Gruppe der german. Sprachen. Das überlieferte Sprachmaterial ist spärl., v. a. Namen, die in antiken Quellen verstreut sind. Die Sprecher des Zimbr., des süddeutschen Dialekts, der in einigen Gemeinden der italien. Provinzen Trento und Veneto verbreitet ist, sind keine Nachkommen der german. Zimbern aus Jylland, sondern von Zuwanderern aus Bayern, die im 12. Jh. in die Südalpen zogen. Die bis heute übl. Namengebung (Zimbern) geht auf italien. Humanisten des 16. Jh. zurück, die die deutschsprachige Bevölkerung der Region irrtüml. für Nachkommen der antiken Zimbern hielten.

Lit.: Melin 1960

Bibliographie

Abondolo, D. (Hg.) (1998). The Uralic languages. London/New York

Adkins, L./Adkins, R.A. (1994). Handbook to life in ancient Rome. New York

Ahrens, C. (Hg.) (1978). Sachsen und Angeln. Ausstellungskatalog des Helms-Museums Hamburg, 2 Bde. Hamburg

Ajchenval'd, A.J./Militarev, A.J. (1991). Livijsko-guančskie jazyki, in: Jazyki Azii i Afriki 1991/IV, 2, 148–267

– (1998). Guančskie jazyki, in: Jarceva 1998: 122–123

Akopjan, A.A. (1987). Albanija-Aluank v greko-latinskich i drevnearmjanskich istočnikach. Jerevan

Akurgal, E. (1990). Anadolu uygarliklari. Istanbul (3. Aufl.)

Alfaro, S. (Hg.) (1998). Primeros peruanos. Historia de las culturas prehispánicas. Lima

Alföldi, A. (1977). Das frühe Rom und die Latiner. Darmstadt

Almagro-Gorbea, M. (1991). I Celti della peninsola iberica, in: Moscati et al. 1991: 389–405

Alvar, J./Blázquez, J.M. (Hg.) (1993). Los enigmas de Tarteso. Madrid

Álvarez Delgado, J. (1964). Inscripciones líbicas de Canarias: Ensayo de interpretación líbica. La Laguna

Amiet, P. (1988). Suse: 6000 ans d'histoire. Paris

Amiotti, G./Antico Gallina, M./Violante, A. (1994). Genti preromane nel paesaggio e nella storia. Mailand

Anati, E. (1979). La préhistoire des Alpes. Les camuniens, aux racines de la civilisation européenne. Mailand

– (Hg.) (1984). I sardi. La Sardegna dal paleolitico all'età romana. Mailand

Andresen, C. et al. (Hg.) (1990). Lexikon der Alten Welt, 3 Bde. Zürich/München

Andronov, M.S. (Hg.) (1978). Jazyki Azii i Afriki, tom II: Indoevropejskie jazyki. Iranskie jazyki. Darskie jazyki. Dravidijskie jazyki. Moskau

Anonymus (o.J.). Representaciones del sexo en el antiguo Perú – Representations and sexual scenes in ancient Perú. Lima

Arcamone, M.G. (2001). Italienische Ortsnamen langobardischen Ursprungs, in: Onoma 36, 215–227

Archi, A. (1999). Les archives royales d'Ebla, in: Cluzan et al. 1999: 108–137

Assmann, J. (1999). Ägypten – Eine Sinngeschichte. Frankfurt

Baines, J./Málek, J. (1980). Atlas of ancient Egypt. New York/Oxford

Baitinger, H./Pinsker, B. (Hg.) (2002). Das Rätsel der Kelten vom Glauberg. Stuttgart

Bard, K.A. (Hg.) (1999). Encyclopedia of the archaeology of Ancient Egypt. London/New York

Barker, G./Rasmussen, T. (1998). The Etruscans. Oxford/Malden, Massachusetts

Barnhart, R.K. (Hg.) (2002). Chambers dictionary of etymology. Edinburgh/New York

Barta, G./Bóna, I./Köpeczi, B. et al. (1994). History of Transylvania. Budapest

Basilov, V.N. (Hg.) (1989). Nomads of Eurasia. Seattle

Bauer, B.S. (2000). El espacio sagrado de los Incas. El sistema de ceques del Cuzco. Cuzco

Beck, H. (Hg.) (1989). Germanische Rest- und Trümmersprachen. Berlin/New York

Beck, H./Quak, A. (1995). Franken, in: Reallexikon der Germanischen Altertumskunde 9, 373–461

Beekes, R. (2003). Luwians and Lydians, in: Kadmos 42, 47–49

Beinhauer, K. (1986). Die «Ethnogenese» der «Italiker» aus der Sicht der Vor- und Frühgeschichte, in: Bernhard/Kandler-Pálsson 1986: 137–145

Beit-Arieh, I./Beck, P. (1987). Edomite Shrine. Discoveries from Qitmit in the Negev. Jerusalem

Belarte, M.C. (1997). Arquitectura domèstica i estructura social a la Catalunya protohistòrica. Barcelona

Bell-Fialkoff, A. (Hg.) (2000). The role of migration in the history of the Eurasian steppe. Sedentary civilization vs. «barbarian» and nomad. Houndmills, Basingstoke/London

Ben-Tor, A. (Hg.) (1992). The archaeology of ancient Israel. New Haven/London

Benson, E.P./Fuente, B. de la (Hg.) (1996). Olmec art of ancient Mexico. Washington/New York

Benzing, J. (1959). Das Hunnische, Donaubolgarische und Wolgabolgarische (Sprachreste), in: Deny et al. 1959: 685–695

Berdan, F.F. (1982). The Aztecs of Central Mexico. New York

Bernal, M. (1987–91). Black Athena. The Afroasiatic roots of classical civilization, 2 Bde. London

Bernhard, W. (1986). Die Ethnogenese der Germanen aus der Sicht der Anthropologie, in: Bernhard/Kandler-Pálsson 1986: 257–284

Bernhard, W./Kandler-Pálsson, A. (Hg.) (1986). Ethnogenese europäischer Völker. Stuttgart/New York

Bernal, I. (1976). The Olmec world. Berkeley/Los Angeles

Berrin, K./Pasztory, E. (Hg.) (1993). Teotihuacán. Art from the city of the gods. San Francisco

Berschin, H./Lühr, R. (1995). Germanisch und Romanisch, in: Zeitschrift für romanische Philologie 111, 9–19

Beutin, W. et al. (1989). Deutsche Literaturgeschichte. Von den Anfängen bis zur Gegenwart. Stuttgart (3. Aufl.)

Beyer, K. (1986). The Aramaic language: Its distribution and subdivisions. Göttingen

Bietak, M. (1996). Avaris, the capital of the Hyksos: New excavation results. London

– (1999). Hyksos, in: Bard 1999: 377–379

Bilde, P./Engberg-Pedersen, T./Hannestad, L./Zahle, J. (Hg.) (1992). Ethnicity in Hellenistic Egypt. Aarhus

Birkhan, H. (1997). Kelten. Versuch einer Gesamtdarstellung ihrer Kultur. Wien

Birley, A.R. (1999). Septimius Severus. The African emperor. London/New York

Blake, N.F. (1996). A history of the English language. London

Blok, J.H. (1995). The early Amazons. Modern & ancient perspectives on a persistent myth. Leiden/New York/Köln

Boano, A.G. (1997). «Ligures» e «Liguria»: considerazioni onomastiche, in: Intemelion 3, 5–26

Boardman, J. (1988). The Greeks overseas. Their early colonies and trade. London (2. Aufl.)

Bonfante, L. (Hg.) (1986). Etruscan life and afterlife. A handbook of Etruscan studies. Detroit

Boonzaier, E./Berens, P./Malherbe, C./Smith, A. (1996). The Cape herders. A history of the Khoikhoi of Southern Africa. Kapstadt/Johannesburg

Bordreuil, P. (1999). La religion d'Ugarit, in: Cluzan et al. 1999: 183–187

Bourguet, P. du (1980). Die Kopten. Baden-Baden

Braune, A. (1988). Menes, Moses, Minos. Die Altpalastzeit auf Kreta und ihre geschichtlichen Ursprünge. Essen

Bray, W. (Hg.) (1979). El Dorado. Der Traum vom Gold. Hannover

Breton, J.-F. (1998). L'Arabie heureuse au temps de la reine de Saba (VIIIe–Ier siècles avant J.-C.). Paris

Brody, J.J. (1990). The Anasazi. Ancient Indian people of the American Southwest. New York

Brug, J.F. (1985). A literary and archaeological study of the Philistines. Oxford

Brunner, H./Flessel, K./Hiller, F. (Hg.) (1990–93). Lexikon Alte Kulturen, 3 Bde. Mannheim/Wien/Zürich

Brunner-Traut, E. (1982). Die Kopten. Köln

Buchholz, H.-G. (1987). Ägäische Bronzezeit. Darmstadt

Buck, C.D. (1928). A grammar of Oscan and Umbrian. Boston (2. Aufl.)

Butrimas, A. (Hg.) (2001). Baltic amber. Vilnius

Cáceres Macedo, J. (2001). Prehispanic cultures of Perú. Lima

Cameron, A. (1993). The Mediterranean world in late antiquity AD 395–600. London/New York

Campbell, J. (Hg.) (1991). The Anglo-Saxons. London/New York

Capuis, L. (1993). I veneti. Società e cultura di un popolo dell'Italia preromana. Mailand

Carbonell, E./Vaquero, M. (Hg.) (1996). The last Neandertals, the first anatomically modern humans. Cultural change and human evolution: the crisis at 40 KA BP. Tarragona

Carpelan, C./Parpola, A. (2001). Emergence, contacts and dispersal of Proto-Indo-European, Proto-Uralic and Proto-Aryan in archaeological perspective, in: Carpelan et al. 2001: 55–150

Carrasco, D. (2002). Mesoamerica's classic heritage: From Teotihuacán to the Aztecs. Denver

Carter, E./Stolper, M.W. (1984). Elam: Surveys of political history and archaeology. Berkeley/Los Angeles

Cavalli-Sforza, L./Cavalli-Sforza, F. (1995). The great human diasporas. The history of diversity and evolution. Reading, Massachusetts/Menlo Park, California/New York

Cavalli-Sforza, L./Menozzi, P./Piazza, A. (1994). History and geography of human genes. Princeton, New Jersey

Chapman, A. (1987). La Isla de los Estados en la prehistoria. Primeros datos arqueológicos. Buenos Aires

Chave, A.C. (1993). Constantin Brancusi. Shifting the bases of art. New Haven/London

Chazanov, A.M. (1975). Social'naja istorija skifov. Moskau

Choureshki, S. (1995). An observation on the Getic-Scythian ethnic and cultural interactions in the 8th-5th century BC: Contact in motion, in: Jordanov et al. 1995: 181–190

Clendinnen, I. (1991). Aztecs – An interpretation. Cambridge/New York

Cluzan, S./Delpont, E./Mouliérac, J. (Hg.) (1999). Syrie – Mémoire et civilisation. Paris

Coarelli, F. (1987). I santuari del Lazio in età repubblicana. Rom

Connah, G. (1987). African civilizations. Precolonial cities and states in tropical Africa: an archaeological perspective. Cambridge/New York/Melbourne

Covic, B. (1986). Die Ethnogenese der Illyrier aus der Sicht der Vor- und Frühgeschichte, in: Bernhard/Kandler-Pálsson 1986: 55–74

Crawford, B.E. (Hg.) (1995). Scandinavian settlement in northern Britain. London/New York

Crawford, H. (1991). Sumer and the Sumerians. Cambridge/New York

Cristofani, M. (Hg.) (1985). Dizionario della civiltà etrusca. Florenz

Cumplido, M.N. (1998). La catedral de Córdoba. Córdoba

Cunliffe, B. (Hg.) (1994). The Oxford illustrated prehistory of Europe. Oxford/New York

– (1997). The ancient Celts. Oxford/New York

Dani, A.H./Masson, V.M. (Hg.) (1992). History of civilizations of Central Asia, vol. I: The dawn of civilization: earliest times to 700 B.C. Paris

Daniel, G./Rehork, J. (Hg.) (1990). Enzyklopädie der Archäologie. Bergisch Gladbach

Daniels, P.T./Bright, W. (Hg.) (1996). The world's writing systems. New York/Oxford

Dasxuranci, M. (1961). The history of the Caucasian Albanians. London

Davies, W.V. (Hg.) (1993). Egypt and Africa. Nubia from prehistory to Islam. London (2. Aufl.)

De Juliis, E.M. (1988). Gli Iapigi. Storia e civiltà della Puglia preromana. Mailand

Deny, J. et al. (Hg.) (1959). Philologiae Turcicae Fundamenta, Bd. 1. Wiesbaden

Devoto, G. (1951). Gli antichi Italici. Florenz (2. Aufl.)

Diaconus, P. (2000). Historia Langobardorum (Storia dei longobardi; übersetzt und ediert von L. Capo). Mailand (5. Aufl.)

Díaz-Andreu, M./Keay, S. (Hg.) (1997). The archaeology of Iberia. The dynamics of change. London/New York

Dickason, O.P. (1996). Huron/Wyandot, in: Hoxie 1996: 263–265

Dickinson, O. (1994). The Aegean Bronze Age. Cambridge/New York

Die Daker. Archäologie in Rumänien. Mainz 1980

Diehl, R.A. (1983). Tula. The Toltec capital of ancient Mexico. London

Diesner, H.-J. (1966). Das Vandalenreich. Stuttgart

Disselhoff, H.D. (1967). Geschichte der altamerikanischen Kulturen. München/Wien

Disselhoff, H.-D./Linné, S. (1961). Alt-Amerika. Die Hochkulturen der Neuen Welt. Baden-Baden

Dittmar, J. (1989). Thailand und Burma. Tempelanlagen und Königsstädte zwischen Mekong und Indischem Ozean. Köln (6. Aufl.)

Dixon, R.M.W./Ramson, W.S./Thomas, M. (1992). Australian Aboriginal words in English. Their origin and meaning. Oxford (2. Aufl.)

Donadoni, S. (Hg.) (1992). Der Mensch des Alten Ägypten. Frankfurt/New York

Donnan, C.B./McClelland, D. (1999). Moche fineline painting. Its evolution and its artists. Los Angeles

Drevnij Vostok – Etnokul'turnye svjazi. Moskau 1988

Duhoux, Y. (1982). L´étéocrétois. Les textes – la langue. Amsterdam

Dukszto, A./Helfer Arguedas, J.M. (2001). Líneas de Nasca. Lima

Duridanov, I. (1985). Die Sprache der Thraker. Neuwied

– (1999). Thrakisch, Dakisch, Illyrisch, in: Hinrichs 1999: 733–759

Eggebrecht, A. (Hg.) (1986). Glanz und Untergang des alten Mexiko, 2 Bde. Mainz

Eggebrecht, A./Konrad, W./Pusch, E.B. (Hg.) (1978). Sumer, Assur, Babylon. 7000 Jahre Kunst und Kultur zwischen Euphrat und Tigris. Mainz

Eisleb, D. (1977). Altperuanische Kulturen, Bd. 2: Nazca. Berlin

Eisleb, D./Strelow, R. (1980). Altperuanische Kulturen, Bd. 3: Tiahuanaco. Berlin

Ellis, P.B. (1997). Celt and Greek. Celts in the Hellenic world. London

Errington, M. (1986). Geschichte Makedoniens. München

Evison, V.I. (Hg.) (1981). Angles, Saxons and Jutes. Oxford

Eze, E.Ch. (Hg.) (1998). African philosophy – An anthology. Malden, Massachusetts/Oxford

Facchetti, G.M. (2000). L'enigma svelato della lingua etrusca. Rom

Fagan, B.M. (1995). Ancient North America. The archaeology of a continent. London (2. Aufl.)

– (Hg.) (1996). The Oxford companion to archaeology. New York/Oxford

Fausz, J.F. (1996). Pocahontas (Matoaka), in: Hoxie 1996: 490–492

Fischer, R. (1980). Die schwarzen Pharaonen. Tausend Jahre Geschichte und Kunst der ersten innerafrikanischen Hochkultur. Bergisch Gladbach

Fitzhugh, W.W./Ward, E.I. (Hg.) (2000). Vikings – The North Atlantic Saga. Washington/London

Flood, J. (1992). Archaeology of the dreamtime. The story of prehistoric Australia and its people. Pymble/Auckland/London

Frédéric, L. (1987). Dictionnaire de la civilisation indienne. Paris

Freed, R.E./Markowitz, Y.J./D'Auria, S.H. (Hg.) (1999). Pharaohs of the sun. Akhenaten – Nefertiti – Tutankhamen. London/Boston

Fuchs, K. et al. (Hg.) (2001). Die Alamannen. Stuttgart (4. Aufl.)

Furger-Gunti, A. (1984). Die Helvetier. Kulturgeschichte eines Keltenvolkes. Zürich

Fuwei, Sh. (1996). Cultural flow between China and outside world throughout history. Beijing

Gamble, C. (1986). The Palaeolithic settlement of Europe. Cambridge/New York

– (1999). The Palaeolithic societies of Europe. Cambridge/New York

Garbini, G. (1997). I filistei. Gli antagonisti di Israele. Mailand

Gehrig, U./Niemeyer, H.G. (1990). Die Phönizier im Zeitalter Homers. Mainz

Gerov, B. (1980). Beiträge zur Geschichte der römischen Provinzen Moesien und Thrakien. Amsterdam

Giacomelli, G. (1978). Il falisco, in: Prosdocimi 1978: 505–542

Giardina, A. (Hg.) (1989). Der Mensch der römischen Antike. Frankfurt/NewYork

Gill, S.D./Sullivan, I.F. (1992). Dictionary of native American mythology. New York/Oxford

Gimbutas, M. (1991). Civilization of the Goddess. The world of Old Europe. San Francisco

Gitin, S. et al. (Hg.) (1998). Mediterranean peoples in transition. Jerusalem

Gold der Thraker. Archäologische Schätze aus Bulgarien. Mainz 1979

Golden, M./Toohey, P. (Hg.) (1997). Inventing ancient culture. Historicism, periodization, and the ancient world. London/New York

Golden, P.B. (1998). The Turkic peoples: A historical sketch, in: Johanson/Csató 1998: 16–29

Gordon, C.H./Rendsburg, G.A. (1997). The Bible and the ancient Near East. New York/London

Grant, M. (1995). Greek & Roman historians. Information and misinformation. London/New York

Grassi, M.T. (1991). I Celti in Italia. Mailand

Graves-Brown, P./Jones, S./Gamble, C. (Hg.) (1996). Cultural identity and archaeology. London/New York

Green, M. (Hg.) (1995). The Celtic world. London/New York

Green, P. (1991). Alexander of Macedon, 356–323 B.C. A historical biography. Berkeley/Los Angeles/Oxford

Griggs, C.W. (1990). Early Egyptian Christianity. Leiden

Grove, D.C. (1984). Chalcatzingo. Excavations on the Olmec frontier. London

Gruzinski, S. (1993). The conquest of Mexico. The incorporation of Indian societies into the western world, 16th–18th centuries. Cambridge/Oxford

Gunn Allen, P. (2003). Pocahontas. Medicine woman – spy – entrepreneur – diplomat. San Francisco

Gwin, P. (2004). Opfer im Tempel des Todes, in: National Geographic (November 2004), 144–159

Haarmann, H. (Hg.) (1976). Die Erforschung arabischer Quellen zur mittelalterlichen Geschichte der Slaven und Wolgabulgaren. Hamburg

– (1992). Universalgeschichte der Schrift. Frankfurt/New York (2. Aufl.)

– (1995). Early civilization and literacy in Europe. Berlin/New York

– (1996a). Die Madonna und ihre griechischen Töchter. Rekonstruktion einer kulturhistorischen Genealogie. Hildesheim/Zürich/New York

– (1996b). Aspects of early Indo-European contacts with neighboring culture, in: Indogermanische Forschungen 101, 1–14

– (1997). Zeichenkonzeptionen im keltischen Altertum, in: Posner et al. 1997: 763–802

– (1998). Religion und Autorität. Der Weg des Gottes ohne Konkurrenz. Hildesheim/Zürich/New York

- (1999). Der Einfluß des Lateinischen in Südosteuropa, in: Hinrichs 1999: 545–584
- (2000). The soul of Mother Russia: Russian symbols and pre-Russian cultural identity, in: ReVision 23, 6–16
- (2001). Die Kleinsprachen der Welt – Existenzbedrohung und Überlebenschancen. Eine umfassende Dokumentation. Frankfurt/Berlin/Bern
- (2002). Sprachenalmanach. Zahlen und Fakten zu allen Sprachen der Welt. Frankfurt/New York
- (2003a). Geschichte der Sintflut. Auf den Spuren der frühen Zivilisationen. München
- (2003b). Latein, in: Roelcke 2003: 325–358
- (2004). Lexikon der untergegangenen Sprachen. München (2. Aufl.)
Haas, V. (Hg.) (1986). Das Reich Urartu. Ein altorientalischer Staat im 1. Jahrtausend v. Chr. Konstanz
Haberland, W. (1986a). Das Hochtal von Mexiko, in: Eggebrecht 1986: 19–86
- (1986b). Nachbarn und Vorläufer, in: Eggebrecht 1986: 87–104
Hammond, N. G. L. (1989). The Macedonian state. Origins, institutions, and history. Oxford
Harmatta, J. (1970). Studies in the history and language of the Sarmatians. Szeged
- (Hg.) (1994). History of civilizations of Central Asia, vol. II: The development of sedentary and nomadic civilizations: 700 B.C. to A.D. 250. Paris
Harper, P. O./Aruz, J./Tallon, F. (Hg.) (1992). The royal city of Susa. Ancient near Eastern treasures in the Louvre. New York
Harrison, R. J. (1988). Spain at the dawn of history. Iberians, Phoenicians and Greeks. London
Hauschild, R. (1964). Die indogermanischen Völker und Sprachen Kleinasiens. Berlin
Heather, P. (1996). The Goths. Oxford/Cambridge, Massachusetts
Helck, W. (1971). Die Beziehungen Ägyptens zu Vorderasien im 3. und 2. Jt. v. Chr. Wiesbaden (2. Aufl.)
Hemming, J. (1995). Red Gold. The conquest of the Brazilian Indians. London
Hennig, K. (Hg.) (1995). Jerusalemer Bibellexikon. Neuhausen-Stuttgart (3. Aufl.)
Herrmann, J. (Hg.) (1986). Welt der Slawen. Geschichte, Gesellschaft, Kultur. München
Higounet, C. (Hg.) (1971–73). Histoire de l'Aquitaine, 2 Bde. Toulouse
Hinrichs, U. (Hg.) (1999). Handbuch der Südosteuropa-Linguistik. Wiesbaden
Hirata, R. (1967). L'onomastica falisca e i suoi rapporti con la latina e l'etrusca. Florenz

Hole, F. (Hg.) (1987). The archaeology of western Iran: Settlement and society from prehistory to the Islamic conquest. Washington

Höllmann, T. O. (2004). Die Seidenstraße. München

Holloway, R. R. (1994). The archaeology of early Rome and Latium. London/New York

Hoops, J./Beck, H. (Hg.) (2001). Reallexikon der germanischen Altertumskunde, Bd. 18. Berlin/New York

Horn, H.G./Rüger, C. B. (Hg.) (1979). Die Numider. Reiter und Könige nördlich der Sahara. Köln/Bonn

Horton, D. (Hg.) (1994). The encyclopaedia of aboriginal Australia, 2 Bde. Canberra

Hoxie, F. E. (Hg.) (1996). Encyclopedia of North American Indians. Native American history, culture, and life from Paleo-Indians to the present. Boston/New York

Hoyland, R. G. (2001). Arabia and the Arabs from the Bronze Age to the coming of Islam. London/New York

Huss, W. (1985). Geschichte der Karthager. München

Huu Ngoc (Hg.) (1997). Dictionnaire de la culture traditionnelle du Vietnam. Hanoi

Inka – Peru. 3000 Jahre indianische Hochkulturen. Tübingen 1992

Imamura, K. (1996). Prehistoric Japan. New perspectives on insular East Asia. London

Irwin, G. (1992). The prehistoric exploration and colonisation of the Pacific. Cambridge/New York

Ivanov, I./Avramova, M. (2000). Varna necropolis. The dawn of European civilization. Sofia

James, E. (1988). The Franks. New York

– (2001). Britain in the first millennium. London/New York

Janhunen, J. (1996). Manchuria – An ethnic history. Helsinki

Janin, V. L. (1986). Ladoga und Nowgorod, in: Herrmann 1986: 210–214

Jarceva, V. N. (Hg.) (1998). Jazykoznanie. Bol'šoj enciklopedičeskij slovar'. Moskau

Johanson, L./Csató, É.Á. (Hg.) (1998). The Turkic languages. London/New York

Jones, S. (1997). The archaeology of ethnicity. Constructing identities in the past and present. London/New York

Jordan, K. (1993). Heinrich der Löwe – Eine Biographie. München

Jordanov, K./Popov, D./Porozhanov, K. (Hg.) (1995). Thracia 11. Studia in honorem Alexandri Fol. Sofija

Karttunen, K. (1989). India in early Greek literature. Helsinki

Kauffmann Doig, F. (1964). La cultura Chimú. Lima

Katičić, R. (1976). Ancient languages of the Balkans, 2 Bde. The Hague/Paris

Keller, H. (1989). Alamannen und Sueben nach den Schriftquellen des 3. bis 7. Jahrhunderts, in: Frühmittelalterliche Studien 23, 89 ff.

Ki-Zerbo, J. (1981). General history of Africa I: Methodology and African prehistory. Paris/London

Kilian, L. (1980). Zu Herkunft und Sprache der Prussen. Bonn

Killion, T. W. (1996). Olmec civilization, in: Fagan 1996: 538–540

King, C. (1995). The veracity of Ammianus Marcellinus' description of the Huns, in: American Journal of Ancient History 12, 1987 [1995], 77–95

Kitchen, K. A. (1997). Punt, l'Égypte en quête des résines aromatiques, in: Yémen 1997: 49

Kristensen, A. K. G. (1988). Who were the Cimmerians and where did they come from? Kopenhagen

Kristiansen, K. (1998). Europe before history. Cambridge/New York

Krüger, B. (1983). Die Germanen, 2 Bde. Berlin

Kruglikova, I. T. (Hg.) (1976–79). Drevnjaja Baktrija, 2 Bde. Moskau

Kruta, V. (1993). Die Anfänge Europas 6000–500 v. Chr. München

Kuhrt, A. (1995). The ancient Near East c. 3000–330 BC, 2 Bde. London/New York

Kychanov, E. I. (1996). Tangut, in: Daniels/Bright 1996: 228–230

Laet, S. J. de (1982). La Belgique d'avant les Romains. Wetteren

Laing, Ll./Laing, J. (1993). The Picts and the Scots. Phoenix Mill/Stroud

Lammers, W. (Hg.) (1970). Die Eingliederung der Sachsen in das Frankenreich. Darmstadt

Lancel, S. (1995). Carthage. A history. Oxford/Cambridge, Massachusetts

Land des Baal. Syrien – Forum der Völker und Kulturen. Berlin/Mainz 1982

László, G. (1970). Steppenvölker und Germanen. Kunst der Völkerwanderungszeit. Herrsching/Ammersee

Laurence, R. (1998). Territory, ethnonyms and geography: The construction of identity in Roman Italy, in: Laurence/Berry 1998: 95–110

Laurence, R./Berry, J. (Hg.) (1998). Cultural identity in the Roman Empire. London/New York

Leahy, A. (Hg.) (1990). Libya and Egypt c. 1300–750 BC. London

Leonard, R. D. (1996). Anasazi culture, in: Fagan 1996: 28–29

Les Ibères (Ausstellungskatalog). Barcelona 1997

Lilliu, G. (1999). Arte e religione della Sardegna prenuragica. Idoletti, ceramiche, oggetti d'ornamento. Sassari

Lipinski, E. (Hg.) (1988). Carthago. Löwen

Litvinsky, B. A. (Hg.) (1996). History of civilizations of Central Asia, vol. III: The crossroads of civilizations: A. D. 250 to 750. Paris

Liu, Y. (1998). Origins of Chinese law. Penal and administrative law in its early development. Hong Kong/Oxford/New York

Lopes Pegna, M. (1967). Popoli e lingue dell'Italia antica. Florenz

Lorrio, A. J. (1997). Los celtíberos. Alicante

Lubo-Lesnichenko, E.I. (1989). The Huns, third century B.C. to sixth century A.D., in: Basilov 1989: 41–53

Luce, G.H. (1985). Phases of pre-Pagan Burma. Languages and history, 2 Bde. Oxford

MacMullen, R. (2000). Romanization in the time of Augustus. New Haven/London

Maier, B. (2000). Die Kelten. Ihre Geschichte von den Anfängen bis zur Gegenwart. München

Mair, V. (Hg.) (1995). The mummified remains found in the Tarim Basin, in: Journal of Indo-European Studies 23, 281–444

Maisels, C.K. (1999). Early civilizations of the Old World. The formative histories of Egypt, the Levant, Mesopotamia, India and China. London/New York

Malkin, I. (1994). Myth and territory in the Spartan Mediterranean. Cambridge/New York

Mallory, J.P./Adams, D.Q. (Hg.) (1997). Encyclopedia of Indo-European culture. London/Chicago

Mancall, P.C./Merrell, J.H. (Hg.) (2000). American encounters. Natives and newcomers from European contact to Indian removal, 1500–1850. New York/London

Marazov, I. (1994). Mitologija na Trakite. Sofia

Marinatos, N. (1993). Minoan religion. Ritual, image, and symbol. Columbia, South Carolina

Martín Ruiz, J.A. (1995). Catálogo documental de los fenicios en Andalucía. Cádiz

Maspéro, G. (1928). Le royaume de Champa. Paris

Matthiae, P. (1999). Ebla au IIIe millénaire, in: Cluzan et al. 1999: 102–106

Matthiae, P./Pinnock, F./Scandone Matthiae, G. (Hg.) (1995). Ebla. Alle origini della civiltà urbana. Mailand

Matveev, A.K. (1996). Substratnaja toponimija russkogo severa i merjanskaja problema, in: Voprosy Jazykoznanija, 3–23

Mayer, E.F. (1982). Chanchán. Vorspanische Stadt in Nordperu. München

Mazar, A. (1990). Archaeology of the land of the Bible. 10,000–586 B.C.E. New York

Meier-Arendt, W. (Hg.) (1985). Awaren in Europa. Schätze eines asiatischen Reitervolkes (6.–8. Jh.). Frankfurt

Melchert, H.C. (Hg.) (2002). The Luwians. Leiden

Melin, B. (1960). Die Heimat der Kimbern. Uppsala

Menéndez Pidal, R. (1968). Toponimia prerománica hispana. Madrid

Menges, K.H. (1995). The Turkic languages and peoples. An introduction to Turkic studies. Wiesbaden (2. Aufl.)

Menghin, W. (o.J.). Die Langobarden. Archäologie und Geschichte. Stuttgart

Menis, G. C. (Hg.) (1991). Italia longobarda. Venedig

Mernissi, F. (1993). The forgotten queens of Islam. Cambridge/Oxford

Milla Villena, C. (1992). Génesis de la cultura andina. Lima

Mokhtar, G. (Hg.) (1990). General history of Africa II: Ancient civilizations of Africa. Paris/London/Berkeley

Morenz, S. (1969). Die Begegnung Europas mit Ägypten. Zürich/Stuttgart

Morris, D. (1985). The art of ancient Cyprus. Oxford

Morris, W. F. (1988). Living Maya. New York (2. Aufl.)

Moscati, S. (Hg.) (1983). Italia archeologica. Centri greci, punici, etruschi, italici. Novara

– (1984). Die Karthager. Stuttgart/Zürich

– (Hg.) (1988a). I fenici. Mailand

– (Hg.) (1988b). Les derniers Phéniciens. L'art de la Sardaigne. Mailand

Moscati, S. et al. (Hg.) (1991). I Celti. Mailand

Muir, L. (Hg.) (1994). Egyptomania. Egypt in western art 1730–1930. Paris

Müller, K. E./Rüsen, J. (Hg.) (1997). Historische Sinnbildung. Problemstellungen, Zeitkonzepte, Wahrnehmungshorizonte, Darstellungsstrategien. Reinbek bei Hamburg

Münzel, M. (1985). Die Indianer, Bd. 2: Mittel- und Südamerika. München (3. Aufl.)

Museo nazionale romano – terme di Diocleziano (Hg.) (2000). The protohistory of the Latin peoples. Mailand

Mytum, H. (1992). The origins of early Christian Ireland. London/New York

Negev, A. (1986). Nabatean archaeology today. New York

Neumann, G. (2001). Der große Nachbar in Anatolien – Die Hethiter, in: Troia 2001: 46–50

Neve, P. (1996). Hattusa – Stadt der Götter und Tempel. Mainz (2. Aufl.)

Newman, J.L. (1995). The peopling of Africa. A geographic interpretation. New Haven/London

Niana, D. T. (Hg.) (1984). The general history of Africa, Bd. 4: Africa from the twelfth to the sixteenth century. London

Niemeier, W.-D. (1998). The Mycenaeans in Western Anatolia and the problem of the origins of the sea peoples, in: Gitin et al. 1998: 17–65

Niemeyer, H. G. (1989). Das frühe Karthago und die phönizische Expansion im Mittelmeerraum. Göttingen

Nile, R./Clerk, C. (1996). Cultural atlas of Australia, New Zealand & the South Pacific. Vineyard, Abingdon (England)

Nissen, H. J. (1988). The early history of the ancient Near East 9000–2000 B.C. Chicago/London

Oates, J. (1990). Babylon. Stadt und Reich im Brennpunkt des Alten Orient. Bindlach

Obel'čenko, O. V. (1992). Kul'tura antičnogo Sogda. Moskau

Okuka, M. (Hg.) (2002). Wieser Enzyklopädie des europäischen Ostens, Bd. 10: Lexikon der Sprachen des europäischen Ostens. Klagenfurt

Ólason, V. (1998). Dialogues with the Viking Age. Narration and representation in the sagas of the Icelanders. Reykjavik

Olela, H. (1998). The African foundations of Greek philosophy, in: Eze 1998: 43–49

Olmos, R./Tortosa, T. (Hg.) (1997). La dama de Elche. Lecturas desde la diversidad. Madrid

Osing, J. (1980). Libyen, Libyer, in: Lexikon der Ägyptologie, 1015–1033. Wiesbaden

Pálóczi-Horváth, A. (1989). Pechenegs, Cumans, Iasians. Steppe peoples in medieval Hungary. Budapest

Parpola, A. (1988). The coming of the Aryans to Iran and India and the cultural and ethnic identity of the Dasas, in: Studia Orientalia 64, 195–302

– (1994). Deciphering the Indus script. Cambridge

Pärssinen, M. (1992). Tawantinsuyu. The Inca state and its political organization. Helsinki

Pavić, M. (1998). Das chasarische Wörterbuch. Lexikonroman in 100000 Wörtern. München/Wien

Pease G. Y., F. et al. (1999). Los Incas. Arte y símbolos. Lima

Peschel, K. (1978). Anfänge germanischer Besiedlung im Mittelgebirgsraum. Sueben, Hermunduren, Markomannen. Berlin

Pfiffig, A. J. (1989). Einführung in die Etruskologie. Probleme, Methoden, Ergebnisse. Darmstadt (3. Aufl.)

Pičikjan, I. R. (1991). Kul'tura Baktrii. Achemenidskij i ellinističeskij periody. Moskau

Pischel, B. (1987). Wanderspuren und Kunststile der Wandalen. Frankfurt

Pittau, M. (1995). Origine e parentela dei sardi e degli etruschi. Saggio storico-linguistico. Sassari

Plant, R. (1985). Architecture of the Tigre, Ethiopia. Worcester

Platon. Sämtliche Werke VIII: Philebos, Timaios, Kritias / Griechisch und Deutsch (hrsg. von K. Hülser). Frankfurt/Leipzig 1991

Pogrebova, M. N./Raevskij, D.S. (1992). Rannie skify i drevnij vostok. K istorii stanovlenija skifskoj kul'tury. Moskau

Pohl, W. (2002). Die Awaren. Ein Steppenvolk in Mitteleuropa 567–822 n. Chr. München (2. Aufl.)

Popescu, G. A. (Hg.) (1997). I daci. Mailand

Posner, R./Robering, K./Sebeok, T.A. (Hg.) (1997). Semiotik/Semiotics, 1. Teilband. Berlin/New York

Pospelov, E. M. (1999). Nazvanija podmoskovnych gorodov, sël i rek. Moskau

Postgate, J. N. (1992). Early Mesopotamia. Society and economy at the dawn of history. London/New York

Price, G. (Hg.) (1998). Encyclopedia of the languages of Europe. Oxford/ Malden, Massachusetts

– (Hg.) (1978). Popoli e civiltà dell'Italia antica, Bd. 4: Lingue e dialetti. Rom

Pulsiano, P. (Hg.) (1993). Medieval Scandinavia – An encyclopedia. New York/London

R.-Alföldi, M. (1979). Die Geschichte des numidischen Königreiches und seiner Nachfolger, in: Horn/Rüger 1979: 43–74

Raevskij, D. S. (1985). Model' mira skifskoj kul'tury. Moskau

Ragghianti, L. C. (1989). Die vor-inkaischen Kulturen. Herrsching

Rasponi, S. (Hg.) (1992). Gli Etruschi e l'Europa. Mailand

Rastorgueva, V. S. (Hg.) (1975). Opyt istoriko-tipologičeskogo issledova-nija iranskich jazykov, 2 Bde. Moskau

Redford, D. B. (1993). Egypt, Canaan, and Israel in ancient times. Princeton, New Jersey

Reeder, E. D. (Hg.) (1999). Scythian gold. Treasures from ancient Ukraine. New York

Reichenkron, G. (1966). Das Dakische (rekonstruiert aus dem Rumäni-schen). Heidelberg

Reyes, A.T. (1994). Archaic Cyprus. A study of the textual and archaeologi-cal evidence. Oxford

Rice, M. (1994). The archaeology of the Arabian Gulf c. 5000–323 BC. Lon-don/New York

– (1997). Egypt's legacy. The archetypes of western civilization 3000–30 BC. London/New York

Rjabinin, E. A. (1997). Finno-ugorskie plemena v sostave drevnej Rusi. St. Petersburg

Roaf, M. (1990). Cultural atlas of Mesopotamia and the ancient Near East. New York/Oxford

Roberts, A./Roberts, M. J. (1989). Dreamtime heritage. Australian aborigi-nal myths. Blackwood, South Australia

Roelcke, T. (Hg.) (2003). Variationstypologie – Variation typology. Ein sprachtypologisches Handbuch der europäischen Sprachen in Ge-schichte und Gegenwart – A typological handbook of European langua-ges past and present. Berlin/New York

Rothermund, D. (Hg.) (1995). Indien. Kultur, Geschichte, Politik, Wirt-schaft, Umwelt – Ein Handbuch. München

Rudgley, R. (1998). Lost civilisations of the Stone Age. London/Sydney

Russell, P. (1995). An introduction to the Celtic languages. London/New York

Rybakov, B. A. (2001). Jazyčestvo drevnej Rusi. Moskau

Saggs, H.W. F. (1987). Everyday life in Babylonia and Assyria. New York

– (1995). Babylonians. London

Salminen, T. (Hg.) (2000). Ancient Thrace. Gold and silver treasures from Bulgaria 5000 BC–300 AD. Helsinki

Salvini, M. (1995). Geschichte und Kultur der Urartäer. Darmstadt

– (1998). The earliest evidences of the Hurrians before the formation of the reigns of Mittanni, in: Bibliotheca Mesopotamica 26, 99 ff.

Scardigli, P. (2001). Langobarden, in: Hoops et al. 2001: 52–57

Schiltz, V. (1994). Die Skythen und andere Steppenvölker. München

Schippmann, K. (1980). Grundzüge der parthischen Geschichte. Darmstadt

Schneider, T. (1996). Lexikon der Pharaonen. München

Schrijver, P. (1998). Oscan, in: Price 1998: 351–352

Schumacher, S. (1992). Die rätischen Inschriften. Geschichte und heutiger Stand der Forschung. Innsbruck

Schütze, O. (Hg.) (1997). Metzler Lexikon antiker Autoren. Stuttgart/Weimar

Seipel, W. (Hg.) (1999). Barbarenschmuck und Römergold. Der Schatz von Szilágysomlyó. Mailand/Wien

Senn, A. (1966). Handbuch der litauischen Sprache. Heidelberg

Serrão, J.V. (1989). História de Portugal, vol. 1: Estado, pátria e nação (1080–1415). Lissabon (4. Aufl.)

Shaw, E.M. (1972). Man in Southern Africa: The Hottentots. Kapstadt

Shinnie, P. L. (1996). Ancient Nubia. London/New York

Sidrys, R.V. (2001). Roman imports among the West Balts: Commerce or «beads for the natives»?, in: Butrimas 2001: 157–169

Simek, R. (1984). Lexikon der germanischen Mythologie. Stuttgart

Simoncsics, P. (1998). Kamassian, in: Abondolo 1998: 580–601

Smoczynski, W. (Hg.) (1998). Colloquium Pruthenicum Secundum. Krakau

Smoczynski, W./Holvoet, A. (Hg.) (1992). Colloquium Pruthenicum Primum. Warschau

Snell, D. C. (1997). Life in the ancient Near East 3100–332 B.C.E. New Haven/London

Solis, F. (Hg.) (2004). The Aztec Empire. New York

Speake, G. (Hg.) (1994). A dictionary of ancient history. Oxford/Cambridge, Massachusetts

Spindler, K. (1991). Die frühen Kelten. Stuttgart (2. Aufl.)

Stannard, D. E. (1992). American holocaust. New York/Oxford

Starke, F. (1997). Troia im Kontext des historisch-politischen und sprachlichen Umfeldes Kleinasiens im 2. Jahrtausend, in: Studia Troica 7, 447–487

– (1999). Luwisch, in: Der Neue Pauly, Bd. 7, 528–534

– (2001). Troia im Machtgefüge des zweiten Jahrtausends vor Christus, in: Troia 2001: 34–45

Starović, A. (Hg.) (2004). Znaci civilizacije – Signs of civilization. Novi Sad

Stearns, M. (1989). Das Krimgotische, in: Beck 1989: 175–194

Stern, L. (1880). Koptische Grammatik. Leipzig

Stierlin, H. (1987). Cités du désert. Pétra, Palmyre, Hatra. Fribourg/Paris

Stoneman, R. (1992). Palmyra and its empire. Zenobia's revolt against Rome. Ann Arbor

Storey, R. (1996). Teotihuacán, in: Fagan 1996: 708

Struve, K.W. (1986). Die Ethnogenese der Slawen aus der Sicht der Vor- und Frühgeschichte, in: Bernhard/Kandler-Pálsson 1986: 297–321

Stutz, E. (1966). Gotische Literaturdenkmäler. Stuttgart

Sulimirski, T. (1970). The Sarmatians. New York

Sutherland, E. (1994). In search of the Picts. London

Szádeczky-Kardoss, S. (Hg.) (1986). Avarica. Über die Awarengeschichte und ihre Quellen. Szeged

Tanner, M. (1993). The last descendant of Aeneas. The Hapsburgs and the mythic image of the emperor. New Haven/London

Tarling, N. (Hg.) (1992). The Cambridge history of Southeast Asia, vol. 1: From early times to c. 1800. Cambridge/New York

Taylor, K.W. (1992). The early kingdoms, in: Tarling 1992: 137–182

Thomas, W. (1985). Die Erforschung des Tocharischen (1960–1984). Stuttgart

Thompson, E.A. (1996). The Huns. Oxford/Cambridge, Massachusetts

Thomsen, M.-L. (1984). The Sumerian language. An introduction to its history and grammatical structure. Kopenhagen

Thunmann, J. (1772). Untersuchungen über die alte Geschichte einiger Nordischer Völker. Berlin (Nachdruck mit Einleitung von H. Haarmann; Hamburg 1979)

Tischler, J. (1989). Zum Langobardischen, in: Beck 1989: 195–209

Török, L. (1997). The kingdom of Kush. Handbook of the Napatan-Meroitic civilization. Leiden/New York/Köln

Trask, R.L. (1997). The history of Basque. London/New York

Troia – Traum und Wirklichkeit. Stuttgart 2001

Trombley, F.R. (1995). Hellenic religion & christianization c. 370–529. Leiden/New York/Köln

Tubb, J.N. (2001). Canaanites. London

Tucker, M. (1992). Dreaming with open eyes. The shamanic spirit in twentieth century art and culture. San Francisco

Vaščenko, A.V. (1989). Istoriko-epičeskij fol'klor severoamerikanskich indejcev. Tipologija i poetika. Moskau

Vetter, E. (1953). Handbuch der italischen Dialekte, Bd. 1. Heidelberg

Vogt, B./Sedov, A. (1997). La culture de Sabr, sur la côte yéménite, in: Yémen 1997: 42–48

Vokotopoulou, J. (Hg.) (1993). Greek civilization. Macedonia – Kingdom of Alexander the Great. Athen

Walker, S./Higgs, P. (Hg.) (2001). Cleopatra of Egypt from history to myth. London

Wegner, I. (2000). Hurritisch. Eine Einführung. Wiesbaden

Welsby, D. A. (1996). The kingdom of Kush. The Napatan and Meoitic empires. London

Wendelken, R. W. (2000). Horses and gold: The Scythians of the Eurasian steppes, in: Bell-Fialkoff 2000: 189–206

Wenning, R. (1987). Die Nabatäer. Denkmäler und Geschichte. Göttingen

Wightman, E. M. (1985). Gallia Belgica. London

Wigoder, G. (Hg.) (1989). The encyclopedia of Judaism. Jerusalem

Wilhelm, G. (1982). Grundzüge der Geschichte und Kultur der Hurriter. Darmstadt

Wilkes, J. (1992). The Illyrians. Oxford/Cambridge, Massachusetts

Winkler, E. (2002). Merja, in: Okuka 2002: 959–960

Wolfram, H. (2004): Die Germanen, München (4. Aufl.)

– (2001). Die Goten. Von den Anfängen bis zur Mitte des sechsten Jahrhunderts. München (4. Aufl.)

Wolska, W. (1962). La topographie chrétienne de Cosmas Indicopleustès. Paris

Wood, I. (1994). The Merovingian kingdoms 450–751. London/New York

Wulf, A. (1991). Vietnam. Pagoden und Tempel im Reisfeld – im Fokus chinesischer und indischer Kultur. Köln

Yarshater, E. (Hg.) (1983). The Cambridge history of Iran, Bd. 3: Seleucid, Parthian and Sasanian periods. Cambridge

Yémen – au pays de la reine de Saba'. Paris 1997

Yon, M. (1999). Ugarit au Bronze récent, deuxième moitié du IIe millénaire, in: Cluzan et al. 1999: 176–182

Zöllner, E. (1970). Geschichte der Franken bis zur Mitte des 6. Jahrhunderts. München

Register der Völker und Stämme ohne eigenen Artikel

Aduatuker → Belgen
Agathyrsen → Skythen
Agwaner → Kaukasier
Allobroger → Gallier
Altai-Skythen → Skythen
Amalekiter → Biblische Völker
Ambianer → Belgen
Ambronen → Zimbern
Ammoniter → Biblische Völker
Ampsivarier → Franken
Anakiter → Biblische Völker
Anamiter → Biblische Völker
Anten → Europa, Slawen
Apsilen → Kaukasier
Apuli → Messapier
Arevaker → Keltiberer
Aribwatsa → Ozeanien
Arverner → Gallier
Arwaditer → Biblische Völker
Aschuriter → Biblische Völker
Asten → Thraker
Atrebaten → Belgen
Ausonen → Aurunker
Autrigonen → Keltiberer
Avariginer → Kantabrer
Awabakal → Australien
Awiter → Biblische Völker

Bavarier → Langobarden
Bellovaker → Belgen
Beronen → Keltiberer
Besser → Thraker
Bina → Ozeanien
Bisalten → Thraker
Bistonen → Thraker
Bit-Amukkani → Chaldäer

Bit-Dakkuri → Chaldäer
Bit-Sha'alli → Chaldäer
Bit-Shilani → Chaldäer
Bit-Yakin → Chaldäer
Breuker → Illyrer
Brisigavier → Alemannen
Brukterer → Franken
Budinen → Skythen

Caraceni → Samniten
Caudini → Samniten
Chamaven → Franken
Chasuarier → Franken
Chattuarier → Franken

Dadosanen → Slawen
Dalmater, Delmaten → Illyrer
Daniter → Philister
Dardaner → Illyrer
Dedaniter → Biblische Völker
Dekiaten → Ligurer
Dharawal → Australien
Dharuk → Australien
Draguwiten → Europa
Drewljanen → Slawen

Eburonen → Belgen
Emiter → Biblische Völker

Frentani → Samniten

Gabigabi → Australien
Garamantes → Afrika
Geschuriter → Biblische Völker
Getmata → Ozeanien
Girgaschiter → Biblische Völker

Girsiter → Biblische Völker
Gowar → Australien
Greutungi-Ostrogothi → Goten
Guugu Yimidhirr → Australien

Hagariter → Biblische Völker
Harariter → Biblische Völker
Haruden → Zimbern
Hermit → Ozeanien
Herniker → Sabeller
Histrier → Illyrer
Hiwiter → Biblische Völker

Iapoden → Illyrer
Indoskythen → Saken

Jebusiter → Biblische Völker
Jerachmeeliter → Biblische Völker
Jotvinger → Balten
Juthungen → Alemannen

Kadmoniter → Biblische Völker
Kaftoriter → Philister
Kaledonier → Pikten
Kaleten → Belgen
Kallaiker → Keltiberer
Kallippiden → Skythen
Kaniet → Ozeanien
Kedariter → Biblische Völker
Kenasiter, Keniter → Biblische Völker
Kessiner → Elbslawen
Kiptschaken → Kumanen
Kondrusen → Belgen
Konkaner → Kantabrer
Kumbrier → Kelten
Kusana → Baktrier

Lendzianen → Slawen
Letuschiter → Biblische Völker
Lëummiter → Biblische Völker
Liburner → Illyrer
Lutizen → Elbslawen, Slawen

Maeatae → Pikten
Masaesyler → Numider
Masowier → Slawen
Massyler → Numider
Menapier → Belgen
Mëuniter → Biblische Völker
Midianiter → Biblische Völker
Mixteken → Olmeken
Morekaner → Kantabrer
Moriner → Belgen

Nemeter → Sueben
Neuren → Skythen

Obodriten → Elbslawen, Slawen
Odrysen → Thraker
Orgenomesker → Kantabrer

Paeoner → Illyrer
Päligner → Sabeller
Parner → Parther
Pasianer → Alanen
Patrositer → Biblische Völker
Perisiter → Biblische Völker
Polaben → Elbslawen, Slawen
Poljanen → Chasaren, Slawen
Pomoranen → Europa, Slawen

Radimitschen → Chasaren
Ranen → Rugier
Rätovarier → Alemannen
Redarier → Elbslawen
Refaïter → Biblische Völker
Remer → Belgen
Ripuarier → Franken
Roxolanen → Alanen

Sakarauler → Alanen
Salänier → Kantabrer
Salasser → Ligurer
Salier → Franken
Salluvier → Ligurer
Schardin → Mittelmeerraum

Selonen → Balten
Sewerjanen → Chasaren
Shari → Kumanen
Sidicini → Samniten
Silingen → Vandalen
Statieller → Ligurer
Stoener → Ligurer
Suessionen → Belgen
Susiter → Biblische Völker

Tamariker → Kantabrer
Taulantier → Illyrer
Tectosager → Galater
Tervingi-Vesi → Goten
Thüringer → Langobarden
Thynen → Thraker
Tolistobogier → Galater
Tollenser → Elbslawen
Treverer → Galater
Triboker → Sueben
Trocmer → Galater
Tubanten → Franken
Türküt → Baktrier, Turkvölker

Usipeter → Franken

Vadinienser → Kantabrer
Vaccäer → Keltiberer
Vangionen → Sueben
Viromanduer → Belgen
Vokontier → Gallier

Waamwang → Ozeanien
Wagrier → Elbslawen
Warrgamay → Australien
Warungu → Australien
Werziten → Europa
Wislanen → Europa, Slawen
Wjatitschen → Chasaren, Slawen

Xi-Xia → Tanguten

Yagara → Australien
Yoba → Ozeanien

Zapoteken → Olmeken
Zirzipaner → Elbslawen

Frühe Völker und Kulturen

Bernhard Maier
Die Kelten
Ihre Geschichte von den Anfängen bis zur Gegenwart
2., überarbeitete Auflage. 2003. 320 Seiten mit 13 Abbildungen
und 6 Karten. Leinen
Beck's Historische Bibliothek Frühe Völker
Herausgegeben von Herwig Wolfram

Herwig Wolfram
Die Goten
Von den Anfängen bis zur Mitte des sechsten Jahrhunderts.
Entwurf einer historischen Ethnographie
4. Auflage. 2001. 596 Seiten mit 9 Karten und 2 Stammtafeln im Anhang.
Leinen

Michael Jursa
Die Babylonier
Geschichte, Gesellschaft, Kultur
2004. 128 Seiten mit 6 Abbildungen und 2 Karten. Paperback
C.H.Beck Wissen in der Beck'schen Reihe Band 2349

Hermann Parzinger
Die Skythen
2004. 128 Seiten mit 13 Abbildungen und 3 Karten. Paperback
C.H.Beck Wissen in der Beck'schen Reihe Band 2342

Friedhelm Prayon
Die Etrusker
Geschichte – Religion – Kunst
4., durchgesehene Auflage. 2004. 128 Seiten mit 14 Abbildungen
und 3 Karten. Paperback
C.H.Beck Wissen in der Beck'schen Reihe Band 2040

Berthold Riese
Die Maya
Geschichte – Kultur – Religion
5. Auflage. 2004. 144 Seiten mit 11 Abbildungen, 2 Tabellen
und 5 Karten. Paperback
C.H.Beck Wissen in der Beck'schen Reihe Band 2026

Verlag C.H.Beck München

Sprache und Sprachgeschichte

Umberto Eco
Die Suche nach der vollkommenen Sprache
Aus dem Italienischen von Burkhart Kroeber
3., durchgesehene Auflage. 1994. 388 Seiten mit 22 Abbildungen. Leinen
Europa bauen

Hans Peter Althaus
Chuzpe, Schmus & Tacheles
Jiddische Wortgeschichten
2004. 176 Seiten. Paperback
Beck'sche Reihe Band 1563

Hans Peter Althaus
Kleines Lexikon deutscher Wörter
jiddischer Herkunft
2003. 216 Seiten. Paperback
Beck'sche Reihe Band 1518

Harald Haarmann
Kleines Lexikon der Sprachen
Von Albanisch bis Zulu
2., überarbeitete Auflage. 2002. 455 Seiten mit 1 Karte. Paperback
Beck'sche Reihe Band 1432

Harald Haarmann
Lexikon der untergegangenen Sprachen
2., durchgesehene Auflage. 2004. 229 Seiten mit 1 Karte. Paperback
Beck'sche Reihe Band 1456

Nabil Osman
Kleines Lexikon untergegangener Wörter
oder von Afterkind bis Zungenheld
Limitierte Sonderauflage
15., unveränderte Auflage. 2004. 263 Seiten. Paperback
Beck'sche Reihe Band 4038

Verlag C. H. Beck München